中国证券投资基金业年报

2023

中国证券投资基金业协会　编著

中国财经出版传媒集团
中国财政经济出版社

图书在版编目（CIP）数据

中国证券投资基金业年报 . 2023 / 中国证券投资基金业协会编著 . -- 北京 ：中国财政经济出版社，2023.8
ISBN 978-7-5223-2370-1

Ⅰ. ①中… Ⅱ. ①中… Ⅲ. ①证券投资 — 基金 — 中国 —2023— 年报 Ⅳ. ① F832.51-54

中国国家版本馆 CIP 数据核字（2023）第 138380 号

责任编辑：郁东敏　　　　责任印制：刘春年
封面设计：中通世奥　　　　责任校对：胡永立

中国证券投资基金业年报 2023
ZHONGGUO ZHENGQUAN TOUZI JIJINYE NIANBAO 2023

中国财政经济出版社出版
URL：http：//www.cfeph.cn
E-mail：cfeph @cfemg.cn

社址：北京市海淀区阜成路甲 28 号　邮政编码：100142
营销中心电话：010-88191522
天猫网店：中国财政经济出版社旗舰店
网址：https：//zgczjjcbs.tmall.com
北京联兴盛业印刷股份有限公司印刷　各地新华书店经销
成品尺寸：185mm × 260mm　16 开　23.75 印张　362 000 字
2023 年 8 月第 1 版　2023 年 8 月北京第 1 次印刷
定价：98.00 元
ISBN 978-7-5223-2370-1
（图书出现印装问题，本社负责调换，电话：010-88190548）
本社质量投诉电话：010-88190744
打击盗版举报热线：010-88191661　QQ：2242791300

编委会

PREFACE
前言

2022年是中国踏上全面建设社会主义现代化国家新征程、向第二个百年奋斗目标进军的开局之年，是党的二十大胜利召开之年。这一年，我国经济发展遇到国内外多重超预期因素冲击，其复杂性和严重程度是基金行业自诞生以来所前所未见的。资本市场出现较大波动，基金行业的投研、业绩、客户关系甚至中后台运营均面临很大挑战、受到很大影响。

面对这样的困难局面，基金行业在危机中育新机、于变局中拓新局，向高质量发展迈出新步伐。公募、私募基金管理规模均再创新高。公募基金中权益类产品规模占比28.7%，私募股权与创投基金占私募基金比例达到69%，行业结构稳步向好。公募基金累计为上亿名投资者创造分红超4.3万亿元，普惠金融功能更加凸显。基金行业受托管理各类养老金规模合计约4.3万亿元，同比增长7.8%；管理社保基金与基本养老基金规模占委托规模的58%，管理年金规模占比稳步提升，个人养老账户基金已经启动并稳步发展，基金行业发挥专业优势、禀赋全方位服务养老需求。公募、私募基金持有A股市值合计8.8万亿元，占A股流通市值的13.3%，持有债券市值14.3万亿元，约占债券托管余额的10%，是资本市场稳定的压舱石。私募股权创投基金支持科技创新的热度不减，新增投资高新技术企业本金与2021年持平，为科技创新注入源头活水。在2021年极端困难的环境下，行业取得如此成绩实属不易，体现了行业的韧性和活力。

过去一年，基金业协会坚持改革为先，围绕公募基金高质量发展意见、个人养老金投资公募基金等重大政策，认真组织配套规则落地。持续深化私募基金登记备案改革，顺利发布《私募投资基金登记备案办法》及配套指引，使规则更透明，更具针对性、指导性和操作性。积极推动行业自律基础制度建设，统筹部署自律规则立改废释纂，增补、完善19项自律规则，为历年之最。不断优化服务效能，推动解决长期资金与税收政策问题，服务登记备案提质增效，巩固桥梁纽带和市场引导沟通作用，为行业发展拓展空间。持续夯实行业文化“软实力”建设，深化投资者保护和教育，增进统计工作成效，强化行业关键问题基础研究，长期坚持、久久为功，不断改善行业发展生态。

2023年是全面贯彻党的二十大精神的开局之年，是全面建设社会主义现代化国家起步之年，是推进中国特色现代资本市场建设的提速之年。在形势更加复杂多变、不确定难预料的风险因素增多的背景下，基金业协会将继续充分履行“服务、自律、桥梁、创新”职能，与全行业并肩同行，积极应对各种挑战和困难，在新征程开创行业高质量发展新局面！

本书编写过程得到监管部门、兄弟单位及行业机构等的大力支持，在此对所有为本书成稿付出努力与汗水的同仁表示诚挚的感谢！

由于编写时间紧迫，难免有疏漏之处，望业内同仁和广大读者批评指正。

中国证券投资基金业协会

2023年6月

CONTENTS
目录

第一篇　行业发展篇

第一章　资产管理业概览…… 3

第一节　资产管理业规模及结构…… 3

第二节　公开募集证券投资基金概览…… 4

一、公募基金的发展…… 4

二、在宏观经济金融中的地位…… 5

三、在全球共同基金中的地位…… 5

第三节　证券期货经营机构私募资产管理业务…… 6

一、规模及构成…… 6

二、在宏观经济金融中的地位…… 7

第四节　私募投资基金…… 7

一、规模及构成…… 7

二、在宏观经济金融中的地位…… 9

第五节　养老金概览…… 9

一、我国养老金体系现状…… 9

二、基金行业管理养老金规模…… 11

第六节　绿色投资概览 ······ 12

第二章　公开募集证券投资基金 ······ 14

第一节　公募基金行业整体情况 ······ 15

一、总体情况 ······ 15

二、基金类型 ······ 16

三、基金账户 ······ 18

四、资产配置 ······ 19

五、资金来源与流动情况 ······ 21

六、新设情况 ······ 23

七、ETF 和 LOF ······ 26

第二节　专业化投资能力 ······ 27

第三节　各类型基金 ······ 30

一、股票型基金 ······ 30

二、债券基金 ······ 39

三、混合基金 ······ 44

四、货币市场基金 ······ 49

五、QDII 基金 ······ 52

六、基金中基金（FOF） ······ 56

第四节　公募基金销售及基金费率 ······ 60

一、基金销售业务概况 ······ 60

二、基金销售费率 ······ 69

三、基金管理费率与托管费率 ······ 79

第三章　我国境内养老金投资管理 ······ 85

第一节　我国养老金投资运营情况概览 ······ 85

一、养老金投资运营规模 ······ 85

二、养老金投资管理机构及市场占比 ······ 86

三、养老金投资收益 ······ 87

第二节　公募基金行业管理养老金情况 ······ 90

一、公募基金行业管理养老金规模情况 ······ 90

二、养老目标基金 ······ 91

三、个人养老金基金 ······ 95

第四章　证券期货经营机构私募资产管理业务 …… 97

第一节　总体情况 …… 97

一、产品发行情况 …… 100

二、产品存续情况 …… 103

三、资金净流动（认/申赎）情况 …… 108

四、资金来源（投资者出资）情况 …… 109

五、资产配置情况 …… 111

第二节　基金管理公司私募资产管理业务 …… 116

一、产品发行情况 …… 116

二、产品存续情况 …… 118

三、资金净流动（认/申赎）情况 …… 121

四、资金来源（投资者出资）情况 …… 122

五、资产配置情况 …… 124

六、集中度情况 …… 125

第三节　基金子公司私募资产管理业务 …… 128

一、产品发行情况 …… 128

二、产品存续情况 …… 131

三、资金净流动（认/申赎）情况 …… 134

四、资金来源（投资者出资）情况 …… 135

五、资产配置情况 …… 136

六、集中度情况 …… 138

第四节　证券公司私募资产管理业务 …… 141

一、产品发行情况 …… 141

二、产品存续情况 …… 144

三、资金净流动（认/申赎）情况 …… 147

四、资金来源（投资者出资）情况 …… 148

五、资产配置情况 …… 149

六、集中度情况 …… 151

第五节　证券公司私募子公司私募基金业务 …… 153

一、产品发行情况 …… 153

二、产品存续情况 …… 154

三、资金来源（投资者出资）情况 …… 155

四、资产配置情况 …… 156

五、集中度情况 …… 157

第六节　期货公司私募资产管理业务 …… 158

一、产品发行情况 …… 158

二、产品存续情况 …… 160

三、资金净流动（认/申赎）情况 …… 164

四、资金来源（投资者出资）情况 …… 165

五、资产配置情况 …… 166

六、集中度情况 …… 167

第七节　资产证券化业务 …… 170

一、企业资产支持证券化产品备案总体情况 …… 170

二、企业资产证券化产品管理人情况 …… 171

三、基础资产类型 …… 172

四、2022年备案情况 …… 173

第五章　私募投资基金 …… 175

第一节　私募证券投资基金 …… 175

一、私募证券投资基金基本情况 …… 175

二、私募证券投资基金运行情况 …… 192

第二节　私募股权投资基金 …… 194

一、私募股权投资基金基本情况 …… 194

二、私募股权投资基金募集出资情况 …… 202

三、私募股权投资基金投资运作情况 …… 206

四、私募股权投资基金投资案例退出情况 …… 211

第三节　创业投资基金 …… 215

一、创业投资基金基本情况 …… 215

二、创业投资基金募集出资情况 …… 221

三、创业投资基金投资运作情况 …… 226

四、创业投资基金投资案例退出情况 …… 230

第六章　公募基金管理机构 …… 235

第一节　公募基金管理机构股东情况 …… 235

一、国有、中外合资、外商独资、民企、其他 …… 235

二、不同类型股东背景 …… 237

第二节 公募基金管理机构股权结构…… 239
一、控股模式…… 239
二、股权集中度…… 242
第三节 公募基金管理机构人力资本情况…… 243
一、从业人员整体情况…… 243
二、高管情况…… 245
三、基金经理情况…… 248
第七章 私募基金管理人…… 252
第一节 私募证券投资基金管理人…… 252
一、私募证券投资基金管理人情况分析…… 252
二、私募证券投资基金管理人从业人员及高管情况分析…… 261
第二节 私募股权、创业投资基金管理人…… 266
一、私募股权、创业投资基金管理人总体情况…… 266
二、私募股权、创业投资基金管理人从业人员及高管情况…… 279
第八章 基金托管机构…… 286
第一节 托管机构登记情况…… 286
一、基金托管人登记情况…… 286
二、合格境外机构投资者托管人登记情况…… 287
第二节 托管业务发展情况…… 287
一、托管产品数量及资产规模…… 287
二、不同类型托管人的基金托管业务开展情况…… 288
第九章 基金服务机构…… 291
第一节 基金服务业务发展历程…… 291
第二节 基金服务机构登记情况…… 292
第三节 基金服务业务开展情况…… 293
一、基金服务产品数量和规模…… 293
二、行业集中度情况…… 295
三、收入情况…… 297

第二篇　行业数据篇

一、公开募集证券投资基金数据 …… 301
二、证券期货经营机构私募资产管理业务数据 …… 305
三、私募投资基金数据 …… 308
四、托管与基金服务机构名录 …… 336
五、全球开放式基金数据 …… 341
附录　基金行业发展进程 …… 355

01 第一篇 行业发展篇

第一章
资产管理业概览

第一节　资产管理业规模及结构

从资产管理的外延来看，我国资产管理广泛涉及银行、保险、证券、基金、信托、期货等行业机构。从资产管理的本质特征出发，可以将我国资产管理行业的外延从机构类型和业务两个维度作出界定（具体见表1-1）。

表 1-1　　我国资产管理行业外延

机构类型	资产管理业务
基金管理公司及其子公司	公募基金、集合资产管理计划、单一资产管理计划、各类养老金、企业资产支持证券
私募机构	私募证券投资基金、私募股权投资基金、创业投资基金、私募资产配置基金及其他私募投资基金
信托公司	单一资金信托、集合资金信托
证券公司及其子公司	公募基金、集合资产管理计划、单一资产管理计划、私募子公司私募基金、各类养老金、企业资产支持证券
期货公司及其子公司	集合资产管理计划、单一资产管理计划
保险公司、保险资产管理公司	公募基金、万能险、投连险、管理企业年金、养老保障及其他委托管理资产、资产支持计划
银行及其理财子公司	非保本银行理财产品、私人银行业务

资料来源：中国证券投资基金业协会整理。

如图1-1所示，我国资产管理业构成大致如下：截至2022年末，公募基金26.03万亿元，证券期货经营机构私募资产管理业务14.31万亿元，基金管理公司管理境内全国社保和企业年金等养老金规模4.27万亿元，企业资产支持证券（ABS）1.95万亿元，私募投资基金20.28万亿元，银行理财产品规模27.65万亿元①，信托公司资金信托计划15.03万亿元②，保险资管产品6.49万亿元③，全部资管规模合计约116万亿元④。

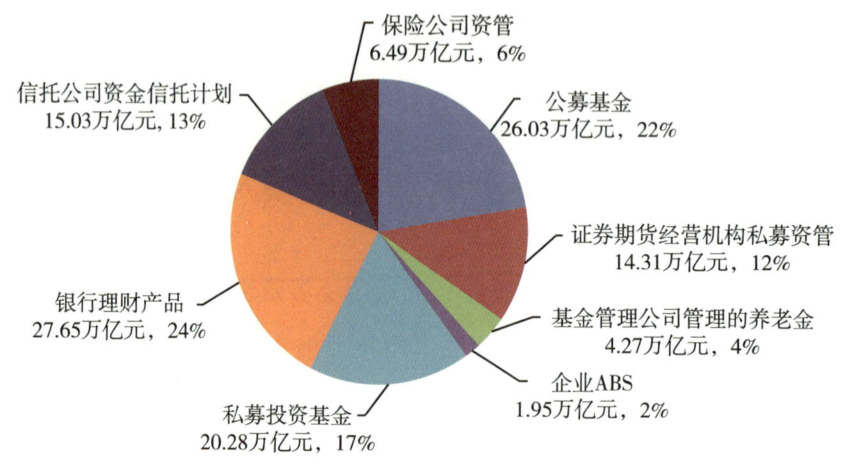

图 1-1　2022 年末资产管理行业规模构成

资料来源：中国证券投资基金业协会整理。

第二节　公开募集证券投资基金概览

一、公募基金的发展

截至2022年末，公募基金管理人156家，其中，基金管理公司142家，取得公募基金管理资格的证券公司或证券公司资管子公司共12家，取得公募基金管理资格的保险资管公司2家。公募基金共计10 576只，较2021年末增长13.87%；公

① 数据来源于银行业理财登记托管中心有限公司：《中国银行业理财市场年度报告（2022年）》。

② 数据来源于中国信托业协会2022年4季度末信托公司主要业务数据。

③ 数据来源于保险资产管理业协会：《2022-2023年中国保险资产管理行业运行调研报告》。

④ 根据前述列示的各类资管业务规模简单加总，未剔除重复计算部分。

募基金资产规模26.03万亿元，较2021年末增长1.83%。

二、在宏观经济金融中的地位

公募基金是宏观经济、金融和资本市场的重要组成部分。截至2022年末，公募基金资产规模为26.03万亿元，相当于当年GDP总量的21.51%，相当于年末社会融资规模存量的7.56%，相当于当年M2总量的9.77%，相当于年末人民币存款余额的9.84%，相当于年末股市流通市值的39.24%，相当于年末债券市场余额的18.01%（详见表1-2）。

表1-2　公募基金在宏观经济金融部门中的规模占比

年份	项目	公募基金	宏观经济		货币金融		资本市场	
			GDP	社会融资规模存量	M2	金融机构存款余额	股市流通市值	债券余额
2021	资产（万亿元）	25.56	114.37	314.13	238.29	232.25	75.16	133.11
	占比（%）	100.00	22.35	8.14	10.73	11.01	34.01	19.20
2022	资产（万亿元）	26.03	121.02	344.21	266.43	264.40	66.34	144.54
	占比（%）	100.00	21.51	7.56	9 77	9,84	39.24	18.01

资料来源：中国证券投资基金业协会整理。

三、在全球共同基金中的地位

根据美国投资公司协会（ICI）发布的全球开放式基金（不含FOF）统计数据显示（全球46个国家和地区），2022年末，我国开放式基金（共同基金）资产规模排在全球第4位，占全球共同基金总规模的比重为5.43%，较2021末上升0.46个百分点；占亚太地区共同基金规模的比重为35.89%，较2021年末上升0.58个百分点。美国共同基金资产规模占到全球总规模的47.53%，卢森堡为8.92%（见图1-2）。与我国世界第二的经济总量相比，共同基金发展仍处于较低水平，发展潜力巨大。

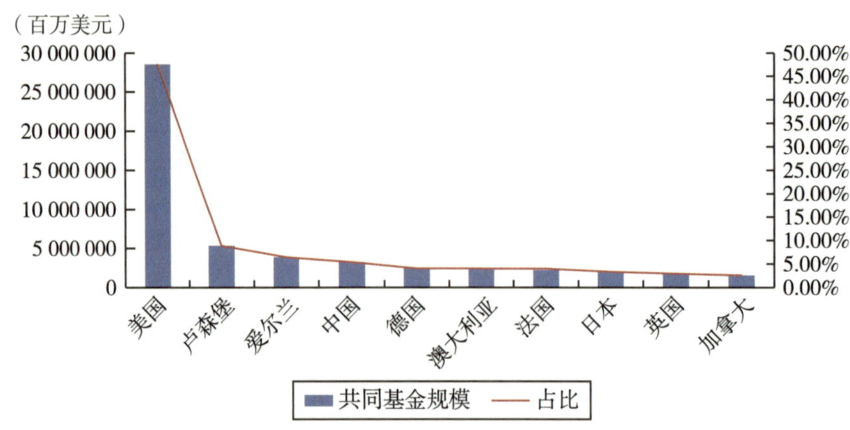

图 1-2　2022 年共同基金资产规模全球排名前十位的国家

资料来源：美国投资公司协会。

第三节　证券期货经营机构私募资产管理业务

一、规模及构成

截至2022年末，证券期货经营机构私募资产管理业务总规模14.31万亿元。其中，基金管理公司管理资产规模5.20万亿元；基金子公司管理资产管理1.92万亿元；证券公司（含私募子公司）管理资产规模6.87万亿元；期货公司管理规模0.31万亿元（见图1-3）。

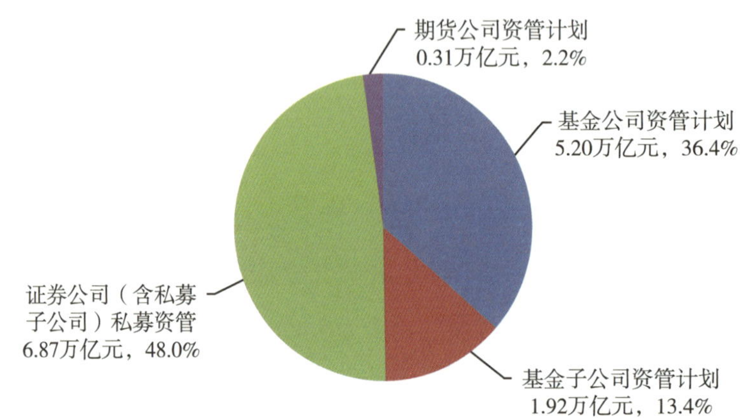

图 1-3　2022 年末证券期货经营机构私募资产管理业务规模构成

资料来源：中国证券投资基金业协会。

二、在宏观经济金融中的地位

自2018年《关于规范金融机构资产管理业务的指导意见》（以下简称“资管新规”）发布以来，资产管理业务迈向新发展阶段，证券期货经营机构在资管行业新格局中逐步确立自身定位，在提升直接融资比重、服务投资者理财方面发挥积极作用。截至2022年末，证券期货经营机构私募资产管理业务规模14.31万亿元，相当于当年GDP总量的11.82%，相当于年末社会融资规模存量的4.16%，相当于当年广义货币M2的5.37%，相当于年末人民币存款余额的5.41%，相当于年末股市流通市值的21.57%，相当于年末债券市场托管余额的9.90%（见表1-3）。

表 1-3　证券期货经营机构私募资产管理业务在宏观经济金融部门中的规模占比

年份	项目	证券期货经营机构私募资产管理业务	宏观经济		货币金融		资本市场	
			GDP	社会融资规模存量	M2	金融机构存款余额	股市流通市值	债券余额
2021	资产（万亿元）	15.98	114.37	314.13	238.29	232.25	75.16	133.11
	占比（%）	100.00	13.97	5.09	6.71	6.88	21.26	12.01
2022	资产（万亿元）	14.31	121.02	344.21	266.43	264.40	66.34	144.54
	占比（%）	100.00	11.82	4.16	5.37	5.41	21.57	9.90

资料来源：中国证券投资基金业协会整理。

第四节　私募投资基金

一、规模及构成

截至2022年末，已在中国证券投资基金业协会完成登记的私募投资基金管理人 23 667 家，备案私募投资基金 145 020 只，管理资产规模 20.28 万亿元。

从登记的私募投资基金管理人类型来看，私募证券投资基金管理人 9 023 家，私募股权、创业投资基金管理人 14 303 家，私募资产配置类管理人 9 家，其他私募投资基金管理人 332 家（见图 1-4）。从备案的私募投资基金类型来看，私募证券投资基金 92 578 只，资产规模 5.61 万亿元；私募股权投资基金 31 523 只，资产规模 11.11 万亿元；创业投资基金 19 353 只，资产规模 2.90 万亿元；私募资产配置基金 28 只，资产规模 53.55 亿元；其他私募投资基金 1 538 只，资产规模 0.65 万亿元（见图 1-5）。

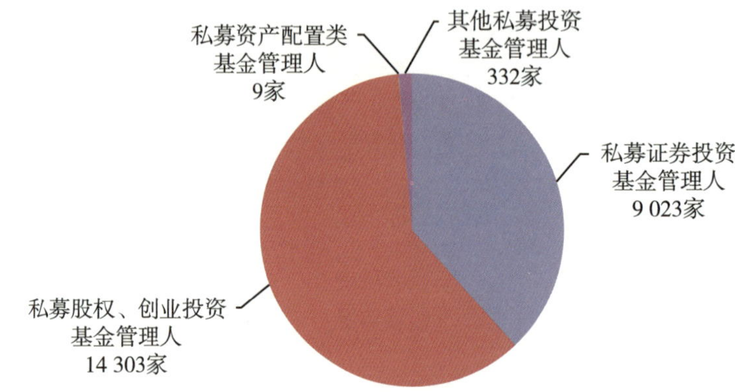

图 1-4　私募投资基金管理人类型分布

资料来源：中国证券投资基金业协会。

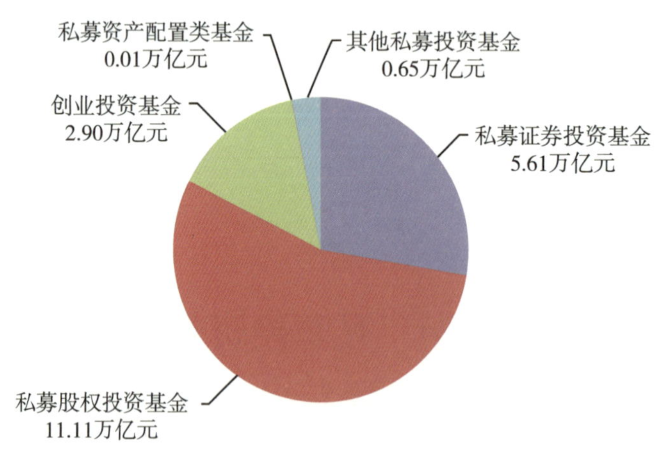

图 1-5　私募投资基金规模及构成

资料来源：中国证券投资基金业协会。

二、在宏观经济金融中的地位

自2013年6月《证券投资基金法》将私募基金纳入统一规范、2014年2月中国证券投资基金业协会实施登记备案以来，我国私募基金活力迸发，已经发展为创新资本形成的重要载体。截至2022年末，私募投资基金规模20.28万亿元，相当于当年GDP总量的16.76%，相当于年末社会融资规模存量的5.89%，相当于当年广义货币M2的7.61%，相当于年末人民币存款余额的7.67%，相当于年末股市流通市值的30.57%，相当于年末债券市场托管余额的14.03%（见表1-4）。

表1-4　私募投资基金在宏观经济金融部门中的规模占比

年份	项目	私募投资基金	宏观经济		货币金融		资本市场	
			GDP	社会融资规模存量	M2	人民币存款余额	股市流通市值	债券余额
2021	资产（万亿元）	20.27	114.37	314.13	238.29	232.25	75.16	133.11
2021	占比（%）	100.00	17.72	6.45	8.51	8.73	26.97	15.23
2022	资产（万亿元）	20.28	121.02	344.21	266.43	264.40	66.34	144.54
2022	占比（%）	100.00	16.76	5.89	7.61	7.67	30.57	14.03

资料来源：中国证券投资基金业协会整理。

第五节　养老金概览

一、我国养老金体系现状

截至2021年末，我国第一支柱基本养老保险参与人数10.29亿人，结余规模6.40万亿元；第二支柱年金基金中，企业年金参与人数2 875万人，总规模2.64

万亿元。职业年金参与人数约4 325万人①，总规模1.79万亿元②；个人税收递延型商业养老保险试点③参与人数5万人，总规模6.3亿元④。

2022年4月，国务院办公厅发布《关于推动个人养老金发展的意见》(国办发〔2022〕7号)，确立了我国第三支柱养老保险基础制度框架，对健全我国多层次、多支柱养老保险体系具有标志性意义。2022年11月，人力资源和社会保障部、财政部、国家税务总局、银保监会、证监会联合发布《个人养老金实施办法》，财政部、国家税务总局联合发布《关于个人养老金有关个人所得税政策的公告》，11月25日，个人养老金制度在36个先行城市(地区)启动实施。个人养老金是政府政策支持、个人自愿参加、市场化运营的补充养老保险制度。在中国境内参加城镇职工基本养老保险或者城乡居民基本养老保险的劳动者，都可以参加个人养老金制度。截至2022年末，个人养老金参加人数1 954万人，缴费人数613万人，总缴费金额142亿元。⑤

从参与人数和规模均可看出，我国养老金体系第一、第二、第三支柱之间发展不均衡，较为依赖第一支柱基本养老保险，我国养老金第二、第三支柱仍然存在较大的发展空间(见表1–5)。

表 1–5　　我国养老金三支柱体系

	战略储备	第一支柱	第二支柱		第三支柱(4)
	全国社会保障基金	基本养老保险	企业年金	职业年金	个人养老金
制度模式	无短期支付压力、集中投资运营	现收现付+个人账户积累制	个人账户积累制	个人账户积累制	个人账户积累制(试点)
资金来源	财政资金拨款、国有资本划转	单位缴费、个人缴费、财政资金补贴	企业和个人缴费	机关事业单位和公务员缴费	个人缴费
2021年末参与人数	—	10.29亿人	2 875万人	约4 325万人	5万人

① 职业年金参与人数未明确披露，该数据来源于2022年4月25日国务院政策例行吹风会的公开发言。

② 数据截至2021年末，来源于《2021年度人力资源和社会保障事业发展统计公报》。

③ 2018年4月，财政部、国家税务总局、人社部、银保监会、证监会联合发布《关于开展个人税收递延型商业养老保险试点的通知》(财税〔2018〕22号)，是我国第三支柱个人养老金制度的探索与实践。

④ 数据截至2021年末，来源于中国银保监会相关新闻。

⑤ 人力资源和社会保障部2022年四季度新闻发布会。

续表

	战略储备	第一支柱	第二支柱		第三支柱[4]
	全国社会保障基金	基本养老保险	企业年金	职业年金	个人养老金
2021年末总规模/结余规模	25 981亿元[1]	63 970亿元	26 406亿元	17 900亿元	6.3亿元
2021年末投资规模	25 981亿元[2]	14 605亿元[3]	26 077亿元	17 900亿元	6.3亿元[5]

注：(1)(2)作为战略储备的社保基金规模应为可支配的实际金额，故此处引用的是《2021年全国社会保障基金理事会社保基金年度报告》中2021年末"全国社保基金权益"这一数据口径，即"社保基金资产总额"扣除"社保基金负债余额"后，再减去"个人账户基金权益"与"地方委托资金权益"。

(3)此处引用的是《全国社会保障基金理事会基本养老保险基金受托运营年度报告(2021年度)》中"2021年末基本养老保险基金权益总额"这一数据口径，即"基本养老保险基金资产总额"扣除"基本养老保险基金负债余额"。

(4)(5)数据截至2021年末，故本表中"第三支柱"仅包含个人税收递延型商业养老保险试点相关情况。

资料来源：人力资源和社会保障部官网及公开发言，全国社会保障基金理事会官网，银保监会公开发言。

二、基金行业管理养老金规模

全国社会保障基金、基本养老保险基金投资管理中，分为直接投资和委托投资两部分，年金基金也分为受托直投和委托投资两部分。包括基金行业在内的资产管理行业受托管理的养老金属于委托投资这一部分。

截至2021年末，全国社会保障基金(以下称"社保基金")委托投资规模为19 985亿元①，基本养老保险基金委托投资规模为9 031亿元②，企业年金委托投资

① 《全国社会保障基金理事会社保基金年度报告(2021年度)》中仅披露了"社保基金资产总额"(包含负债)口径下的"直接投资资产规模"和"委托投资资产规模"，未披露"社保基金权益总额"(不含负债)口径下的"直接投资规模"和"委托投资规模"；受限于数据可获取性，此处数据直接引用了年报中"委托投资资产规模"这一数字。

② 《全国社会保障基金理事会基本养老保险基金受托运营年度报告(2021年度)》中仅披露了"基本养老保险基金资产总额"(包含负债)口径下的"直接投资资产规模"和"委托投资资产规模"，未披露"基本养老保险基金权益总额"(不含负债)口径下的"直接投资规模"和"委托投资规模"；受限于数据可获取性，此处数据直接引用了受托运营年报中"委托投资资产规模"这一数字。

规模为25 607亿元，合计54 623亿元，职业年金暂未披露委托投资规模。其中基金行业受托管理的境内养老金规模为31 231亿元①，占上述已披露养老金委托投资总规模的57.18%（见图1–6）。

根据公募基金公开信息披露数据统计，截至2022年末，共有133只养老目标基金Y类份额作为个人养老金基金成立运作，Y类份额总规模20.06亿元。

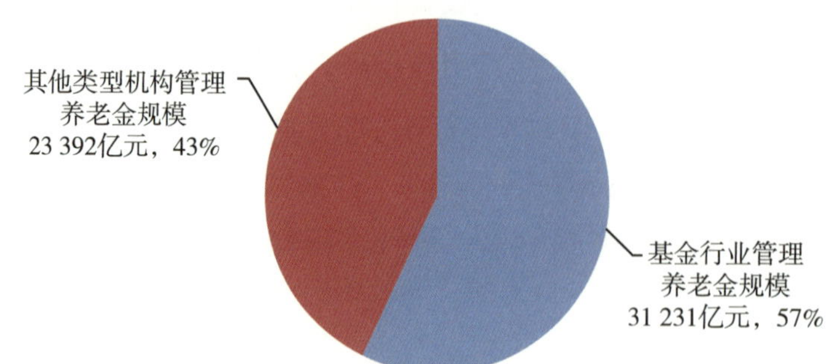

图 1–6　2021 年末基金行业管理养老金规模占比

资料来源：人力资源和社会保障部官网，全国社会保障基金理事会官网，中国证券投资基金业协会。

第六节　绿色投资概览

党的十八大以来，以习近平同志为核心的党中央把生态文明建设摆在全局工作的突出位置，作出一系列重大战略部署，把生态文明建设纳入“五位一体”总体布局，把坚持人与自然和谐共生纳入新时代坚持和发展中国特色社会主义的基本方略，把绿色发展纳入新发展理念，把污染防治攻坚战纳入三大攻坚战，把美丽中国纳入建成社会主义现代化强国的战略目标。党的二十大报告指出，“中国式现代化是人与自然和谐共生的现代化”，“推动经济社会发展绿色化、低碳化是实现高质量发展的关键环节”，为我国现代化、高质量发展作出了重大判断。

2018年11月，中国证券投资基金业协会发布了《绿色投资指引（试行）》，不对行业机构做强制性约束，而是以促进企业环境绩效、发展绿色产业、减少环

① 此处为基金行业受托管理的社保基金、基本养老保险基金、企业年金的合计规模，不含社保基金理事会投资私募基金规模。

境风险为目标，引导行业构建绿色投资体系，为绿色投资实践提供基础性、原则性、普适性的方法框架。2019—2022年，基于《绿色投资指引（试行）》要求连续4年开展了基金管理人绿色投资自评估调查，发布4期《基金管理人绿色投资自评估报告》，向行业传递绿色/ESG投资核心理念，分享ESG研究成果与最佳实践。

从中国证券投资基金业协会绿色投资自评估调查结果看，近几年基金行业发展绿色及ESG投资的主动性、积极性明显提高，行业共识不断扩大；基金管理公司加速搭建内部绿色/ESG投研体系，部分头部公募机构已自主建立相关数据库和绿色投研体系，私募股权创投基金在绿色投资投后管理方面独具优势。

根据中国证券投资基金业协会统计，截至2022年末，绿色、可持续、ESG等投资方向[①]的公私募基金1 357只，规模合计约9 065亿元。其中，公募基金296只，管理规模逾4 037亿元；私募基金1 061只，管理规模5 028亿元，其中股权创投基金规模占比超过90%，绿色投资、可持续投资的力量初步显现。

① 基金名称中含有“ESG、社会责任、碳中和、气候变化、新能源、治理、生态、低碳、环保”等关键词的基金。

第二章

公开募集证券投资基金

我国公募基金起步于1998年。与其他金融行业相比，公募基金自始即大量吸收成熟市场行之有效的制度经验，并持续改进，为行业长治久安奠定了法治基础。1997年11月，国务院证券委员会颁布《证券投资基金管理暂行办法》，确立了集合投资、受托管理、独立托管和利益共享、风险共担等基金基本原则。1998年3月，经中国证监会批准，南方基金管理公司和国泰基金管理公司分别发起设立两只封闭式基金——基金开元和基金金泰，拉开了我国证券投资基金发展序幕。1998年和1999年，分别有5家基金管理公司设立，俗称“老十家”。2000年10月，中国证监会发布并实施《开放式证券投资基金试点办法》。2001年9月，我国第一只开放式公募基金——华安创新诞生，揭开公募基金发展新篇章。2002年，首家中外合资基金管理公司成立。2003年6月，《证券投资基金法》颁布，系统地规范了基金当事人的权利义务，尤其是受托人信义义务，为行业规范运作奠定坚实的基础。中国证监会陆续颁布《证券投资基金管理公司管理办法》等6个部门规章。“一法六规”为公募基金和基金管理公司规范运作奠定了制度基础。2005年，基金管理公司外资持股比例上限提高至49%，一大批中外合资基金管理公司成立或获得外资增股。2007年，行业规模超过万亿元。2012年中国证券投资基金业协会成立。2013年6月，《证券投资基金法》完成重大修订并正式实施。新《证券投资基金法》全面落实信义义务要求，进一步优化行政监管，强化行业自律，全面加强基金持有人权益保护。

在不断完善的法治环境下，基金业市场化、国际化不断推进，并相互促进。公募基金市场交易机制透明，风险收益归属清晰，业绩竞争较为充分，在资产管理领域率先建立了最先进、最完善的制度体系，确立了基金财产独立制度、强制托管制度、风险自担的产品设计和销售规范、每日估值制度、信息披露制度、公平交易制度以及严格的监管执法，是信托关系落实最为充分的资产管理行业。20余年间未发生系统性金融风险，成为财富管理行业的标杆，是大众理财的理想工具。2022年末，公募基金管理机构发展到156家①，管理资产规模达到26.03万亿元。

第一节 公募基金行业整体情况

一、总体情况

公募基金规模在经历2010年、2011年连续两年下降后，以年均24.69%的速度连续11年快速增长，至2022年末已超过26万亿元。中国经济同期年均增速8.61%，居民财富日益增长，公募基金提供了财富保值增值的投资渠道。同时，良好的流动性使公募基金也成为企业资产配置的重要选择。从可追溯资金流动性数据的2011年以来，投资者对公募基金的投资依赖性总体趋强，持续11年资金净流入，平均每年净流入金额超万亿元（见图2-1）。

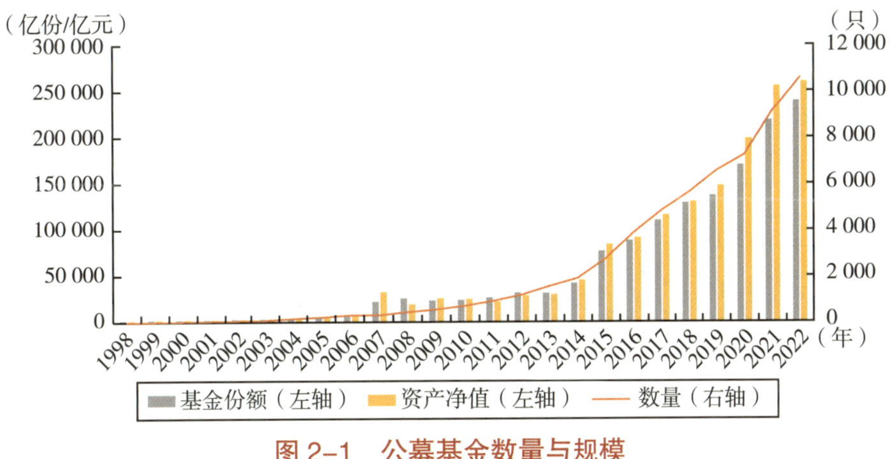

图2-1 公募基金数量与规模

资料来源：中国证监会，中国证券投资基金业协会。

随着公募基金投资者对资金流动性需求的增强，传统封闭式基金逐步退出历史舞台，开放式基金越来越受投资者青睐。下文所述封闭式基金指截至统计时点处于封闭期的基金。

① 按照中国证监会公布的公募基金管理机构名录统计，以机构取得经营证券期货业务许可证为准。

二、基金类型

近十余年，在总规模持续增长的同时，开放式公募基金内部结构不断变化。权益类基金（股票基金与混合基金）与货币市场基金资产净值在总计中的占比此消彼长。权益类基金占比从2008年的64%降至最低点2018年的17%后，近几年占比显著回升，受基础市场波动影响，2022年权益类基金占比略有回落，为29%。货币市场基金占比从2008年的20%增至最高点2018年的58%后有所回落，2022年货币市场基金占比为40%；债券基金占比呈波动状，从2008年的10%增至2019年的19%，后略下降至2022年的16%；QDII基金占比呈先降后升趋势，2018年占总资产净值的0.5%为最低值，至2022年占比提高至1.3%。

相关资料见表2-1、表2-2和图2-2。

表 2-1　　各类型开放式公募基金资产净值　　（单位：亿元）

年份	股票基金	混合基金	货币市场基金	债券基金	QDII
2008	7 243	5 193	3 892	1 880	522
2009	13 703	7 478	2 581	839	742
2010	13 215	7 301	1 533	1 450	736
2011	10 248	5 707	2 949	1 204	576
2012	11 477	5 647	5 717	3 777	632
2013	10 958	5 627	7 476	3 225	584
2014	13 142	6 025	20 862	3 473	487
2015	7 657	22 287	44 443	6 974	663
2016	7 059	20 090	42 841	14 239	1 024
2017	7 602	19 378	67 357	14 647	914
2018	8 245	13 604	76 178	22 629	706
2019	12 993	18 893	71 171	27 661	931
2020	20 017	43 601	80 521	27 484	1 289
2021	25 817	60 514	94 678	40 996	2 384
2022	24 782	49 973	104 558	42 731	3 268

资料来源：中国证监会，中国证券投资基金业协会。

表 2-2　各类型开放式公募基金资产净值占比　（单位：%）

年份	权益类基金占比	货币市场基金占比	债券基金占比	QDII 占比
2008	64.1	20.1	9.7	2.7
2009	81.4	9.9	3.2	2.9
2010	81.9	6.1	5.8	2.9
2011	72.8	13.5	5.5	2.6
2012	59.7	19.9	13.2	2.2
2013	55.2	24.9	10.7	1.9
2014	42.3	46.0	7.7	1.1
2015	35.7	52.9	8.3	0.8
2016	29.6	46.8	15.5	1.1
2017	23.3	58.1	12.6	0.8
2018	16.8	58.4	17.4	0.5
2019	21.6	48.2	18.7	0.6
2020	32.1	40.6	13.8	0.7
2021	33.8	37.0	16.0	0.9
2022	28.7	40.2	16.4	1.3

资料来源：中国证监会，中国证券投资基金业协会。

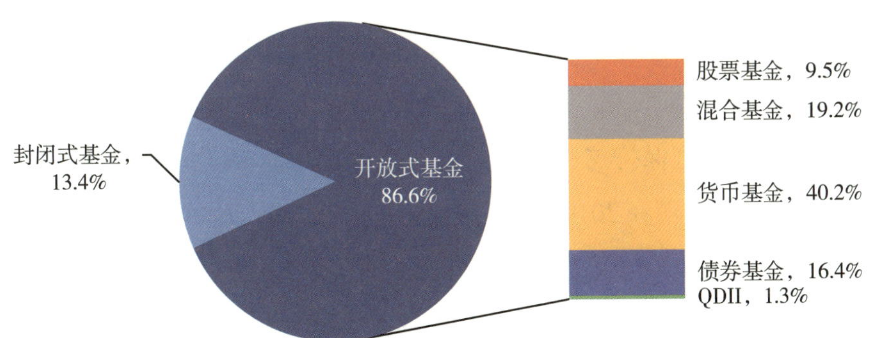

图 2-2　2022 年末各类型公募基金资产净值占比

资料来源：中国证监会，中国证券投资基金业协会。

整体来看，公募基金管理规模集中度较2021年有所下降。前20家、前15家、前10家、前5家的集中度分别从2021年的66.4%、56.5%、44.1%、27.2%下降至63.6%、53.5%、40.1%、23.48%。从各类型基金管理规模集中度来看，股票基金集中度最高，截至2022年末，前5家管理规模占全部股票基金规模的39.1%，前10家占比为63.1%；而集中度较低的为债券基金，前20家管理规模合计占全部债券基金规模的54.5%（见图2-3）。

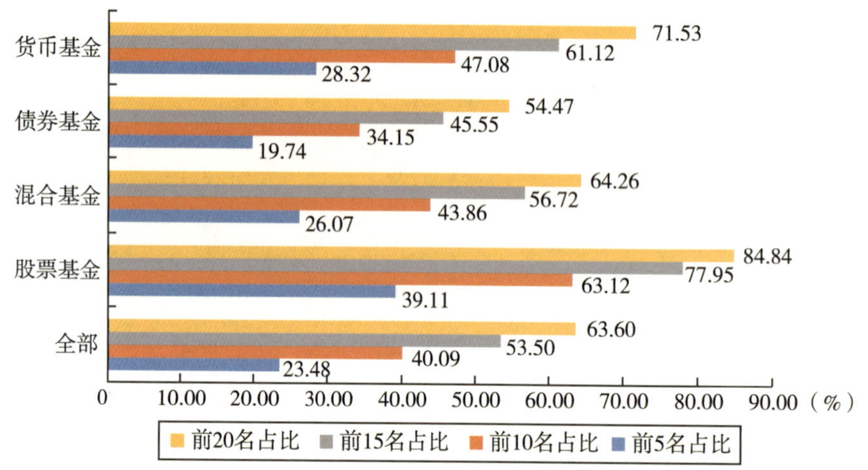

图2-3　2022年末公募基金主要类型集中度（管理人维度）

资料来源：中国证监会，中国证券投资基金业协会。

三、基金账户[①]

截至2022年末，公募基金有效账户（指截至统计时点持有基金份额的账户）数超过15亿户，为15.22亿户，大部分为个人账户，其中仅65.93万户为机构账户，近10余年来一直保持这一结构特点。从持有基金资产情况来看，机构投资者持有公募基金的比例在2019年达到高点后有所回落，从2012年末的29%增至2019年末的51%，在2021年末进一步降至45%，在2022年略有上升至48%。另外，截至2022年末，场外公募基金个人投资者数量为7.59亿人（见图2-4）。

① 公募基金账户数为场外账户数，不包括场内账户数。

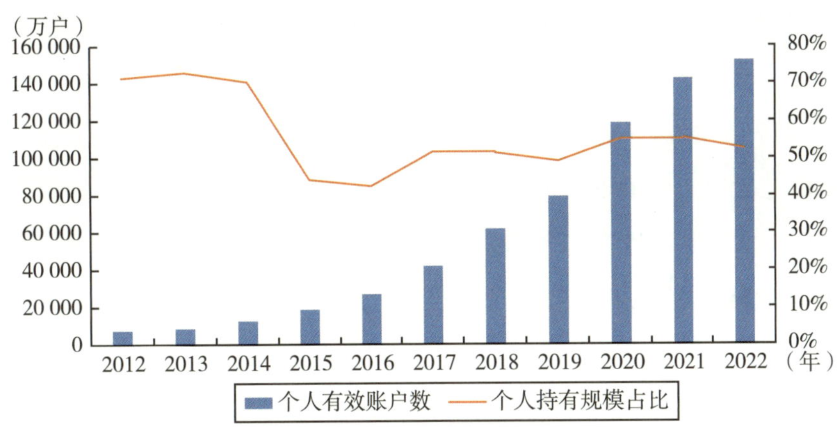

图 2-4　公募基金账户情况

资料来源：中国证监会。

四、资产配置

截至2022年末，在公募基金约28万亿元的总资产中，现金类资产8.19万亿元[①]，占总资产的29.18%；债券类资产10.05万亿元，占总资产的35.80%；买入返售资产、应收利息、资产支持证券等收益权类资产合计3.21万亿元，占总资产的11.44%；股票资产5.48万亿元[②]，占总资产的19.52%（见图2-5）。受基础市场波动影响，2022年公募基金持有股票资产规模出现回落。

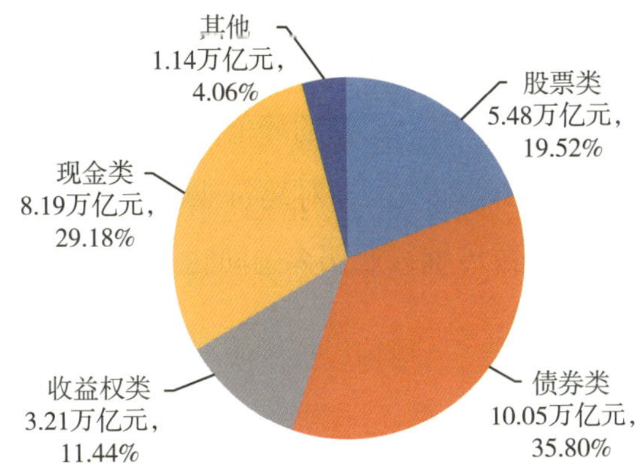

图 2-5　2022 年末公募基金资产配置

资料来源：中国证券投资基金业协会。

① 包括同业存单。

② 不包括境外股票。

2022年末，基金持有市值超千亿元的行业[①]分别是制造业、金融业、信息技术、采掘业、科学研究与技术服务、交通运输和房地产，七大行业分别持有市值38 417亿元、4 164亿元、3 094亿元、1 562亿元、1 418亿元、1 272亿元和1 002亿元，合计市值5.09万亿元。基金对这七大行业的偏好度[②]分别为125%、48%、116%、54%、235%、65%和82%，对科学研究与技术服务业高度超配，制造业略有超配，信息技术和房地产标配，金融业、采掘业和交通运输低配。

在流通市值超过万亿元的九大行业中，基金仅对制造业略有超配，信息技术和房地产标配，对金融、采掘、交通运输、电力、批发零售和建筑业等六个行业均为低配，行业偏好度在20%到60%之间。小市值的10个行业中，主要超配科学研究、卫生社会工作和住宿餐饮三个行业（见图2-6）。

2022年末，主动管理的基金持有A股股票市值4.08万亿元，持有市值居前六大行业的分别是制造业、信息技术、金融业、采掘、科学研究和技术服务业及交通运输。其中，主动管理基金对科学研究和技术服务业、信息技术的偏好度更高，对金融业的偏好度更低，对另外3个行业的偏好度基本一致。基金持有金融行业市值的60%，近2 400亿元由指数基金持有，主动管理基金对金融行业的偏好度非常低。

从2013年以来主动管理基金的行业配置偏好趋势来看，对制造业一直非常稳定地略有超配，对金融业、采掘业、电力和交通运输是持续稳定地低配，对信息技术业有2015年和2020年两个大幅超配的峰值，总体趋势向下，对房地产业有2014年底和2019年初短暂的超配阶段，对建筑业和批发零售业的偏好则是从超配到低配一路向下。对大多数传统行业摒弃的同时，基金对新兴产业的偏好度一直保持在高位。

---

① 采用证监会行业分类标准。

② 本书使用行业偏好度指标来衡量公募基金对不同行业的投资偏好情况。行业偏好度的计算方式：如某行业的流通市值占市场总流通市值比为5%，而公募基金投资该行业的市值占基金股票投资市值的10%，表明公募基金将更大比例的资金投向该行业，此时该行业偏好度为200%；反之亦然。将行业偏好度在80%~120%视为标配，高于120%的视为超配，值越高，偏好越强；低于80%的视为低配，值越低，偏好越弱。

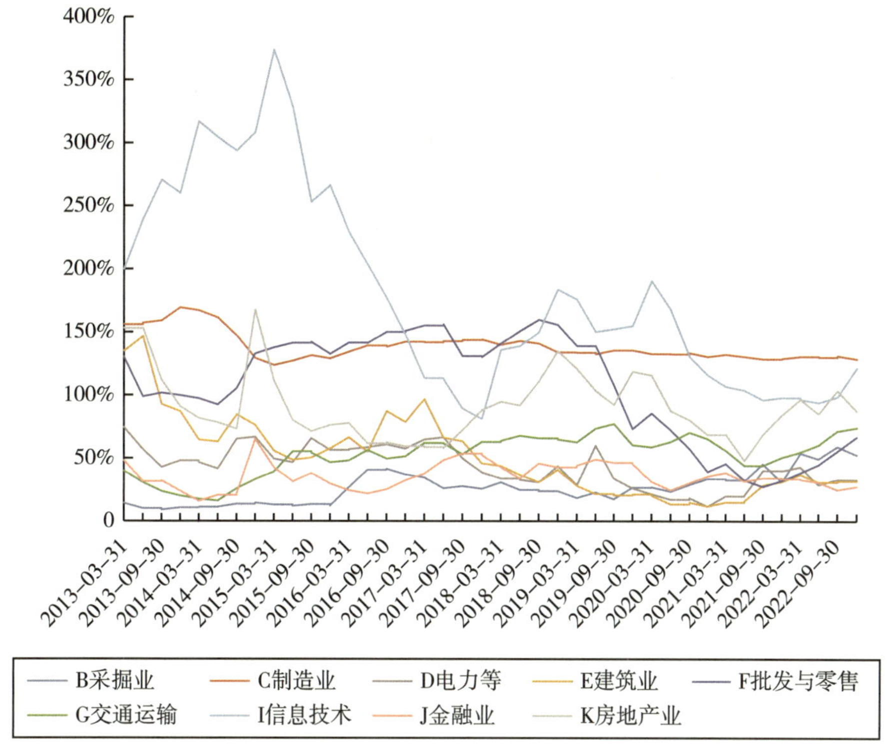

图 2-6　2013—2022 年基金对前九大行业的配置偏好度

资料来源：中国银河证券基金研究中心。

五、资金来源与流动情况

（一）资金来源

截至2022年末，公募基金中来源于个人投资者的资金占比为51.87%，来源于养老金（基本养老、企业年金和社保基金）的资金占比为0.93%，来源于境外的资金占比为0.14%，来源于其他各类机构投资者的资金占比为47.06%。

机构投资者（除养老金外）中，来源于银行的资金（含自有资金及其发行的资管产品）最多，占整个公募基金资金来源的27.19%；其次为保险资金（含自有资金及其发行的资管产品），占整个公募基金资金来源的6.32%（见图2–7）。机构投资者主要为机构发行的资管产品，其中大部分仍是个人投资者资金的集合。因此，穿透来看公募基金还是主要服务于个人投资者。

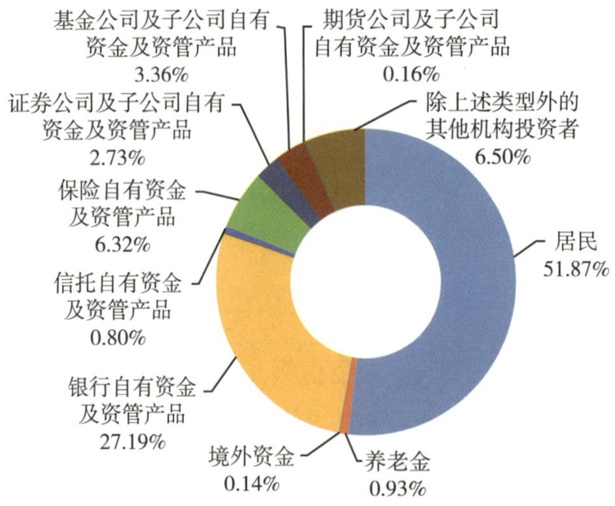

图 2-7　2022 年末公募基金资金来源情况

资料来源：中国证券投资基金业协会。

（二）资金流动[①]

从2022年全年来看，公募基金呈现资金净流入状态，延续了近年来的净流入态势。2022年全年净流入资金约为上年的53%，其中非货币市场基金净流入金额下降74%，货币市场基金净流动金额绝对值约为上年的2倍（见图2-8）。

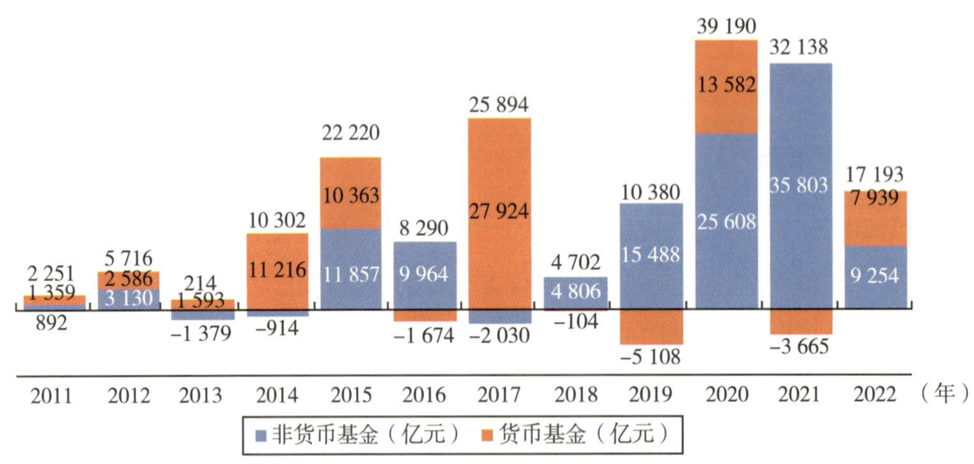

图 2-8　公募基金资金净流动情况

资料来源：中国证监会（2018年及以前），中国证券投资基金业协会（2019—2022年）。

① 资金净流动=认购金额+申购金额-赎回金额。不考虑分红，仅考虑投资者的申购赎回带来的资金流动，资金净流动为正表示净流入，资金净流动为负表示净流出。

从具体各类型基金的资金净流入情况看，2022年，股票基金净流入4 157.64亿元，混合基金净流出2 952.58亿元，债券基金净流入6 876.19亿元，货币市场基金净流入7 938.87亿元，QDII基金净流入997.07亿元。

六、新设情况

受基础市场波动影响，2022年新基金的成立数量和募集规模较2021年有所回落，共成立1 502只基金，合计募集份额1.50万亿份。其中，股票型基金298只，募集份额1 608.67亿份；混合型基金541只，募集份额4 998.68万亿份；债券型基金472只，募集份额7 763.62亿份；QDII基金31只，募集份额76.15亿份；其他基金（含公募REITs）共成立160只，募集份额513.93亿份（见图2-9及图2-10）。

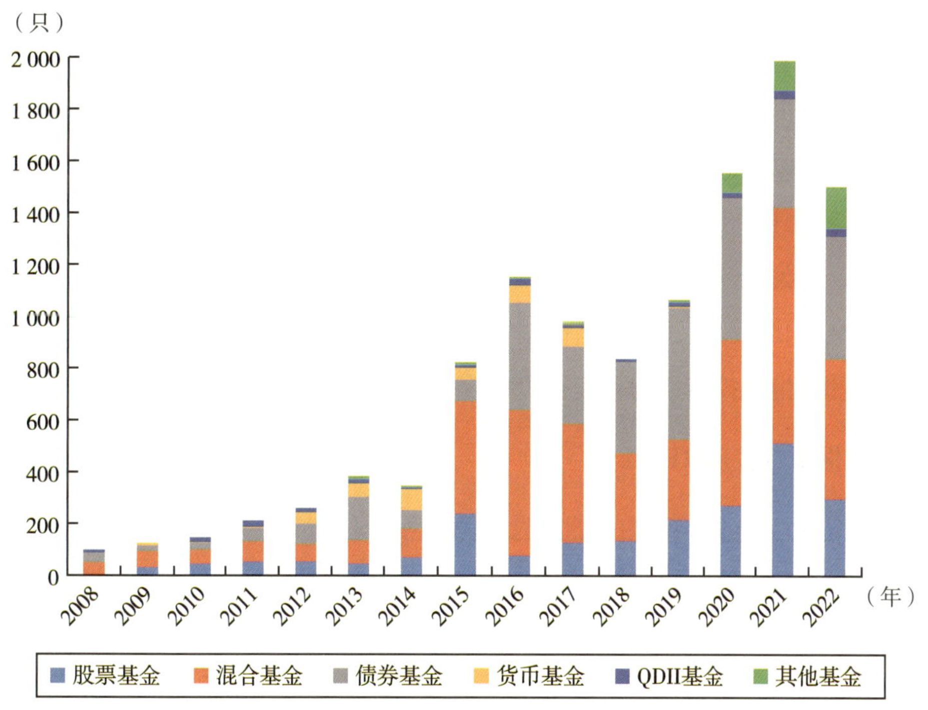

图2-9　2008—2022年各类型基金新设立数量

资料来源：中国银河证券基金研究中心。

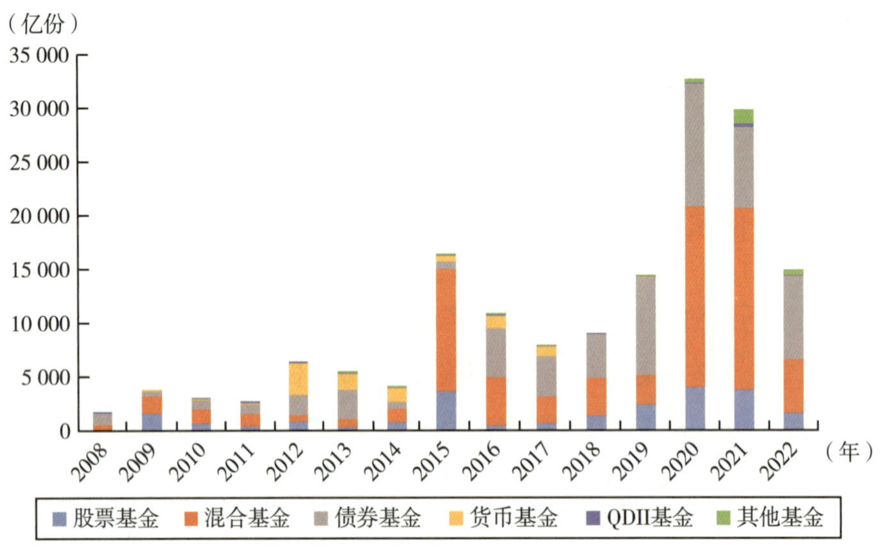

图 2-10　2008—2022 年各类型基金新发行份额

资料来源：中国银河证券基金研究中心。

从平均募集份额看，2022年全市场基金平均募集份额为9.96亿份。其中，股票基金平均募集份额5.40亿份，混合基金平均募集份额9.24亿份，债券基金平均募集份额16.45亿份，QDII平均募集份额2.45亿份，其他基金（含公募REITs）平均募集份额3.21亿份。

此外，2022年公募基金行业在产品和政策方面延续创新并不断丰富产品线，保障性租赁住房REITs、混合估值法债券型基金、中证1000ETF及碳中和ETF等创新产品的问世和扩容，为市场投资者提供了更为丰富的选择。

（一）保障性住房REITs

2022年8月16日，国内首批3只保障性租赁住房REITs正式发售，分别为中金厦门安居REITs、红土创新安居REITs、华夏北京保障房REITs，总计募集37.97亿元。保障性租赁住房REITs以资本市场为平台，一方面将普通投资者与基础设施领域的优质资产进行有效串联，成为串联居住需求与投资需求的纽带；另一方面，此项举措也能践行金融服务实体、金融惠及民生的理念，进一步拓宽保障性租赁住房建设资金来源，助推房地产行业供给侧改革，打通保障性租赁住房企业的高效退出渠道，形成存量资产与新增投资的良性循环。

（二）混合估值法债券型基金

混合估值法债券型基金，具体是指将基金资产划分为两类：一部分资产采用市值法估值；另一部分资产则采用摊余成本法估值。2022年6月，28家公募基金管理人集体上报混合估值法债券型基金，在第一次反馈的意见中，共计5只产品入围首批混合估值基金名单。2023年2月，首批5只混合估值封闭式债基正式发行，产品均为封闭式基金，存续期限为12~30个月不等，均规定投资于摊余成本法估值的债券资产比例的下限为50%，同时规定投资市值法估值的资产比例不低于20%。混合估值法既能克服摊余成本法产品封闭期较长、流动性不佳的缺点，还能在一定程度上平抑资管产品净值化转型所带来的净值回撤和波动较大的现象。

（三）中证1000ETF

2022年7月18日，中国证监会批准中国金融期货交易所开展中证1000股指期货和期权交易。此次产品标的选择了市值更为下沉的中证1000指数，在一定程度上体现了国内金融监管部门对中小市值公司在流动性管理和风险管理方面的重视。2021年末，易方达、广发、富国、汇添富相继提交中证1000ETF申报材料，并于中证1000衍生品合约上市当日2022年7月22日集中发行，单只基金募集限额80亿元，合计募集规模275亿元。

（四）碳中和ETF

2022年7月4日，首批8只中证上海环交所碳中和ETF开始认购，合计发行份额超160亿份。8只碳中和ETF均以“中证上海环交所碳中和指数”为跟踪标的，基金管理人分别为易方达基金、广发基金、富国基金、南方基金、招商基金、汇添富基金、工银瑞信基金、大成基金。碳中和ETF不仅是基金产品，更是资本市场优化资源配置、推动资本和实体经济高水平循环发展的重要载体，是公募基金行业服务国家战略、推动创新驱动发展和经济转型升级的全新举措，对于推动国内绿色金融创新与发展、实现经济和环境的可持续发展具有重要意义。

七、ETF和LOF

ETF是一种在交易所上市交易的、基金份额可变的开放式基金。ETF以某一选定的指数所包含的成分证券（股票、债券等）或商品为投资对象，依据构成指数的证券或商品的种类和比例，采取完全复制或抽样复制进行被动投资。ETF采用实物申购、赎回机制，一级市场与二级市场交易并存。

LOF是一种既可以在场外市场进行基金份额申购、赎回，又可以在交易所（场内市场）进行基金份额交易和基金份额申购或赎回的开放式基金。它是我国证券投资基金的本土化创新。LOF结合了银行等代销机构和交易所两者的销售优势，为开放式基金销售开辟了新的渠道。

ETF和LOF都具有开放式申购、赎回和场内交易的特点，但两者存在本质区别。主要表现为：一是申购、赎回的标的不同，ETF与投资者交换的是基金份额与一篮子证券或商品，LOF申购、赎回的是基金份额与现金的对价；二是申购赎回的场所不同，ETF通过交易所进行，LOF既可以在场外销售机构网点进行，也可以在交易所进行；三是对申购赎回的限制不同，只有资金在一定规模以上的投资者才能参与ETF一级市场的申购赎回交易，而LOF无特别要求；四是基金投资策略不同，ETF通常采用完全被动式管理方法，LOF则是普通的开放式基金增加了交易所的交易方式，可以是指数基金，也可以是主动管理型基金。截至2022年末，全市场已上市交易的ETF共有764只，LOF共431只，资产份额分别为14 465.29亿份和5 871.92亿份（见表2–3）。

表 2–3　　上交所、深交所上市 ETF、LOF 概览

年份	ETF		LOF*	
	数量（只）	份额（亿份）	数量（只）	份额（亿份）
2004	1	54.35	1	27.71
2005	1	81.12	13	86.09
2006	5	89.96	17	331.37
2007	5	77.23	26	2 388.79
2008	5	154.91	28	2 267.82
2009	9	363.39	37	2 389.09

续表

年份	ETF		LOF*	
	数量（只）	份额（亿份）	数量（只）	份额（亿份）
2010	20	702.04	57	2 323.16
2011	37	949.17	82	2 400.96
2012	50	1 156.11	97	2 501.66
2013	87	1 159.50	109	2 186.90
2014	107	1 251.48	124	1 856.87
2015	129	3 544.20	162	1 509.24
2016	147	3 030.06	207	2 201.34
2017	170	2 333.01	272	1 815.15
2018	198	4 462.27	295	3 144.50
2019	285	4 900.13	318	3 795.47
2020	378	7 204.27	341	4 210.32
2021	641	10 275.41	407	5 692.88
2022	764	14 465.29	431	5 871.92

注：*按交易代码口径统计。

资料来源：上海证券基金评价研究中心，Wind资讯。

第二节　专业化投资能力

公募基金是个人投资者低成本参与资本市场、间接分享经济发展成果的重要渠道。以主动管理股票型基金为代表，基金的专业化管理能力体现为在波动市场中的主动管理能力，在市场景气时期能够获得与市场一致的投资回报，在市场不景气时期能够有效管理市场下行风险。

通过5年滚动年化收益率[①]来衡量基金的主动投资管理能力，我们发现除了2018年以外，在大部分时间里主动管理股票型基金的滚动表现均优于以沪深300为代表的基础市场。这意味着，2004年以来的任一时点上，投资者持有主动管理股票型基金5年以上，通常可以实现好于同期市场指数的平均年化收益率（见图2-11）。

① 即在任一时点上计算的过去5年平均年化收益率。

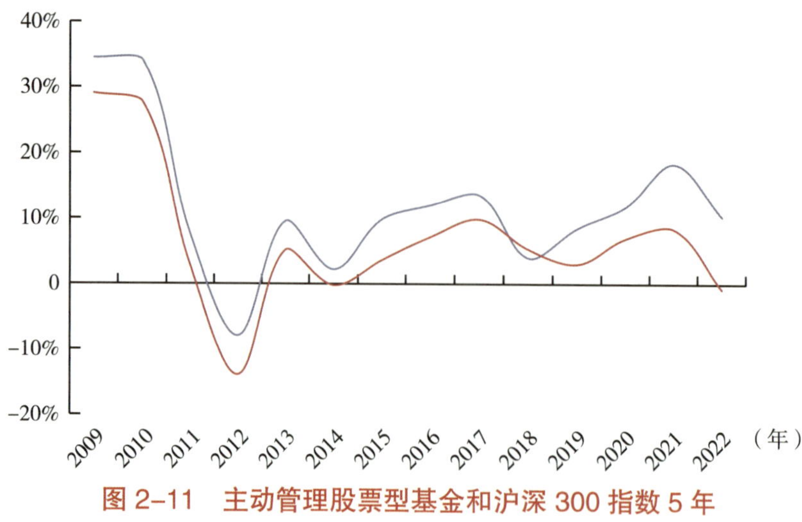

图 2-11　主动管理股票型基金和沪深 300 指数 5 年滚动年化收益（2009—2022 年）

注：图中蓝色代表主动管理股票型基金，红色代表沪深300。

资料来源：上海证券基金评价研究中心。

分年度和从5年滚动收益率来看，各类型主动管理基金均表现出较好的管理能力，在多数情况下能够给长期投资者带来优于市场基准的业绩表现。2022年资本市场呈单边下行走势，主动管理股票型基金的表现一般，全年股基指数收益与中证全指收益水平基本持平。由于当年未能击败基础市场，5年滚动收益率的领先优势有所收窄（见图2-12）。

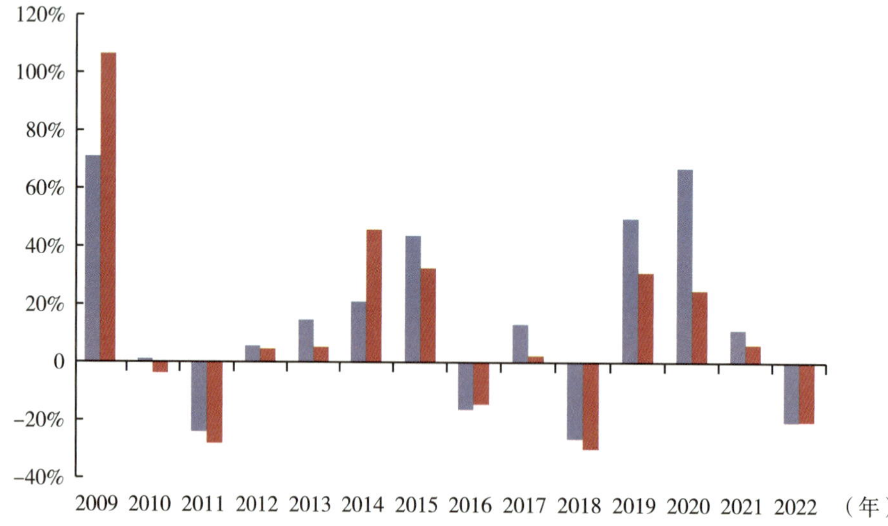

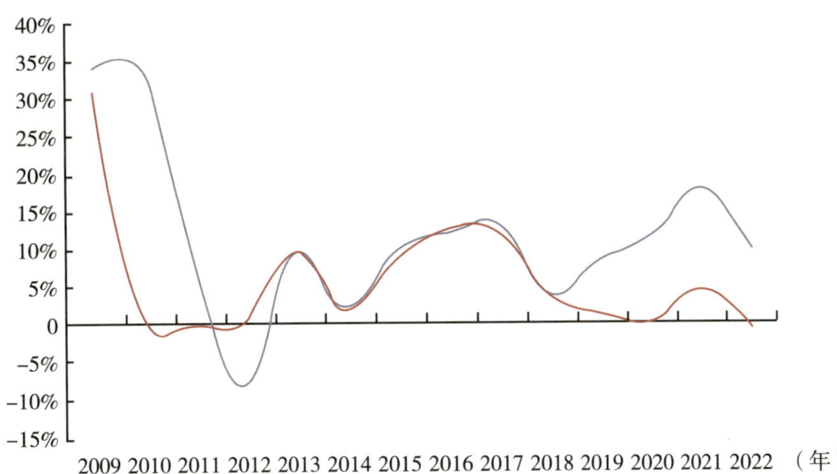

注：图中蓝色代表主动管理股票型基金，红色代表中证全指。

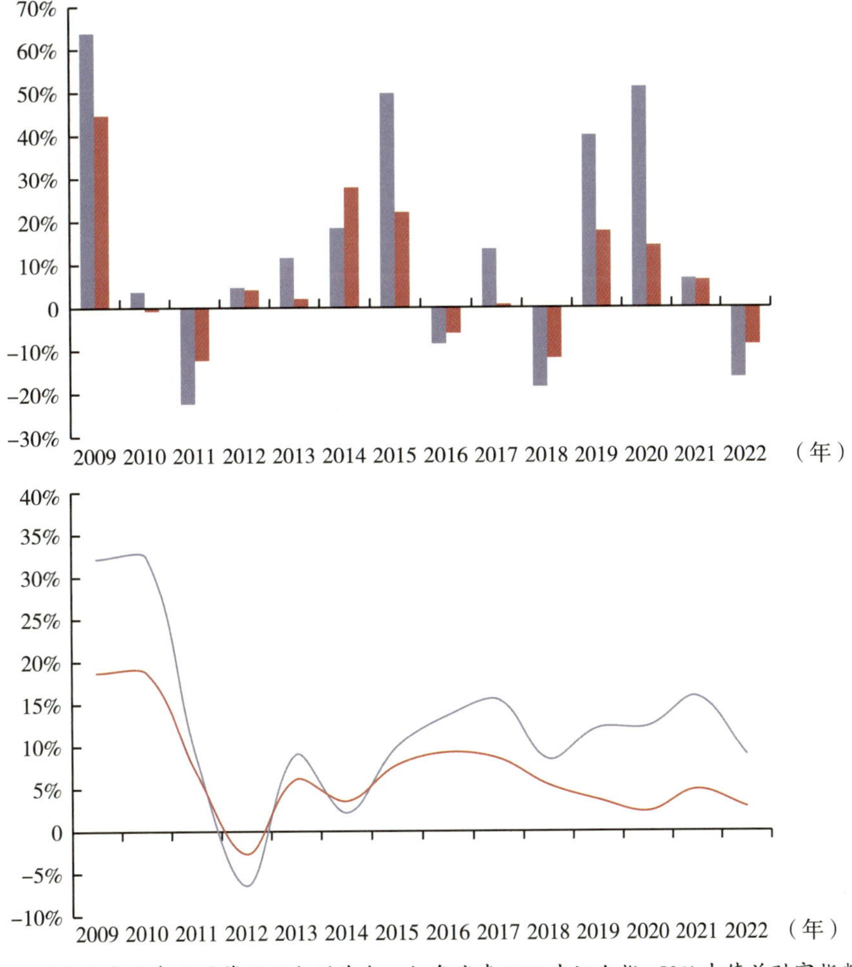

注：图中蓝色代表主动管理混合型基金，红色代表50%中证全指+50%中债总财富指数。

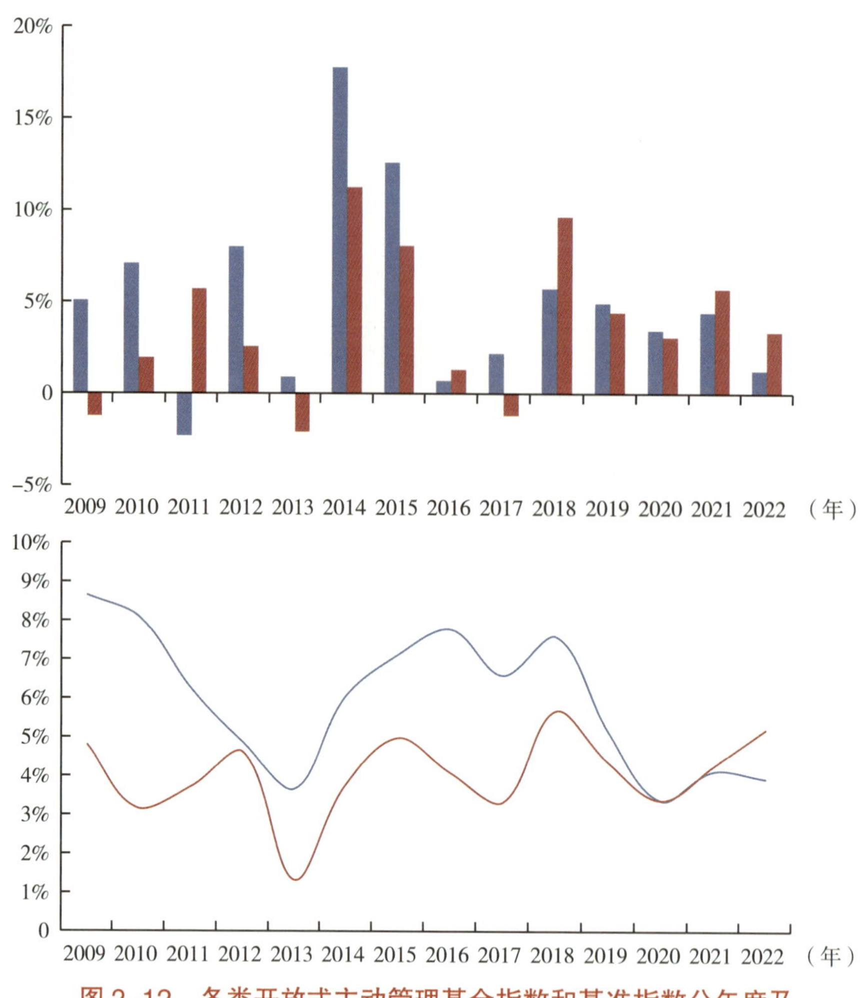

图 2-12　各类开放式主动管理基金指数和基准指数分年度及 5 年滚动收益率情况（2009—2022 年）

注：图中蓝色代表主动管理债券型基金，红色代表中债总财富指数。

资料来源：上海证券基金评价研究中心。

第三节　各类型基金

一、股票型基金

（一）股票基金的数量与规模

从基金数量来看，2022 年末，主动管理股票基金、标准指数基金、增强指数基金、股票ETF及其联接基金的数量占比分别为26.2%、14.7%、9.9%和49.1%（见图2-13）。从资产规模来看，2022年底，主动管理股票基金、标准指数基金、增强指数基金、股票ETF及其联接基金的规模占比分别为26.8%、12.0%、6.7%和54.5%，被动投资的指数基金规模合计占比73%（见图2-14）。

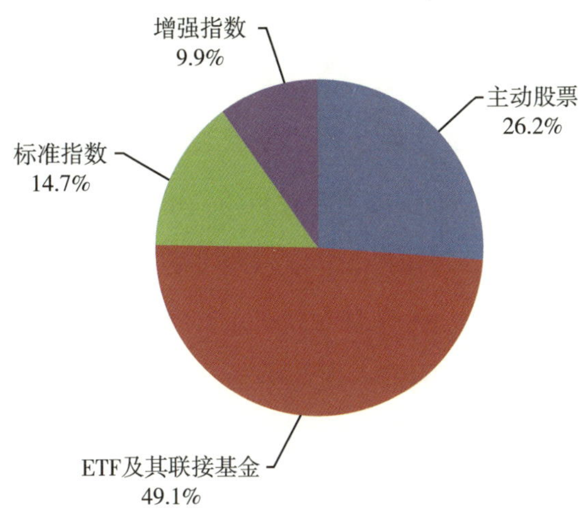

图2-13　2022年底各类型股票基金数量占比

资料来源：中国银河证券基金研究中心。

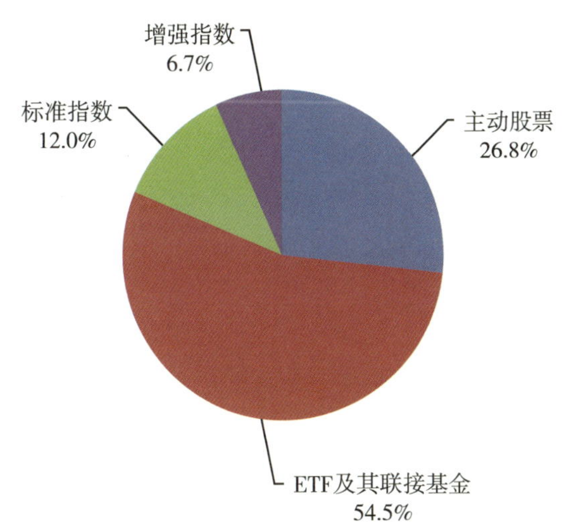

图2-14　2022年底各类型股票基金资产规模占比

资料来源：中国银河证券基金研究中心。

2022年受基础市场波动影响，主动股票基金的资产规模较上年度减少21%，份额基本持平。增强指数基金的资产规模较上年度增长2%，标准指数基金的资产规模较上年度减少13%，股票ETF及其联接基金的资产规模较上年度增长11%。总体来看，主动股票基金资产规模随市场波动而下降，ETF和指数增强基金由于资金流入，规模持续增长。

（二）股票基金的资产配置

截至2022年末，已披露季报的股票基金投资股票市值20 932亿元，占比84.4%；基金投资（全部为ETF联接基金投资对应的ETF）2 461亿元，占比9.9%；银行存款1 098亿元，占比4.4%（见图2–15）。包含债券在内的其他资产308亿元，占比1.2%（见图2–16）。考虑基金投资的ETF持有的几乎都是股票市值，穿透计算，股票基金持有股票市值的占比约94%。

主动投资的股票基金资产总值6 737亿元。其中，股票市值6 001亿元，占比89.1%；银行存款556亿元，占比8.2%；债券市值101亿元，占比1.5%；其他资产占比1.2%（见图2–16）。

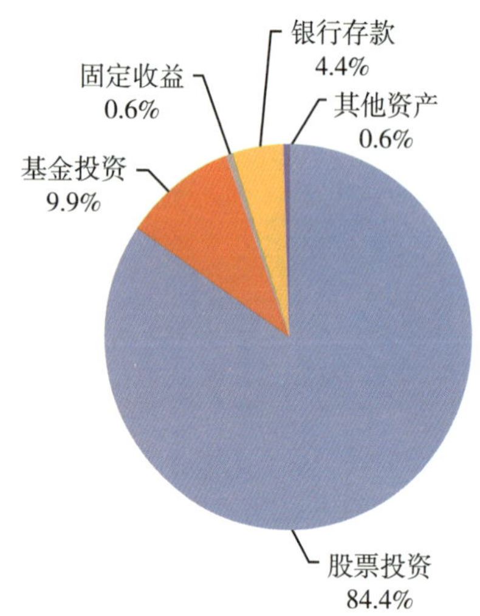

图 2–15　2022 年底股票基金资产配置

资料来源：中国银河证券基金研究中心。

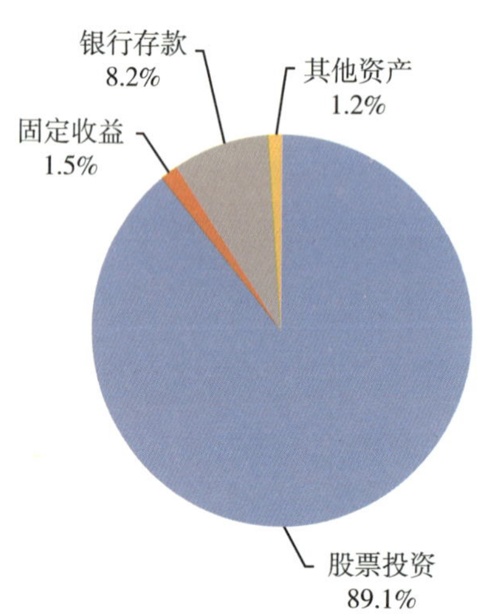

图 2–16　2022 年底主动股票基金资产配置

资料来源：中国银河证券基金研究中心。

2015年以来，股票基金的资产配置相对比较稳定，持有的股票市值占总资产的比例保持在84%上下，基金投资（ETF联接基金）保持在10%左右，银行存款占比5%左右（见图2-17）。

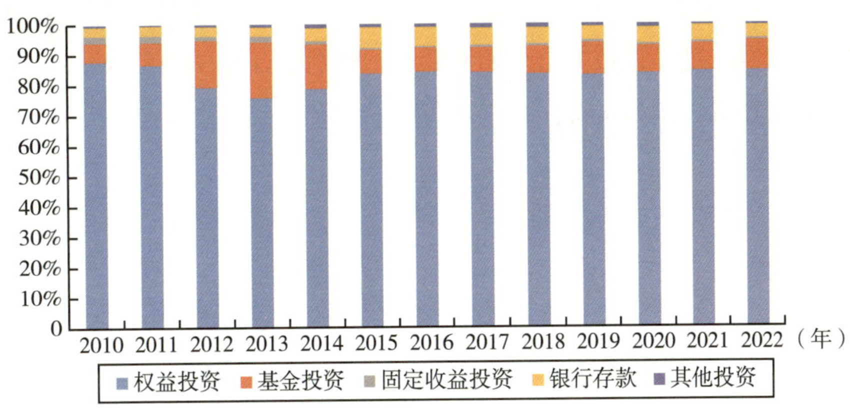

图2-17　2010—2022年股票基金的资产配置

资料来源：中国银河证券基金研究中心。

2015—2018年，股票基金持有的股票市值保持在6 000亿元上下，2018年由于股票ETF基金规模的大幅增长，尽管股市大幅下跌，股票基金持有的股票市值逆市上涨到6 618亿元。2019—2021年在资金净流入和股市大涨的背景下，股票基金持有的股票市值3年内增长了226%，突破2万亿元。2022年，受股票市场波动影响，股票基金持有的股票市值略有回落（见图2-18）。

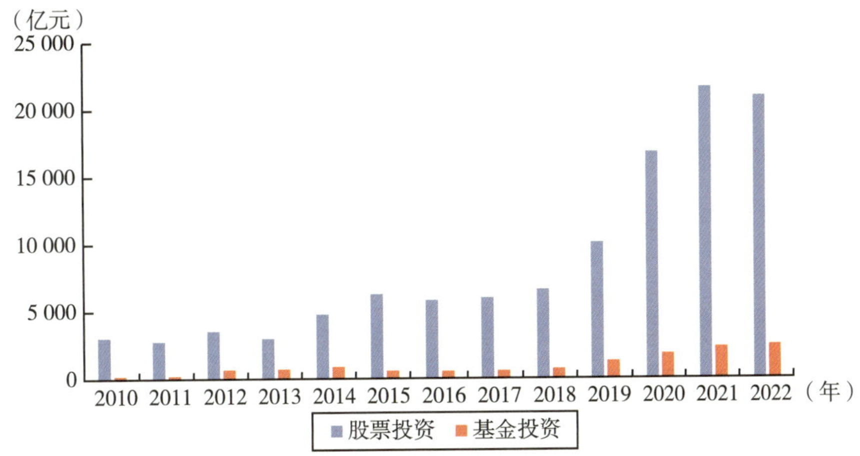

图2-18　2010—2022年股票基金持有的股票市值和基金投资

资料来源：中国银河证券基金研究中心。

2014年新的基金运作管理办法实施以后，股票基金投资股票的比例下限变成80%，主动股票基金的加权股票投资比例一直保持在较高的水平。数据显示，2015年以来剔除处于建仓期的新基金，正常运作的主动股票基金加权股票投资比例常年保持在85%以上，波动较小，最高接近93%，平均89%。即便在2015年3季度和2018年4季度，该数据出现相对低点，分别也有86%和87%。2022年末股票基金投资股票的比例是90%，略高于历史平均水平（见图2-19）。

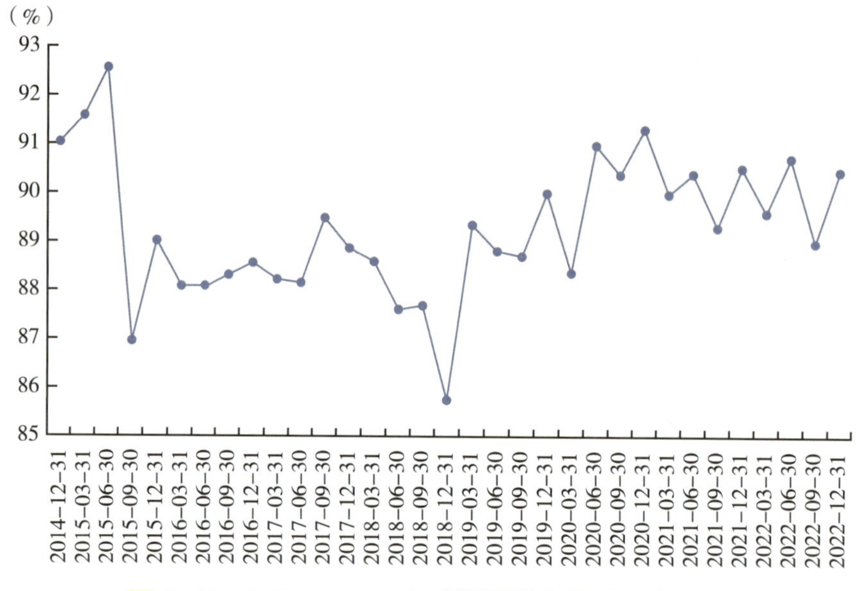

图 2-19　2015—2022 主动股票基金股票投资比例

资料来源：中国银河证券基金研究中心。

（三）股票基金的周转率

2022年，投资者持有股票基金的年度周转率为103%（规模加权平均，下同），较上年度大幅回落。其中股票ETF为130%，主动股票基金为48%。近十年的数据显示，股票基金持有人的周转率与股市行情、基金业绩密切相关，股市行情好的时候，周转率显著上升；同时，与基金产品特征也显著相关，股票ETF作为工具型、配置型产品，周转率显著高于主动股票基金（见图2-20）。

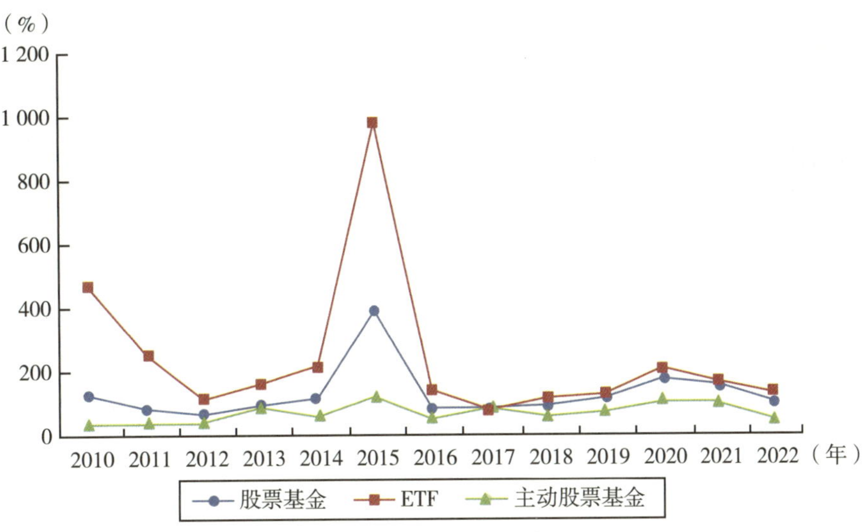

图 2-20　2010—2022 年投资者持有股票基金的年度周转率

注：加权平均持有人周转率 =（（期间申购金额 + 期间赎回金额）/2）/（（期初所有者权益 + 期末所有者权益）/2）

资料来源：中国银河证券基金研究中心。

（四）股票基金的持有人结构

截至2022年底，股票基金中个人持有资产占比为65%，机构持有资产占比为35%，与上年度基本持平。

从持有的股票基金资产规模来看，个人投资者在股市行情较好的2015年、2017年、2019年、2020年和2021年，持有的资产规模增加，在股市行情下跌的2016年、2018年和2022年，持有的资产规模减小。而机构投资者持有的规模与市场行情的相关性不高，甚至在股市行情下跌的2016年和2018年，持有的资产规模反而逆市增加。2022年个人和机构持有的股票基金规模均略有下降（见图2-21）。

2015—2021年，股票基金的持有人户数（每只基金披露的持有人户数加总合计，下同）逐年大幅攀升，从1 713万户上升到14 406万户，增长了741%，年均复合增长43%。户均持有的资产从4.29万元下降到1.76万元。2022年，持有人户数下降至13 244万户，户均资产略有上升至1.83万元（见图2-22）。

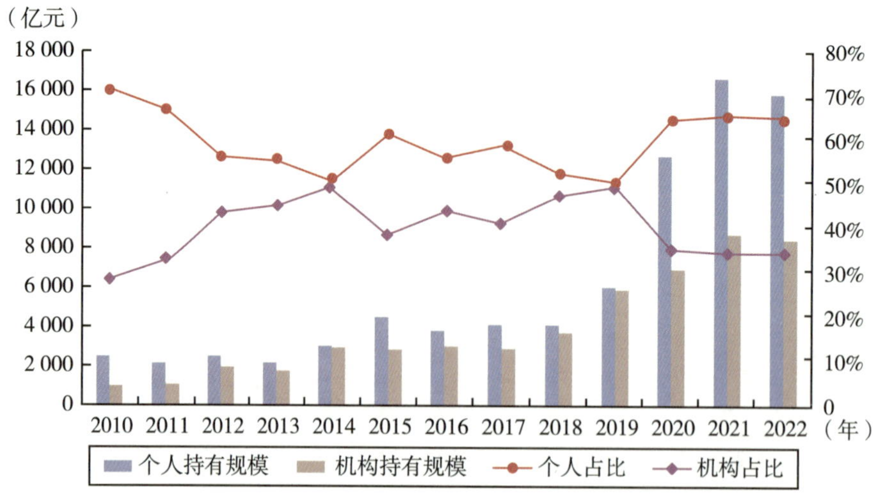

图 2-21　2010—2022 年股票基金的持有人结构

资料来源：中国银河证券基金研究中心。

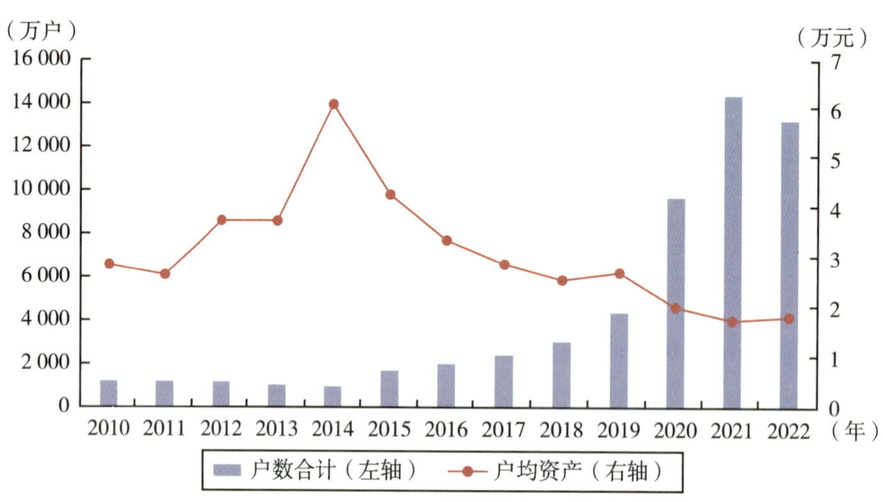

图 2-22　2010—2022 年股票基金持有人户数与户均资产

资料来源：中国银河证券基金研究中心。

分具体类别来看，主动管理的股票基金，个人投资者持有比例较高，且较为稳定。2015年以来，个人投资者持有的主动股票基金规模在2015年达到最高值88%，后逐年略有下降，截至2022年底占比79%，与上年基本持平。个人投资者持有的资产规模随着股市行情起伏，2021年达到最高值6 800亿元，2022年伴随股票市场波动而回落（见图2-23）。

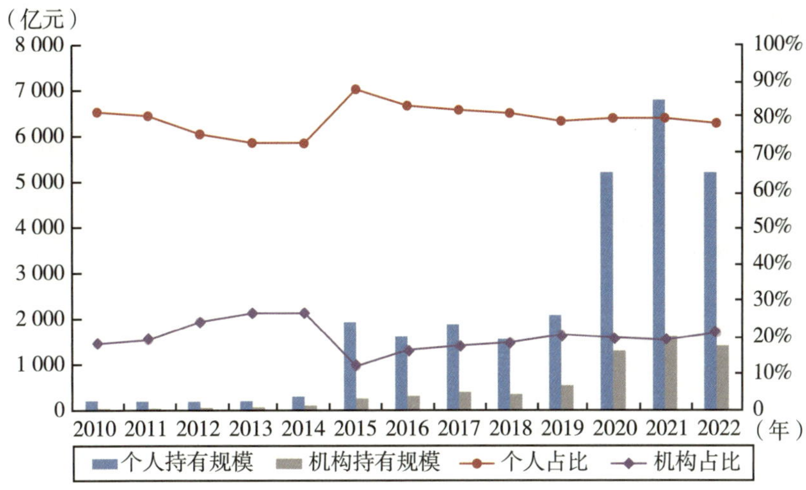

图 2-23　2010—2022 年主动股票基金的持有人结构

资料来源：中国银河证券基金研究中心。

主动管理的股票基金的持有人户数从2015年底533万户上升到2021年的4 641万户，增长了770%，年均复合增长43%。户均持有的资产从4.14万元下降到1.82万元。特别是2020年和2021年，持有人户数爆发性增长了322%。而2022年，持有人户数有所减少，户均资产持续下降（见图2-24）。

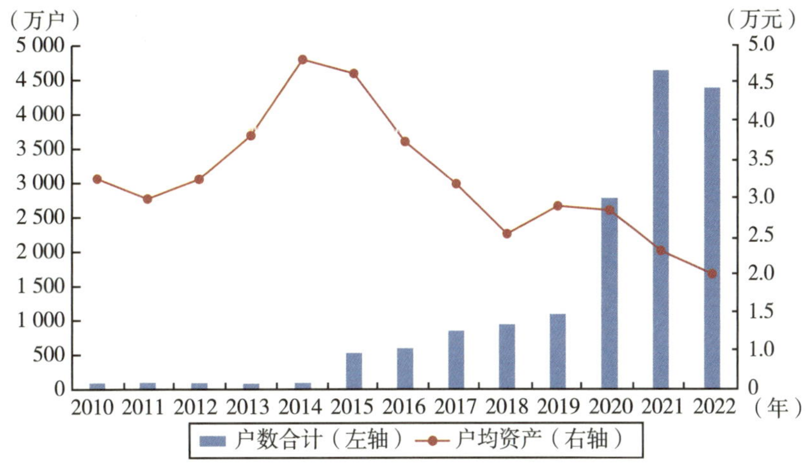

图 2-24　2010—2022 年主动股票基金持有人户数与户均资产

资料来源：中国银河证券基金研究中心。

在股票基金的细分类别中，仅ETF是机构投资者占主导地位的，但最近3年，机构占比显著下降。最高峰时，机构持有ETF占比接近90%，截至2022

年底，机构持有ETF规模占比已降至57%，个人持有ETF规模占比上升至43%（见图2-25）。

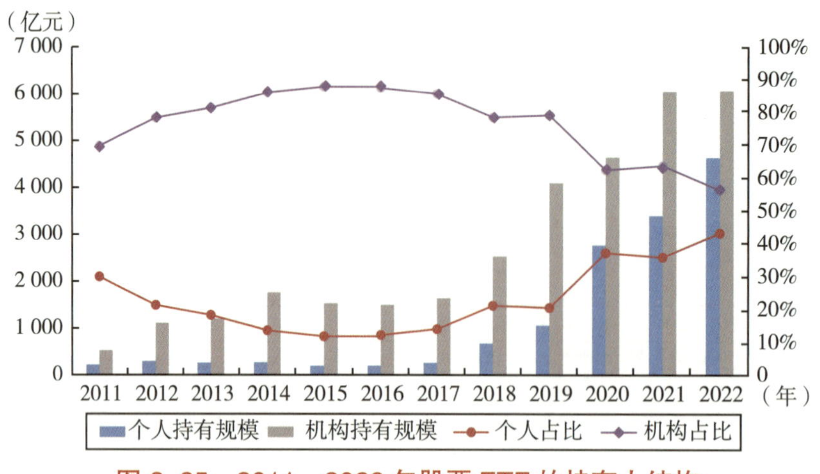

图 2-25　2011—2022 年股票 ETF 的持有人结构

资料来源：中国银河证券基金研究中心。

股票ETF份额中有一部分是ETF联接基金持有的，虽被统计为机构持有，穿透下去，其实相当一部分是个人持有的。按穿透计算，在2014年以前，ETF也是个人持有占主导，只有不到四成是机构持有，2014年机构持有的ETF规模追平个人，2015年大幅超越个人，接下来几年基本维持在略超六成的状态。2020年再次反转，个人持有占比超过机构。2022年底，机构实际持有股票ETF规模占比36%，个人持有股票ETF规模占比64%（见图2-26）。

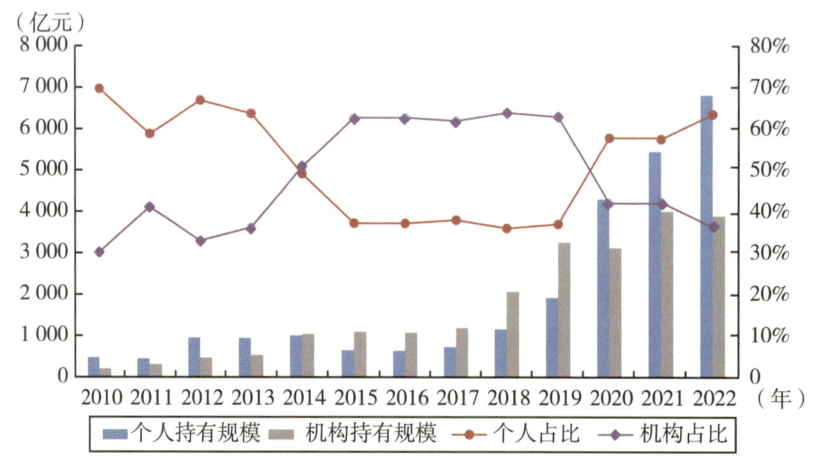

图 2-26　2010—2022 年股票 ETF 的持有人结构（ETF 联接基金穿透计算）

资料来源：中国银河证券基金研究中心。

2010—2017年，股票ETF的持有人户数平稳中略有下降，保持在50万~70万户之间，2018年伴随着股票ETF资产规模的逆市增长，持有人户数大幅上升至161万户，最近三年继续大幅上升至1 277万户，户均资产增至8万元。从持有人的总户数趋势和个人持有比例趋势来看，越来越多的个人投资者通过ETF的方式参与股票市场投资（见图2-27）。

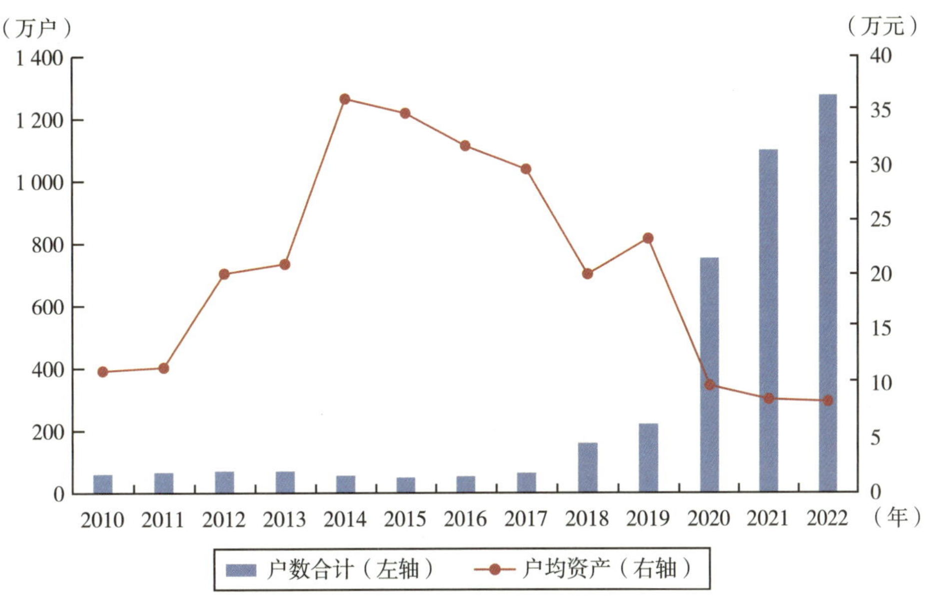

图 2-27　2010—2022 年股票 ETF 持有人户数与户均资产

资料来源：中国银河证券基金研究中心。

二、债券基金

（一）债券基金数量与规模

从基金数量来看，纯债基金、普通债券基金（部分可投转债和二级市场股票的基金）、指数债券基金和可转债基金的数量占比分别是65.1%、28.1%、5.6%和1.3%（见图2-28）。从基金规模来看，纯债基金、普通债券基金、指数债券基金和可转债基金的规模占比分别是72.0%、21.6%、5.9%和0.5%（见图2-29）。

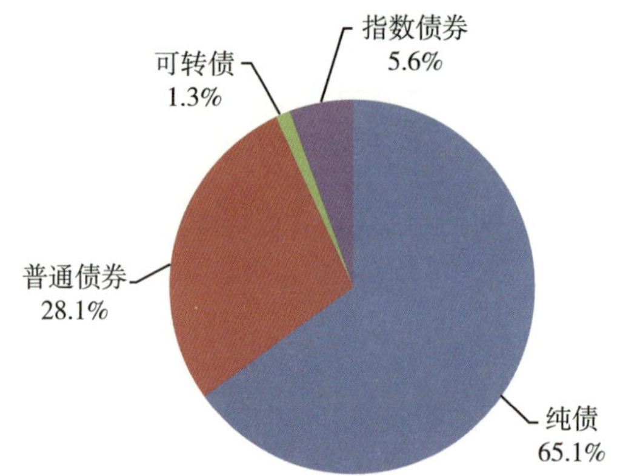

图 2-28　2022 年底各类型债券基金数量占比

资料来源：中国银河证券基金研究中心。

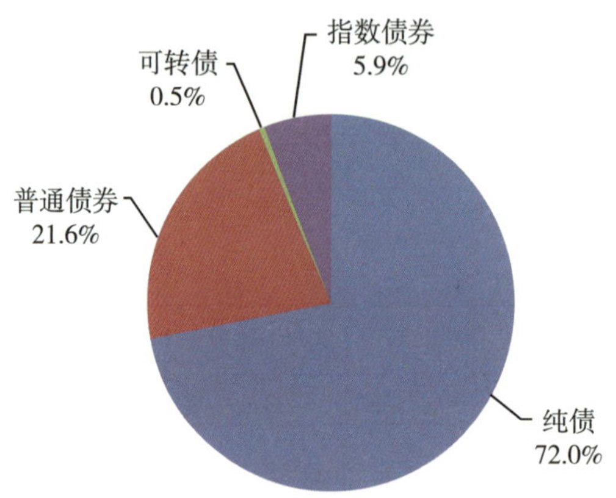

图 2-29　2022 年底各类型债券基金规模占比

资料来源：中国银河证券基金研究中心。

近十年来债券基金的发展主要体现为2012年以来纯债基金的兴起和大发展，在此之前，纯债基金数量仅有极少数几只，规模也可以忽略不计。此后的10年时间，纯债基金实现了跨越式发展，数量接近2 000只，规模超过5万亿元，无论是数量还是规模都占据债券基金的六成以上。

（二）债券基金的资产配置

1.债券基金的大类资产配置

2022年底，债券基金固定收益投资85 277亿元，占总资产的95.2%；银行存款1 023亿元，占总资产的1.1%；权益投资1 547亿元，占总资产的1.7%；其他资产1 758亿元，占总资产的2.0%（见图2-30）。从近十年的配置趋势来看，债券基金的债性逐步提升，2010年，债券基金配置权益资产的比例曾达到9.4%，到如今仅为2%左右，几乎可以忽略。

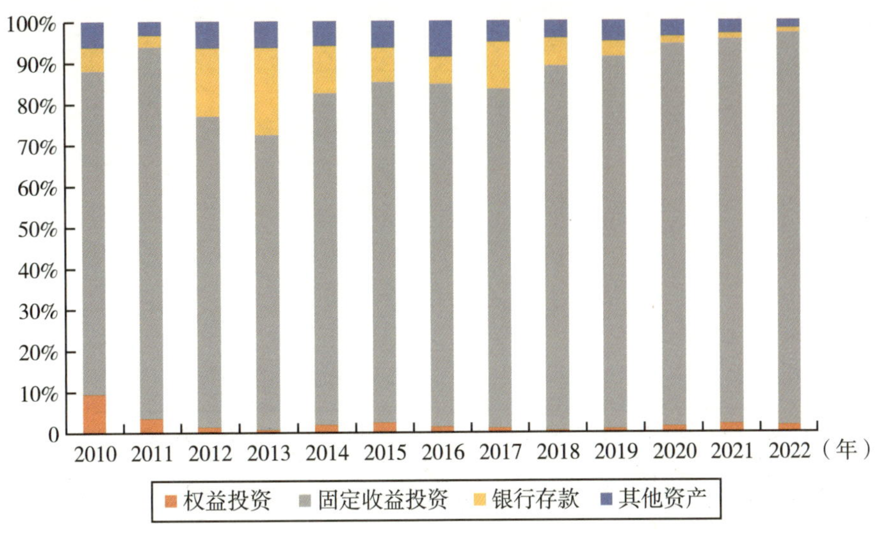

图2-30　2010—2022年债券基金的资产配置

资料来源：中国银河证券基金研究中心。

2.债券基金的券种配置

在债券类资产配置方面，2022年末，金融债券、中期票据、企业债券、企业短期融资券、可转债、国债、同业存单是公募基金债券类资产的主要配置品种，上述各债券品种占债券资产比例分别为61.20%、16.39%、9.77%、4.55%、2.51%、1.85%和1.71%，合计占比98%。地方政府债和其他债券的占比较低。

从债券基金对债券资产配置的历史数据看，2008年至2013年间，国债与央行票据配置合计占比从41%下滑至3.5%，此后不再成为主要配置债券品种。企业债券曾是债券基金配置比例最高的券种，尤其是在2014年二季度，配置比例高达63.1%，之后在2015年和2016年配置比例连续大幅下滑，最近几年亦处于持续下滑中，其主要原因在于企业债的信用风险升高，债券违约事件频现。与此同时，债券基金对以政策性金融债为主的金融债券配置比例持续上升，2018年反超企业债券，成为配置比例最高券种。2022年金融债券的占比继续大幅提升，维持在高位，企业债券和企业短融债券占比有所下降（见图2-31）。

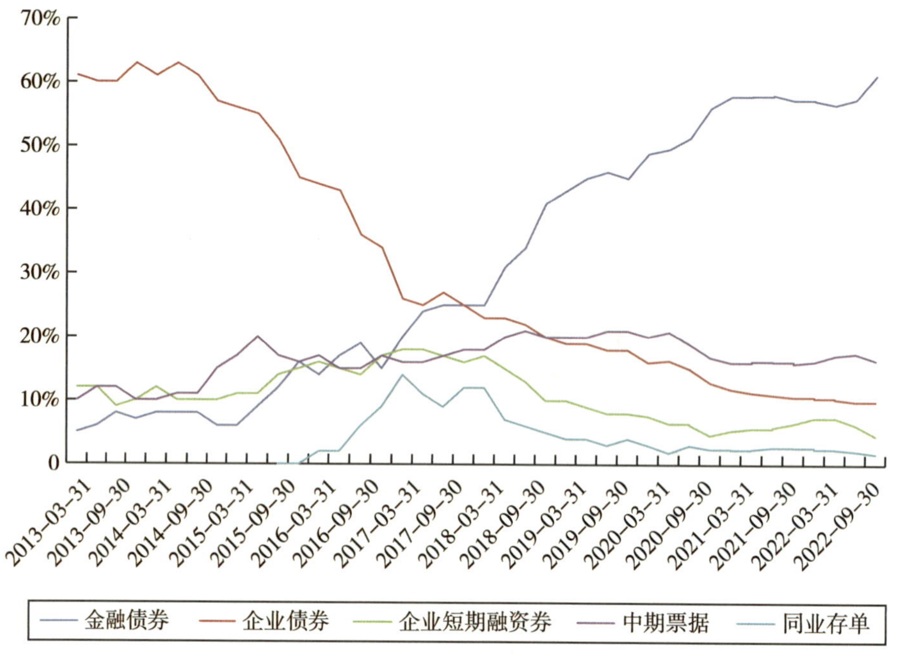

图2-31　2013—2022年债券基金的券种配置

资料来源：中国银河证券基金研究中心。

3. 债券型基金杠杆率

债券基金杠杆率从2014年6月见顶后持续下降，直到2017年6月触底，之后维持较低的杠杆水平。2022年末，全部债券基金的规模加权平均杠杆率1.24倍，与上年度基本持平。其中，纯债基金的杠杆率是1.26倍，略有下降；普通债券型基金杠杆率是1.21倍，较上年度有所提升。

（三）债券基金的周转率

2022年投资者持有债券基金的年度周转率为88%。受债券市场波动的影响，债券基金的周转率较上年度显著上升。2015年以来，伴随着债券基金的机构持有占比大幅上升，投资者持有债券基金的周转率不断下降，表明机构的持有时间相对较长，换手率相对较低（见图2-32）。

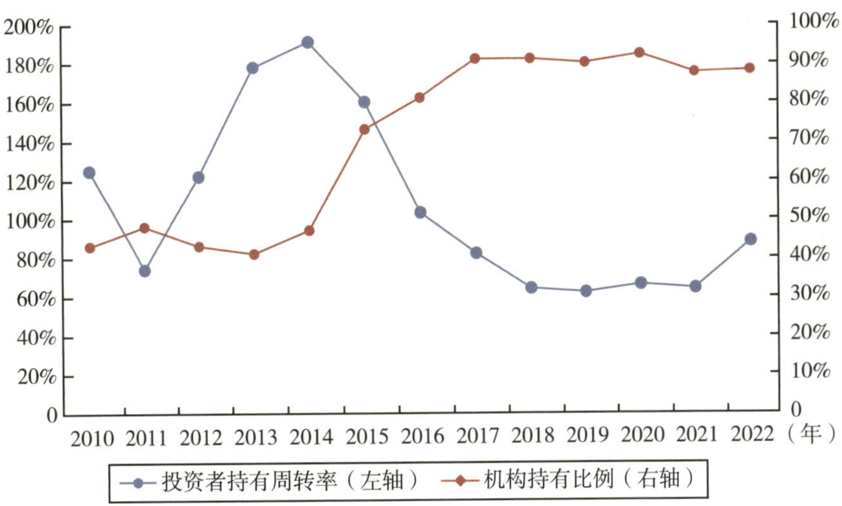

图 2-32　2010—2022 年投资者持有债券基金的年度周转率

资料来源：中国银河证券基金研究中心。

（四）债券基金的持有人结构

2022年底，机构投资者持有债券基金规模占比88%，个人投资者持有债券基金规模占比12%。2015年以来，机构持有的债券基金规模从2 000亿元快速攀升至6万亿元以上，机构持有的比例逐渐占据绝对优势（见图2-33）。

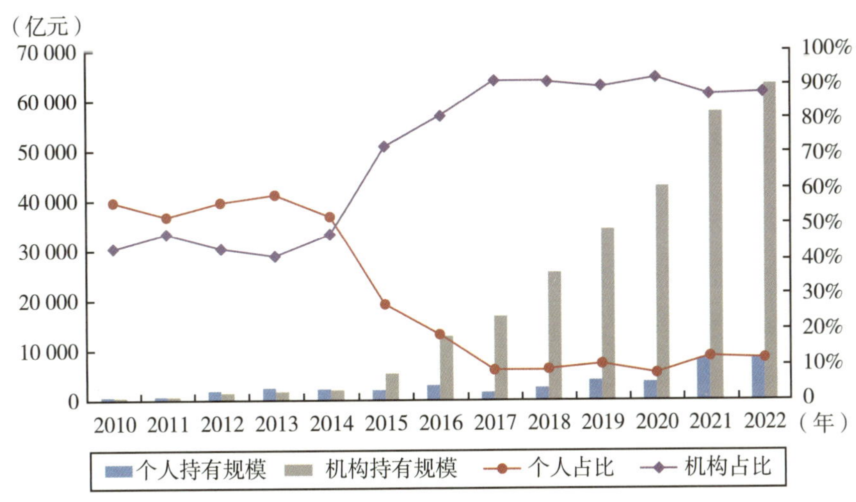

图 2-33　2010—2022 年债券基金的持有人结构

资料来源：中国银河证券基金研究中心。

2018年以来，债券基金总的持有户数大幅增加，从2017年底的688万户，增加到2022年底的8 671万户，户均持有规模也从27万元，显著下降到8万元（见图2-34）。

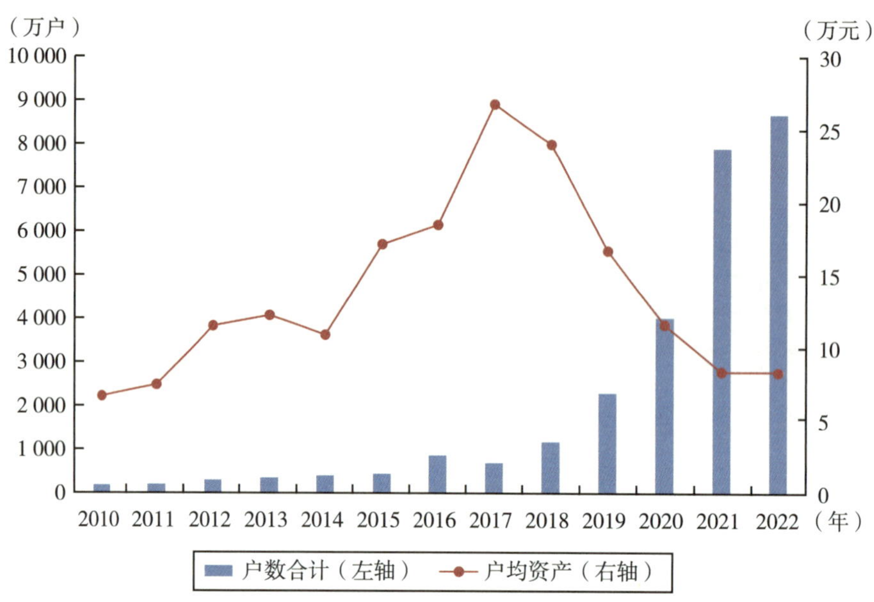

图 2-34　2010—2022 年债券基金持有人户数及户均资产

资料来源：中国银河证券基金研究中心。

三、混合基金

（一）混合基金的数量与规模

从基金数量来看，2022年底，混合偏股基金、灵活配置基金、股债平衡基金、混合偏债基金、绝对收益目标基金、同业存单基金、其他混合基金的数量占比分别是53.1%、25.1%、1.1%、15.9%、3.6%、1.1%和0.1%（见图2-35）。从基金规模来看，2022年底，混合偏股基金、灵活配置基金、股债平衡基金、混合偏债基金、绝对收益目标基金、同业存单基金、其他混合基金的规模占比分别是64.1%、17.1%、1.3%、11.1%、3.0%、3.3%和0.1%（见图2-36）。

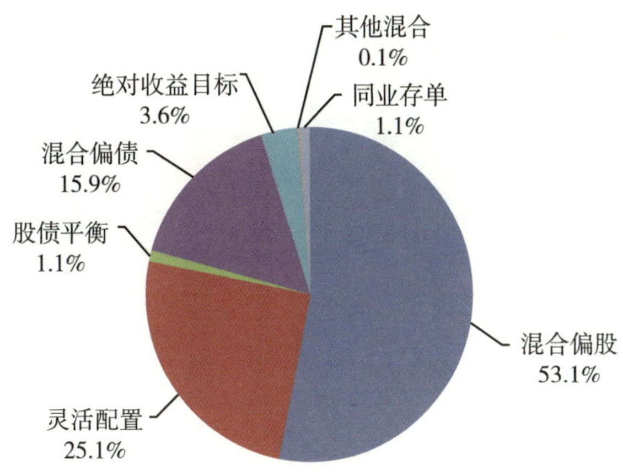

图 2-35　2022 年各类型混合基金数量占比

资料来源：中国银河证券基金研究中心。

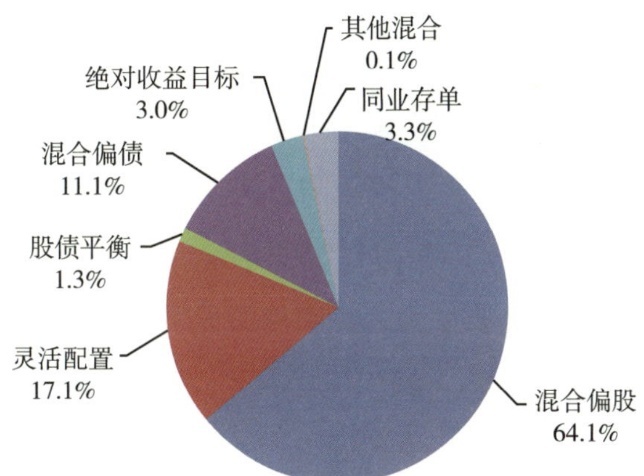

图 2-36　2022 年各类型混合基金资产净值占比

资料来源：中国银河证券基金研究中心。

过去几年，混合基金呈现出资产配置风格明晰的发展趋势，权益投资为主的混合偏股基金与固收投资为主的混合偏债基金的数量增长与资产规模增速都远远快于其他类型的混合基金，而灵活配置和绝对收益目标基金的数量占比不断下降。

（二）混合基金的资产配置

2022年底，混合基金持有的权益投资市值36 558亿元，占总资产比72.0%；固定收益投资市值9 186亿元，占总资产比18.1%；银行存款3 391亿元，占总资产比7.9%；其他资产1 041亿元，占总资产比2.1%（见图2-37）。与上年度相比，2022年混合基金的权益投资占比略有上升，固定收益投资占比基本持平。

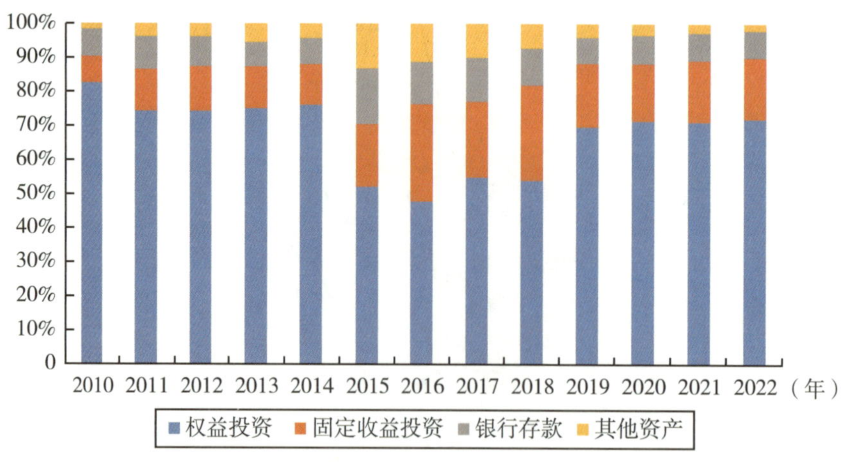

图 2-37　2010—2022 年混合基金的资产配置

资料来源：中国银河证券基金研究中心。

2010年以来，混合基金持有的权益投资市值先是由2010年的14 382亿元大幅下降至2011年10 052亿元，并持续多年保持在万亿元左右；2018年降至8 444亿元，为近十年来最低；2019年大幅上涨，回升至2010年的水平；2020年历史性突破上升到3万亿元以上；2021年持续创新高，上升到4万亿元以上；2022年，受基础市场波动影响，混合基金持有的权益投资市值较上年度减少7 815亿元，降幅18%（见图2-38）。

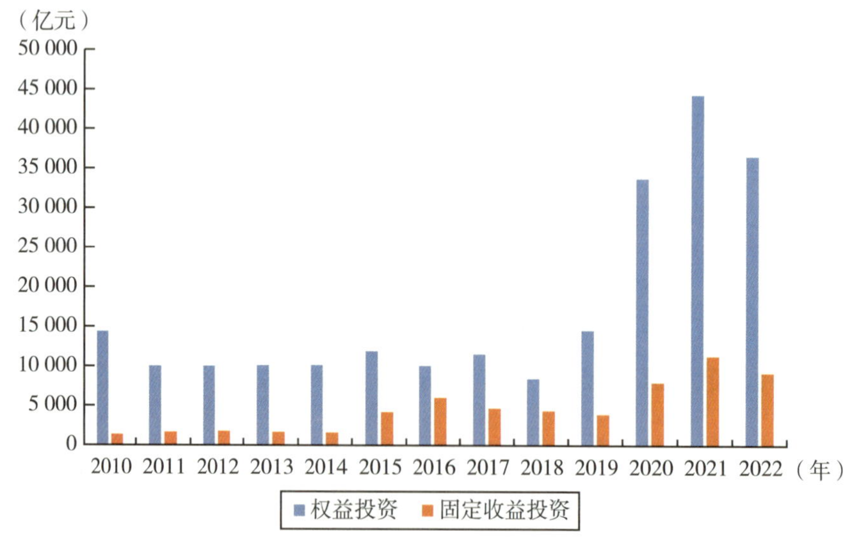

图 2-38　2010—2022 年混合基金的权益投资市值和固定收益投资市值

资料来源：中国银河证券基金研究中心。

（三）混合基金的周转率

2022年，投资者持有混合基金的年度周转率为54%，最近两年持续下降。2010年以来的数据显示，投资者持有混合基金的年度周转率与股市行情、基金业绩高度相关，股市行情与混合基金的整体业绩越好，投资者的周转率越高，而行情较为低迷，混合基金整体业绩下滑时，投资者的周转率下降（见图2-39）。

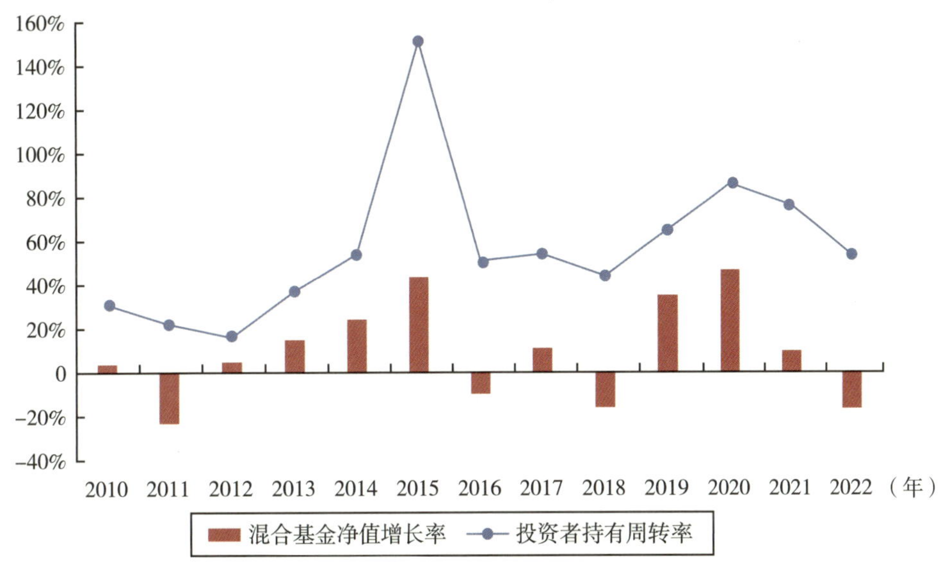

图2-39　2010—2022年投资者持有混合基金的年度周转率

资料来源：中国银河证券基金研究中心。

（四）混合基金的持有人结构

混合基金整体上是以个人持有为主。2022年底，个人投资者持有混合基金的规模占比为80%，机构投资者持有混合基金的规模占比为20%。2010—2019年，个人投资者持有的混合基金规模一直比较平稳，在1万亿元至1.5万亿元之间，投资比例的变化主要由机构持有规模的大幅变动所导致。机构投资者持有的混合基金规模在2015年显著增长，从过去的2 000亿元左右突破到1万亿元，持有比例也从不到20%上升到46%，此后几年机构持有的规模不断萎缩，占比下降，直到2018年见底，持有规模开始回升，但占比依然下滑（见图2-40）。

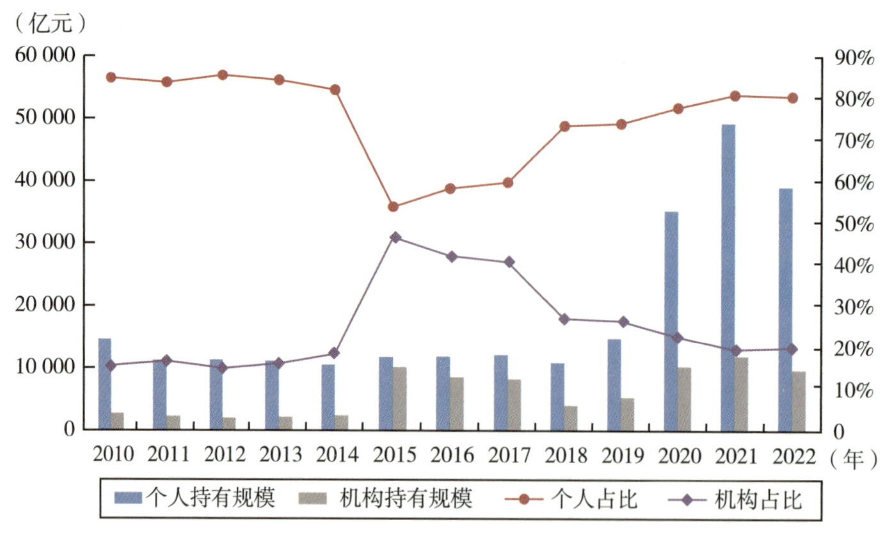

图 2-40　2010—2022 年混合基金的持有人结构

资料来源：中国银河证券基金研究中心。

2022年底，混合基金持有人户数27 870万户，较上年略有上升，户均资产1.7万元，持续下降。2010年以来的数据显示，混合基金持有人户数经过了先降后升的"V"形走势，于2015年见底，2019年回升到2010年的水平，并于2020年、2021年大幅跃升（见图2-41）。

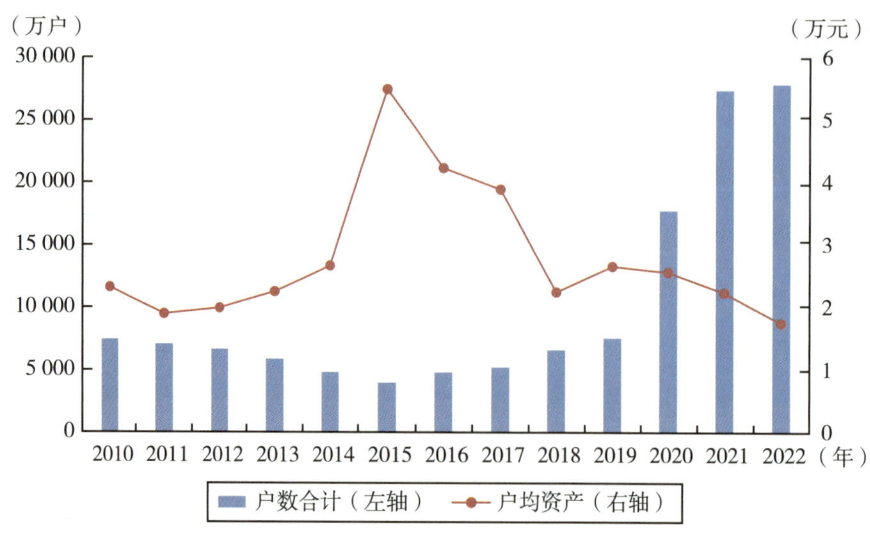

图 2-41　2010—2022 年混合基金持有人户数及户均资产

资料来源：中国银河证券基金研究中心。

四、货币市场基金

（一）货币市场基金数量与规模

2013年以来，在普惠金融和利率市场化改革的背景下，货币市场基金发展成为最大的公募基金类别。2019年浮动净值型货币市场基金面世，成为货币市场基金发展过程中一个探索。2022年摊余成本货币市场基金依然占据绝对的主导地位。

从基金数量来看，2022年底，摊余成本型货币市场基金占比98.2%，浮动净值型货币市场基金占比1.8%（见图2-42）。从基金规模来看，2022年底，摊余成本型货币市场基金占比99.93%，浮动净值型货币市场基金占比0.07%（见图2-43）。

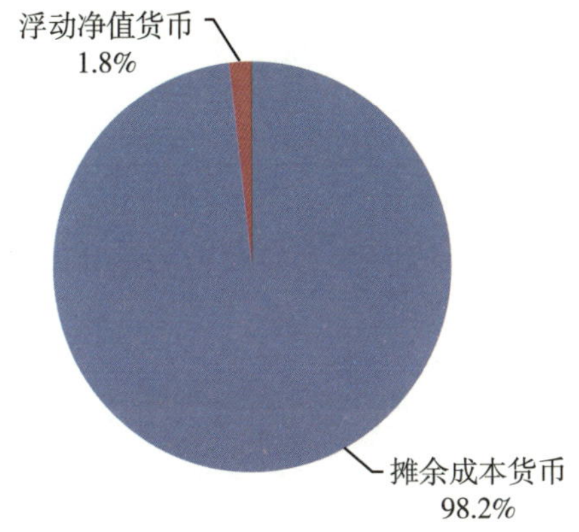

图2-42　2022年底各类货币市场基金数量占比

资料来源：中国银河证券基金研究中心。

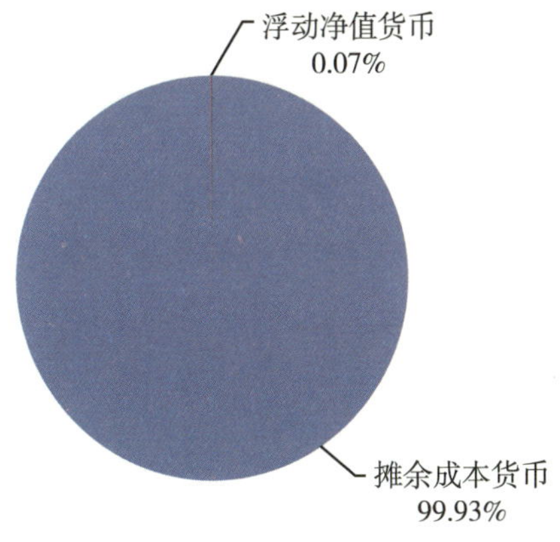

图2-43　2022年底各类货币市场基金资产净值占比

资料来源：中国银河证券基金研究中心。

（二）货币市场基金的资产配置

2022年底，货币市场基金持有的固定收益投资市值45 588亿元，占总资产比41.8%；买入返售24 119亿元，占总资产比22.1%；银行存款39 048亿元，占总资产比35.8%；其他资产351亿元，占比0.3%。与上年度比较，银行存款的占比大幅下降，固定收益投资和买入返售资产的占比上升（见图2-44）。

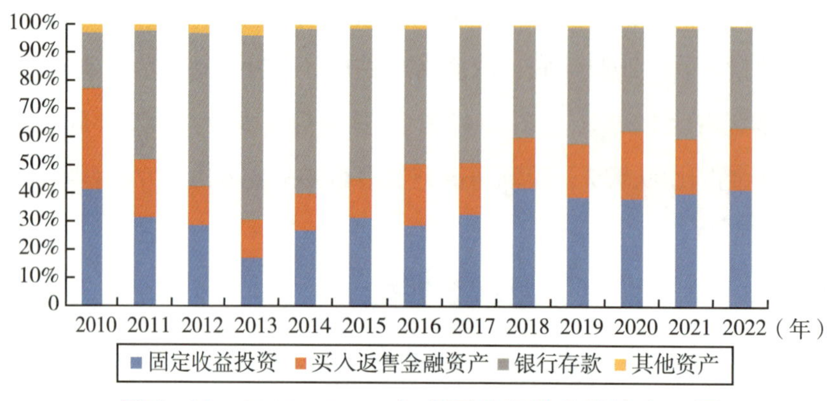

图 2-44　2010—2022 年货币市场基金的资产配置

资料来源：中国银河证券基金研究中心。

2022年货币市场基金的资产规模较上年度增加近万亿元，货币市场基金持有的固定收益投资市值增加了4 645亿元，买入返售增加了4 100亿元，银行存款减少了721亿元，规模的上升对应在资产配置上，主要是增加了固定收益和买入返售的配置（见图2-45）。

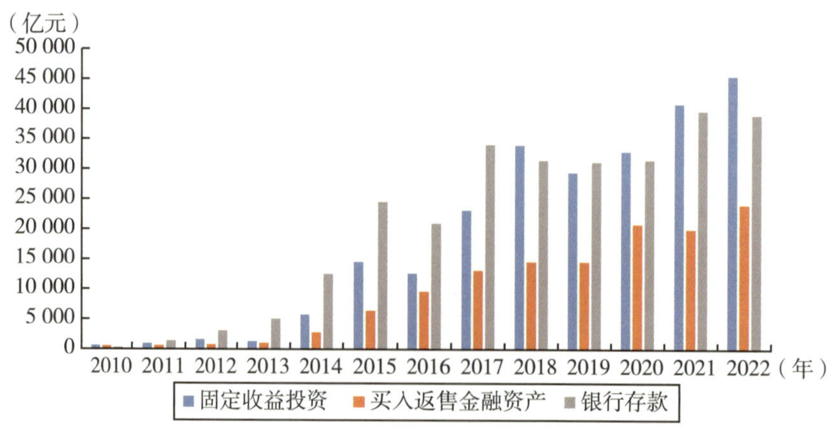

图 2-45　2010—2022 年货币市场基金主要资产类别持有的市值

资料来源：中国银河证券基金研究中心。

（三）货币市场基金的周转率

2022年，投资者持有货币市场基金的年度周转率为891%，较上年度有所回落，仍处于历史较高水平。作为现金管理工具，货币市场基金的周转率一直非常高，近十年来的平均水平为694%（见图2-46）。

图2-46　2010—2022年投资者持有货币市场基金的年度周转率

资料来源：中国银河证券基金研究中心。

（四）货币市场基金的持有人结构

2022年底，个人投资者持有货币市场基金占比64%，较上年度上升3个百分点，机构投资者持有货币市场基金占比36%。过去十年的数据显示，货币市场基金的规模在2015年和2017年出现显著的跃升，从持有人结构看，2015年是机构投资者主导，机构持有规模增长2.15万亿元，而2017年则是个人投资者主导，个人持有规模增长2.21万亿元（见图2-47）。

2022年底，货币市场基金持有人户数合计16.34亿户，户均持有资产0.64万元，较上年度小幅上升。2010年以来数据显示，2013年以前，货币市场基金的持有人户数不超过300万户，2013年爆发式增长到4 696万户，此后逐年大幅增长，成为最为投资者广泛持有的基金类别（见图2-48）。

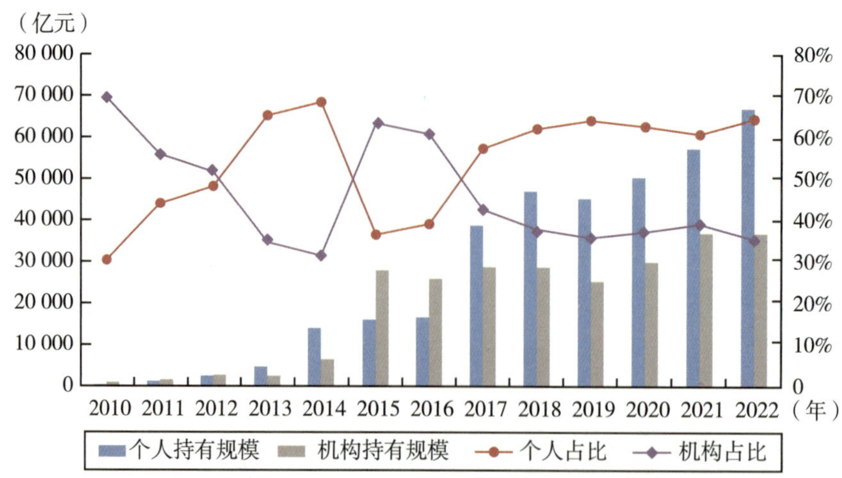

图 2-47 2010—2022 年货币市场基金的持有人结构

资料来源：中国银河证券基金研究中心。

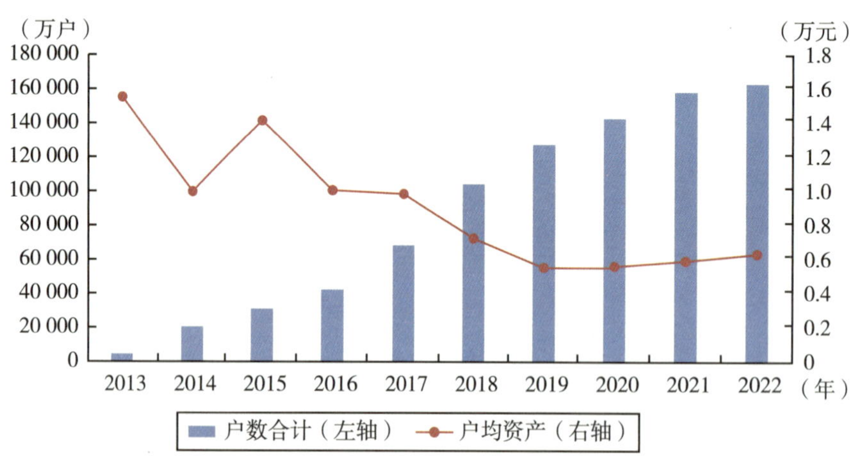

图 2-48 2013—2022 年货币市场基金持有人户数及户均资产

资料来源：中国银河证券基金研究中心。

五、QDII基金

（一）QDII基金数量与规模

从基金数量上看，QDII股票基金、QDII混合基金、QDII债券基金、QDII其他基金（主要是黄金、商品和房地产信托基金）的数量占比分别是59.5%、21.8%、10.9%和7.7%（见图2-49）。从基金规模上看，QDII股票基金、QDII混合基金、

QDII债券基金、QDII其他基金（主要是黄金、商品和房地产信托基金）的规模占比分别82.2%、14.3%、2.7%和0.8%（见图2-50）。

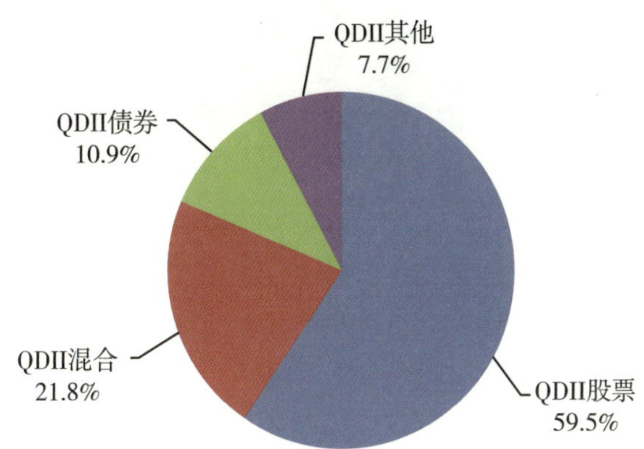

图 2-49　2022 年底各类 QDII 基金数量占比

资料来源：中国银河证券基金研究中心。

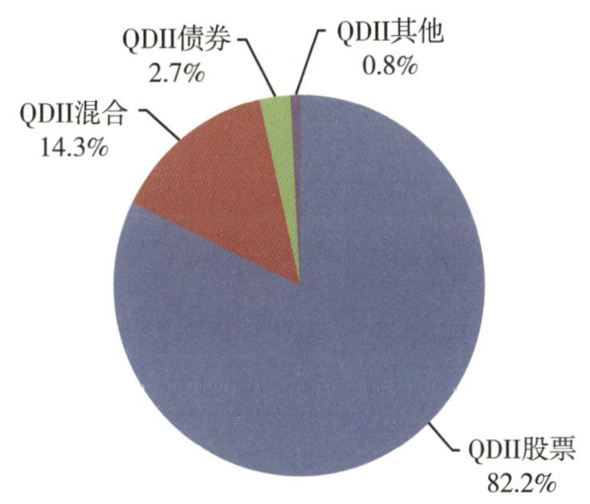

图 2-50　2022 年底各类 QDII 基金资产规模占比

资料来源：中国银河证券基金研究中心。

（二）QDII的资产配置

2022年底，QDII基金持有的权益投资市值2 505亿元，占总资产比75.7%；基金投资市值482亿元，占总资产比14.6%；固定收益投资市值80亿元，占总资产比2.4%；银行存款208亿元，占总资产比6.3%；其他资产35亿元，占总资产比1.1%。与上年度相比，主要是基金投资的比例大幅上升了近4个百分点，固定收益投资和银行存款的比例有所下降（见图2-51）。

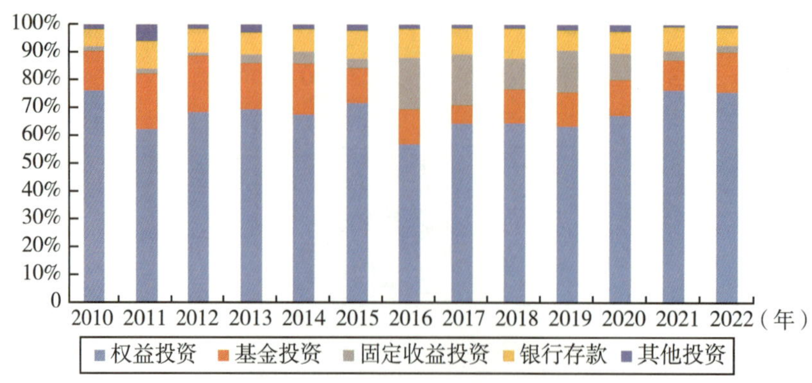

图 2-51　2010—2022 年 QDII 基金的资产配置

资料来源：中国银河证券基金研究中心。

2022年底，QDII基金持有的权益投资市值较上年度增加690亿元，增幅38%，达到2 505亿元，创历史新高。QDII基金持有的固定收益投资市值较上年度持平。QDII基金持有的基金投资市值较上年度增加223亿元，增长86%（见图2-52）。

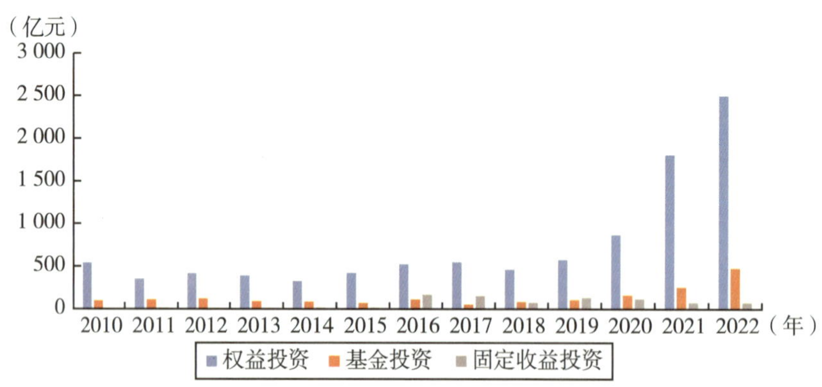

图 2-52　2010—2022 年 QDII 基金主要资产类别持有的市值

资料来源：中国银河证券基金研究中心。

（三）QDII基金的周转率

2022年度，投资者持有QDII基金的年度周转率为70%。历史数据显示，投资者持有QDII基金的年度周转率走势与混合基金基本一致，也就是说投资者持有QDII基金的周转率与国内股市行情、混合基金业绩非常相关，而与QDII基金本身的业绩关系不大。QDII基金与混合基金一样大部分都是权益资产，个人投资者占比也与混合基金相当，两者的周转率走势高度一致，可能是情绪传导所致（见图2-53）。

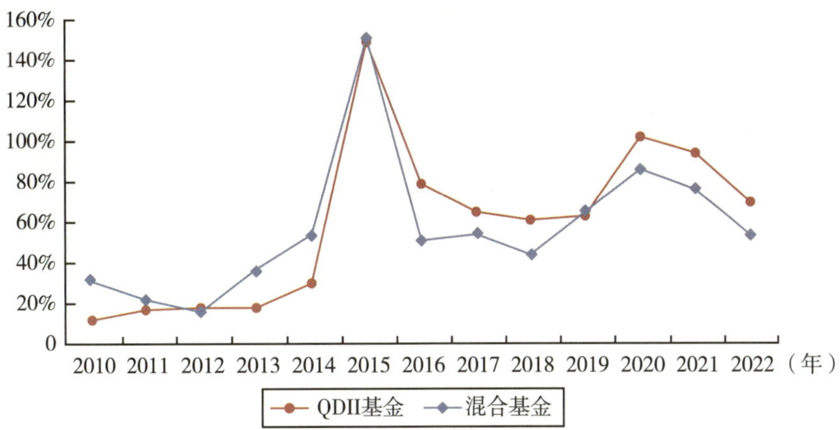

图 2-53　2010—2022 年投资者持有 QDII 基金的年度周转率

资料来源：中国银河证券基金研究中心。

（四）QDII基金的持有人结构

2022年底，个人投资者持有QDII基金的规模占比71%，机构投资者持有QDII基金的规模占比29%，较上年大幅提升5个百分点。过去十年，个人投资者持有的QDII基金资产规模相对稳定，在起步之初，几乎全部由个人持有，2015年开始，机构持有的资产规模开始大幅上升，个人投资者的占比相对下降，但依然占据主导地位（见图2-54）。

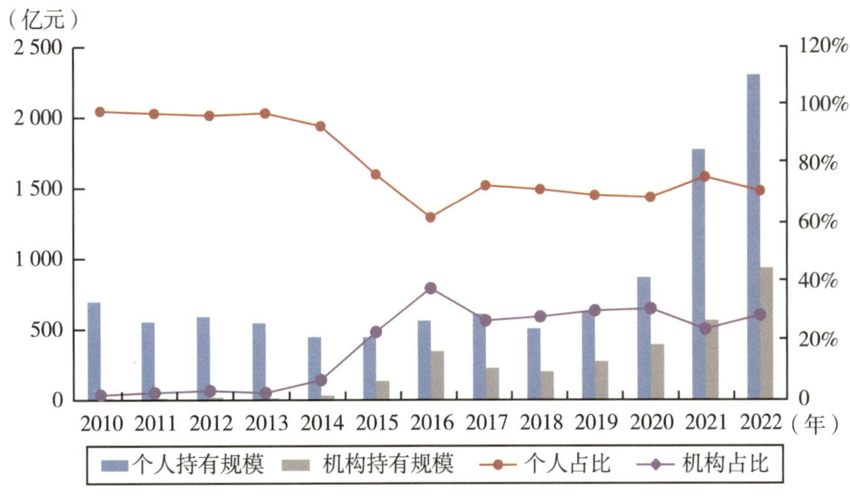

图 2-54　2010—2022 年 QDII 基金的持有人结构

资料来源：中国银河证券基金研究中心。

2022年底，QDII基金的持有人户数合计1 814万户，户均持有资产1.8万元。过去十年的数据显示，QDII基金的持有人户数先是逐年下降，于2015年见底，再逐步回升创新高（见图5-55）。

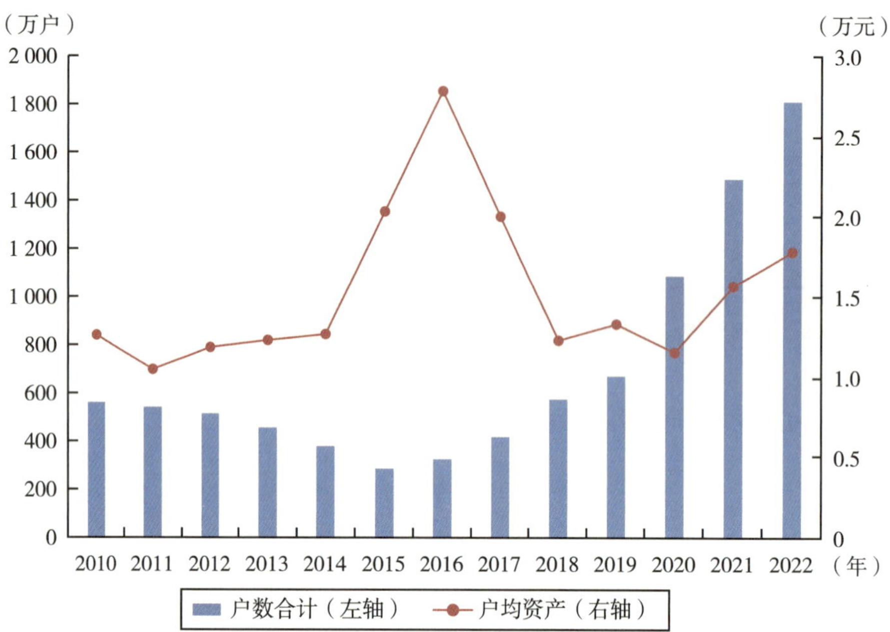

图 2-55　2010—2022 年 QDII 基金持有人户数及户均资产

资料来源：中国银河证券基金研究中心。

六、基金中基金（FOF）

（一）FOF的基金数量与规模

从基金数量上看，养老目标日期FOF、养老目标风险FOF、混合型FOF、股票型FOF、债券型FOF的数量占比分别是23.8%、30.7%、40.6%、1.9%和2.9%（见图2-56）。从基金规模上看，养老目标日期FOF、养老目标风险FOF、混合型FOF、股票型FOF、债券型FOF的规模占比分别是10.4%、36.0%、50.8%、0.7%和2.2%（见图2-57）。

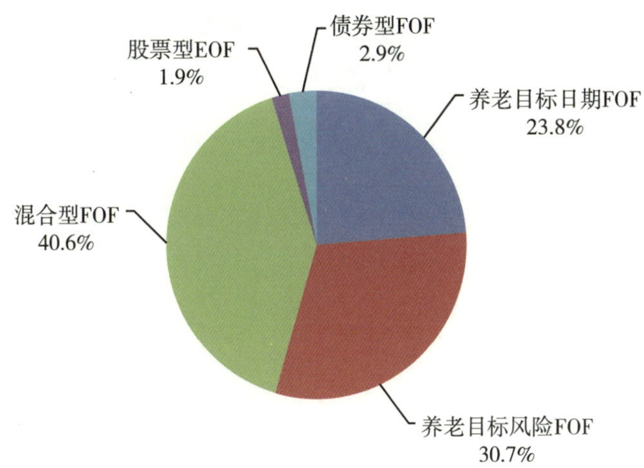

图 2-56　2022 年底各类 FOF 基金数量占比

资料来源：中国银河证券基金研究中心。

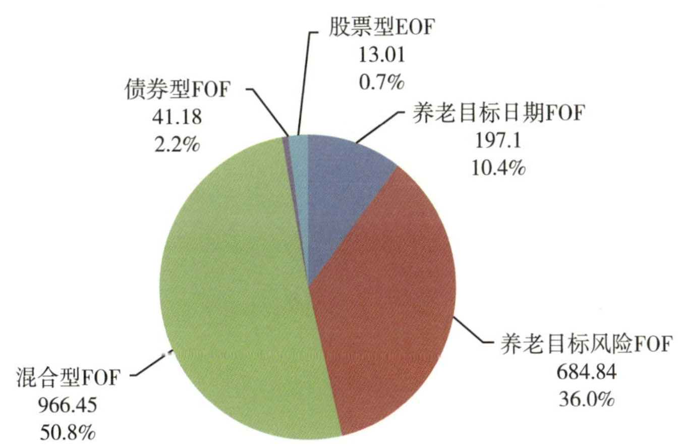

图 2-57　2022 年底各类 FOF 基金资产规模占比

资料来源：中国银河证券基金研究中心。

（二）FOF的资产配置

2022年底，FOF的基金投资市值1 655亿元，占比87.0%；权益投资市值56亿元，占比2.9%；固定收益投资85亿元，占比4.5%；银行存款75亿元，占比4.0%；其他资产33亿元，占比1.7%。与上年度相比，银行存款的比例上升了1.8个百分点，权益投资的比例下降了1.1个百分点（见图2-58）。

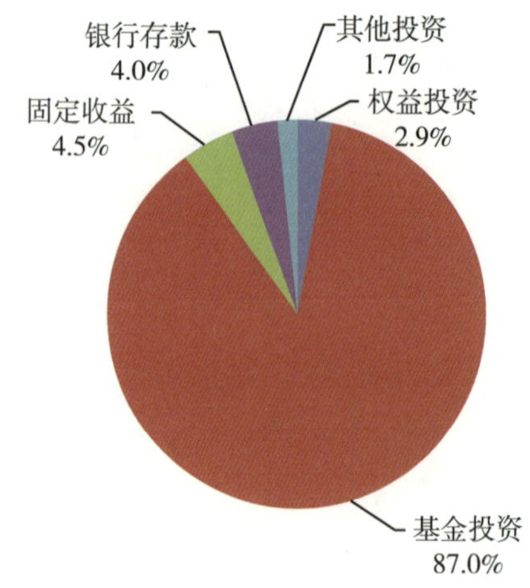

图 2-58　2022 年底 FOF 的资产配置

资料来源：中国银河证券基金研究中心。

（三）FOF的周转率

2022年度，投资者持有FOF的年度周转率23%，是所有基金类别中周转率最低的，主要原因是2018年9月以来大量发行的FOF大多是持有期基金，持有期限分别为1年期、3年期和5年期不等（见图2-59）。

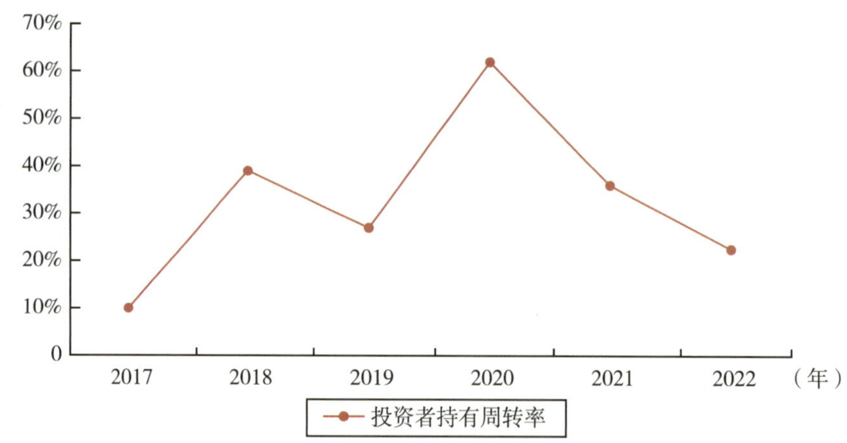

图 2-59　2017—2022 年投资者持有 FOF 的年度周转率

资料来源：中国银河证券基金研究中心。

（四）FOF的持有人结构

2022年底，个人投资者持有FOF的规模占比92%，机构投资者持有FOF的规模占比8%，较上年度大幅增加3个百分点（见图2-60）。自2017年FOF起步发展以来，个人投资者一直占据主导地位。

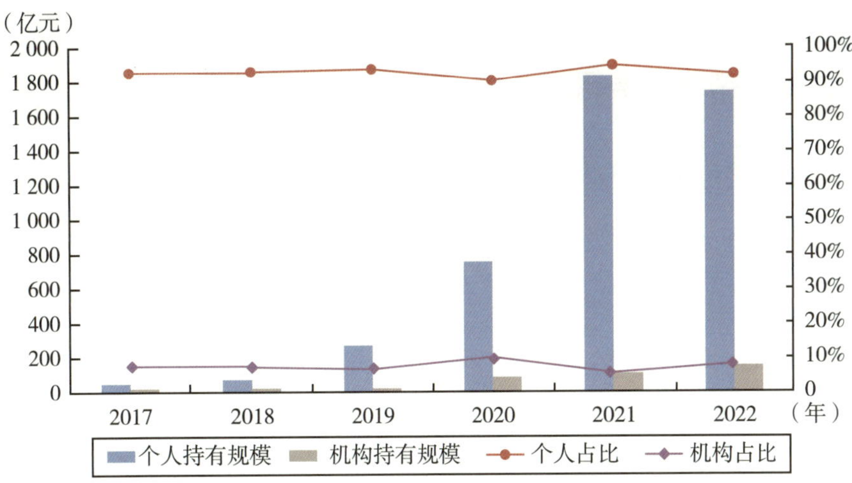

图2-60　2017—2022年FOF的持有人结构

资料来源：中国银河证券基金研究中心。

2022年底，FOF的持有人户数合计1 135万户，较上年度增加了494万户，增长77%，户均持有资产1.7万元，较上年度大幅下降（见图2-61）。得益于个人养老金投资公募基金业务落地，在股、混基金持有人户数持平甚至略有下降的2022年，FOF持有人户数显著提升。

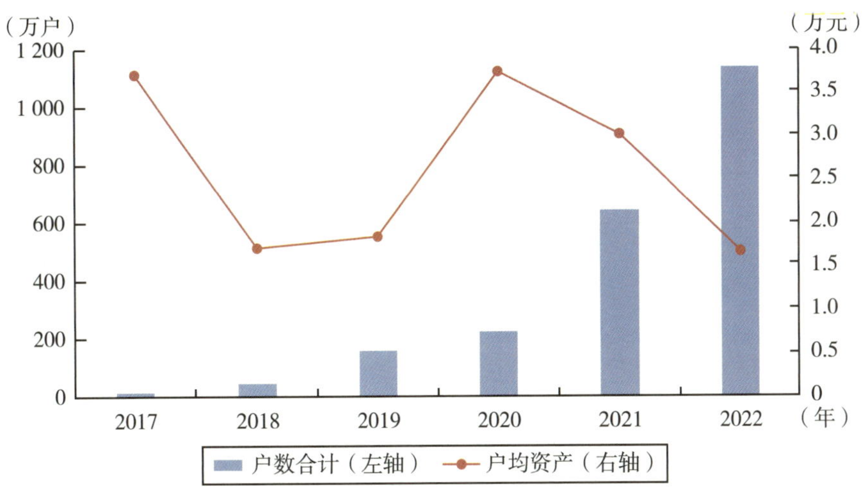

图2-61　2017—2022年FOF持有人户数与户均资产

资料来源：中国银河证券基金研究中心。

第四节　公募基金销售及基金费率

一、基金销售业务概况

（一）基金销售认/申购及赎回情况

1. 认/申购情况

2022年度基金销售认/申购金额中，商业银行渠道占比最高，为41.06%，且自2017以来占比连续提升；其次为独立基金销售机构渠道（以下简称“独销渠道”），占比27.50%，该渠道自2018年以来占比连续提升；再次为直销渠道，占比18.60%，且自2017年以来占比连续下降；证券公司渠道占比为12.13%，较上年略有提升（见图2-62）。

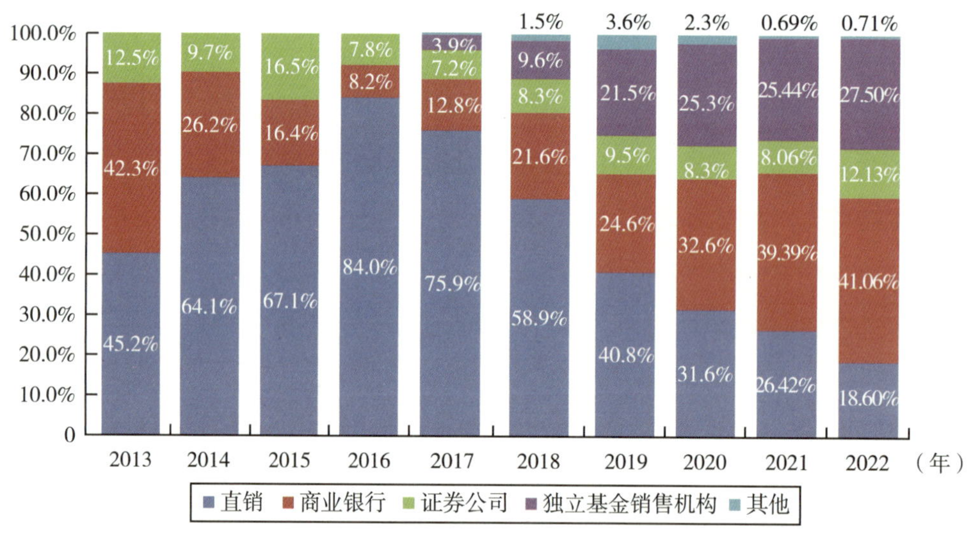

图 2-62　基金认/申购渠道占比情况

资料来源：中国证券投资基金业协会。

从各基金类型看，2022年度股票基金认/申购金额中，证券公司渠道占比最高，为56.11%，其次为独销渠道，占比26.25%；混合基金认/申购金额中，独销渠道占比最高，为32.23%，其次为商业银行渠道，占比29.95%；债券基金认/申购金额中，直销渠道占比最高，为52.88%，其次为独销渠道，占比28.03%；货币市场基金认/申购金额中，商业银行渠道占比最高，为45.33%，其次为独销渠道，占比26.93%；QDII基金认/申购金额中，独销渠道占比最高，为60.13%，其次为证券公司渠道，占比29.12%（见图2-63）。

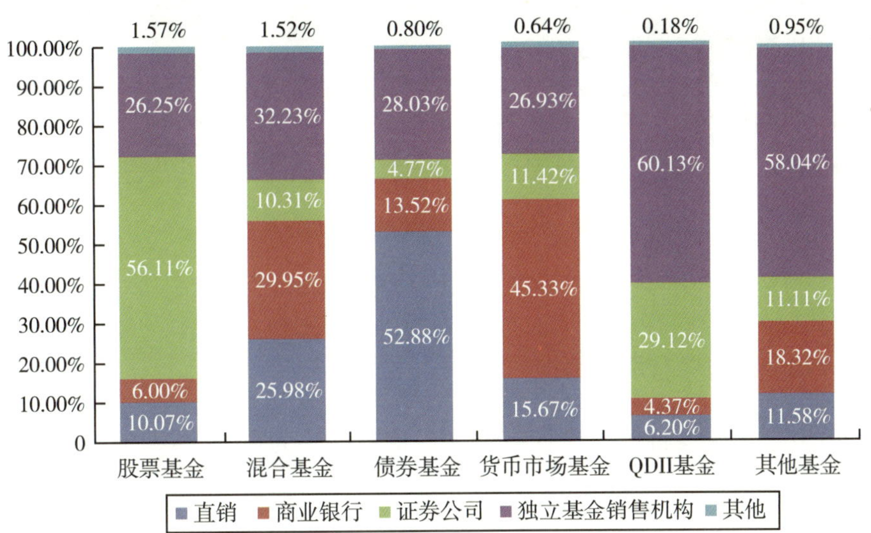

图2-63 2022年度各类型基金认/申购渠道占比情况

资料来源：中国证券投资基金业协会。

2.赎回情况

2022年度基金赎回金额中，商业银行渠道占比最高，为38.54%；其次为独销渠道，占比24.78%；再次为直销渠道，占比20.21%；证券公司渠道占比分别为13.65%。

从各基金类型看，股票基金赎回金额中，证券公司占比最高，为47.72%，其次为独销渠道，占比31.24%；混合基金赎回金额中，商业银行渠道占比最高，为32.02%，其次为直销渠道，占比27.00%；债券基金赎回金额中，直销渠道占比最高，为48.55%，其次为独销渠道，占比27.22%；货币市场基金赎回金额中，商业银行渠道占比最高，为41.61%，其次为独销渠道，占比24.07%；QDII基金赎回金额中，商业银行渠道占比最高，为69.04%，其次为证券公司渠道，占比16.67%（见图2-64）。

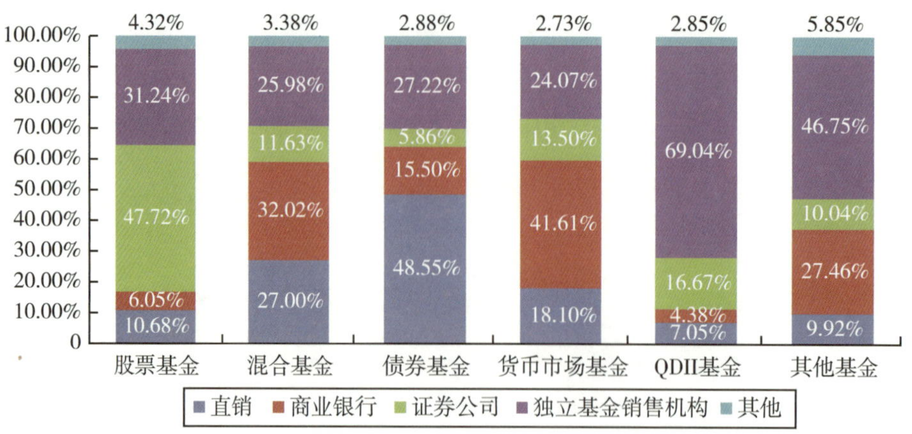

图 2-64　各类型基金赎回渠道占比情况

资料来源：中国证券投资基金业协会。

（二）基金销售保有规模情况

截至2022年末，直销渠道保有规模占比最高，为40.85%，但呈现逐年下降趋势；其次为商业银行渠道，占比26.17%，较上年略有下降；再次为独销渠道，占比22.34%，该渠道自展业以来保有规模占比连续提升；证券公司渠道保有规模占比为10.07%，较上年略有提升（见图2-65）。

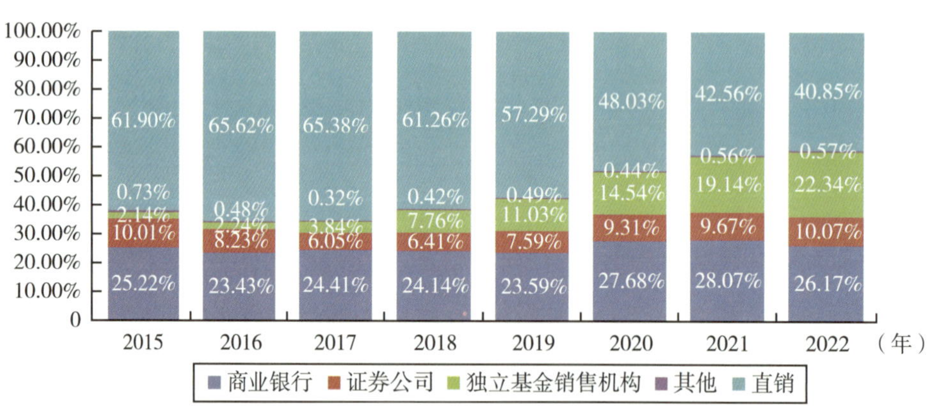

图 2-65　各渠道基金销售保有规模占比情况

资料来源：中国证券投资基金业协会。

1.股票基金

截至2022年末，股票基金保有规模中，证券公司渠道占比最高，为49.62%，呈现上升趋势；其次为独销渠道，占比21.30%，较上年略有下降；商业银行渠道和直销渠道占比分别为16.64%和9.73%，并呈现下降趋势（见图2-66）。

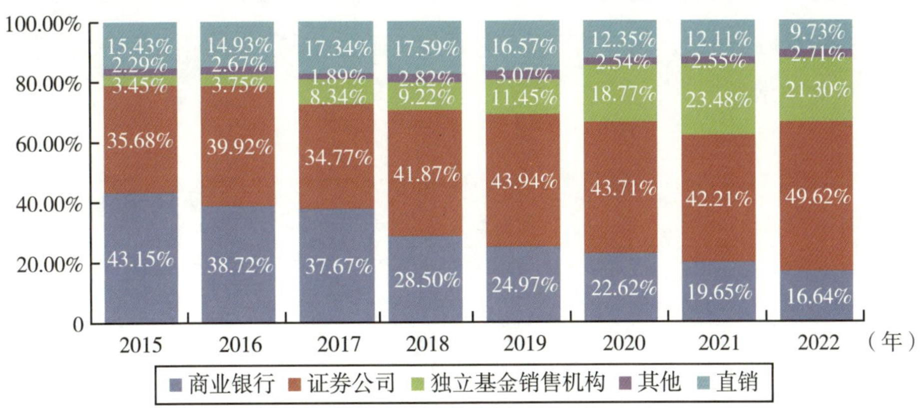

图2-66　各渠道股票基金销售保有规模占比情况

资料来源：中国证券投资基金业协会。

2.混合基金

截至2022年末，混合基金保有规模中，商业银行渠道占比最高，为50.58%，较上年基本持平；其次为独销渠道，占比21.10%，呈现上升趋势；再次为直销渠道，占比16.81%，呈现下降趋势；证券公司渠道占比为10.46%，较上年基本持平（见图2-67）。

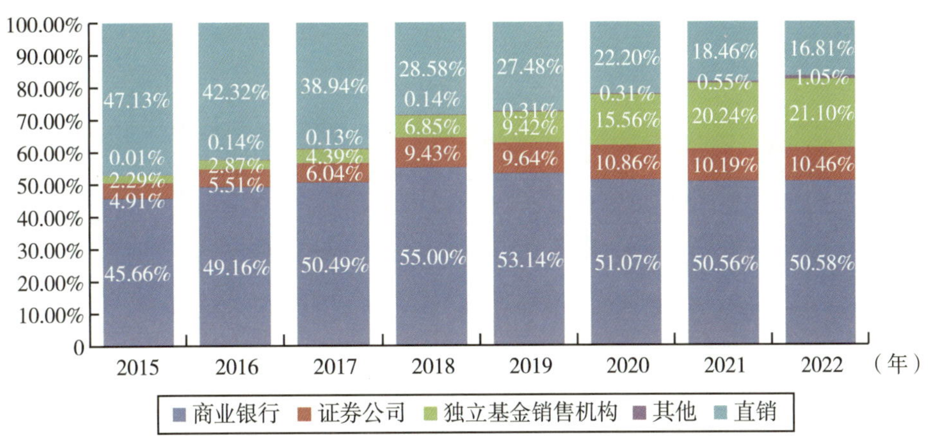

图2-67　各渠道混合基金销售保有规模占比情况

资料来源：中国证券投资基金业协会。

3. 债券基金

截至2022年末，债券基金保有规模中，直销渠道占比最高，为73.97%，呈现下降趋势；其次为独销渠道，占比12.10%，较上年略有下降；再次为商业银行渠道，占比11.52%，较上年有一定幅度提升；证券公司渠道占比较小，为2.17%（见图2-68）。

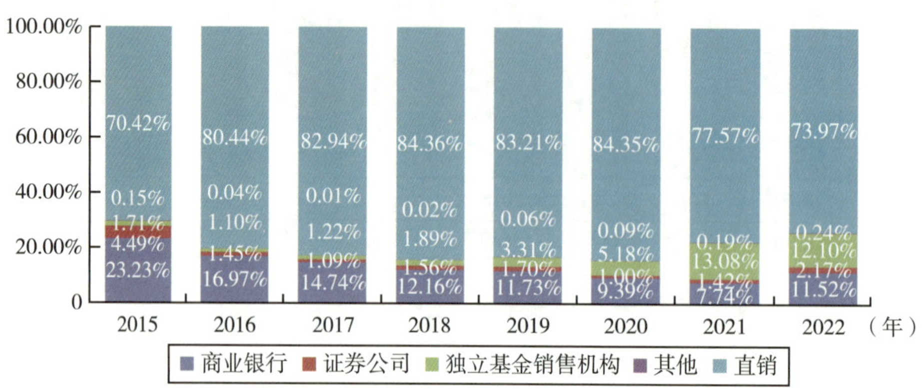

图 2-68 各渠道债券基金销售保有规模占比情况

资料来源：中国证券投资基金业协会。

4. 货币市场基金

截至2022年末，货币市场基金保有规模中，直销渠道占比最高，为37.66%，呈现下降趋势；其次为独销渠道，占比29.98%，呈现上升趋势；再次为商业银行，占比26.83%，较上年有所下降；证券公司渠道占比为5.46%，较上年基本持平（见图2-69）。

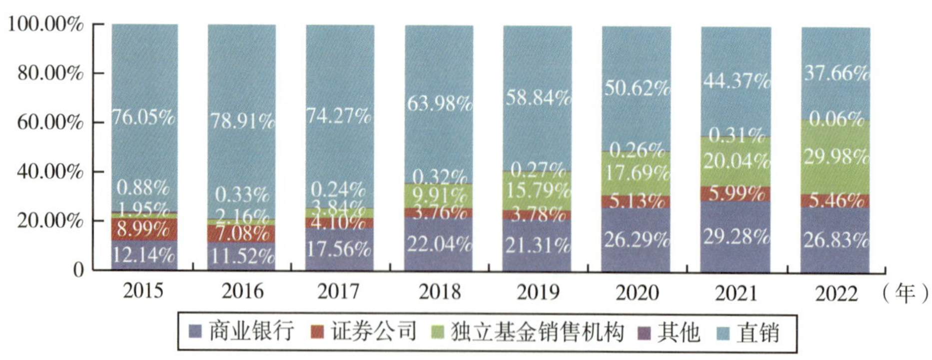

图 2-69 各渠道货币市场基金销售保有规模占比情况

资料来源：中国证券投资基金业协会。

5.基金中基金

截至2022年末，基金中基金保有规模中，商业银行渠道占比最高，为76.45%，较上年略有下降；其次为独销渠道，占比8.43%，较上年基本持平；再次为直销渠道，占比7.83%，较上年略有提升；证券公司渠道占比为7.23%，较上年有所提升（见图2-70）。

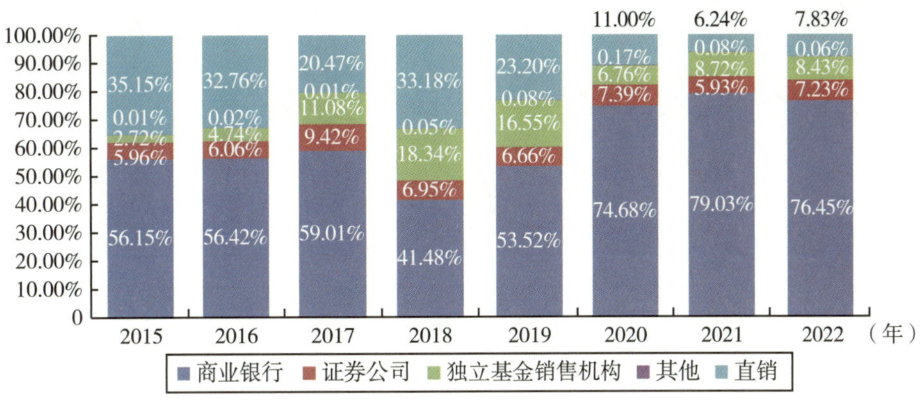

图2-70 各渠道基金中基金销售保有规模占比情况

资料来源：中国证券投资基金业协会。

6. QDII基金

截至2022年末，QDII基金保有规模中，证券公司渠道占比最高，为59.19%，呈现上升趋势；其次为独销渠道，占比19.23%，较上年有所下降；再次为商业银行渠道，占比14.09%，呈现下降趋势；直销渠道占比为7.06%，较上年有所下降（见图2-71）。

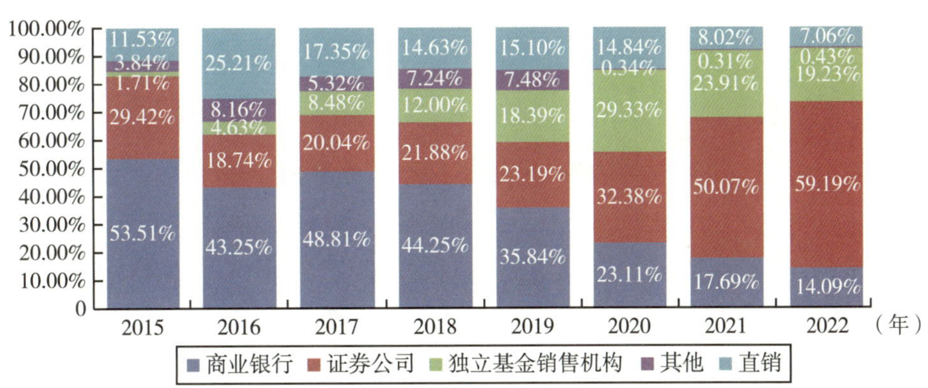

图2-71 各渠道QDII基金销售保有规模占比情况

资料来源：中国证券投资基金业协会。

7.其他基金

截至2022年末，其他基金保有规模中，证券公司渠道占比最高，为65.63%，较上年大幅提升；其次为直销渠道，占比12.76%，较上年有所提升；再次为独销渠道，占比10.92%，其和商业银行渠道占比较上年均大幅下降（见图2-72）。

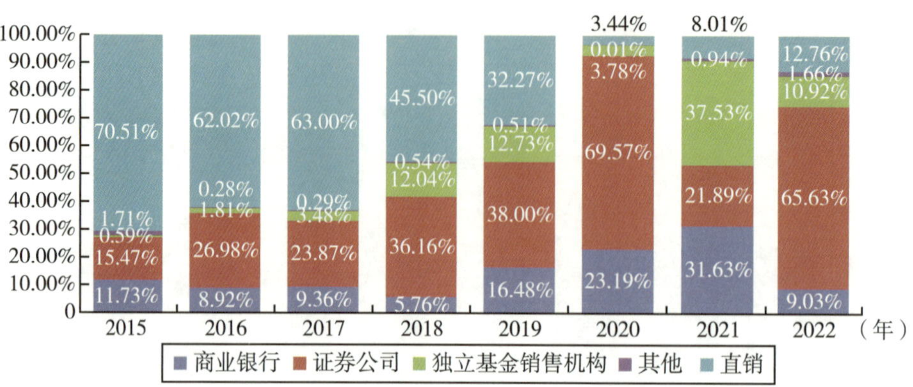

图2-72　各渠道其他基金销售保有规模占比情况

资料来源：中国证券投资基金业协会。

（三）基金销售收入结构

2022年度基金销售收入中，销售服务费占比最高，为55.77%，较上年有较大幅度提升；其次为申购费，占比17.85%，较上年有所下降；再次为赎回费，占比17.15%，较上年略有下降；认购费收入占比为7.96%，较上年大幅下降。2022年度销售服务费占销售收入的比重回升明显，或与A股市场较为低迷，以C类份额为主的固收类产品发行规模较多有关（见图2-73）。

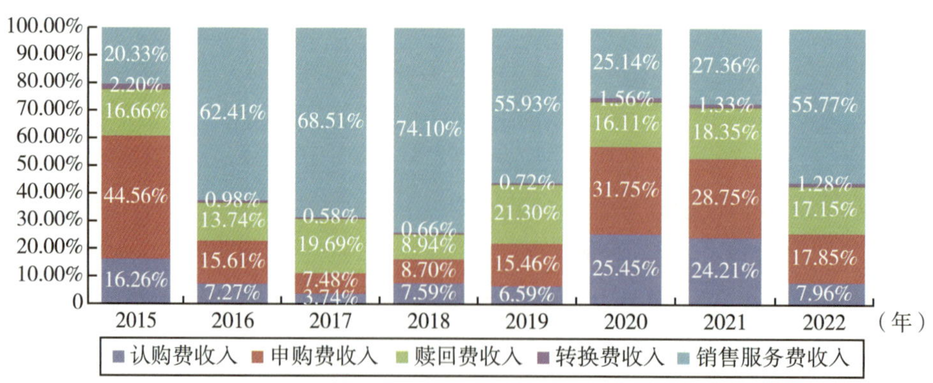

图2-73　基金销售收入结构

资料来源：中国证券投资基金业协会。

1. 商业银行

2022年度商业银行渠道销售收入中，销售服务费占比最高，为51.84%，较上年大幅提升；其次为申购费，占比25.51%，较上年有所下降；再次为认购费，占比15.36%，较上年大幅下降；赎回费占比为6.63%，较上年有所下降（见图2-74）。

图2-74　商业银行销售收入结构

资料来源：中国证券投资基金业协会。

2. 证券公司

2022年度证券公司渠道销售收入中，销售服务费占比最高，为51.61%，较上年大幅提升；其次为申购费，占比24.15%，较上年有所下降；再次为认购费，占比16.97%，较上年大幅下降；赎回费收入占比为7.05%，较上年基本持平（见图2-75）。

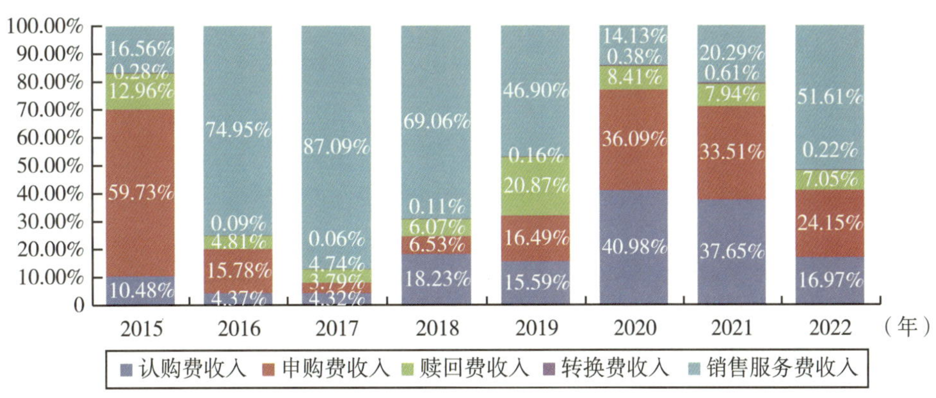

图2-75　证券公司销售收入结构

资料来源：中国证券投资基金业协会。

3.独立基金销售机构

2022年度独销渠道销售收入中，销售服务费占比最高，为63.11%，较上年大幅提升；其次为赎回费，占比21.30%，较上年有所下降；再次为申购费，占比14.35%，较上年有所下降；认购费收入占比为0.84%，较上年有所下降（见图2-76）。

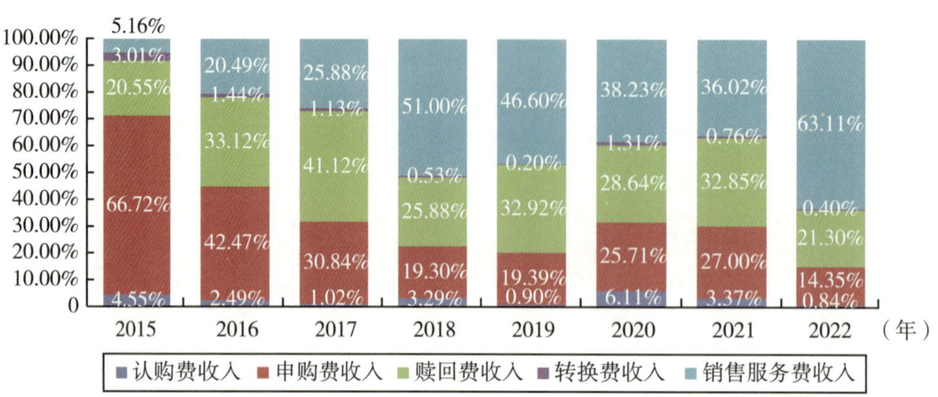

图 2-76　独销销售收入结构

资料来源：中国证券投资基金业协会。

4.直销

2022年度直销渠道销售收入中，销售服务费收入占比最高，为54.69%，较上年有所提升；其次为赎回费，占比34.05%，较上年略有下降；再次为申购费，占比6.48%，较上年略有提升；认购费收入占比仅为0.85%（见图2-77）。

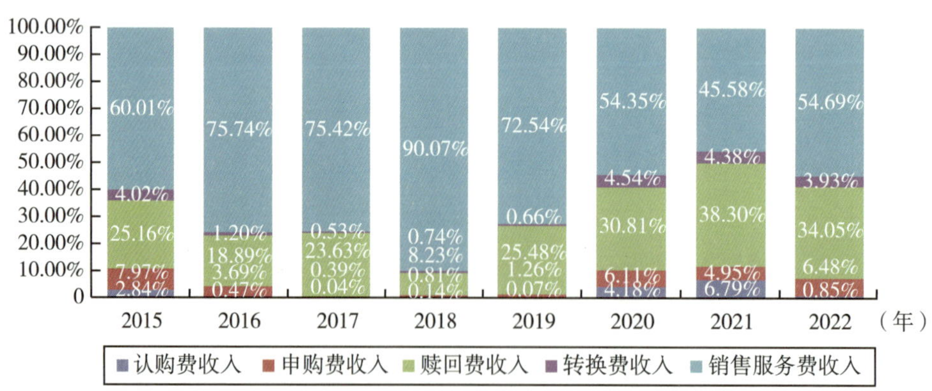

图 2-77　直销销售收入结构

资料来源：中国证券投资基金业协会。

5.其他

2022年度其他渠道销售收入中，销售服务费占比最高，为31.13%，较上年基本持平；其次为赎回费，占比27.53%，较上年略有提升；再次为申购费，占比23.85%，较上年有所下降；认购费占比为10.08%，较上年有所提升（见图2-78）。

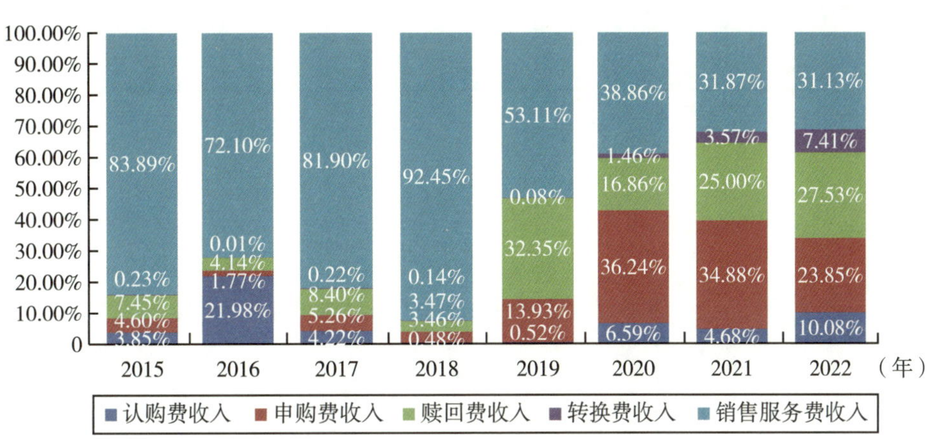

图 2-78　其他渠道销售收入结构

资料来源：中国证券投资基金业协会。

二、基金销售费率

从可追溯的数据来看，近年来随着基金市场分工的精细化程度提升、互联网信息技术应用的渗透度增加等因素影响，公募基金由投资者负担的费率总额整体呈下行趋势，但各类费率的变化趋势不尽相同。

（一）认购费率

2022年度，股票基金、FOF和其他基金成立规模加权平均认购费率（基金合同约定的最高认购费率，以下简称“平均认购费率”）较上年有所下降，分别下降至0.83%、0.84%和0.50%。混合基金、债券基金和QDII平均认购费率较上年有所上升，分别上升至1.10%、0.49%和0.89%。收取认购费的基金中，混合基金平均认购费率最高，其次依次为QDII、FOF和股票基金（见图2-79）。

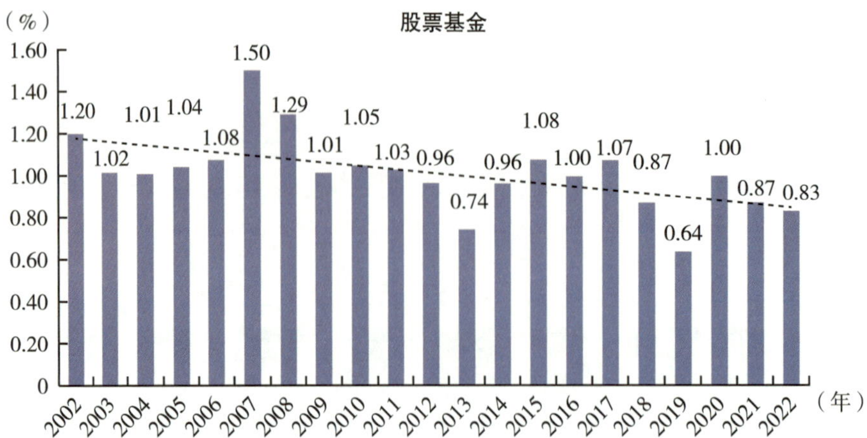

（%）
股票基金
1.60
1.40
1.20
1.00
0.80
0.60
0.40
0.20
0
1.20 1.02 1.01 1.04 1.08 1.50 1.29 1.01 1.05 1.03 0.96 0.74 0.96 1.08 1.00 1.07 0.87 0.64 1.00 0.87 0.83
2002 2003 2004 2005 2006 2007 2008 2009 2010 2011 2012 2013 2014 2015 2016 2017 2018 2019 2020 2021 2022
（年）

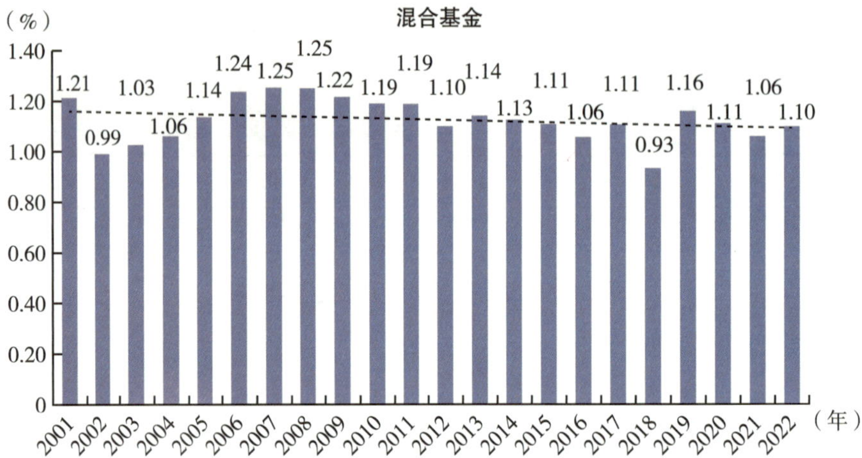

（%）
混合基金
1.40
1.20
1.00
0.80
0.60
0.40
0.20
0
1.21 0.99 1.03 1.06 1.14 1.24 1.25 1.25 1.22 1.19 1.19 1.10 1.14 1.13 1.11 1.06 1.11 0.93 1.16 1.11 1.06 1.10
2001 2002 2003 2004 2005 2006 2007 2008 2009 2010 2011 2012 2013 2014 2015 2016 2017 2018 2019 2020 2021 2022
（年）

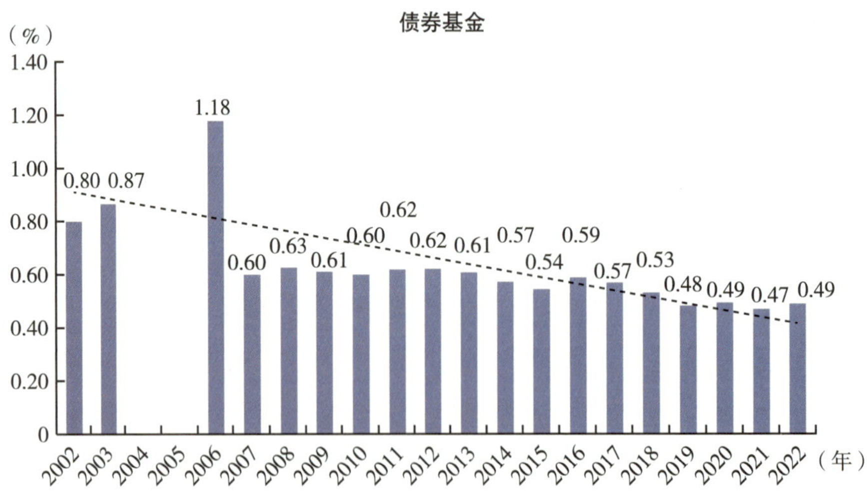

（%）
债券基金
1.40
1.20
1.00
0.80
0.60
0.40
0.20
0
0.80 0.87 1.18 0.60 0.63 0.61 0.60 0.62 0.62 0.61 0.57 0.54 0.59 0.57 0.53 0.48 0.49 0.47 0.49
2002 2003 2004 2005 2006 2007 2008 2009 2010 2011 2012 2013 2014 2015 2016 2017 2018 2019 2020 2021 2022
（年）

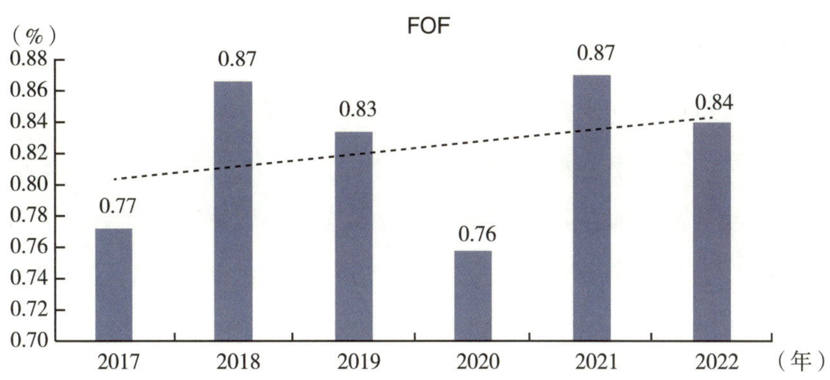

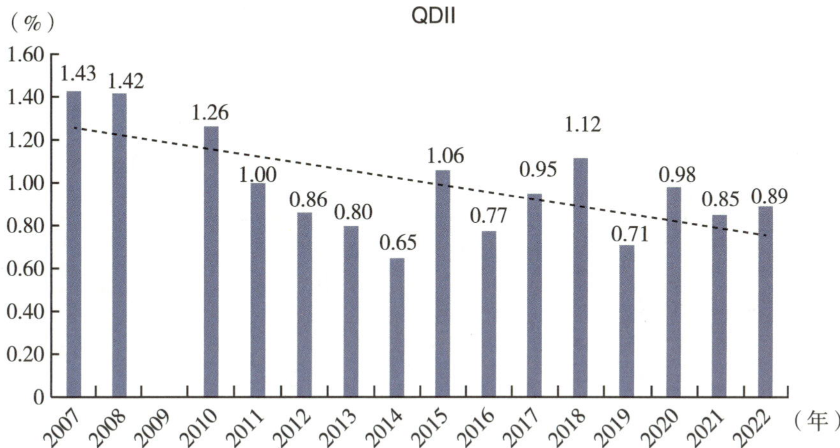

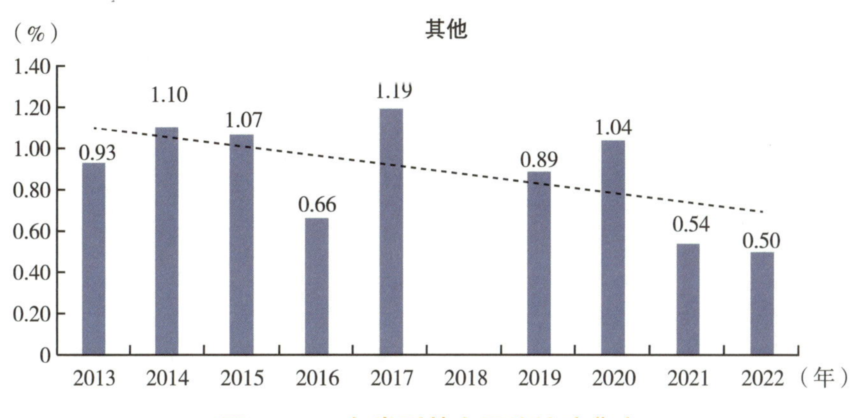

图 2-79　各类型基金平均认购费率

注1：（1）当年无新成立产品；（2）当年新成立产品中无收取该项费用的产品，则对应年度无相关数据，图中以空白列示。下同。

注2：部分年份满足统计要求的样本数量较少，或存在异常值导致平均费率水平过高/过低。下同。

资料来源：上海证券基金评价研究中心，Wind资讯。

（二）申购费率

2022年度，FOF和QDII成立规模加权平均申购费率（基金合同约定的最高申购费率，以下简称平均申购费率）较上年有所下降，分别下降至1.01%和1.25%，股票基金、混合基金、债券基金和其他基金平均申购费率较上年有所上升，分别上升至1.23%、1.36%、0.61%和1.00%。收取申购费的基金中，混合基金平均申购费率最高，其次依次为QDII、股票基金和FOF（见图2-80）。

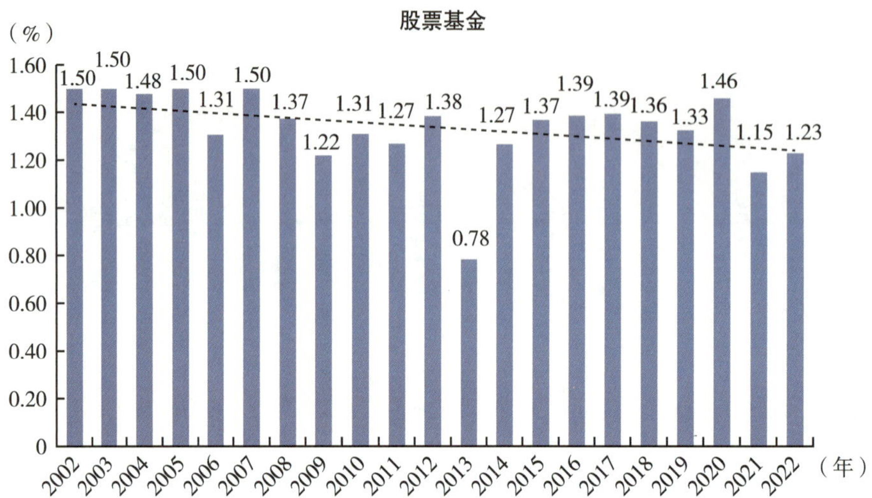

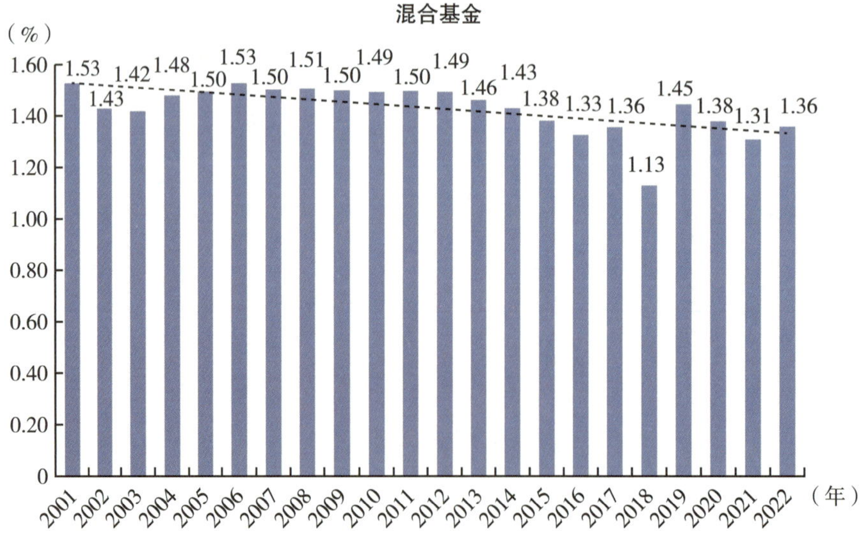

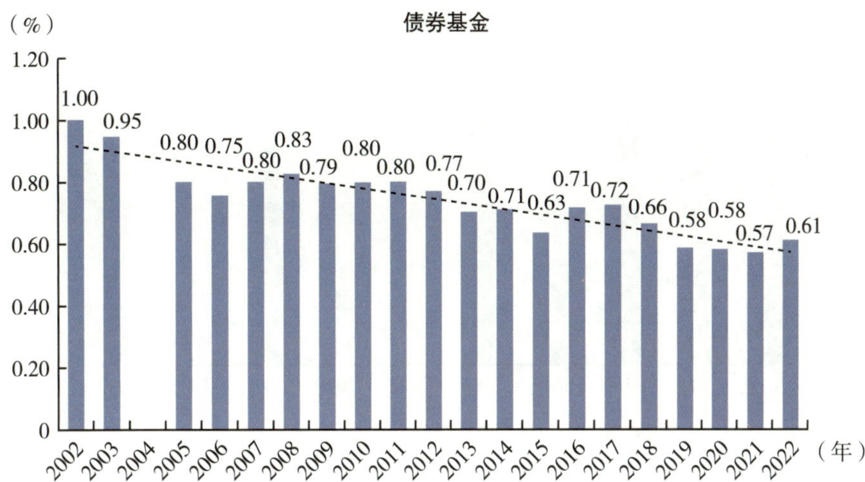
债券基金
（%）
1.20
1.00
0.80
0.60
0.40
0.20
0
1.00
0.95
0.80
0.75
0.80
0.83
0.79
0.80
0.80
0.77
0.70
0.71
0.63
0.71
0.72
0.66
0.58
0.58
0.57
0.61
2002
2003
2004
2005
2006
2007
2008
2009
2010
2011
2012
2013
2014
2015
2016
2017
2018
2019
2020
2021
2022
（年）

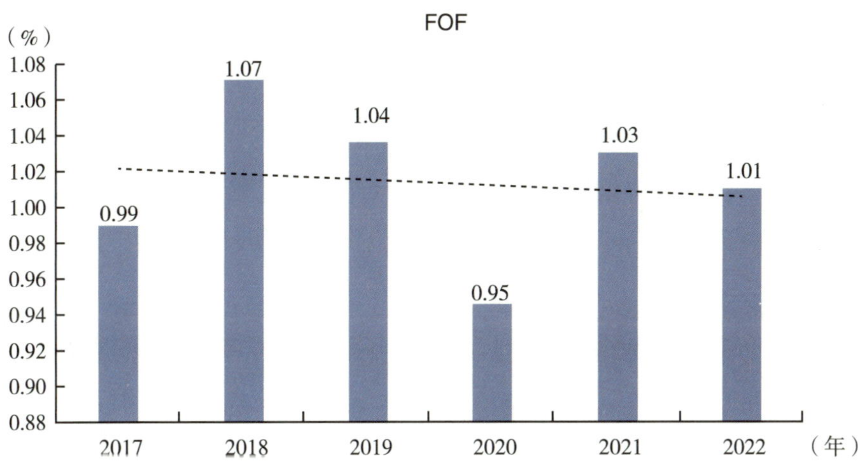
FOF
（%）
1.08
1.06
1.04
1.02
1.00
0.98
0.96
0.94
0.92
0.90
0.88
0.99
1.07
1.04
0.95
1.03
1.01
2017
2018
2019
2020
2021
2022
（年）

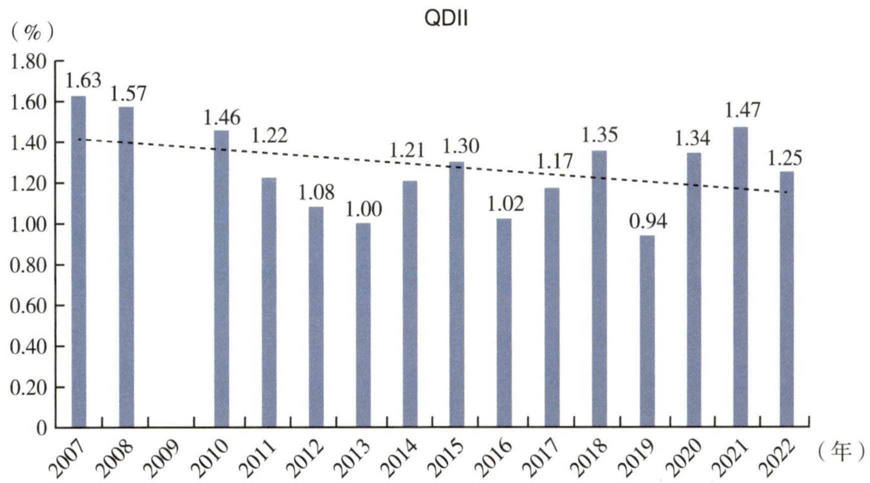
QDII
（%）
1.80
1.60
1.40
1.20
1.00
0.80
0.60
0.40
0.20
0
1.63
1.57
1.46
1.22
1.08
1.00
1.21
1.30
1.02
1.17
1.35
0.94
1.34
1.47
1.25
2007
2008
2009
2010
2011
2012
2013
2014
2015
2016
2017
2018
2019
2020
2021
2022
（年）

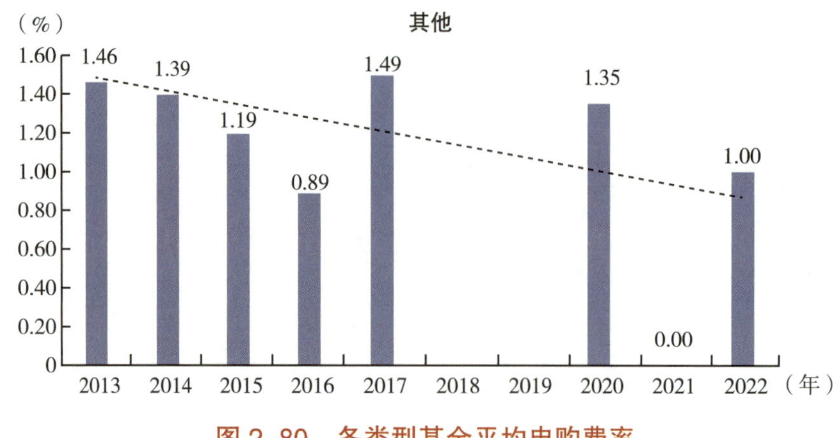

图 2-80　各类型基金平均申购费率

资料来源：上海证券基金评价研究中心、Wind资讯。

（三）赎回费率

设置赎回费的目的主要是鼓励投资者长期持有以获取基金长期收益，基金赎回费率随着投资者持有基金份额期限加长而逐步降低，持有时间过短的投资者将缴纳较高的赎回费率。同时，作为对其他基金份额持有人的补偿，赎回费将全部或部分计入基金财产。

2022年度，所有类型基金成立规模加权平均赎回费率（基金合同约定的最高赎回费率，以下简称“平均赎回费率”）均有所上升，除FOF上升至1.38%，其他类型基金平均赎回费率均上升至1.50%（见图2-81）。

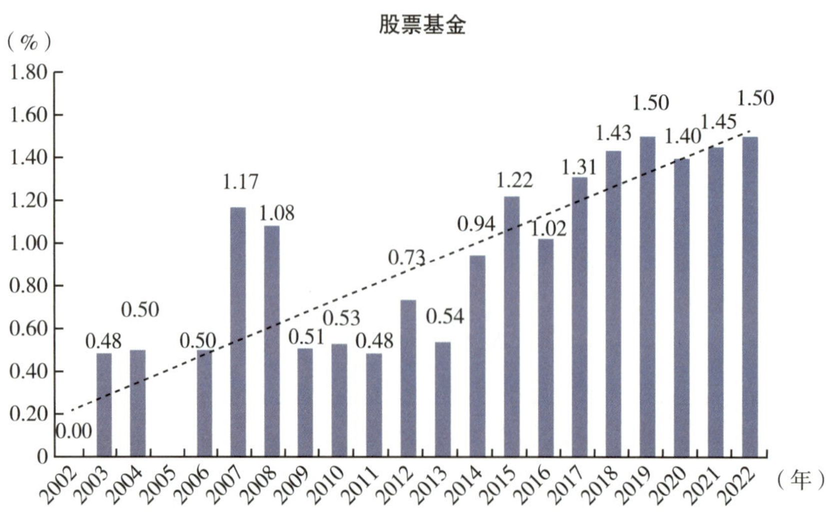

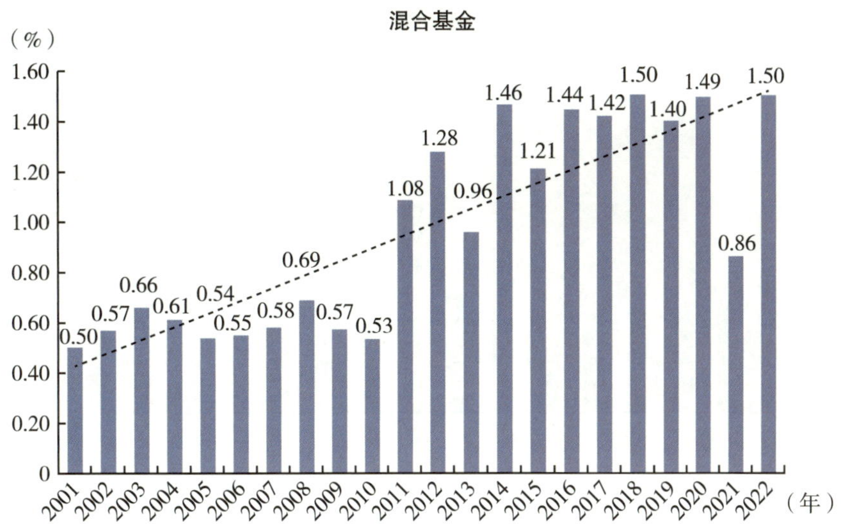
混合基金
（%）
1.60
1.40
1.20
1.00
0.80
0.60
0.40
0.20
0
0.50
0.57
0.66
0.61
0.54
0.55
0.58
0.69
0.57
0.53
1.08
1.28
0.96
1.46
1.21
1.44
1.42
1.50
1.40
1.49
0.86
1.50
2001 2002 2003 2004 2005 2006 2007 2008 2009 2010 2011 2012 2013 2014 2015 2016 2017 2018 2019 2020 2021 2022
（年）

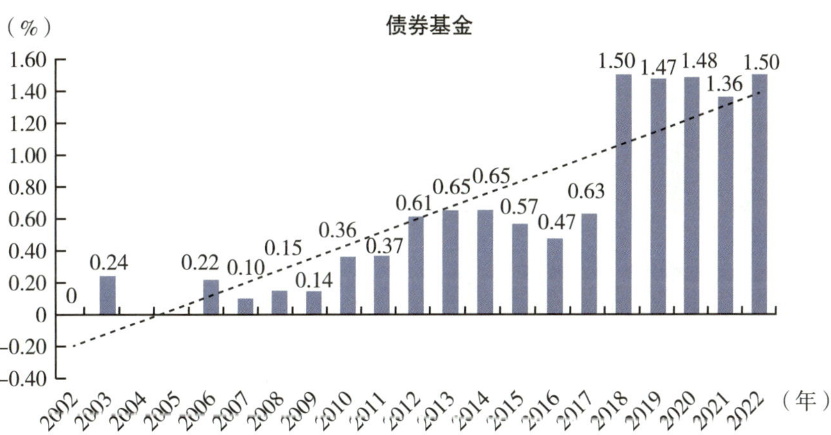
（%）
债券基金
1.60
1.40
1.20
1.00
0.80
0.60
0.40
0.20
0
−0.20
−0.40
0
0.24
0.22
0.10
0.15
0.14
0.36
0.37
0.61
0.65
0.65
0.57
0.47
0.63
1.50
1.47
1.48
1.36
1.50
2002 2003 2004 2005 2006 2007 2008 2009 2010 2011 2012 2013 2014 2015 2016 2017 2018 2019 2020 2021 2022
（年）

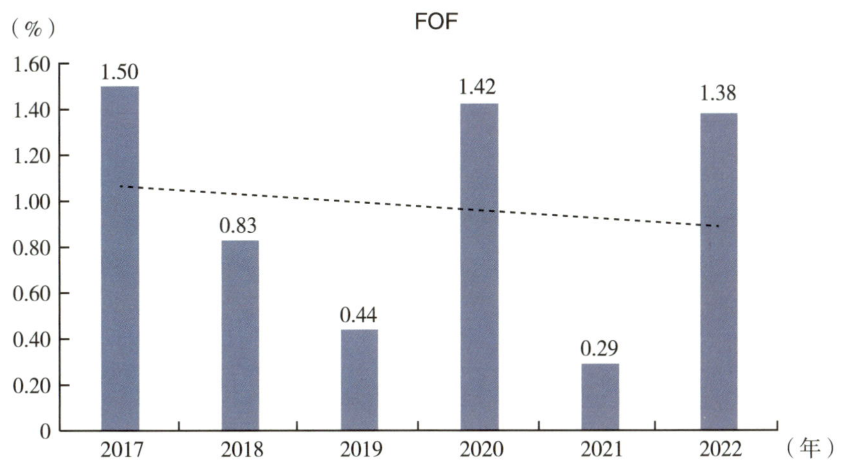
（%）
FOF
1.60
1.40
1.20
1.00
0.80
0.60
0.40
0.20
0
1.50
0.83
0.44
1.42
0.29
1.38
2017 2018 2019 2020 2021 2022
（年）

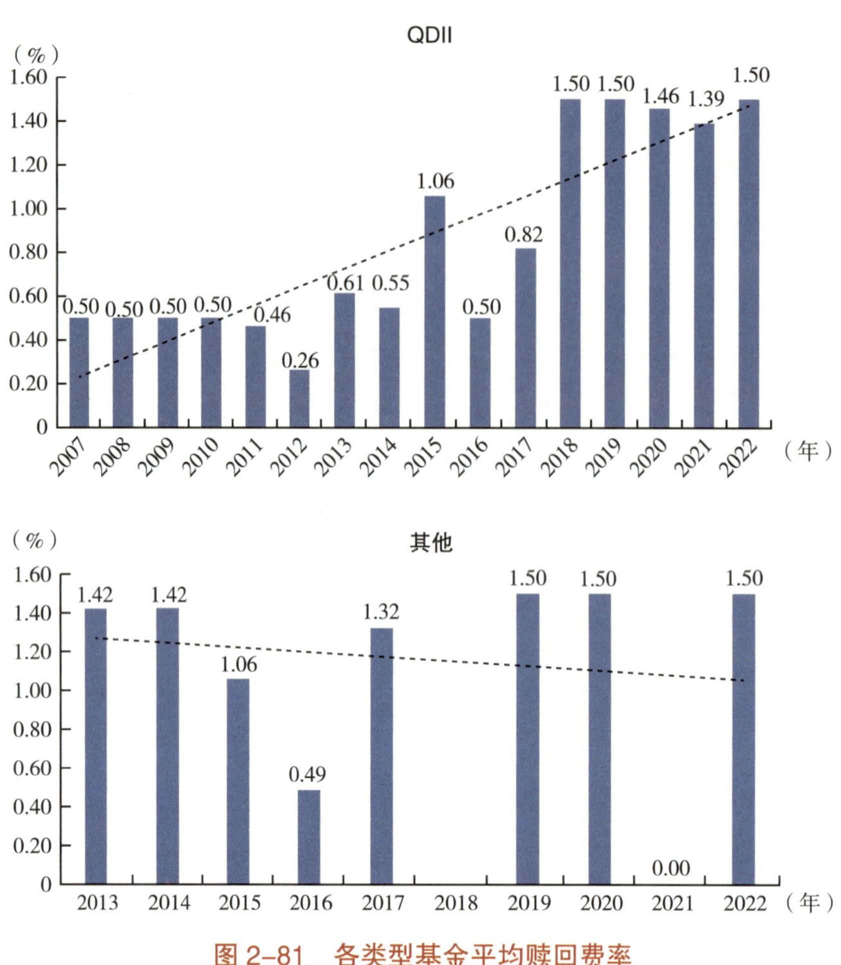

图 2-81　各类型基金平均赎回费率

资料来源：上海证券基金评价研究中心、Wind资讯。

（四）销售服务费率

销售服务费是指基金管理人根据相关法律法规的规定以及基金合同的约定，从开放式基金财产中计提一定比例的费用，专门用于基金的销售与基金持有人的服务。

2022年度，混合基金、FOF、QDII和其他基金成立规模加权平均销售服务费率（以下简称“平均销售服务费率”）较上年有所下降，分别下降至0.33%、0.40%、0.22%和0.35%。混合基金平均销售服务费率下降较多的原因或与2022年同业存单指数基金发行规模较大，且该类基金销售服务费率较低有关。股票基金和货币市场基金平均销售服务费率较上年有所上升，分别上升至0.36%

和0.21%，债券基金平均销售服务费率与上年持平。收取销售服务费的基金中，FOF平均销售服务费率最高，其次依次为股票基金、其他基金和混合基金（见图2-82）。

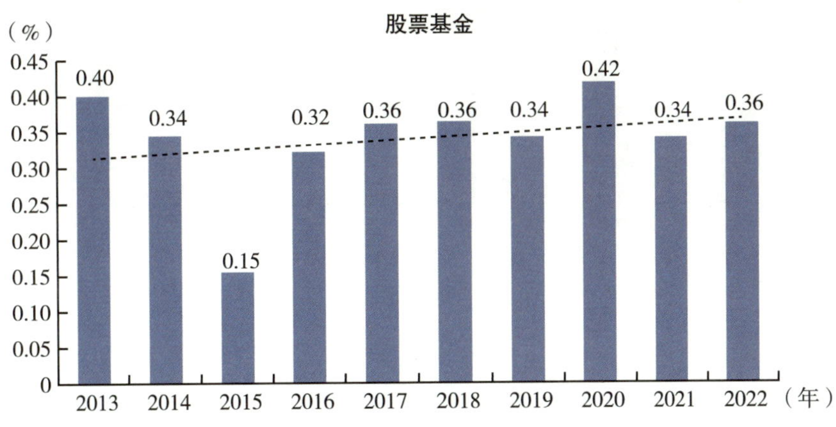

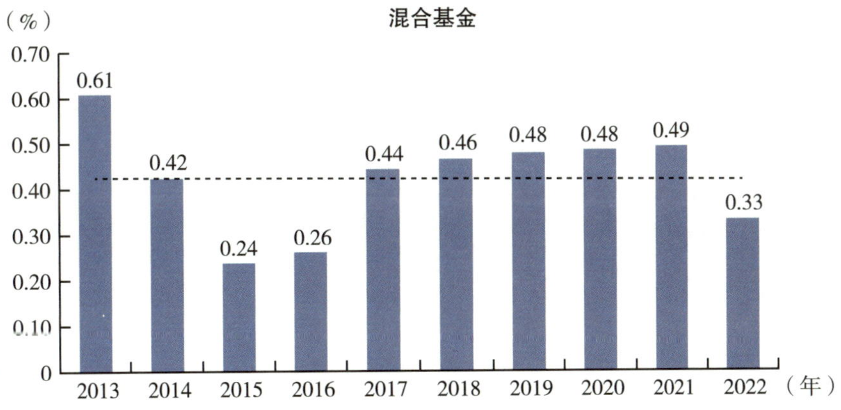

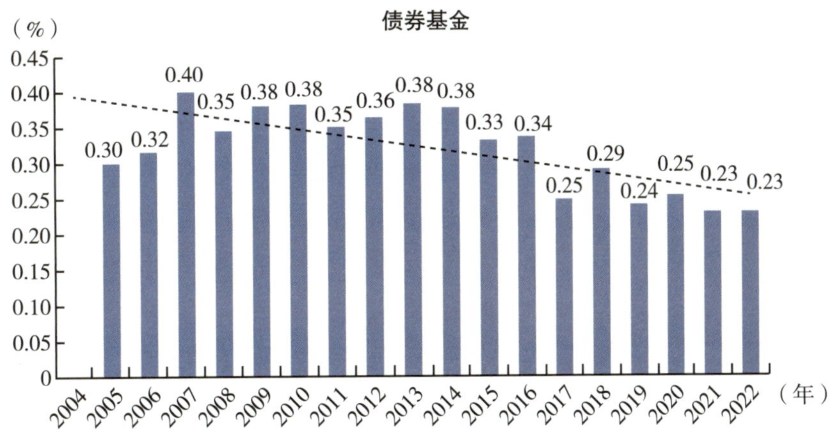

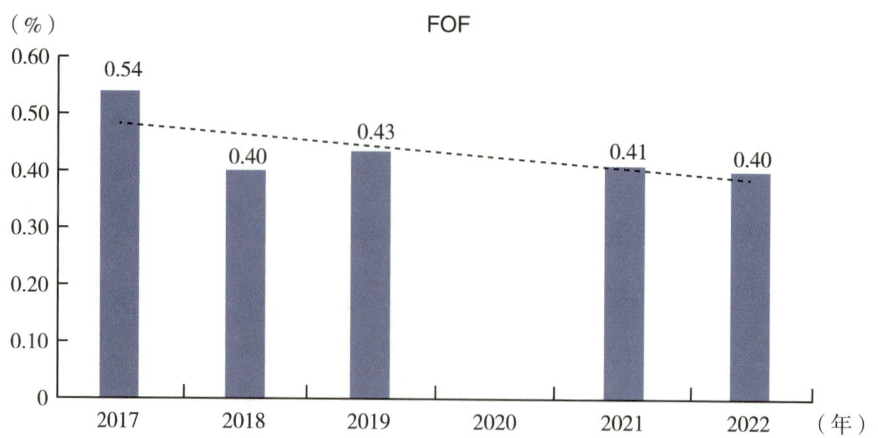
FOF
（%）
0.60
0.50
0.40
0.30
0.20
0.10
0
0.54
0.40
0.43
0.41
0.40
2017
2018
2019
2020
2021
2022
（年）

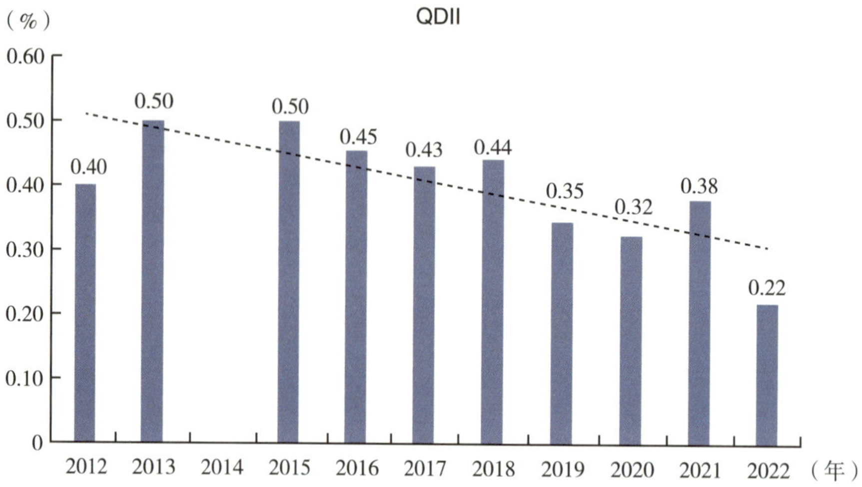
QDII
（%）
0.60
0.50
0.40
0.30
0.20
0.10
0
0.40
0.50
0.50
0.45
0.43
0.44
0.35
0.32
0.38
0.22
2012
2013
2014
2015
2016
2017
2018
2019
2020
2021
2022
（年）

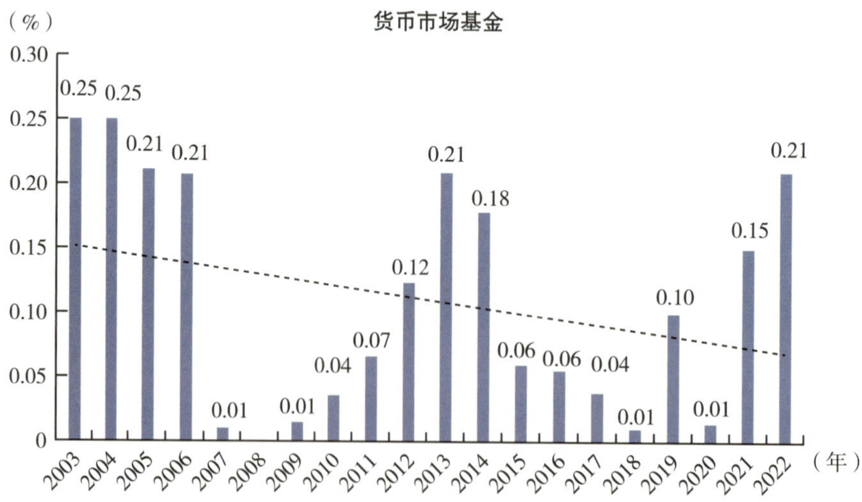
货币市场基金
（%）
0.30
0.25
0.20
0.15
0.10
0.05
0
0.25
0.25
0.21
0.21
0.01
0.01
0.04
0.07
0.12
0.21
0.18
0.06
0.06
0.04
0.01
0.10
0.01
0.15
0.21
2003
2004
2005
2006
2007
2008
2009
2010
2011
2012
2013
2014
2015
2016
2017
2018
2019
2020
2021
2022
（年）

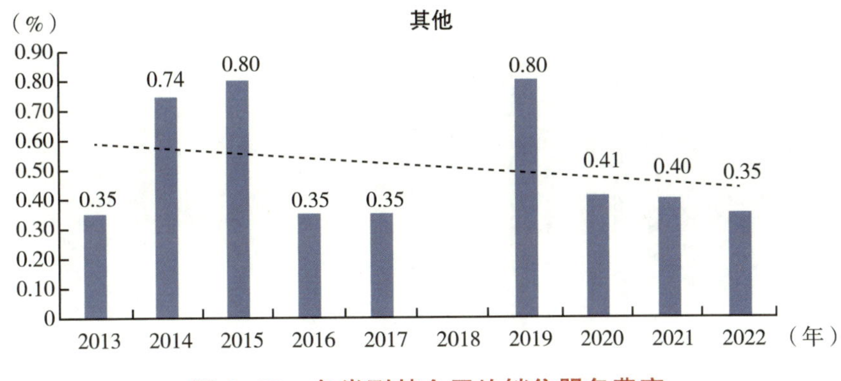

图 2-82　各类型基金平均销售服务费率

资料来源：上海证券基金评价研究中心、Wind资讯。

三、基金管理费率与托管费率

（一）管理费率

2022年度，股票基金、混合基金、债券基金、FOF、QDII基金和货币市场基金规模加权平均管理费率（以下简称“平均管理费率”）较上年有所下降，分别下降至0.55%、0.86%、0.31%、0.74%、0.54%和0.86%，其他基金管理费率水平与上年持平。

混合基金平均管理费率下降幅度较大，或与2022年同业存单指数基金发行规模较大且该类基金管理费率较低有关；货币市场基金自2021年以来平均管理费率提升至0.80%以上，或与新发货币市场基金管理人大多为证券公司，且其管理费率较基金管理公司更高有关（见图2-83）。

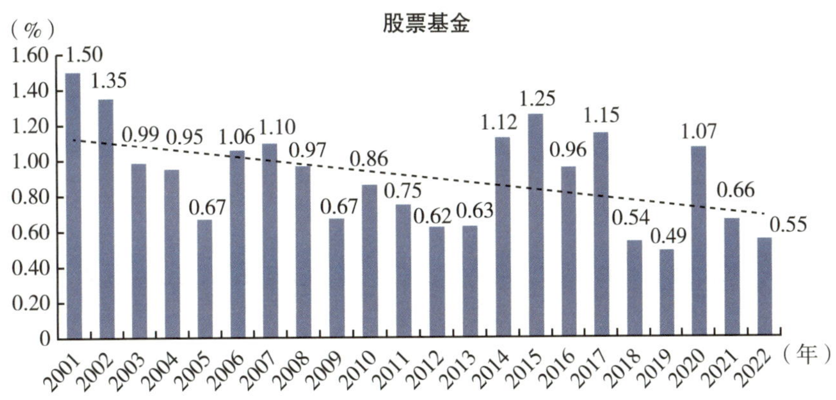

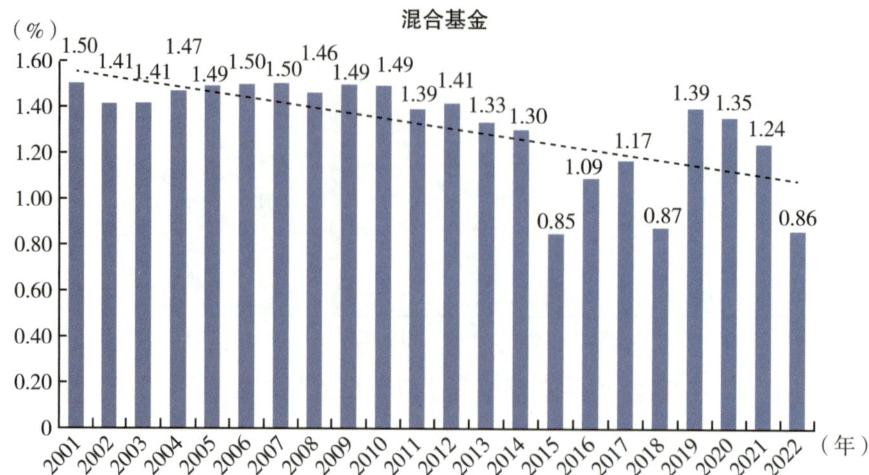
混合基金
（%）
1.50 1.41 1.41 1.47 1.49 1.50 1.50 1.46 1.49 1.49 1.39 1.41 1.33 1.30 0.85 1.09 1.17 0.87 1.39 1.35 1.24 0.86
1.60 1.40 1.20 1.00 0.80 0.60 0.40 0.20 0
2001 2002 2003 2004 2005 2006 2007 2008 2009 2010 2011 2012 2013 2014 2015 2016 2017 2018 2019 2020 2021 2022
（年）

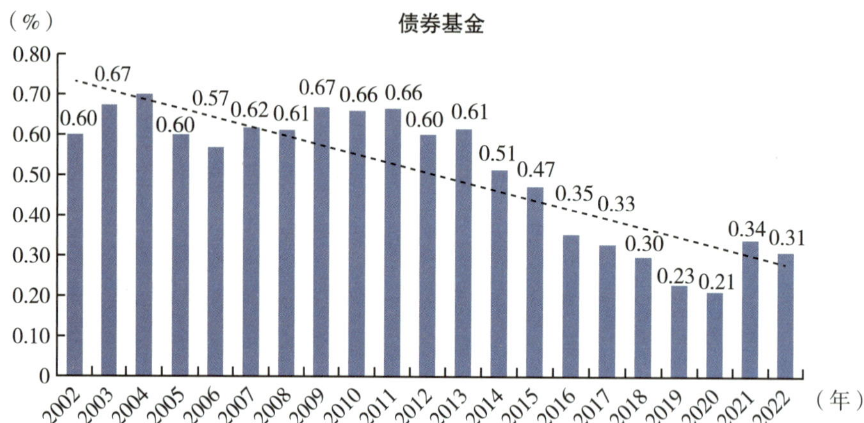
债券基金
（%）
0.60 0.67 0.60 0.57 0.62 0.61 0.67 0.66 0.66 0.60 0.61 0.51 0.47 0.35 0.33 0.30 0.23 0.21 0.34 0.31
0.80 0.70 0.60 0.50 0.40 0.30 0.20 0.10 0
2002 2003 2004 2005 2006 2007 2008 2009 2010 2011 2012 2013 2014 2015 2016 2017 2018 2019 2020 2021 2022
（年）

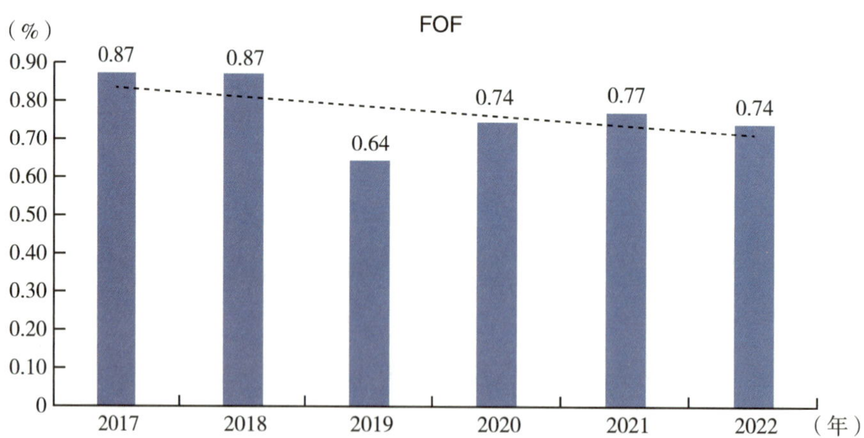
FOF
（%）
0.87 0.87 0.64 0.74 0.77 0.74
0.90 0.80 0.70 0.60 0.50 0.40 0.30 0.20 0.10 0
2017 2018 2019 2020 2021 2022
（年）

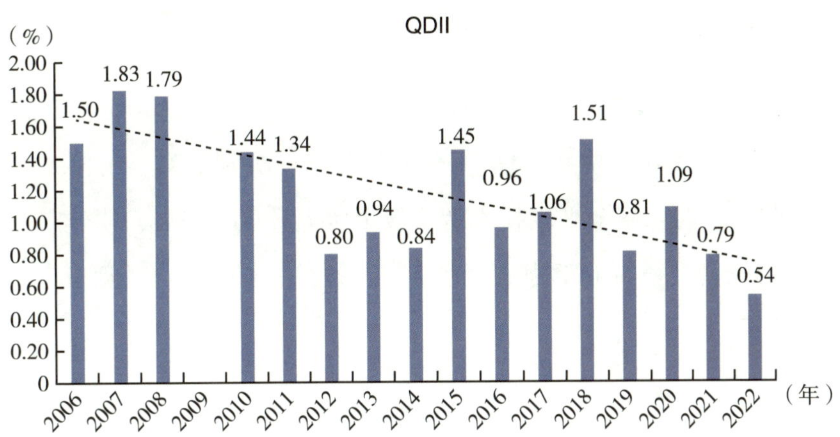

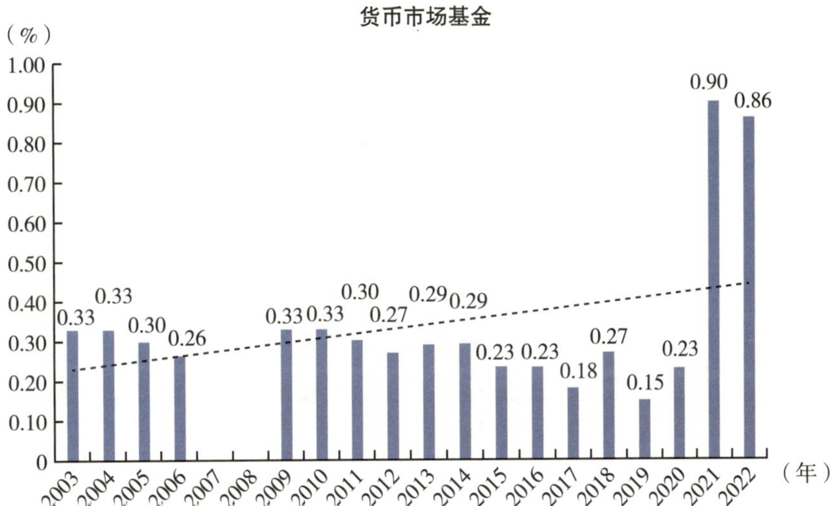

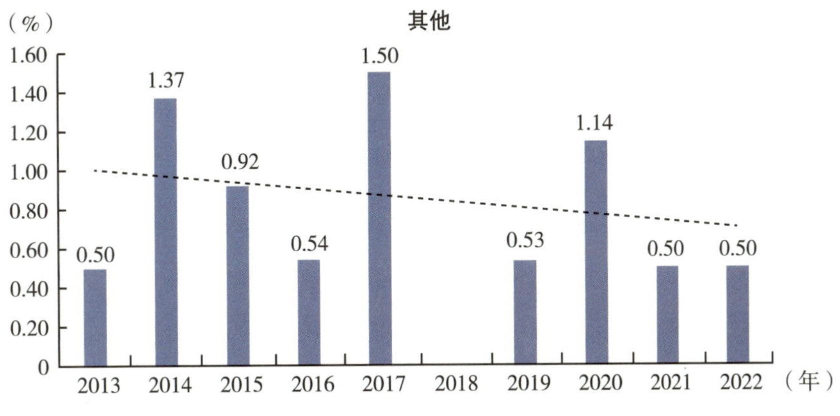

图 2-83　各类型基金平均管理费率

资料来源：上海证券基金评价研究中心、Wind资讯。

（二）托管费率

2022年度，股票基金、FOF、QDII和其他基金成立规模加权平均托管费率（以下简称“平均托管费率”）较上年有所下降，分别下降至0.10%、0.16%、0.15%和0.01%，混合基金平均托管费率较上年上升至0.23%，债券基金和货币市场基金平均托管费率与上年持平。近年来，各类型基金平均托管费率呈现下降趋势（见图2-84）。

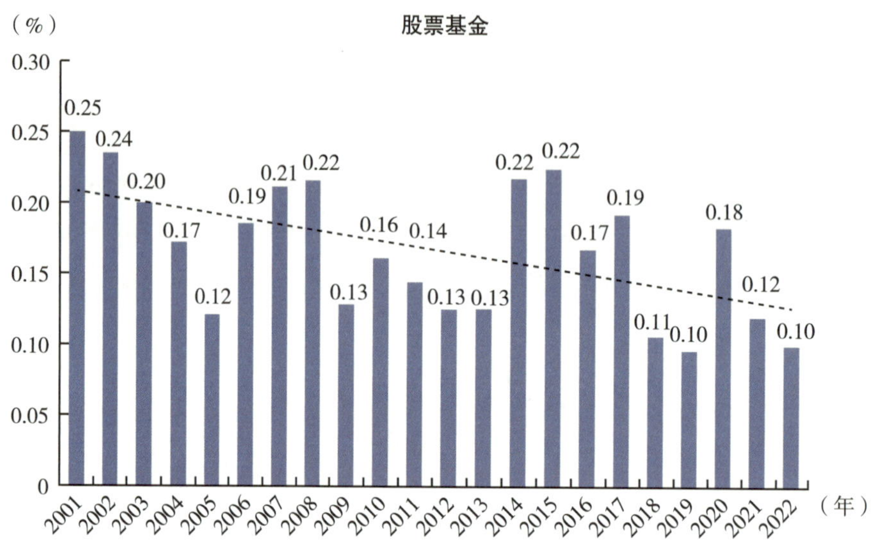

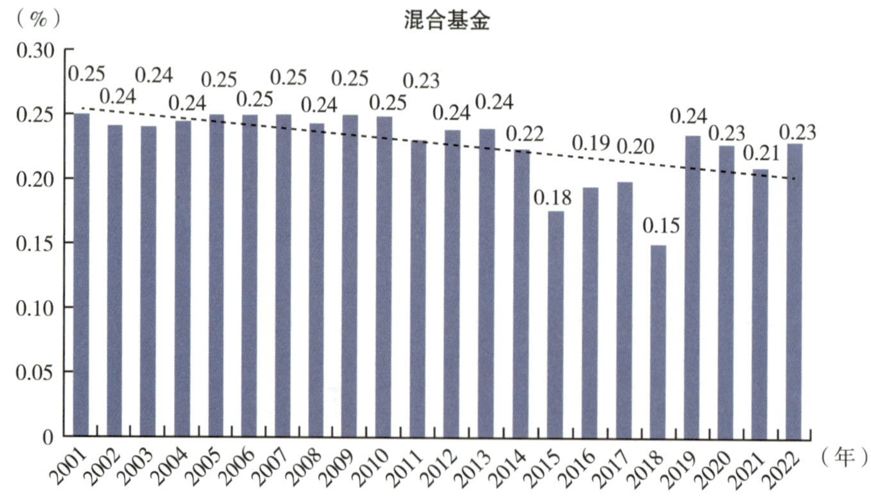

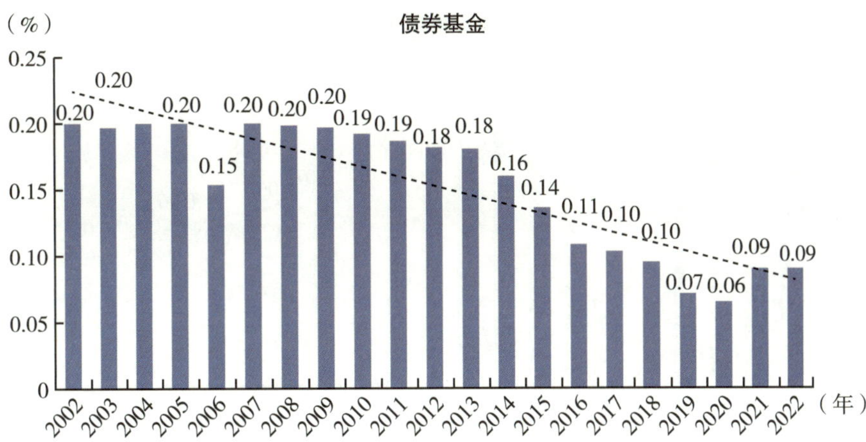
债券基金
(%)
0.25
0.20
0.15
0.10
0.05
0
0.20
0.20
0.20
0.15
0.20
0.20
0.20
0.19
0.19
0.18
0.18
0.16
0.14
0.11
0.10
0.10
0.07
0.06
0.09
0.09
2002
2003
2004
2005
2006
2007
2008
2009
2010
2011
2012
2013
2014
2015
2016
2017
2018
2019
2020
2021
2022
(年)

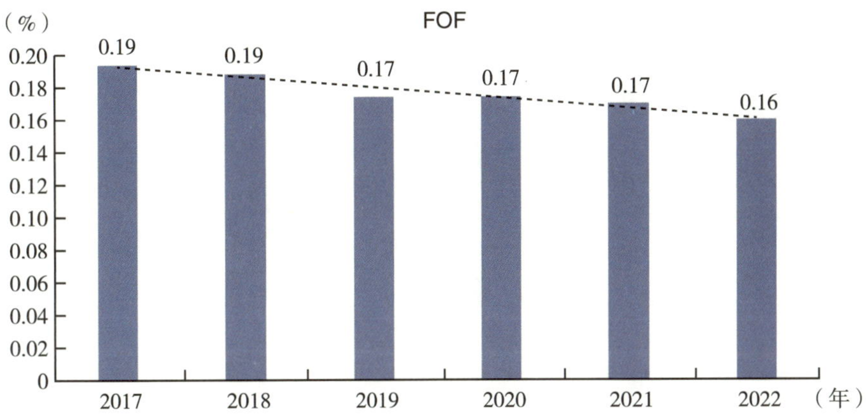
FOF
(%)
0.20
0.18
0.16
0.14
0.12
0.10
0.08
0.06
0.04
0.02
0
0.19
0.19
0.17
0.17
0.17
0.16
2017
2018
2019
2020
2021
2022
(年)

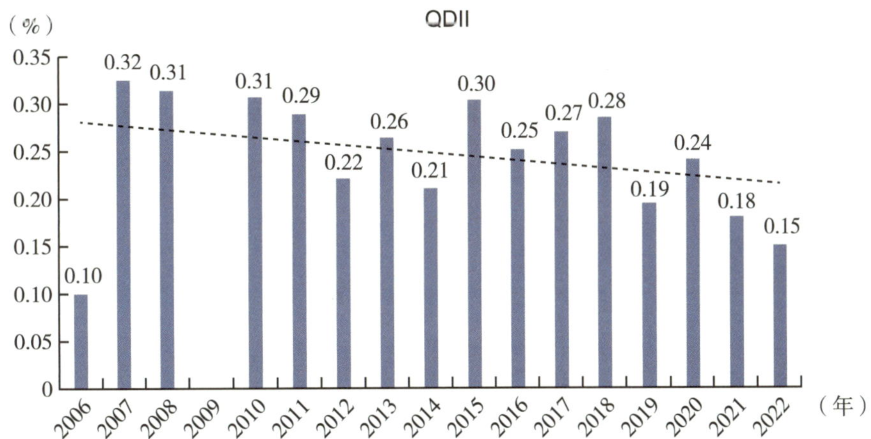
QDII
(%)
0.35
0.30
0.25
0.20
0.15
0.10
0.05
0
0.10
0.32
0.31
0.31
0.29
0.22
0.26
0.21
0.30
0.25
0.27
0.28
0.19
0.24
0.18
0.15
2006
2007
2008
2009
2010
2011
2012
2013
2014
2015
2016
2017
2018
2019
2020
2021
2022
(年)

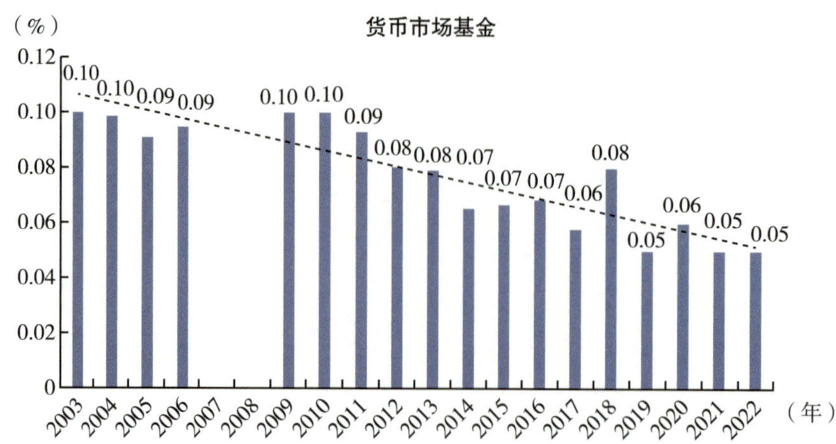

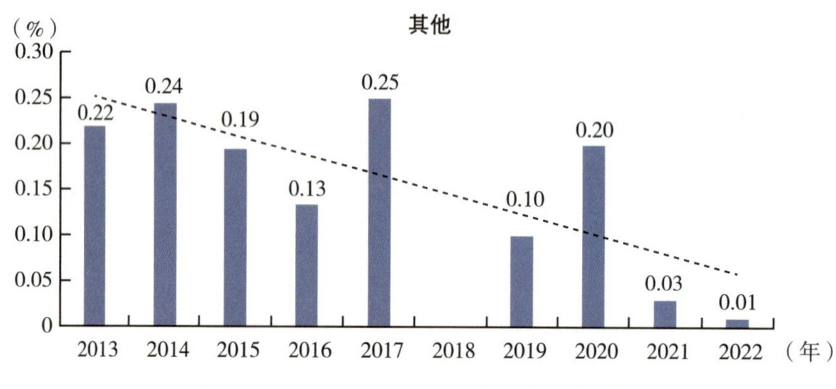

图 2-84　各类型基金平均托管费率

资料来源：上海证券基金评价研究中心、Wind资讯。

第三章 我国境内养老金投资管理

第一节 我国养老金投资运营情况概览

一、养老金投资运营规模

截至2021年末，我国养老金总规模约13.75万亿元，较2020年增长14.07%，养老金总规模约占我国同期GDP的11.96%。[①]其中，基本养老保险基金（以下简称"基本养老金"）结余规模6.40万亿元，较2020年增长10.15%；全国社会保障基金（以下简称"社保基金"）资产总额为3.02万亿元，较2020年增长3.32%；企业年金和职业年金规模合计4.43万亿元，较2020年增长25.17%。基本养老金在养老金总规模中占比为46.54%，相较2020年降低1.65%。尽管我国多层次养老保障体系结构仍不平衡，较为依赖第一支柱，但其占比逐渐下降（见表3-1）。

投资方面，2021年末我国已开展投资运营的养老金（含直接投资或受托直投、委托投资）约9.11万亿元，投资规模较2020年增长16.42%，约占养老金总规模的66.26%。投资运营已实现收益约3.02万亿元，较2020年增长17.59%，占养老金总资产的21.96%，相较2020年增长0.66%，养老金投资作用逐步显现。

具体来看，社保基金投资规模占总规模比例为100%，已基本实现全部投资运营。基本养老金自2016年底开始启动市场化投资运营，截至2021年末，投资规模达1.69万亿元，所有省份均启动实施基本养老金委托投资工作。职业年金自

① 根据国家统计局统计，2021年我国GDP总量为114.92万亿元。

2019年开启市场化投资运营，发展快速，2021年末投资规模达1.79万亿元。

表 3-1　　2021 年末我国养老金规模情况统计

类别	规模（亿元）	投资规模（亿元）	委托投资规模（亿元）	当年收益率（%）	年均收益率*（%）	已实现投资收益（亿元）	投资规模占养老金规模（%）	投资收益占养老金规模（%）
社保基金	30 198[(1)]	30 198[(2)]	19 985	4.27	8.30	17 958	100.00	59.47
基本养老金	63 970	16 899[(3)]	9 031	4.88	6.49	2 620	26.42	4.10
企业年金	26 406	26 077	25 607	5.33	7.17	7 664[(4)]	98.75	29.02
职业年金	17 900	17 900	—	—	—	1 943	100.00	10.85
总计	137 450[(5)]	91 074	54 623	—	—	30 184	66.26	21.96

注：*自成立以来按年统计收益率的几何平均。社保基金为2000—2021年，基本养老金为2017—2021年，企业年金为2007—2021年。

注：（1）（2）此处引用的是《全国社会保障基金理事会社保基金年度报告（2021年度）》中的“2021年末社保基金资产总额”，该口径包含负债余额，此处使用该口径是为与本表格中“委托投资规模”的数据口径保持一致。

（3）此处引用的是《全国社会保障基金理事会基本养老保险基金受托运营年度报告（2021年度）》中“2021年末基本养老保险基金资产总额”，该口径包含负债余额，此处使用该口径是为与本表格中“委托投资规模”的数据口径保持一致。

（4）2012年后的企业年金投资收益是国家人力资源和社会保障部年报数据披露，2012年之前采用“规模 × 当年的加权平均收益率”的方式进行估算。

（5）为避免重复计算，规模和投资规模已剔除社保受托管理的做实个人账户资金和地方委托权益共计约1 024亿元。

资料来源：人力资源和社会保障部官网、全国社会保障基金理事会官网。

二、养老金投资管理机构及市场占比

截至2021年末，从各行业管理的养老金规模①看，公募基金、保险、券商分别占比57.48%、33.74%、8.32%，从管理养老金资产规模占比情况看，基金行业

① 含社保基金境内投资与境外投资、企业年金，基本养老金和职业年金由于无法获取各行业细分数据，因此未包含在内。

是我国养老金投资主力军。

社保基金自成立以来至2021年末取得了8.30%的年均收益率，累计投资收益1.80万亿元，投资收益占社保基金总规模比例达59.47%。18家社保基金投管人中16家为基金管理公司，基金管理公司管理规模占社保基金委托投资规模的72.55%，助力社保基金获取了优异的长期业绩。

企业年金方面，2021年末，基金行业市场份额占比从2011年的43.5%持续下降为36.7%，下降6.8个百分点，同期保险业市场份额占比从46.3%上升为54.8%，上升8.5个百分点（见表3-2）。

表3-2　2021年末不同行业投资管理社保基金（境内外）和企业年金规模情况

行业类别	社保基金（亿元）	占社保基金委托投资（境内外）比例（%）	企业年金（亿元）	占企业年金委托投资比例（%）	投资管理总规模（亿元）	行业占比（%）
基金[1]	14 500	72.55[2]	9 395	36.69	23 895	57.48
保险	—	—	14 025	54.77	14 025	33.74
券商	1 461	7.31[3]	1 995	7.79	3 456	8.32
专业养老金管理机构[4]	—	—	192	0.75	192	0.46
总计	15 961	—	25 607	100.00	41 569	100.00

注：（1）为公募基金受托管理规模，不包含社保直投私募基金规模。

（2）（3）为占2021年社保委托投资总规模（境内外）19 985亿元的比重。

（4）为建信养老金管理有限责任公司。

资料来源：人力资源和社会保障部官网，全国社会保障基金理事会官网，中国证券投资基金业协会。

三、养老金投资收益

（一）全国社会保障基金投资收益

1.历年收益率

截至2021年末，社保基金在已公布投资业绩的21年间取得了8.30%的年均收益率。社保基金在21年之中有19年获得正收益，正收益最高的两年发生在2007年与2006年，分别为43.19%和29.01%；仅在2008年与2018年取得负收益，分别为-6.79%和-2.28%（见图3-1）。

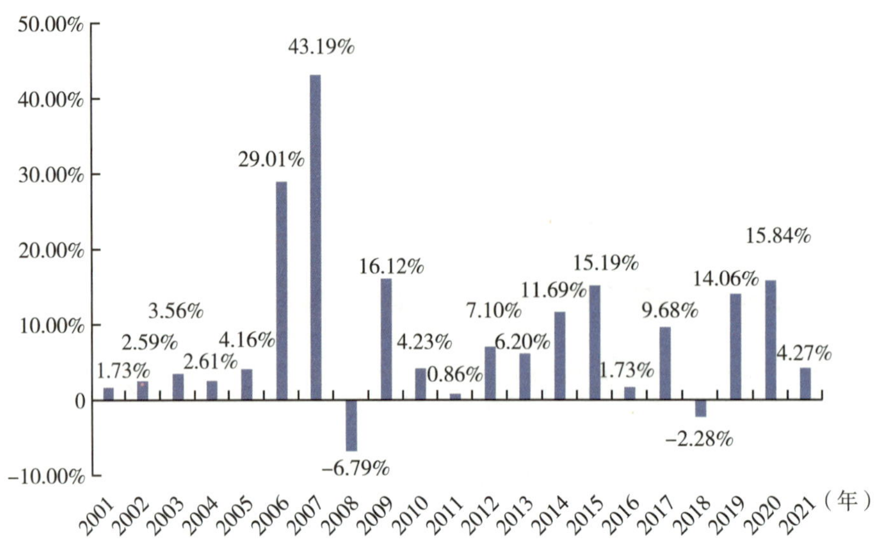

图 3-1　社保基金历年投资收益率

资料来源：全国社会保障基金理事会官网。

2.历年累计收益占权益总额比例

截至2021年末，社保基金权益总额为27 005.04亿元，累计投资收益额为17 958.25亿元，累计收益额占权益总额比例为66.50%。2021年，社保基金投资收益额1 131.80亿元。

社保基金累计投资收益额占权益总额比例在2001年至2007年间呈上升趋势，该数值于2008年大幅下降至31.15%，又在随后11年中逐步上升，于2021年达到峰值66.50%。社保基金累计收益额于2008年单年下降655.20亿元，投资收益额占权益总额比例在2008年大幅下降，主要有两方面原因：一是2008年投资亏损，收益率为-6.79%，亏损393.72亿元；二是2008年首次执行新会计准则，调减以前年度收益261.48亿元（见图3-2）。①

① 摘自全国社会保障基金理事会官网披露的“社保基金历年收益情况表”。

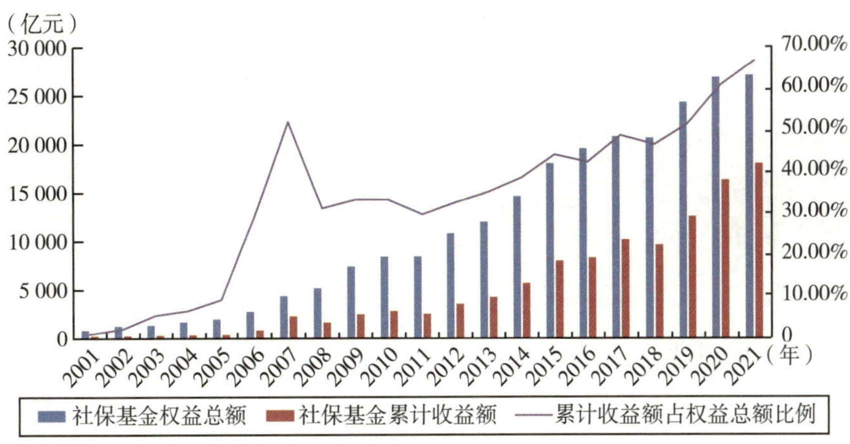

图 3-2　社保基金历年累计收益占权益总额比例情况

资料来源：全国社会保障基金理事会官网。

（二）企业年金投资收益

1.历年收益率

截至2022年，企业年金公布投资业绩以来，16年间取得了6.58%的年均收益率。企业年金在16年之中有13年获得正收益，当年加权平均收益率超10%的两年发生在2007年与2020年，分别为41.00%和10.31%；在2008年、2011年和2022年取得负收益，分别为-1.83%、-0.78%和-1.83%（见图3-3）。

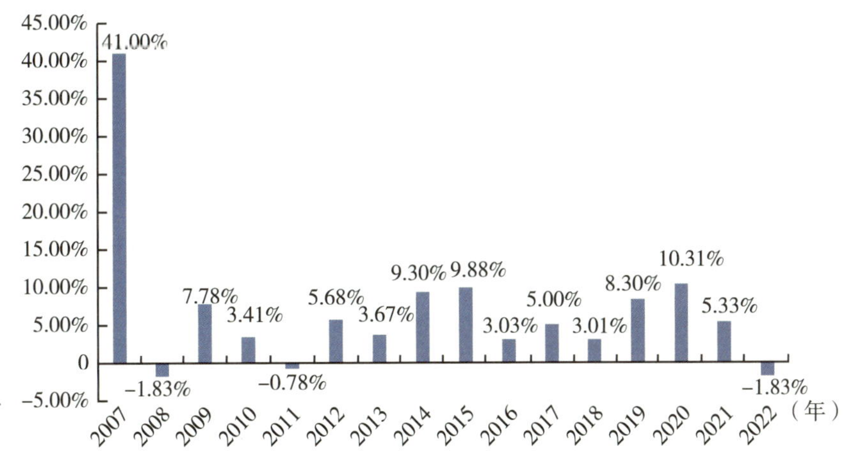

图 3-3　企业年金历年投资收益率

注：历年投资收益率由每年加权平均收益率组成，计算方法详见人社部公布的企业年金2022年年报。

资料来源：人力资源和社会保障部官网。

2. 历年累计收益占积累基金比例

截至2022年末，企业年金积累基金为28 717.92亿元，累计收益额为7 184.56亿元[①]，累计收益额占积累基金比例为25.02%，较2021年末下降4个百分点。

从整体趋势看，企业年金累计收益占积累基金比例逐步升高，从2007年的4.17%提高至2022年的25.02%，显示出持续投资对资产长期增值的贡献。可以看到，累计收益占积累基金比例在上升的过程中有三次比较明显的回落，发生在2008年、2011年和2022年，2008年从4.17%回落到2.38%，2011年从9.01%回落至6.36%，2022年从29.02%回落至25.02%。2008年、2011年和2022年正是企业年金投资发生亏损的三年（见图3-4）。

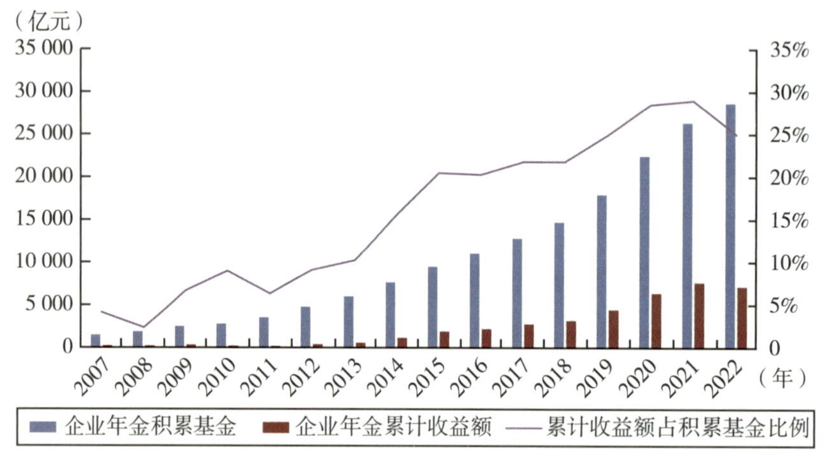

图 3-4　企业年金历年累计收益占积累基金比例情况

资料来源：人力资源和社会保障部官网。

第二节　公募基金行业管理养老金情况

一、公募基金行业管理养老金规模情况

截至2022年末，公募基金行业管理包括社保基金、基本养老金、企业年金、职业年金和其他境外养老金在内的各类养老金资产合计4.26万亿元，较2021年

① 2012年后的企业年金投资收益是人社部年报数据披露，2012年之前是用“规模 × 当年的加权平均收益率”估算。

末增加2 957亿元，增幅7.45%。

具体来看，基金行业管理基本养老金规模实现稳健增长，资产增幅为4.21%，管理企业年金和职业年金资产规模增长相对较快，资产增幅在15%以上。随着职业年金市场化投资运营的稳步发展，基金行业管理职业年金规模较2021年增长1 948亿元，占总体规模增量的65.88%，增幅达23.25%（见表3-3）。

表 3-3　　公募基金行业管理养老金规模情况

类别	公募基金行业管理规模（亿元）		较2021年规模增量（亿元）	较2021年规模增长百分比（%）
	2021年	2022年		
社保基金	14 500	13 606	-894	-6.17
基本养老金	7 233	7 537	305	4.21
企业年金	9 498	11 111	1 613	16.98
职业年金	8 376	10 324	1 948	23.25
其他境外养老金（作为投顾）	80	65	-15	-18.25
总计	39 687	42 643	2 957	7.45

资料来源：中国证券投资基金业协会。

二、养老目标基金

（一）总体情况

养老目标基金是指以追求养老资产的长期稳健增值为目的，鼓励投资者长期持有，采用成熟的资产配置策略，合理控制投资组合波动风险的公开募集证券投资基金，是公募基金行业为服务个人投资者养老投资推出的一类产品。

中国证监会于2018年上半年发布《养老目标证券投资基金指引（试行）》，首只养老目标基金产品于2018年9月成立。截至2022年末，共有54家基金公司发行的204只养老目标基金成立运作；总规模881.97亿元，持有人户数为453.14万户①，规模较2021年下降了22.12%，户数较2021年增长了49.85%（见表3-4）。

① 已披露年报的基金持有人户数采用年报披露数据计算，未披露年报的基金持有人户数采用认购户数计算。

表 3-4　养老目标基金基本情况表

类别	2021年	2022年	较2021年增量	较2021年增长百分比（%）
管理人数量（家）	50	54	4	8.00
产品数量（只）	152	204	52	34.21
总规模（亿元）	1 132.50	881.97	-250.53	-22.12
持有人户数（户）	3 023 991	4 531 382	1 507 391	49.85

资料来源：Wind资讯，中国证券投资基金业协会。

（二）采用目标日期策略的养老目标基金

1.基本情况

截至2022年末，采用目标日期策略的养老目标基金（以下简称“目标日期基金”）总共有89只，较2021年末增加23只，增幅为34.85%；规模为197.13亿元，较2021年末增加25.53亿元，增幅为14.88%；持有人户数为171.95万户，较2021年末增加47.24万户，增幅为37.89%（见表3-5）。

表 3-5　目标日期基金基本情况表

类别	2021年	2022年	较2021年增量	较2021年增长百分比（%）
管理人数量（家）	31	40	9	29.03
产品数量（只）	66	89	23	34.85
总规模（亿元）	171.60	197.13	25.53	14.88
持有人户数（户）	1 247 027	1 719 465	472 438	37.89

资料来源：Wind资讯，中国证券投资基金业协会。

2.目标日期分布情况

目标日期策略是指随着所设定目标日期的临近，逐步降低权益类资产的配置比例，增加非权益类资产的配置比例。截至2022年末，40家已发行目标日期基金的管理人中，布局7只目标日期基金的管理人有1家，布局6只目标日期基金的管理人有1家，布局5只目标日期基金的管理人有2家，布局4只目标日期基金的管理人有4家，布局3只目标日期基金的基金公司有5家，布局2只目标日期基金的基金公司有8家，布局1只目标日期基金的基金公司有19家（见表3-6）。其中，布局数量前四的目标日期为2040年、2035年、2045年、2050年，分别有25只、18只、15只、10只产品布局。

表3-6 2022年末目标日期分布情况表

目标日期（年）	2025	2030	2033	2035	2038	2040	2043	2045	2050	2055	2060	总计
产品数量（只）	4	9	1	18	1	25	1	15	10	4	1	89

资料来源：Wind资讯，中国证券投资基金业协会。

3.目标日期基金资产组合情况

截至2022年末，披露年报的84只目标日期基金总资产合计200.78亿元；其中，持有基金市值为170.65亿元，占基金总资产的85.00%；持有股票市值为5.05亿元，占基金总资产的2.52%；持有债券市值为10.93亿元，占基金总资产的5.45%；持有银行存款市值为8.64亿元，占基金总资产的4.30%；持有其他资产市值5.51亿元，占基金总资产的2.74%（见图3-5）。

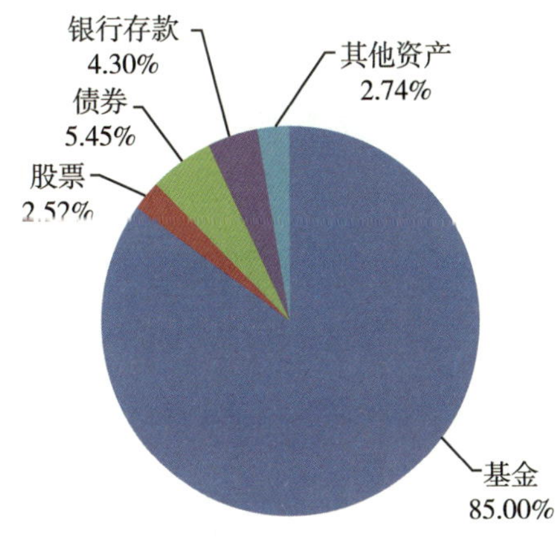

图3-5 2022年末目标日期基金资产组合情况

资料来源：Wind资讯。

（三）采用目标风险策略的养老目标基金

1.基本情况

截至2022年末，采用目标风险策略的养老目标基金（以下简称“目标风险基金”）总共有115只，较2021年增加29只，增幅为33.72%；规模为684.84亿元，较2021年减少276.05亿元，降幅为-28.73%；持有人户数为281.19万户，较2021年增加103.50万户，增幅为58.24%（见表3-7）。

表 3-7　目标风险基金基本情况表

类别	2021年	2022年	较2021年增量	较2021年增长百分比（%）
管理人数量（家）	45	47	2	4.44
产品数量（只）	86	115	29	33.72
总规模（亿元）	960.90	684.84	-276.05	-28.73
持有人户数（户）	1 776 964	2 811 917	1 034 953	58.24

资料来源：Wind资讯，中国证券投资基金业协会。

2. 目标风险分布情况

目标风险策略是指根据特定的风险偏好设定权益类资产、非权益类资产的恒定配置比例，或使用广泛认可的方法界定组合风险（如波动率），并采取有效措施控制基金组合风险。在实践中，目标风险分为稳健/保守、平衡/均衡、积极/进取三档，对应低、中、高组合风险。

截至2022年末，47家发行了目标风险基金的管理人中，布局5只目标风险基金的管理人有5家，布局4只目标风险基金的管理人有3家，布局3只目标风险基金的管理人有12家，布局2只目标风险基金的管理人有15家，布局1只目标风险基金的管理人有12家。其中，69只产品选择了稳健/保守目标风险，占比60.53%；34只产品选择了平衡/均衡目标风险，占比29.82%；11只产品选择积极目标风险，占比9.65%（见表3-8）。

表 3-8　2022年末目标风险分布情况表

目标风险	稳健/保守	平衡/均衡	积极/进取	总计
产品数量（只）	69	34	11	114

注：“信澳颐宁养老目标一年持有期混合型基金中基金（FOF）”基金名称中未明确产品风险等级，因此并未统计在表中。

资料来源：Wind资讯，中国证券投资基金业协会。

3.目标风险基金资产组合情况

截至2022年末，披露年报的108只目标风险基金总资产合计688.29亿元。其中，持有基金市值为602.32亿元，占基金总资产的87.51%；持有股票市值为18.89亿元，占基金总资产的2.74%；持有债券市值为33.26亿元，占基金总资产的4.83%；持有银行存款市值为25.09亿元，占基金总资产的3.64%；持有其他资产市值8.73亿元，占基金总资产的1.27%（见图3-6）。

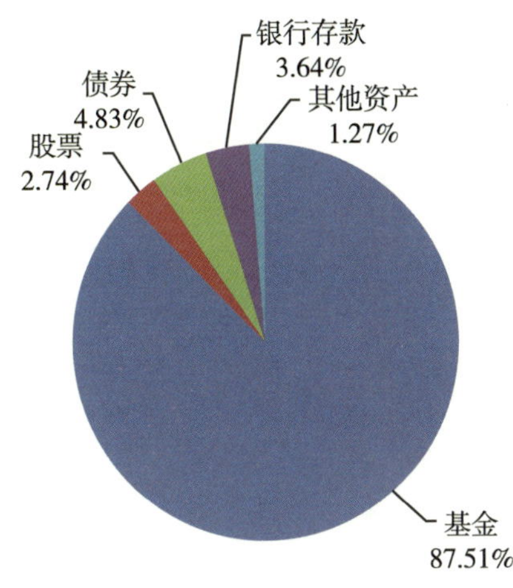

图3-6　2022年末目标风险基金资产组合情况

资料来源：Wind资讯。

三、个人养老金基金

根据中国证监会发布的《个人养老金投资公开募集证券投资基金业务管理暂行规定》，个人养老金基金应当针对个人养老金投资公募基金业务设立单独的份额类别（Y类份额）。增设Y类份额，有利于与其他非个人养老金账户资金相区分，个人投资者在购买Y类份额时可享有税收优惠，未来随着个人养老金基金的发展壮大，设立单独份额也有利于进行统筹管理。

与普通公募基金相比，个人养老金基金的Y类份额在费率上具有一定优势，不得收取销售服务费，可以豁免申购限制和申购费等销售费用（法定应当收取并计入基金资产的费用除外），可以对管理费和托管费实施一定的费率优惠。长远来看，个人养老金基金实施费率优惠，可以降低个人投资者的实际投资成本，有助于提升其个人养老金的投资回报，同时吸引更多投资者参与个人养老金基金投资，进一步推动第三支柱个人养老金的稳步发展。

2022年11月18日，中国证监会公布了首批个人养老金基金名录和个人养老金基金销售机构名录，标志着个人养老金投资公募基金业务正式落地，基金行业开始迈入服务个人养老金事业发展的新阶段。首批个人养老金基金为129只养老目标基金，包括50只养老目标日期基金和79只养老目标风险基金，涉及40家基金管理人。首批个人养老金基金均对Y类份额的管理费、托管费实施了五折优惠。

截至2022年末，共有41家基金公司发行的133只养老目标基金Y类份额成立运作。根据产品公开披露的年报信息，Y类份额总规模20.06亿元。其中，养老目标日期基金50只，Y份额规模为12.50亿元；养老目标风险基金83只，Y份额规模为7.56亿元。

第四章

证券期货经营机构私募资产管理业务

第一节　总体情况

证券期货经营机构私募资产管理计划[①]（以下简称“私募资管计划”或“私募资管产品”）净资产规模（以下简称“规模”）近十年先快速增长，2016年达顶峰后连续缩减。自2018年资管新规[②]发布以来，私募资管业务持续规范化整改，通道业务快速压降处置，2021年基本完成规范整改。2022年，受新冠疫情反复、地缘政治危机、全球经济下行等多种因素影响，我国经济增速降至3.0%，私募资管产品规模同比缩减1.67万亿元，截至年末存续规模降至14.31万亿元（见图4–1）。[③]

图 4–1　私募资管产品数量与净资产规模趋势

资料来源：中国证券投资基金业协会。

---

① 证券期货经营机构私募资产管理计划包括证券公司及其资管子公司私募资管计划、基金管理公司私募资管计划、基金子公司私募资管计划、期货公司及其资管子公司私募资管计划及证券公司私募子公司私募基金等。

② 2018年4月27日中国人民银行、中国银行保险监督管理委员会、中国证券监督管理委员会、国家外汇管理局联合印发的《关于规范金融机构资产管理业务的指导意见》（银发〔2018〕106号）。

③ 存续规模中，证券公司私募子公司私募基金指存续产品期末实缴规模，其余指存续产品期末净资产规模。

2022年私募资管产品备案[①]通过的产品数量与备案规模[②]同比分别下降31%与37%。全年备案私募资管产品9 592只，同比下降31.41%；备案规模6 525.40亿元，同比下降36.77%。其中权益类产品[③]备案数量降幅最大，备案937只，下降51.30%；商品及金融衍生品类产品备案规模降幅最大，备案258.88亿元，下降73.08%（见图4–2）。

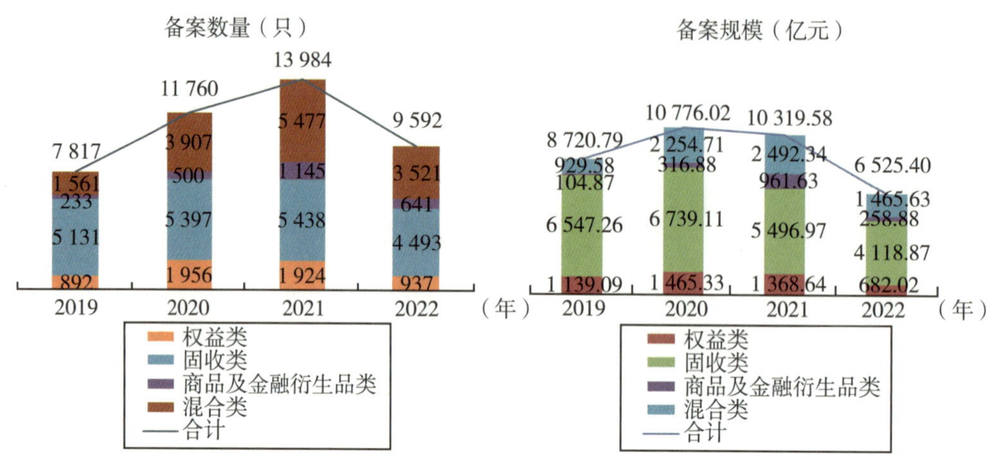

图 4–2　按投资类型分私募资管产品备案情况

资料来源：中国证券投资基金业协会。

私募资管产品全年资金净流出1.01万亿元。2022年，私募资管产品净流出1.01万亿元，主要是四季度固定收益类产品净流出1.02万亿元。全年权益类产品净流出842亿元，混合类产品净流出2 418亿元，固定收益类产品净流出6 872亿元，商品及金融衍生品类产品净流入76亿元。

私募资管产品来源于非银企业及各类产品资金小幅下降，来源于银行理财资金占比降幅最大。2022年，私募资管产品资金共缩减1.44万亿元，来源于企业（不含银行）及各类产品（不含银行理财）的资金共减少328.92亿元；来源于银

① 本书中，某时间段内备案产品指在中国证券投资基金业协会AMBERS系统备案通过日期在该时间段内的产品。根据《证券期货经营机构私募资产管理业务管理办法》要求，证券期货经营机构私募资产管理计划应于成立后5个工作日内在基金业协会进行备案，故产品备案时间与成立时间存在时间差，本文以备案口径分析新产品发行市场情况。

② 备案规模指产品备案时填报的募集规模或初始规模，证券公司私募子公司私募基金备案规模指备案时填报的实缴规模。备案规模仅衡量产品备案时点资金到账情况。

③ 证券公司私募子公司的私募基金主要为股权类基金，为简便起见，在总体统计中，统一纳入权益类产品。

行理财资金的占比下降2.91个百分点至46.16%，来源于银行自有资金占比增加1.35个百分点至19.86%（见图4-3）。

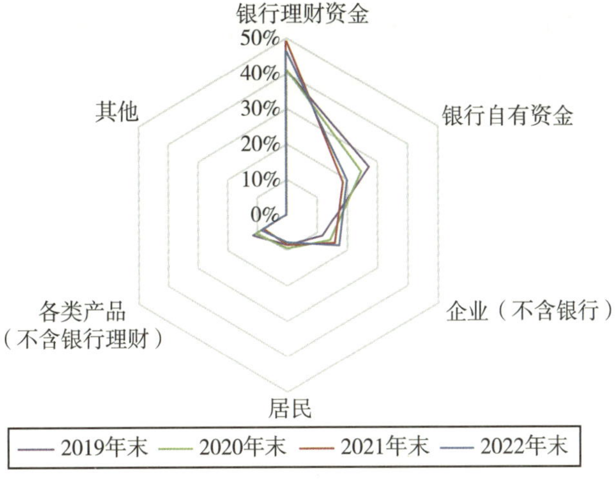

图4-3 近年私募资管产品主要资金来源占比情况

资料来源：中国证券投资基金业协会。

私募资管产品债券资产占比增加，债权资产（含同业存单）、收益权资产、资管计划资产占比保持下降。截至2022年末，私募资管产品投向债券资产占比56.91%，同比增加5.91个百分点；投向债权资产（含同业存单）占比9.26%，同比下降2.87个百分点；投向收益权类资产占比4.63%，同比下降1.59个百分点；投向各类资管计划占比5.71%，同比下降1.23个百分点（见图4-4）。

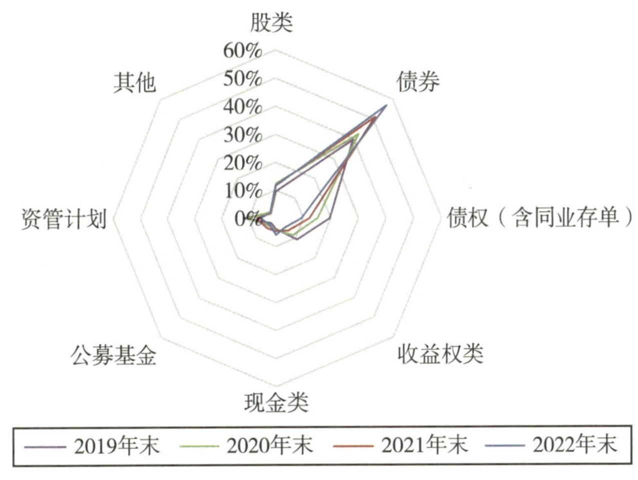

图4-4 近年私募资管产品资产配置占比情况

资料来源：中国证券投资基金业协会。

一、产品发行情况

2022年，私募资管产品共备案9 592只，同比下降31.41%；备案规模6 525.40亿元，同比下降36.77%；平均单只备案规模0.68亿元，同比下降7.81%。

从机构类型看，2022年证券公司及其资管子公司备案数量与备案规模占比分别为50.63%和38.53%，基金管理公司备案产品数量与备案规模占比分别为29.67%和44.69%，合计占私募资管产品新备案产品的八成以上。

从年内各季度情况来看，一、三季度备案产品数量较多，三、四季度备案规模明显高于上半年（见图4-5、图4-6）。

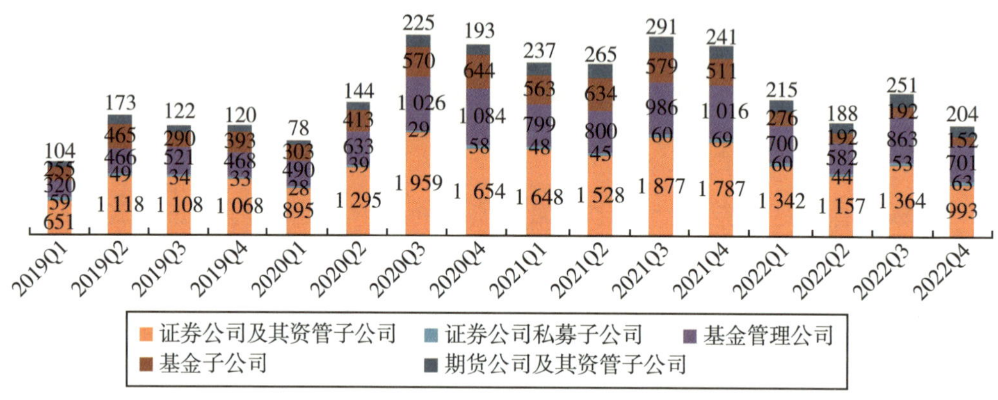

图 4-5　按机构类型分私募资管产品备案数量（只）

资料来源：中国证券投资基金业协会。

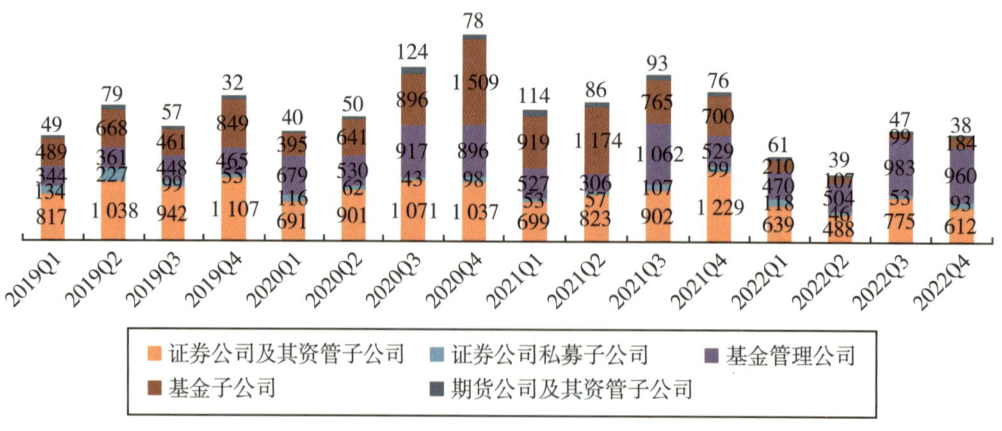

图 4-6　按机构类型分私募资管产品备案规模（亿元）

资料来源：中国证券投资基金业协会。

从备案的产品类型[①]看，2022年新备案产品中单一产品数量略多一些，集合产品备案规模明显高于单一产品（见图4-7、图4-8）。

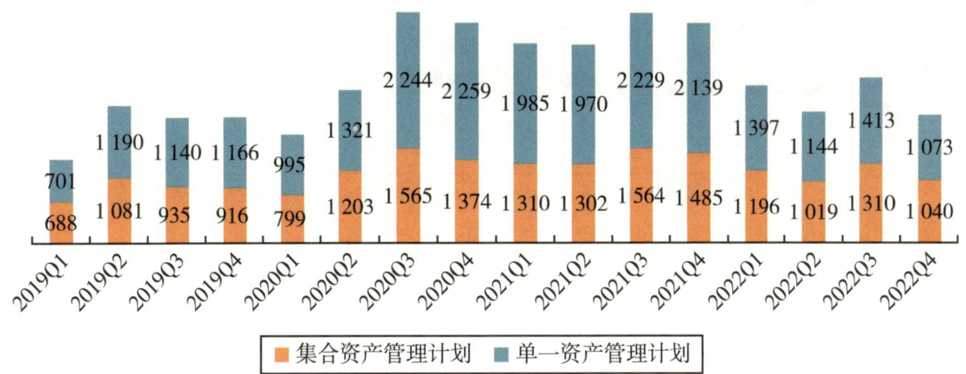

图4-7 按产品类型分私募资管产品备案数量（只）

资料来源：中国证券投资基金业协会。

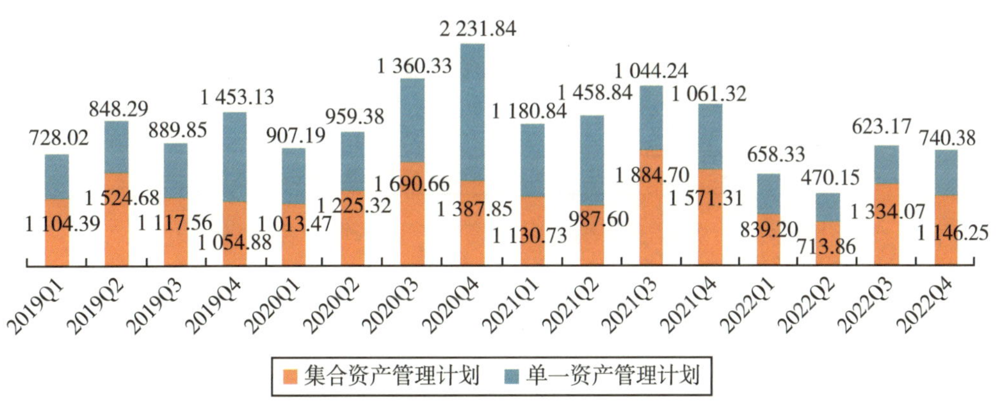

图4-8 按产品类型分私募资管产品备案规模（亿元）

资料来源：中国证券投资基金业协会。

从备案产品的投资类型来看，固定收益类产品与混合类产品合计占大部分。2022年备案固定收益产品4 493只，备案规模4 118.87亿元，分别占46.84%与63.12%；备案混合类产品3 521只，备案规模1 465.63亿元，分别占36.71%与22.46%（见图4-9至图4-12）。

① 证券公司私募子公司的私募基金大多为有限合伙形式，为简便起见，在总体统计中，统一纳入集合资产管理计划。

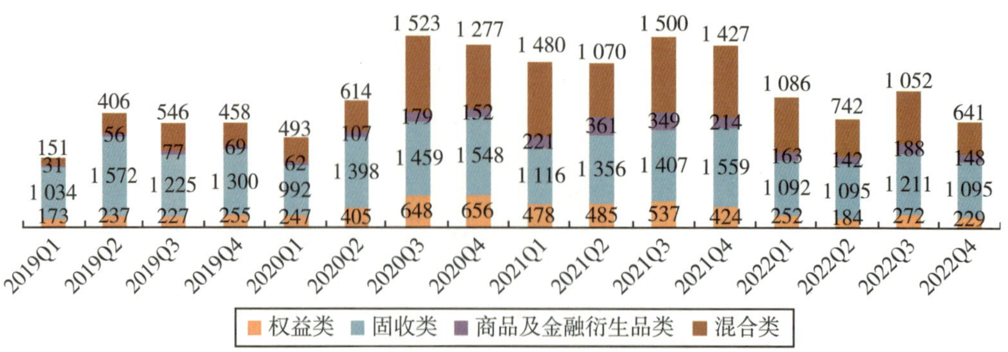

图 4–9 按投资类型分私募资管产品备案数量（只）

资料来源：中国证券投资基金业协会。

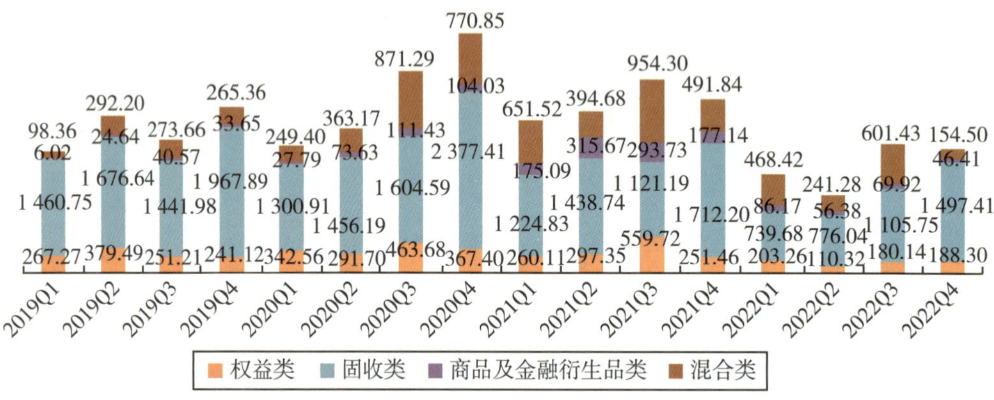

图 4–10 按投资类型分私募资管产品备案规模（亿元）

资料来源：中国证券投资基金业协会。

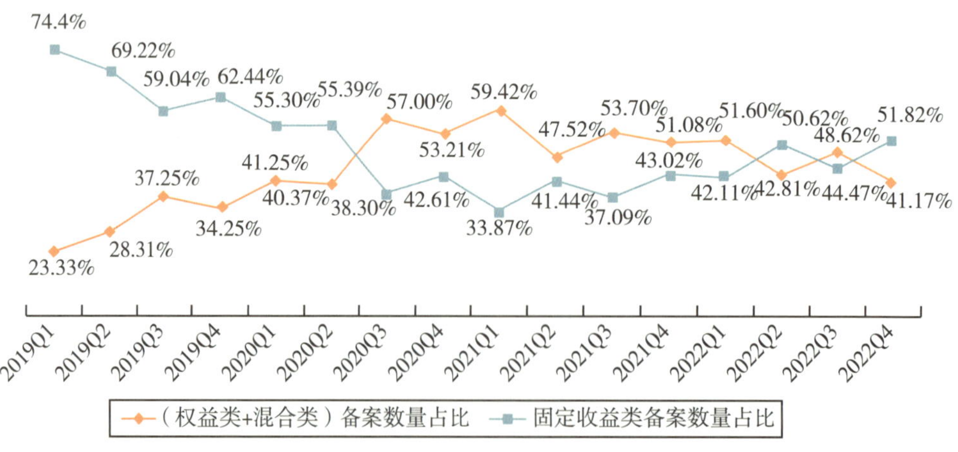

图 4–11 （权益类 + 混合类）与固定收益类备案数量占比趋势

资料来源：中国证券投资基金业协会。

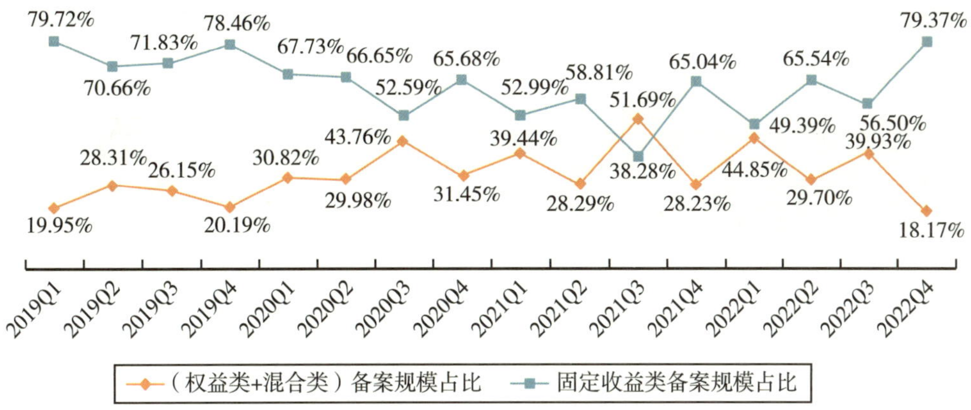

图 4-12　（权益类＋混合类）与固定收益类备案规模占比趋势

资料来源：中国证券投资基金业协会。

二、产品存续情况

截至2022年末，私募资管产品存续数量3.21万只，较2021年末增加1 061只；存续规模共14.31万亿元，较2021年末减少1.67万亿元，下降10.45%。受债券市场波动影响，四季度私募资管产品规模大幅缩减1.54万亿元（见图4-13、图4-14）。

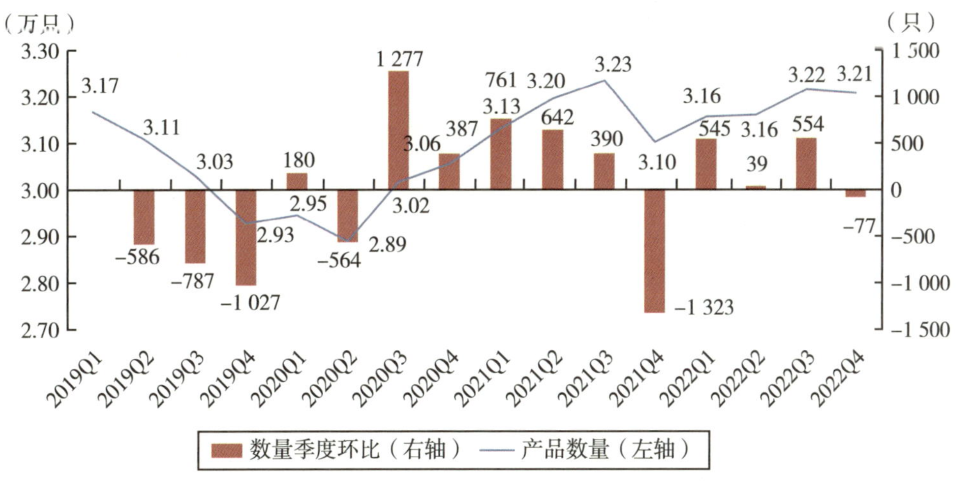

图 4-13　私募资管产品存续数量及季度环比变化趋势

资料来源：中国证券投资基金业协会。

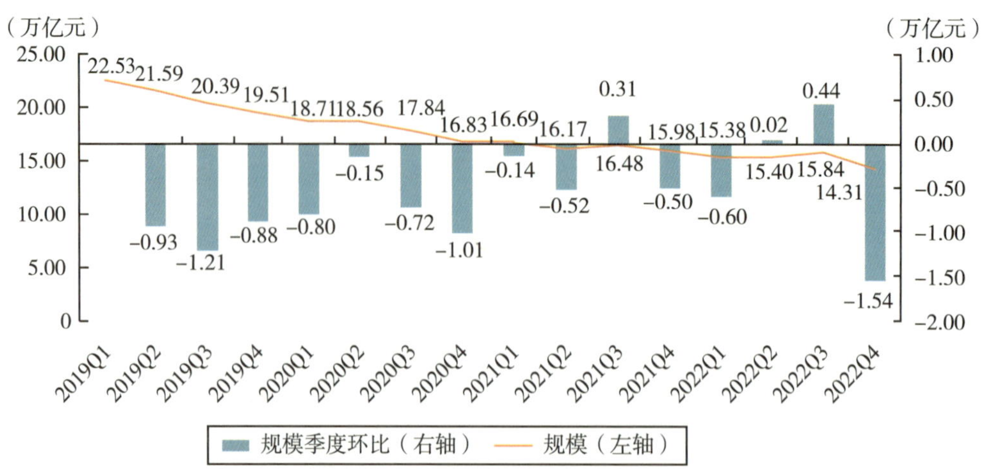

图 4–14　私募资管产品存续规模及季度环比变化趋势

资料来源：中国证券投资基金业协会。

从私募资管产品管理机构类型来看，证券公司及其资管子公司管理产品数量与规模在私募资管中的占比保持下降，截至年末存续1.72万只，占比53.51%；管理规模6.28万亿元，占比43.92%；基金管理公司管理产品数量与规模比例均保持增长趋势，占比分别达25.33%与36.34%；基金子公司管理产品数量与规模占比持续下降至10.97%与13.42%（见图4–15、图4–16）。

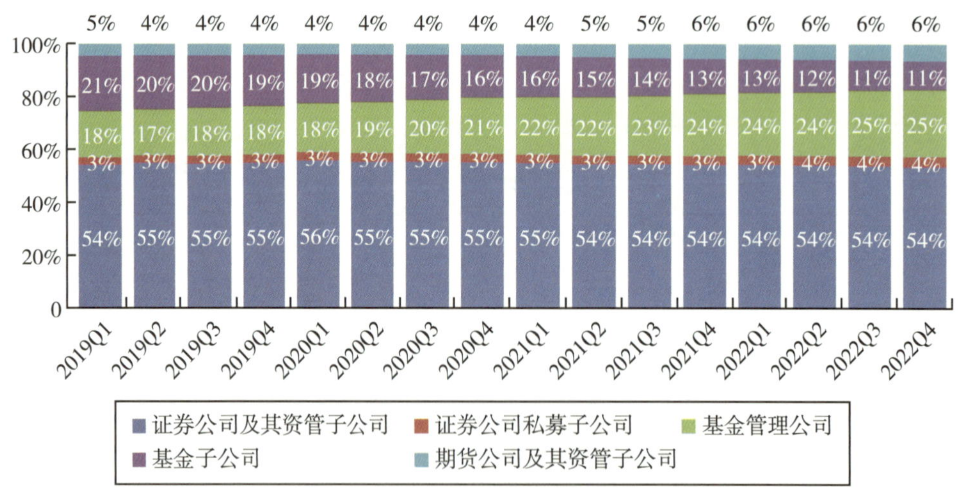

图 4–15　按机构类型分私募资管产品存续数量占比

资料来源：中国证券投资基金业协会。

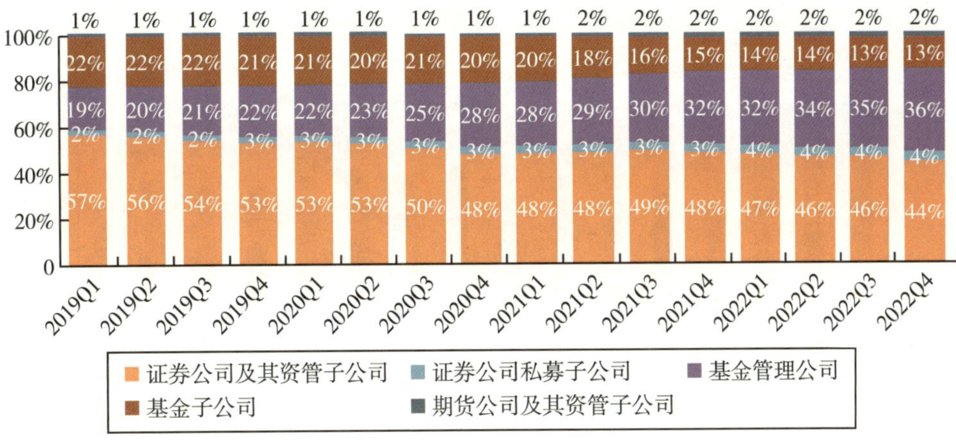

图 4-16　按机构类型分私募资管产品存续规模占比

资料来源：中国证券投资基金业协会。

从产品类型看，截至2022年末，单一资产管理计划数量为1.76万只，数量占比近4年从68.14%降至54.83%，集合资产管理计划数量为1.45万只，数量占比从31.86%持续增至45.17%；单一资产管理计划存续规模由18.72万亿元降至7.52万亿元，占比由83.10%降至52.53%，集合资产管理计划存续规模由3.81万亿元增至6.79万亿元，占比由16.90%增至47.47%（见图4-17、图4-18）。

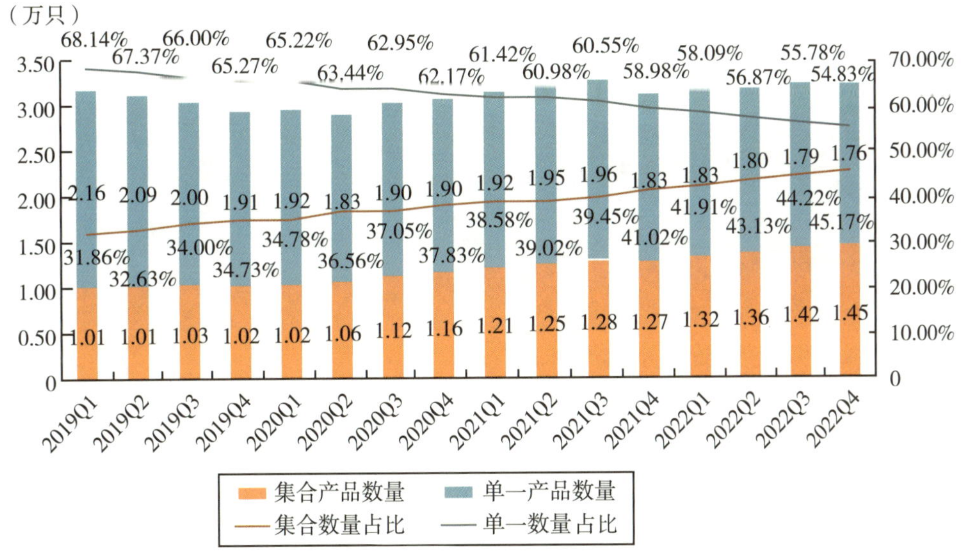

图 4-17　按产品类型分私募资管产品存续数量占比

资料来源：中国证券投资基金业协会。

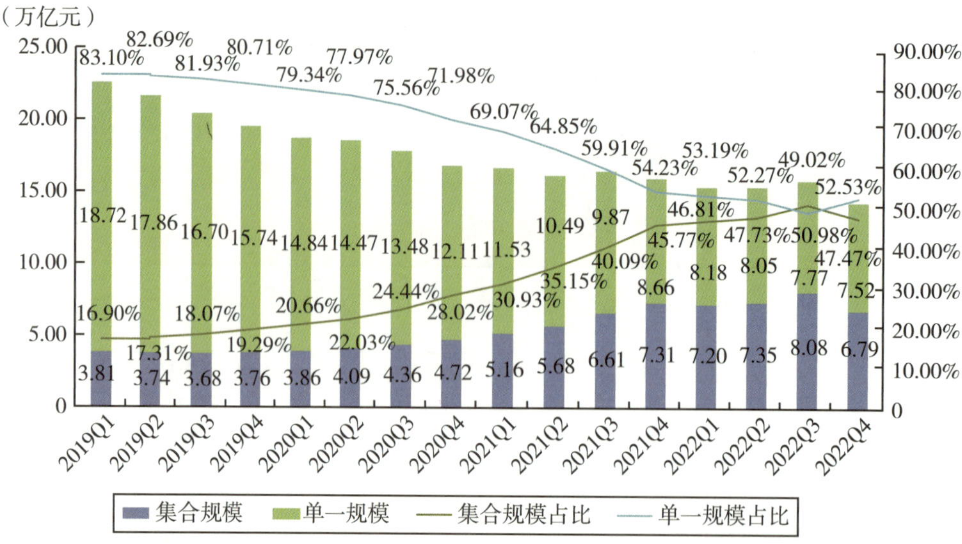

图 4–18　按产品类型分私募资管产品存续规模占比

资料来源：中国证券投资基金业协会。

从产品投资类型看，截至2022年末，存续固定收益类产品1.39万只，占比43.22%，规模为10.57万亿元，占比73.90%；混合类产品1.11万只，占比34.62%，规模为1.55万亿元，占比10.80%；权益类产品5 714只，占比17.81%，规模2.08万亿元，占比14.53%；商品及金融衍生品类产品1 396只，占比4.35%，规模1 095亿元，占比0.77%（见图4–19、图4–20）。

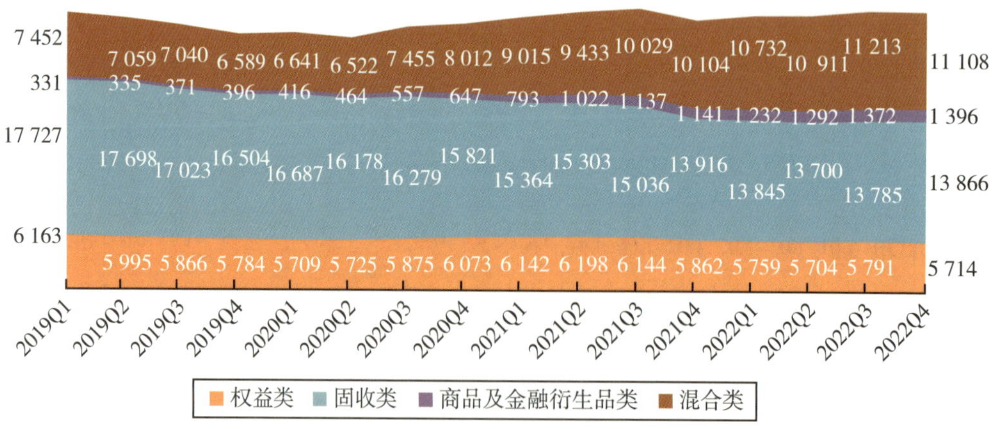

图 4–19　按投资类型分私募资管产品存续数量（只）

资料来源：中国证券投资基金业协会。

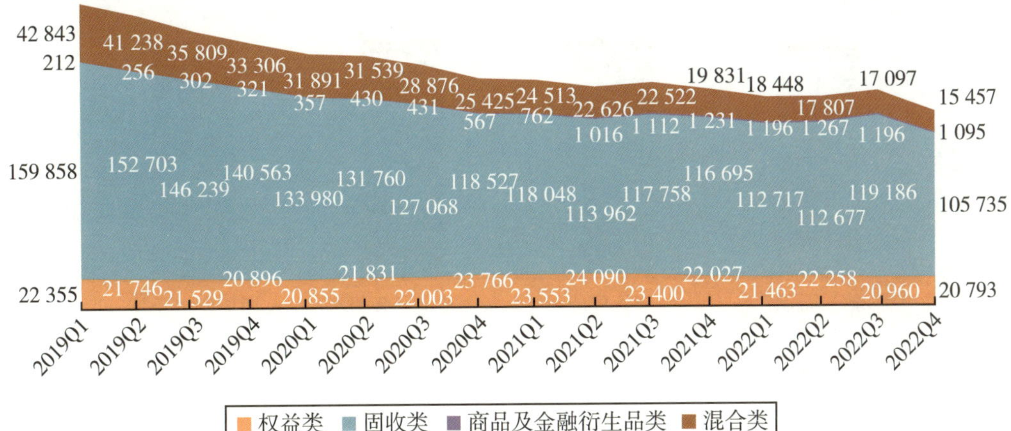

图 4-20　按投资类型分私募资管产品存续规模（亿元）

资料来源：中国证券投资基金业协会。

从不同类型机构管理的产品类型分布来看，截至2022年末，证券公司及其子公司[①]、基金子公司管理的固定收益类产品数量在其自身管理的资管产品中占比最大，分别为46.42%与39.14%；而基金管理公司与期货公司及其资管子公司管理的混合类产品数量占比最高，分别占42.28%与32.97%。从管理规模来看，各类机构管理固定收益类产品均占绝对多数（见图4-21、图4-22）。

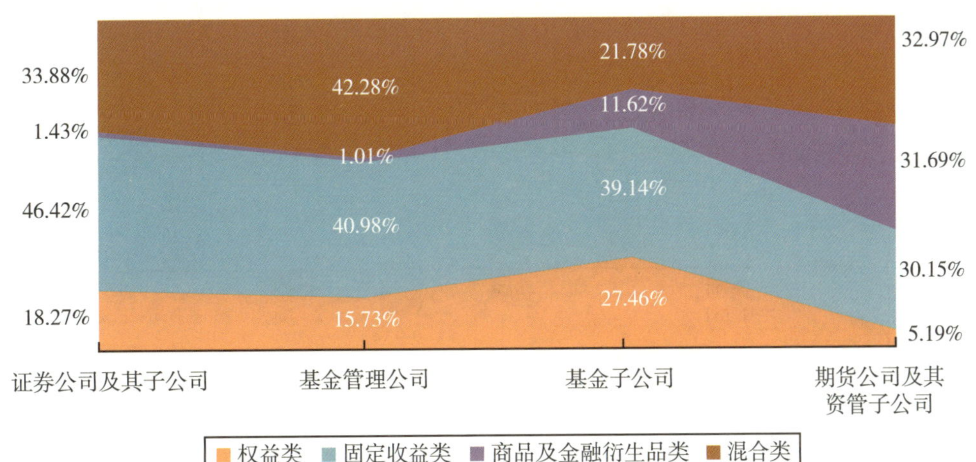

图 4-21　2022 年末各类机构按投资类型分私募资管产品数量分布

资料来源：中国证券投资基金业协会。

① 鉴于证券公司私募子公司私募基金存续数量与存续规模相对较小，为简单起见，此处纳入证券公司及其子公司分类中统计。

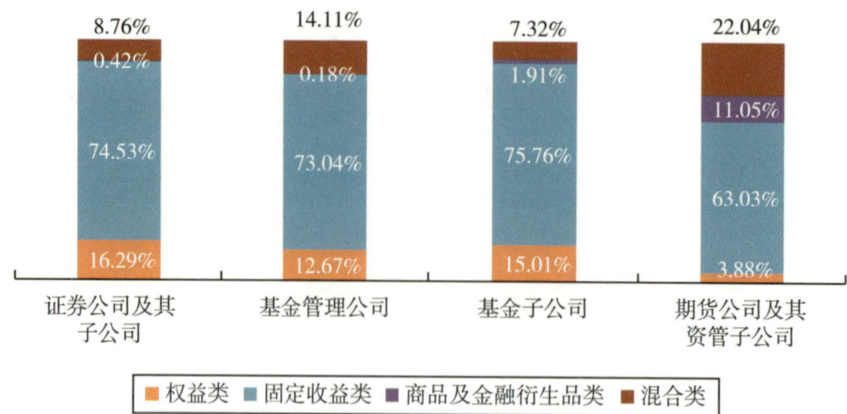

图 4-22　2022 年末各类机构按投资类型分私募资管产品存续规模分布

资料来源：中国证券投资基金业协会。

三、资金净流动（认/申赎）情况

在股市与债市双重压力下，2022年私募资管产品资金净流出1.01万亿元。其中，权益类产品与混合类产品资金共净流出3 260亿元，固定收益类产品资金净流出6 872亿元，商品及金融衍生品类产品净流入76亿元（见图4-23、图4-24）。

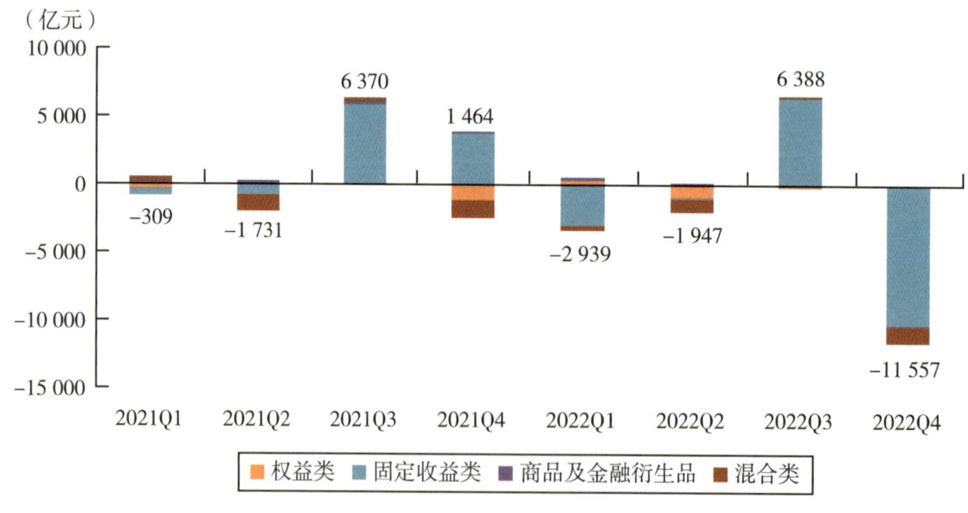

图 4-23　私募资管产品资金净流动情况

资料来源：中国证券投资基金业协会。

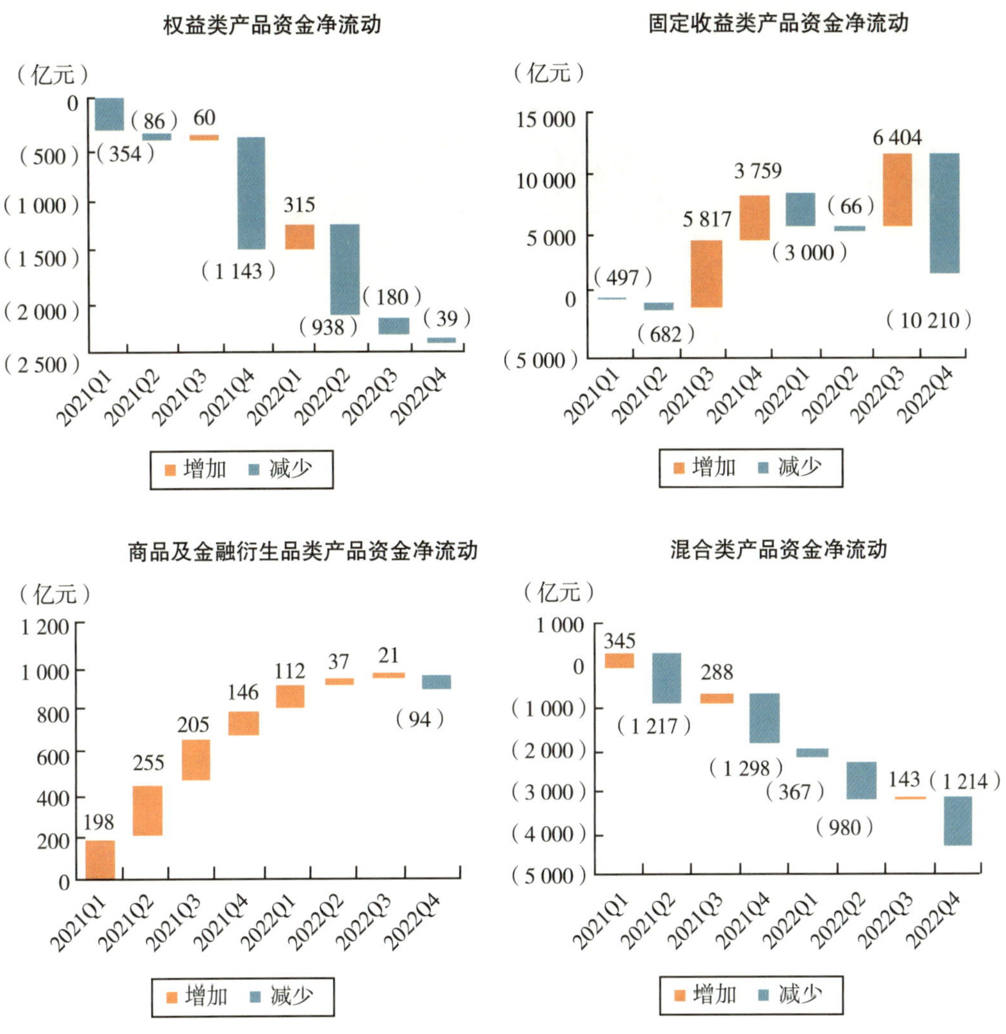

图 4-24　私募资管各类型产品资金净流动趋势

资料来源：中国证券投资基金业协会。

四、资金来源（投资者出资）情况

从直接出资者来看，私募资管产品的居民出资占比较小，仅7.74%，较上年下降0.71个百分点；企业出资占比为37.11%，较上年增加2.79个百分点；各类产品（包括各类资管计划、理财产品等）出资合计占比54.79%，较上年下降2.13个百分点；其余为养老金、社会基金、境外资金及其他。2022年，投资者出资减少1.44万亿元，较上年下降9.37%。其中，银行理财资金缩减1.11万亿元，下降

14.74%；居民资金缩减2 206亿元，下降17%（见图4-25）。

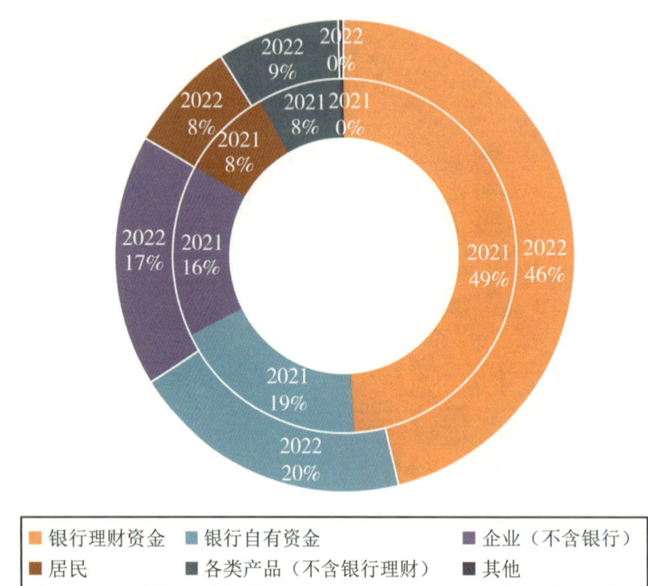

图 4-25　私募资管产品资金来源分布变化情况

资料来源：中国证券投资基金业协会。

从机构类资金在证券期货经营机构分布来看，保险资金委托基金管理公司私募资管产品占比最高，而银行资金、私募基金委托证券公司及其子公司私募资管产品占比均最高；从证券公司、基金、期货三类机构私募资管产品资金来源来看，银行理财资金均为占比最高的类别。截至2022年末，基金管理公司受托保险公司委托资金规模占私募资管产品受托保险资金规模合计的85.91%，较2021年末增加1.63个百分点。在银行委托私募资管产品的资金（含银行理财资金）中46.30%是证券公司及其子公司管理的，较2021年末减少4.59个百分点。期货公司及其资管子公司受托规模的50.02%为银行理财资金，较2021年末下降3.77个百分点，8.29%为私募基金管理人委托资金，较2021年末减少0.71个百分点，这两类专业机构委托期货公司及其资管子公司资金占比均高于证券公司及其子公司、基金管理公司及基金子公司（见图4-26、图4-27）。

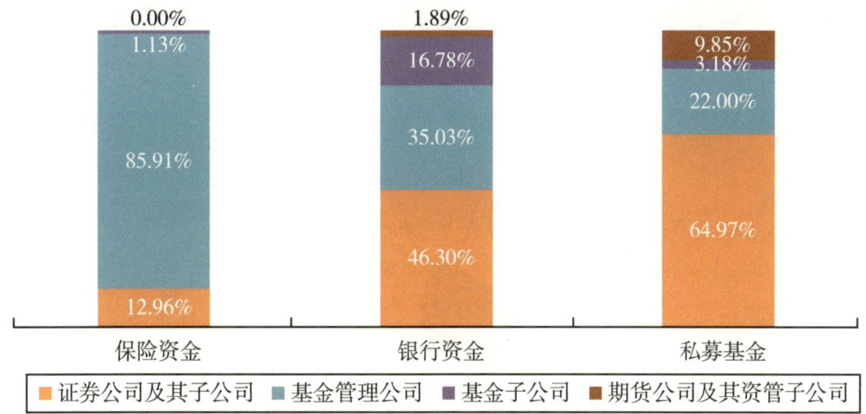

图 4-26 2022 年末三类资金在证券基金期货机构中的占比情况

资料来源：中国证券投资基金业协会。

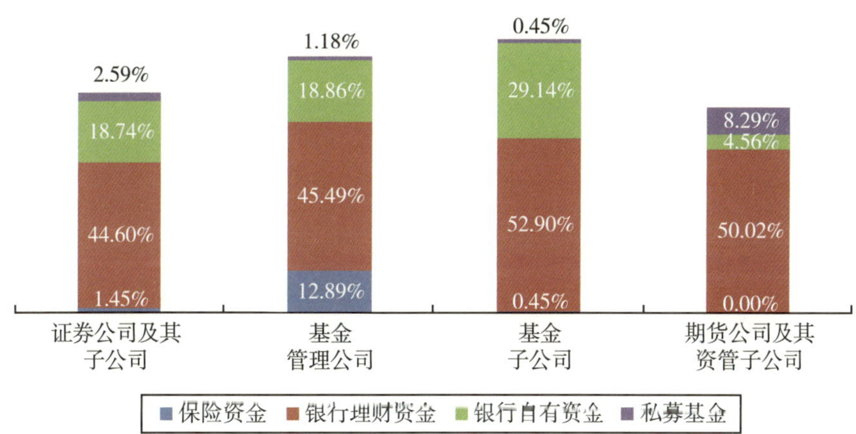

图 4-27 2022 年末各类机构私募资管产品主要资金类型占比情况

资料来源：中国证券投资基金业协会。

五、资产配置情况

从资产配置来看，私募资管产品主要投向债类资产（含同业存单）、股类资产及货币类资产，截至2022年末，债类（含同业存单）资产占比达66.17%，股类资产占比为11.54%，现金类资产占比为5.95%，其余投向各类资管计划、收益权类资产、公募基金及其他（见图4-28）。2022年，股债市场波动增大，私募资管产品增配低风险资产，在整体规模缩减、资金赎回的情况下，投向利率债、银行存款的资产增长37.20%与14.67%。此外，私募资管产品境外资产投资增长15.61%。收益权类资产、债权资产、公募基金投资及投向各类产品规模大幅下降，下降幅度分别达到30.99%、42.53%、39.01%与23.69%（见图4-29）。

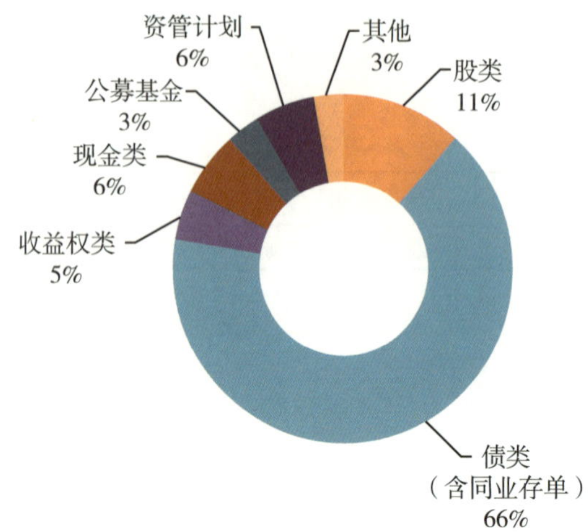

图 4-28　2022 年末私募资管资产配置分布

资料来源：中国证券投资基金业协会。

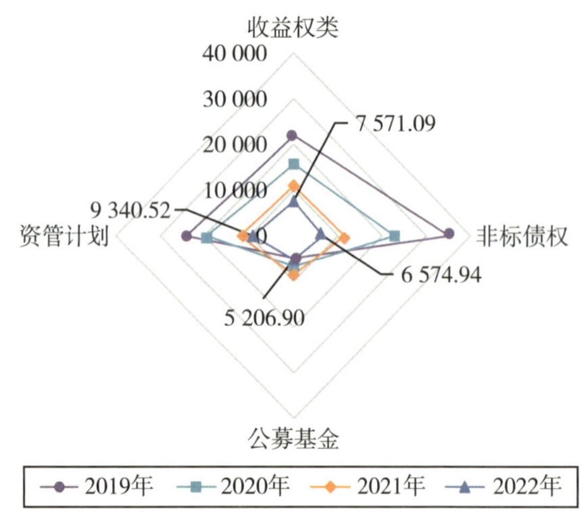

图 4-29　近年私募资管资产配置变化较大的类别

资料来源：中国证券投资基金业协会。

2022年，私募资管产品投资股票、债券、公募基金及同业存单等标准化资产（以下所称标准化资产为同一口径）的比例增加，投向未上市股权、非标债权、收益权类、各类资管计划等非标准化资产（以下所称非标资产为同一口径）的比例下降。截至2022年末，标准化资产占比达到73.74%，较2021年末增加3.66个百分点；非标资产占比降至17.48%，较2021年末下降5.32个百分点（见图4-30）。

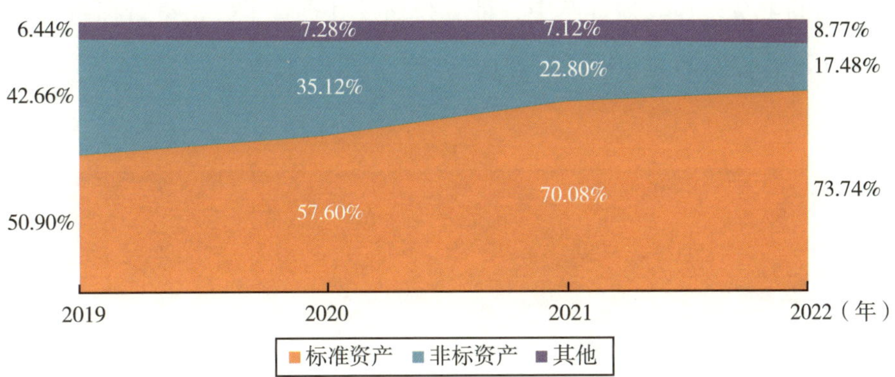

图4-30　私募资管资产配置标准化趋势

资料来源：中国证券投资基金业协会。

在私募资管产品投向债类（含同业存单）资产、收益权类资产及各类资管计划中，证券公司及其资管子公司所管产品投资占比最大；基金管理公司所管产品投向股类资产、现金类资产、公募基金及其他类资产占比最大；基金子公司投向各类资管计划的占比稍低于证券公司及其资管子公司，位居第二（见图4-31）。

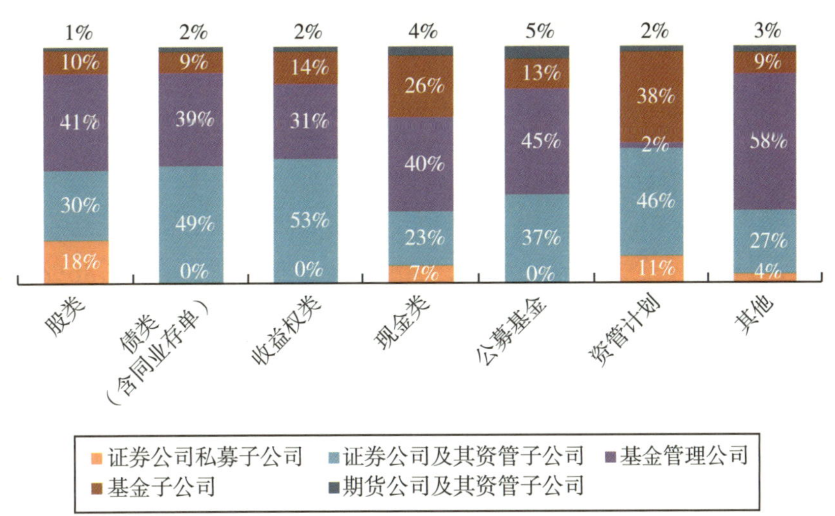

图4-31　2022年末私募资管的各类资产在机构类型中的分布情况

注：收益权类资产包括资产收益权、应收账款收益权、买入返售资产等，基金管理公司私募资管在该类资产中的占比主要指买入返售资产。

资料来源：中国证券投资基金业协会。

私募资管产品的标准化资产中，证券公司及其资管子公司与基金管理公司分别贡献五成与四成；在非标资产中，基金子公司贡献30%，仅次于证券公司及其资管子公司的43%；在其他资产中，证券公司及其资管子公司银行存款最多，基金管理公司境外投资最大，银行存款居第二（见图4-32）。

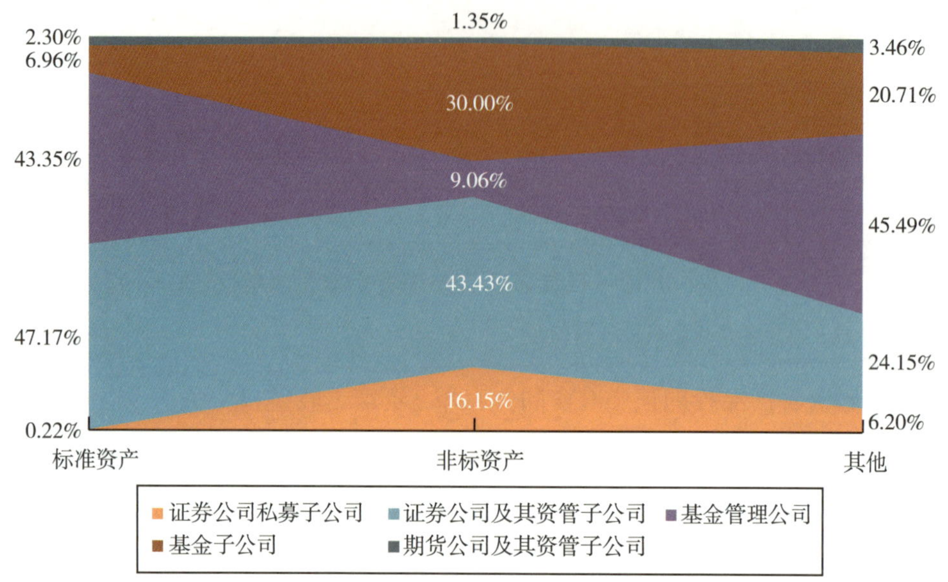

图 4-32　2022 年末私募资管的标准化资产在机构类型中的分布情况

注：标准化资产主要指股票、债券、公募基金及同业存单等，非标准化资产主要指未上市股权、非标债权、收益权类、各类资管计划等，其余记入其他中，主要有现金类、境外投资及无法分类资产等。

资料来源：中国证券投资基金业协会。

证券公司私募子公司主要投向未上市股权，股类资产占59.86%，投向各类资管计划18.23%，投向现金类资产12.44%；证券公司及其资管子公司所管产品资产配置占比最大的是债类（含同业存单）资产，达73.59%；基金管理公司的债类（含同业存单）资产占比为68.86%；基金子公司投向债类（含同业存单）资产49.07%，投向各类资管计划18.01%；期货公司及其资管子公司投向债类（含同业存单）资产61.07%，投向现金类资产10.17%，投向公募基金7.51%（见图4-33）。

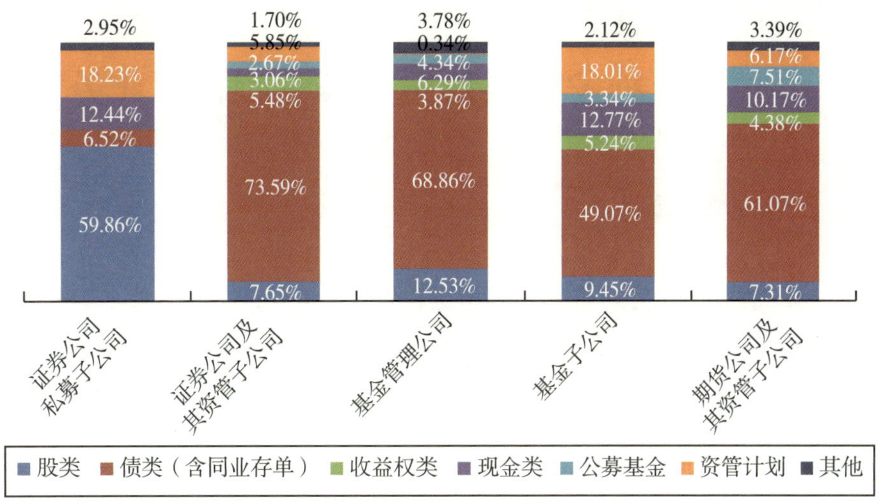

图 4-33 2022 年末各类机构私募资管产品资产配置情况

资料来源：中国证券投资基金业协会。

基金管理公司私募资管产品投向标准化资产占比一直较高，截至2022年末达到85.15%。证券公司及其资管子公司、期货公司及其资管子公司、基金子公司私募资管产品的标准化资产占比分别达到78.17%、75.87%、42.09%，较2021年末分别增加6.04个百分点、下降1.63个百分点、增加3.22个百分点（见图4-34）。

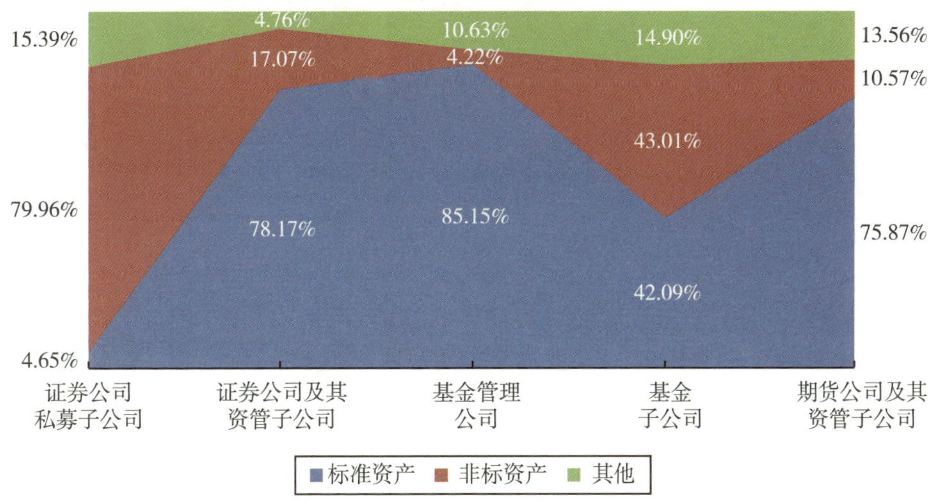

图 4-34 2022 年末各类机构私募资管产品标准化资产情况

资料来源：中国证券投资基金业协会。

第二节　基金管理公司私募资产管理业务

一、产品发行情况

2022年，基金管理公司备案私募资管产品2 846只，备案规模2 916.47亿元，同比分别下降20.97%与增加20.33%。其中，集合资管计划备案数量1 162只，同比下降13.22%，备案规模1 647.21亿元，同比增加8.17%，平均单只产品备案规模1.42亿元/只，同比增长24.65%；单一资管计划备案数量1 684只，同比下降25.55%，备案规模1 269.26亿元，同比增加40.88%，平均单只产品备案规模0.75亿元/只，同比增长89.24%。从各季度数据来看，三、四季度备案数量与备案规模明显高于一、二季度（见图4-35）。

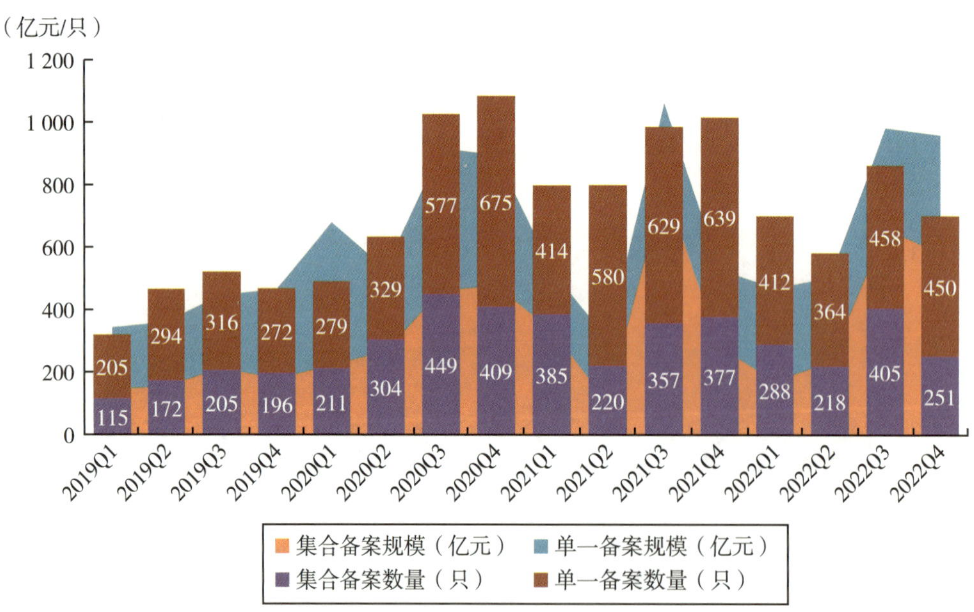

图4-35　基金管理公司私募资管产品备案趋势（按产品类型）

资料来源：中国证券投资基金业协会。

在基金管理公司备案的产品中，混合类产品1 324只，备案规模731.11亿元，同比分别下降17.09%与40.57%；固定收益类产品1 229只，规模1 990.11亿元，备案数量同比下降10.62%，备案规模同比大幅增长155.67%；权益类产品253只，备案规模184.13亿元，同比分别下降56.60%与54.38%；商品及金融衍生品类产品40只，备案规模11.13亿元，同比分别下降13.04%与2.55%（见图4-36至图4-38）。

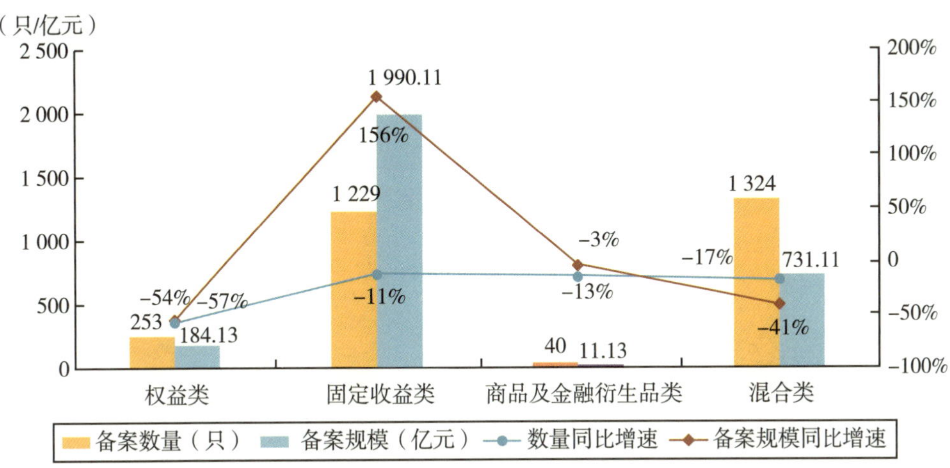

图4-36　2022年基金管理公司各投资类型产品备案情况

资料来源：中国证券投资基金业协会。

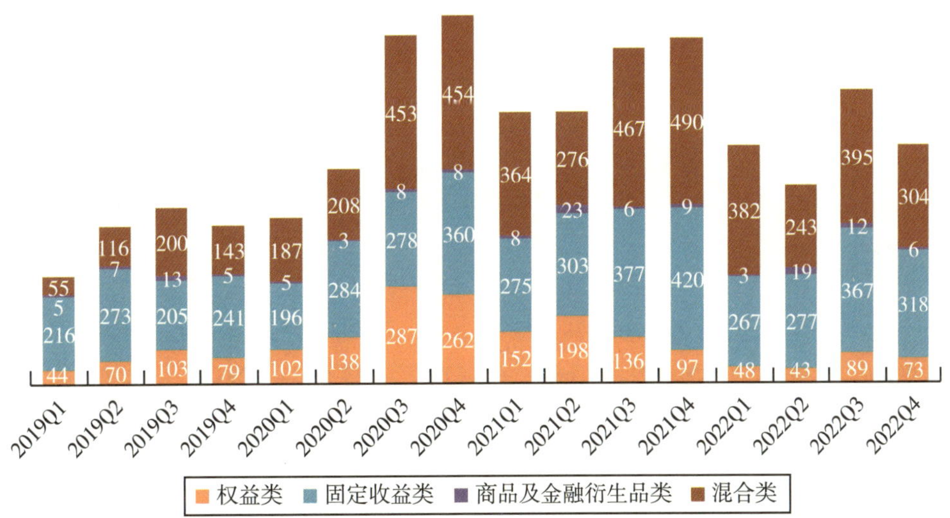

图4-37　基金管理公司各投资类型产品备案数量（只）

资料来源：中国证券投资基金业协会。

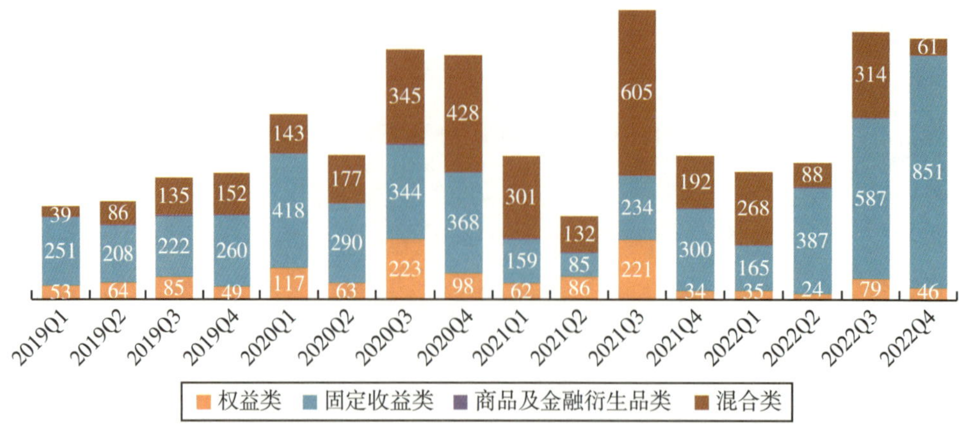

图 4-38 基金管理公司各投资类型产品备案规模（亿元）

资料来源：中国证券投资基金业协会。

二、产品存续情况

截至2022年末，127家基金管理公司开展私募资产管理业务[①]，较2021年末增加3家，存续产品8 126只，管理资产规模5.20万亿元[②]，同比增加1 325.81亿元，增长2.62%。2022年，受市场波动影响，集合资产管理业务规模缩水，截至年末存续3 266只，管理资产规模2.21万亿元，占比42.58%，较2021年末减少886.49亿元，降幅3.85%；单一资产管理业务规模逆势增长，截至年末存续4 860只，管理资产规模2.99万亿元，占比57.42%，较2021年末增加2 212.30亿元，增长8.00%（见图4-39）。

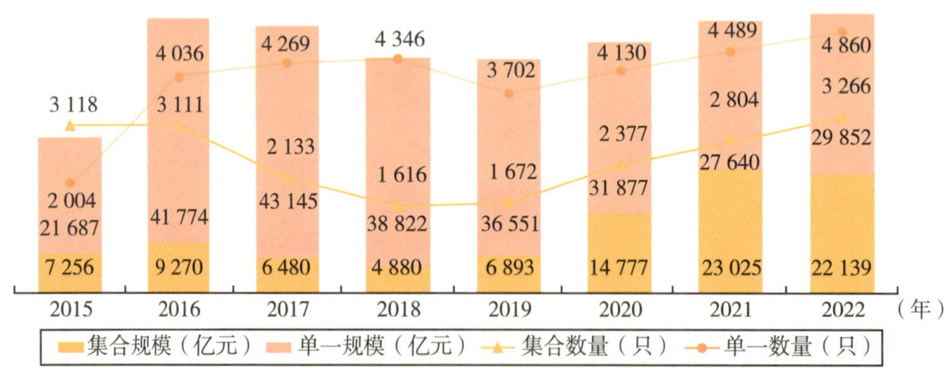

图 4-39 基金管理公司私募资产管理产品存续数量与规模

资料来源：中国证券投资基金业协会。

① 指管理资产规模非零的公司。

② 不含基金管理公司管理的养老金，本节以下同。

混合类产品数量居首，2022年存续规模下降最多；固定收益类产品数量位列第二，存续规模增量最大。截至2022年末，权益类产品存续1 278只，规模6 589.09亿元，同比分别下降7.73%与增长11.92%；固定收益类产品存续3 330只，规模3.80万亿元，同比分别增长16.15%与4.78%；商品及金融衍生品类产品存续82只，规模92.54亿元，同比分别下降4.65%与25.44%；混合类产品存续3 436只，规模7 336.46亿元，数量同比增长16.28%，规模同比下降12.78%（见图4-40）。

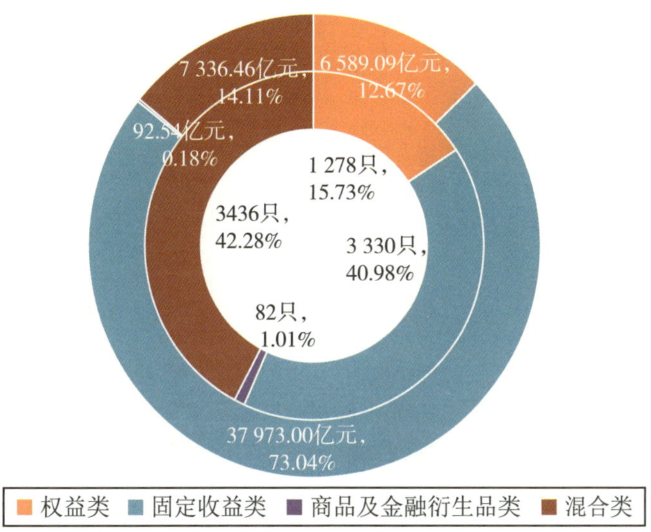

图 4-40　2022 年末基金管理公司私募资管产品数量与规模的投资类型分布

资料来源：中国证券投资基金业协会。

存续产品数量增减主要由新设产品与清盘产品相对关系决定，存续规模与所投资增产的波动、申赎紧密相关。2020年股票市场表现强劲，权益类产品数量增加，规模增长，2022年股市波动增大，权益类产品数量与规模亦随之波动，二季度股市总体上涨，权益类产品规模随之出现较大幅度增长；固定收益类产品数量与规模近年总体表现出稳定增长趋势，2022年四季度受债市波动影响规模大幅下降；商品及金融衍生品类产品基数较小，波动较大；近年整体来看，混合类产品数量保持增长，存续规模持续下降，平均单只产品规模持续下降（见图4-41、图4-42）。

图 4-41　基金管理公司各类型私募资管产品数量情况

资料来源：中国证券投资基金业协会。

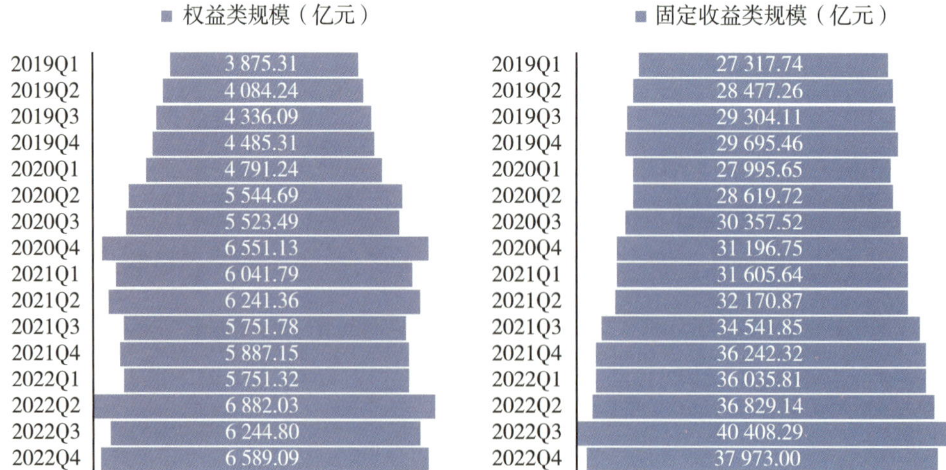

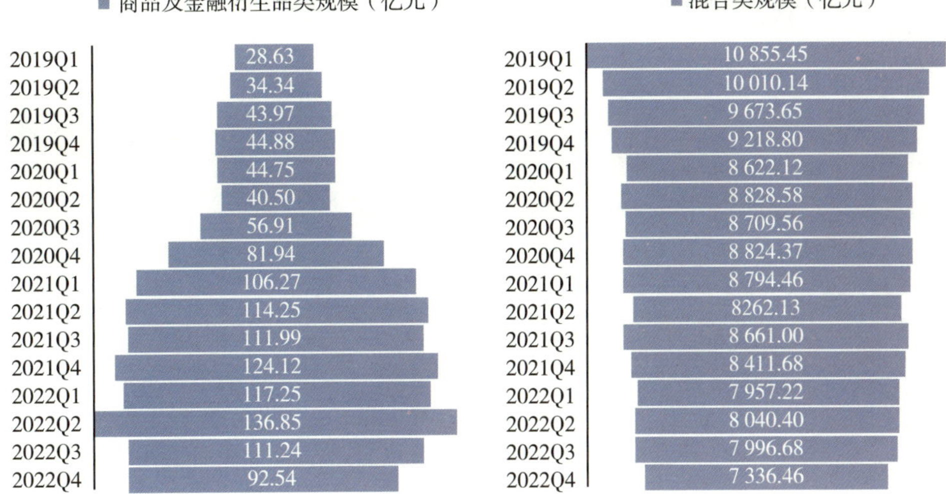

图 4-42　基金管理公司各类型私募资管产品规模情况

资料来源：中国证券投资基金业协会。

三、资金净流动（认/申赎）情况

2022年，基金管理公司私募资管产品净流入4 306亿元，三季度贡献3 821亿元。其中，权益类产品年内各季度连续净流入，全年净流入1 323亿元，固定收益类产品净流入2 937亿元，商品及金融衍生品类产品净流出6亿元，混合类产品净流入50亿元（见图4 43）。

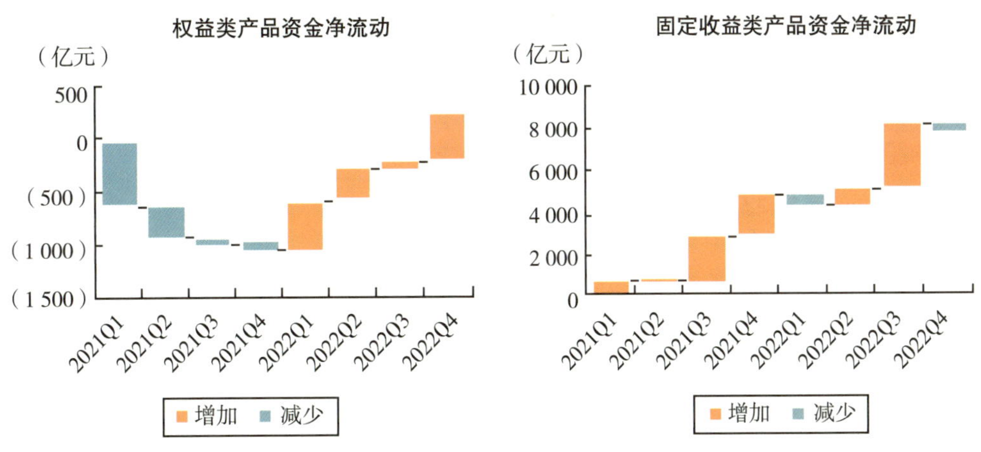

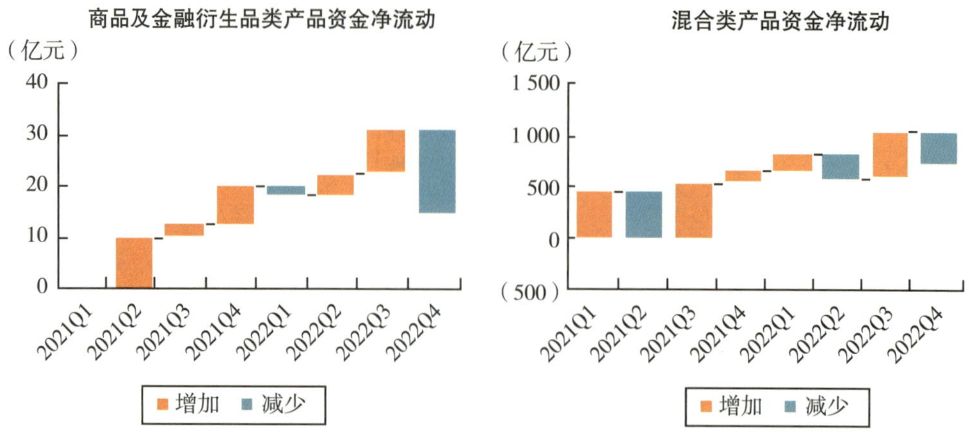

图 4–43　基金管理公司各类型私募资管产品资金流动情况

资料来源：中国证券投资基金业协会。

我们通过申购赎回资金占平均存续规模的比例观测产品投资者端换手率情况，总体来看固定收益类产品换手率明显高于其他类别产品，而权益类产品换手率为各类产品中最低（见表4–1）。可见，固定收益类产品资金流动频繁，而权益类产品投资者持有稳定性更强。

表 4–1　　基金管理公司私募资管产品季度换手率　　（单位：%）

时间	权益类	固定收益类	商品及金融衍生品	混合类	合计
2021Q1	26.67	105.12	40.68	58.26	85.53
2021Q2	20.88	102.18	26.26	33.53	78.75
2021Q3	21.23	88.19	18.98	32.32	69.79
2021Q4	18.99	70.17	33.19	31.58	57.50
2022Q1	22.90	70.88	21.66	27.31	58.11
2022Q2	21.02	62.95	15.76	22.02	51.19
2022Q3	13.65	59.29	12.79	30.32	49.20
2022Q4	16.58	58.14	23.48	30.39	49.09

资料来源：中国证券投资基金业协会。

四、资金来源（投资者出资）情况

从基金管理公司私募资管产品直接出资者类型来看，2022年，居民出资下降

14.60%，截至年末占3.75%；企业出资增长15.86%，截至年末占40.80%，其中银行自有资金增长29.39%，截至年末占18.86%；产品出资下降3.79%，截至年末占55.19%，其中银行理财资金下降3.95%，截至年末占45.49%（见图4-44）。

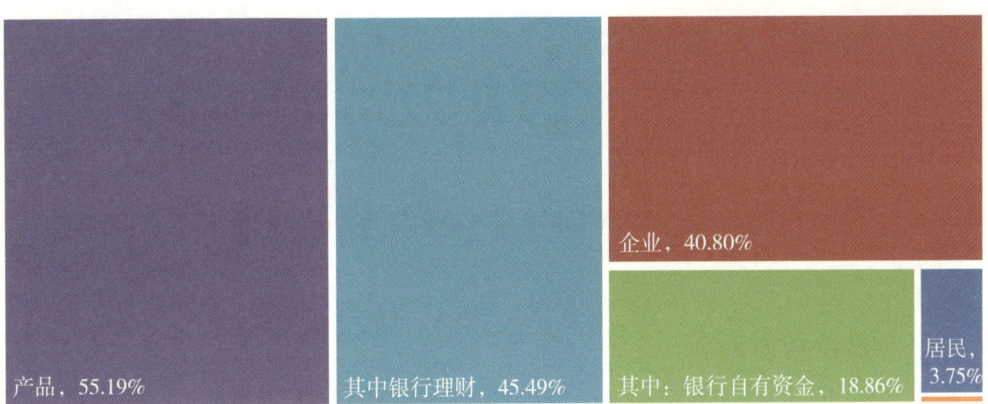

图 4-44　2022 年末基金管理公司私募资管产品直接出资者大类分布

资料来源：中国证券投资基金业协会。

从直接出资者属性来看，基金管理公司私募资管产品来源于金融机构及其理财产品的资金比例合计高达86.28%，其中银行资金占比为64.34%，保险资金占比为9.44%，信托资金占比为5.16%，证券基金期货机构及其产品资金占比为6.16%，私募基金资金占比为1.18%；非金融体系资金占比为10.27%，其中企业资金占比为6.26%，居民资金占比为3.75%，其余为财政出资及境外资金等其他资金。

从穿透来看，银行理财产品99%的投资者为居民，基金管理公司私募资管产品直接或间接服务居民投资者资产配置需求。

从各类资金变化趋势来看，银行自有资金、保险公司资金、证券公司资金占比保持增长趋势，而信托计划资金、私募资管资金占比出现较大幅度缩减（见表4-2）。

表 4-2　基金管理公司私募资管产品直接出资者分类占比趋势　（单位：%）

类型	2020年末	2021年末	2022年末
银行自有	11.60	14.98	18.86
银行理财	49.93	48.67	45.49
保险公司	7.66	9.81	11.10
保险资管	1.49	1.42	1.79

续表

类型	2020年末	2021年末	2022年末
信托公司	0.97	0.55	0.39
信托计划	6.53	5.01	4.76
证券公司	2.16	3.14	4.19
私募资管	5.92	2.36	1.97
私募基金	1.99	1.48	1.18
居民	4.35	4.51	3.75
企业（不含银行）	7.02	7.71	6.26
其他	0.38	0.35	0.27

资料来源：中国证券投资基金业协会。

五、资产配置情况

从产品投向来看，基金管理公司私募资管计划主要投向债券及股票资产。截至2022年末，基金管理公司私募资管计划投向债类（含同业存单）规模4.23万亿元，占投资总规模的68.86%；投向股票的规模为7 699.12亿元，占比为12.53%；投向现金类资产规模为3 866.98亿元，占比为6.29%（见图4-45）。

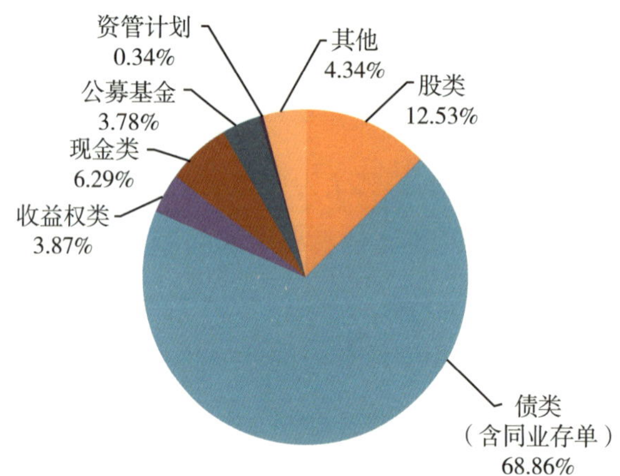

图4-45　2022年末基金管理公司私募资管产品资产分布

资料来源：中国证券投资基金业协会。

从各类资产分布趋势来看，债类资产占比同比增长，而股类资产占比相应下降，投向公募基金的规模占比连续增加（见表4-3）。

表 4-3 基金管理公司私募资管各类资产占比趋势 （单位：%）

资产类别	2020 年末	2021 年末	2022 年末
股类	15.84	13.51	12.53
债类（含同业存单）	63.56	65.73	68.86
收益权类	3.84	5.10	3.87
现金类	5.44	4.94	6.29
公募基金	5.36	6.40	3.78
资管计划	0.28	0.37	0.34
其他	5.69	3.95	4.34

注：收益权类主要指买入返售资产。

资料来源：中国证券投资基金业协会。

六、集中度情况

2022年基金管理公司私募资管业务行业集中度略有下降。月均管理规模居首的机构管理规模占14.97%，较2021年下降0.72个百分点；月均管理规模前20合计管理行业规模的68.59%，较2021年下降0.92个百分点。

按管理规模从小到大机构数量行业占比与对应累计管理规模行业占比描画曲线如图4-46所示，曲线越弯曲向横轴，行业规模分布越不平衡，头尾差距越大。对比2022年12月曲线较2020年1月更向下弯曲，可见不均衡趋势有所增强。

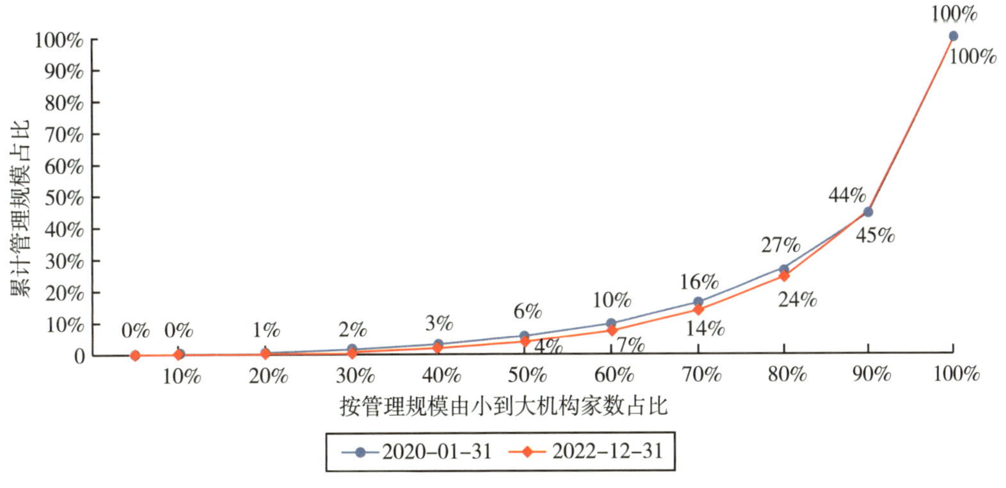

图 4-46 基金管理公司私募资管行业“洛伦兹曲线”

资料来源：中国证券投资基金业协会。

从近两年行业平均管理规模来看，规模最大值增长4.39%，排名前10%的机构规模下限增长11.61%，3/4分位值增长25.64%，而尾部机构规模进一步下降，规模靠后的40%机构规模上限下降23.52%（见图4-47）。

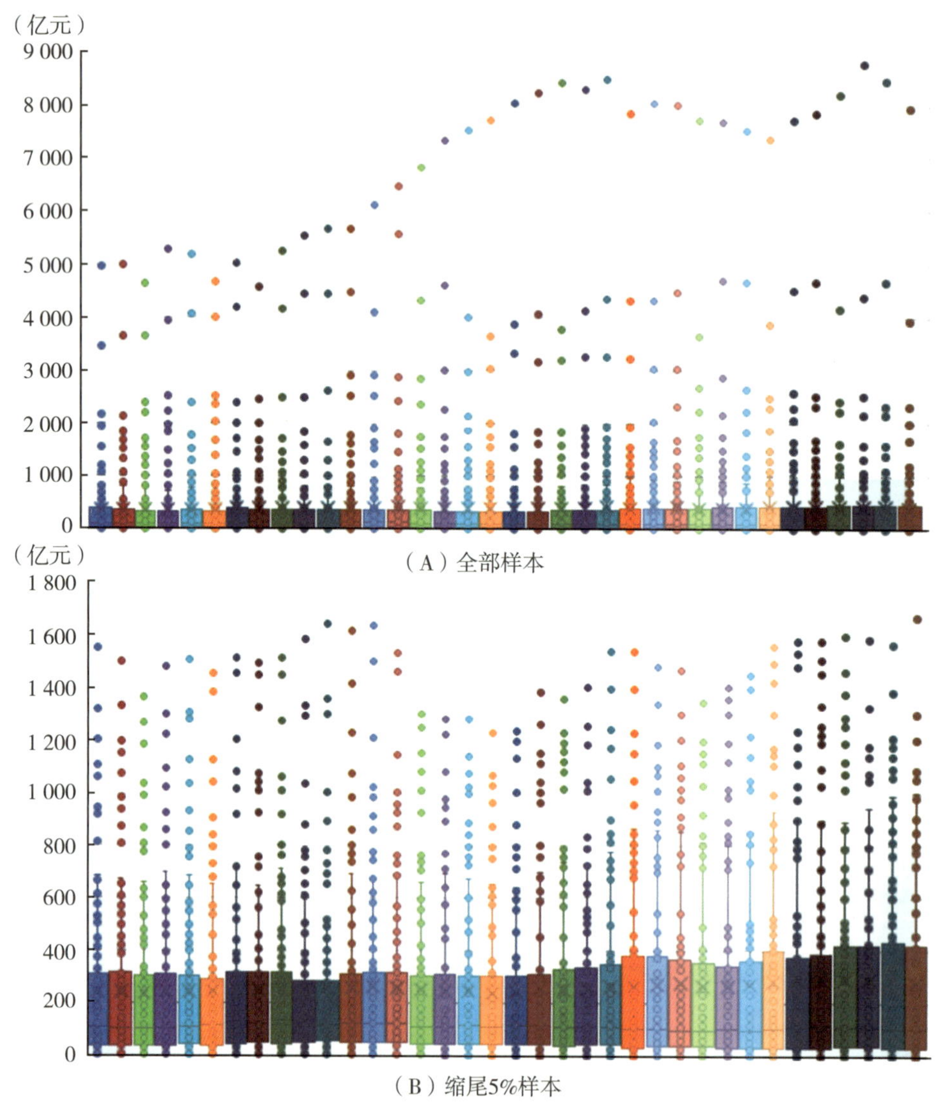

图 4-47　基金管理公司私募资管产品规模分布箱形图
（2020 年 1 月—2022 年 12 月）

注：箱形图最高点为最大值，箱体上方小横线表示排名前10%机构管理规模下限，“×”表示平均值，箱体上端线表示3/4分位数，箱体下端线表示1/4分位数，箱体中横线表示中位数，箱体下方最低点为最小值。

资料来源：中国证券投资基金业协会。

从年内各月末平均管理规模来看，行业前10名的机构管理49.27%的规模，行业前20名的机构管理68.59%的规模（见表4-4）。

表4-4 2022年基金管理公司私募资管平均管理规模前20名

序号	机构名称	2022年平均管理规模（亿元）	占行业比例（%）	累计占比（%）
1	创金合信基金管理有限公司	7 943.92	14.97	14.97
2	建信基金管理有限责任公司	4 329.20	8.16	23.13
3	博时基金管理有限公司	2 597.15	4.89	28.02
4	易方达基金管理有限公司	2 218.46	4.18	32.20
5	平安基金管理有限公司	1 991.02	3.75	35.95
6	南方基金管理股份有限公司	1 486.05	2.80	38.75
7	嘉实基金管理有限公司	1 484.92	2.80	41.55
8	华夏基金管理有限公司	1 479.59	2.79	44.34
9	汇添富基金管理股份有限公司	1 416.31	2.67	47.01
10	睿远基金管理有限公司	1 201.92	2.26	49.27
11	广发基金管理有限公司	1 191.30	2.24	51.52
12	融通基金管理有限公司	1 146.97	2.16	53.68
13	鹏华基金管理有限公司	1 090.94	2.06	55.74
14	中欧基金管理有限公司	1 066.10	2.01	57.74
15	富国基金管理有限公司	1 057.87	1.99	59.74
16	国投瑞银基金管理有限公司	1 033.61	1.95	61.69
17	浦银安盛基金管理有限公司	980.94	1.85	63.53
18	国寿安保基金管理有限公司	932.11	1.76	65.29
19	景顺长城基金管理有限公司	882.16	1.66	66.95
20	银华基金管理股份有限公司	869.94	1.64	68.59

资料来源：中国证券投资基金业协会。

第三节　基金子公司私募资产管理业务

一、产品发行情况

2022年，基金子公司备案私募资管产品数量与规模同比大幅下降。全年备案产品812只，备案规模600.21亿元，同比分别下降64.49%和83.13%。单只产品备案规模0.74亿元/只，同比下降52.49%。

分类型来看，2022年备案集合资管计划433只，同比下降53.49%，备案规模332.41亿元，同比下降71.74%，单只产品备案规模同比下降39.24%至0.77亿元/只；单一资管计划备案379只，备案规模267.80亿元，同比分别下降72.05%与88.76%，单只产品备案规模0.71亿元/只，同比下降59.77%（见图4-48）。

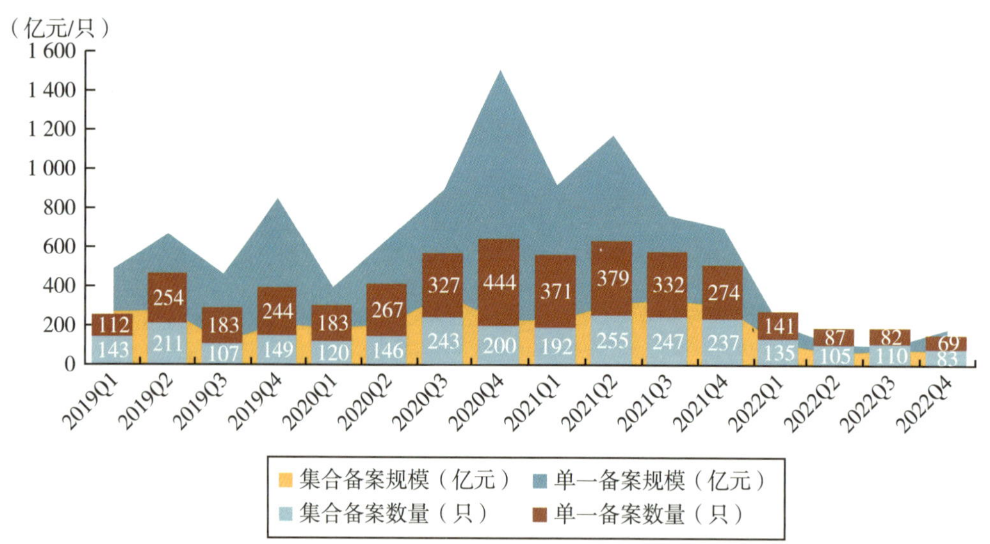

图 4-48　基金子公司私募资管产品备案趋势（按产品类型）

资料来源：中国证券投资基金业协会。

从基金子公司设立私募资管产品的投资类型来看，固定收益类产品全年备案288只，备案规模267.30亿元，虽同比大幅下降，但依然领先其他类型产品占比最大；混合类产品备案236只，备案规模149.41亿元，同比降幅分别为40.10%与40.76%；商品及金融衍生品类产品备案192只，备案规模119.67亿元，同比分别下降70.00%与84.37%；权益类产品备案96只，备案规模63.83亿元，同比分别下降74.05%与78.45%（见图4-49）。

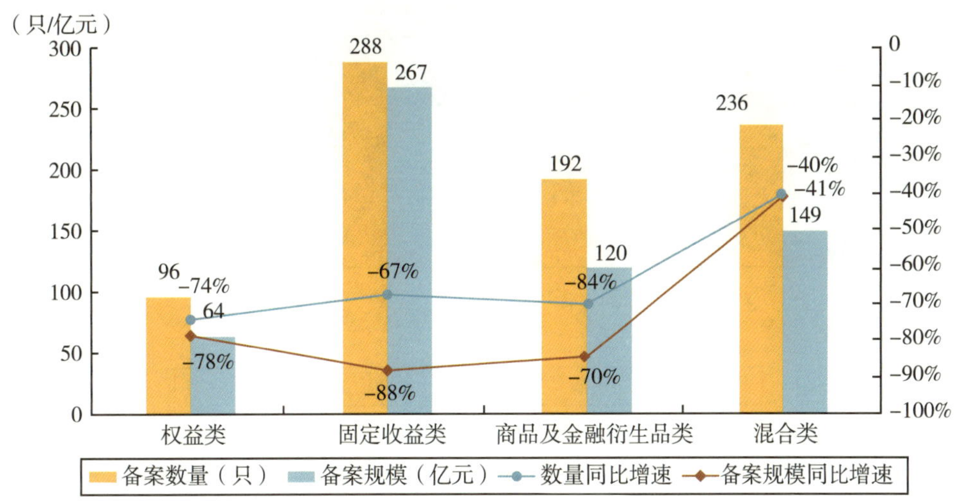

图4-49　2022年基金子公司各投资类型产品备案情况

资料来源：中国证券投资基金业协会。

从近年各季度备案产品的投资类型来看，基金子公司新设产品中，权益类产品占比较低，其他类型较平衡，占比差异不大（见图4-50至图4-52）。

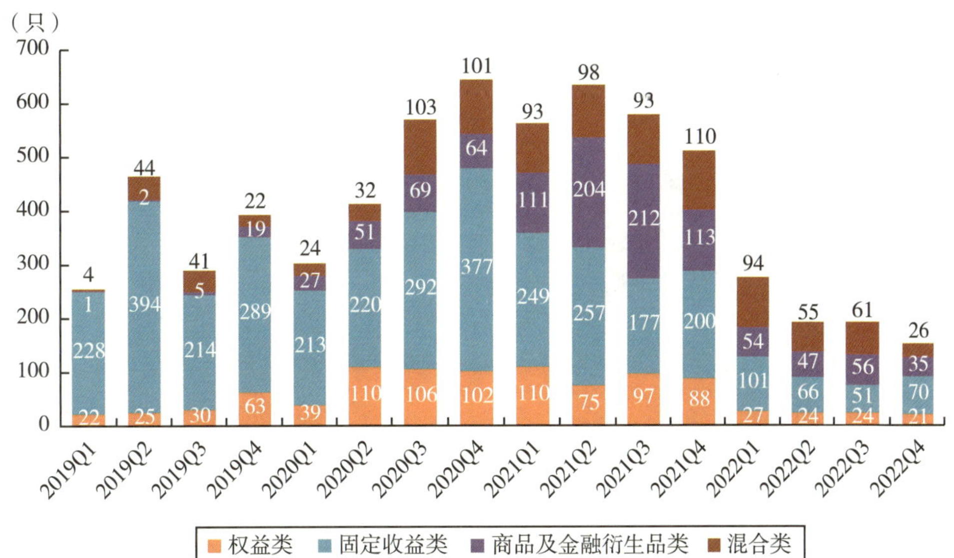

图4-50　基金子公司各投资类型产品备案数量

资料来源：中国证券投资基金业协会。

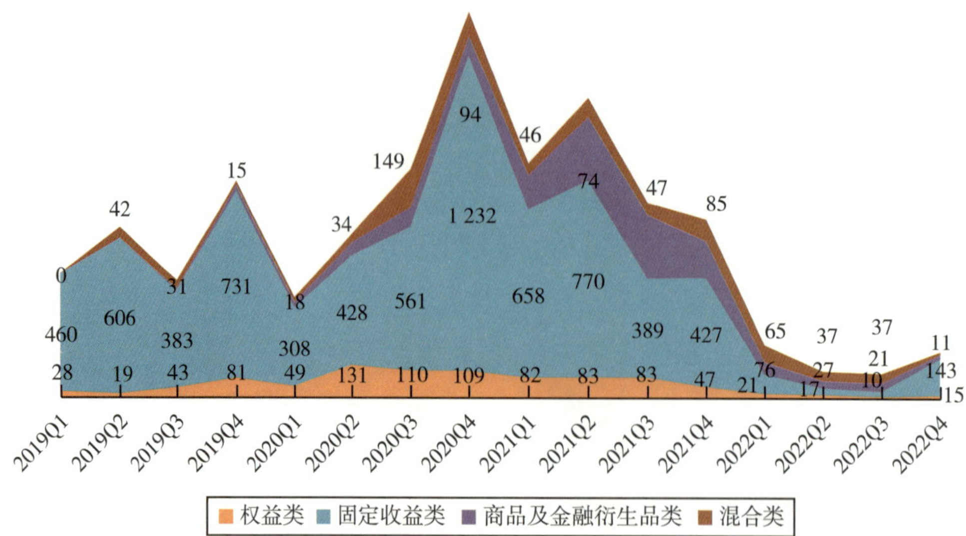

图 4-51　基金子公司各投资类型产品备案规模（亿元）

资料来源：中国证券投资基金业协会。

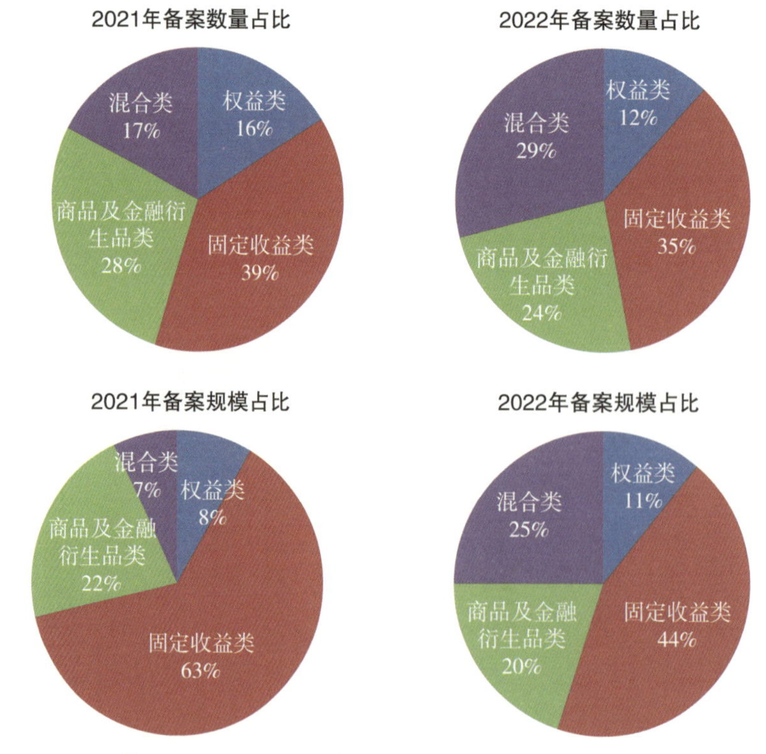

图 4-52　基金子公司各投资类型产品备案数量与备案规模占比对比

资料来源：中国证券投资基金业协会。

二、产品存续情况

截至2022年末，71家基金子公司开展私募资产管理业务[①]，较2021年末减少1家，存续产品继续减少至3 521只，管理资产规模下降至1.92万亿元，同比减少4 014.38亿元，下降17.29%。2016年7月，中国证监会发布了《证券期货经营机构私募资产管理业务运作管理暂行规定》，强调资管业务“正本清源、划清底线、强化约束”的健康规范发展之路。2018年资管新规发布，大资管领域全覆盖同尺度监管政策落地，非标通道业务控制增量、存量到期不再续期。基金子公司私募资管规模近6年减少8.58万亿元，从2016年顶峰时期的10.50万亿元缩减81.72%至2022年末的1.92万亿元。

2022年，基金子公司集合资产管理业务规模实现正增长，存续1 452只，管理资产规模5 546.76亿元，占比28.88%，较2021年末增加138.61亿元，增长2.56%；单一资产管理业务规模继续下降，存续2 069只，管理资产规模1.37万亿元，占比71.12%，较2021年末减少4 152.99亿元，下降23.32%（见图4–53）。

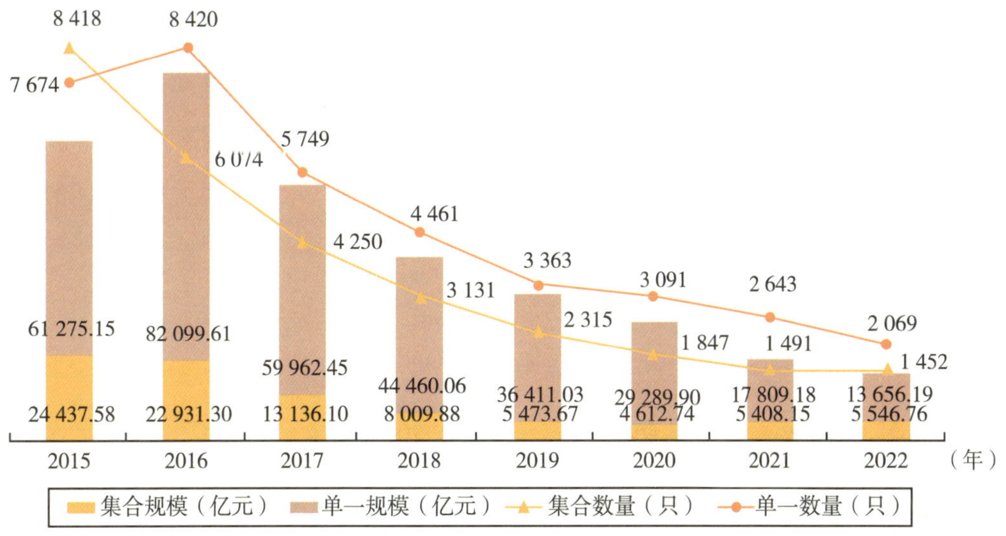

图4–53 基金子公司私募资产管理产品存续数量与规模

资料来源：中国证券投资基金业协会。

① 指管理资产规模非零的公司。

截至2022年末，权益类产品存续967只，规模2 881.76亿元，同比分别下降14.73%与19.63%；固定收益类产品存续1 378只，规模1.45万亿元，同比分别下降26.66%与16.28%；商品及金融衍生品类产品存续409只，规模367.59亿元，同比分别增长11.44%与下降15.53%；混合类产品存续767只，规模1 405.69亿元，同比分别增长1.72%与下降22.72%（见图4-54）。

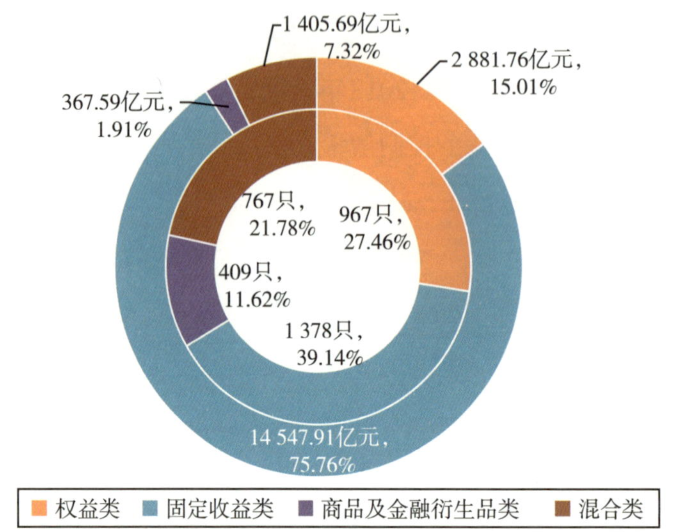

图 4-54　2022 年末基金子公司私募资管产品数量与规模的投资类型分布

资料来源：中国证券投资基金业协会。

近四年基金子公司私募资管季度存续数量与规模呈现明显缩减趋势，商品及金融衍生品类产品存续数量逆势增长，存续规模小幅下降，其他类型产品降幅逐步收窄（见图4-55、图4-56）。

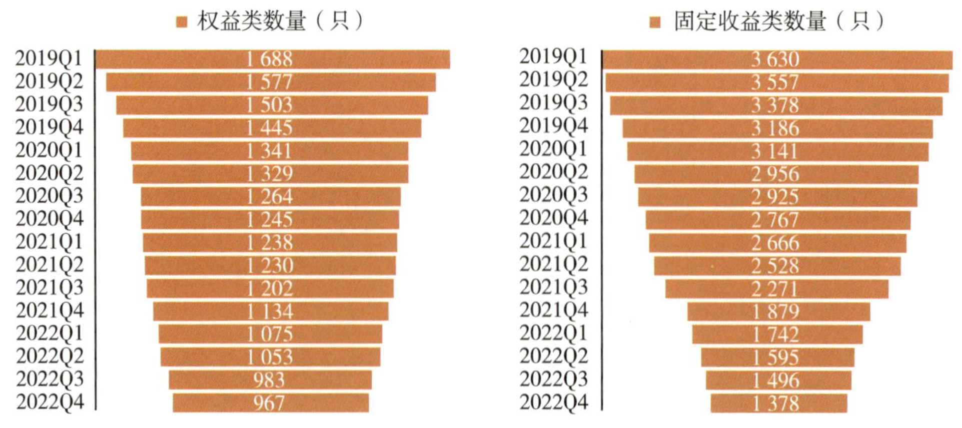

图 4–55　基金子公司各类型私募资管产品数量情况

资料来源：中国证券投资基金业协会。

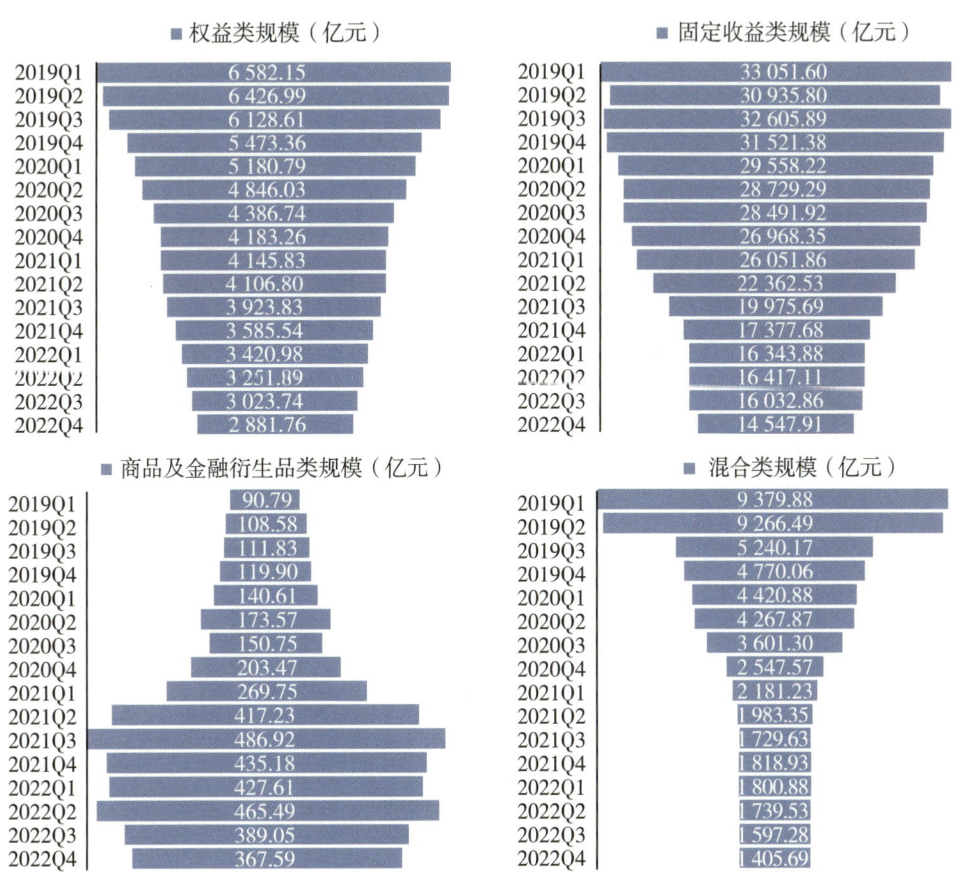

图 4–56　基金子公司各类型私募资管产品规模情况

资料来源：中国证券投资基金业协会。

三、资金净流动（认/申赎）情况

2022年，基金子公司私募资管产品净流出3 531亿元，比2021年净流出金额减少274亿元。其中，固定收益类产品年内各季度连续净流出，全年净流出2 599亿元，混合类产品净流出286亿元，权益类产品净流出632亿元，商品及金融衍生品类产品净流出14亿元（见图4-57）。

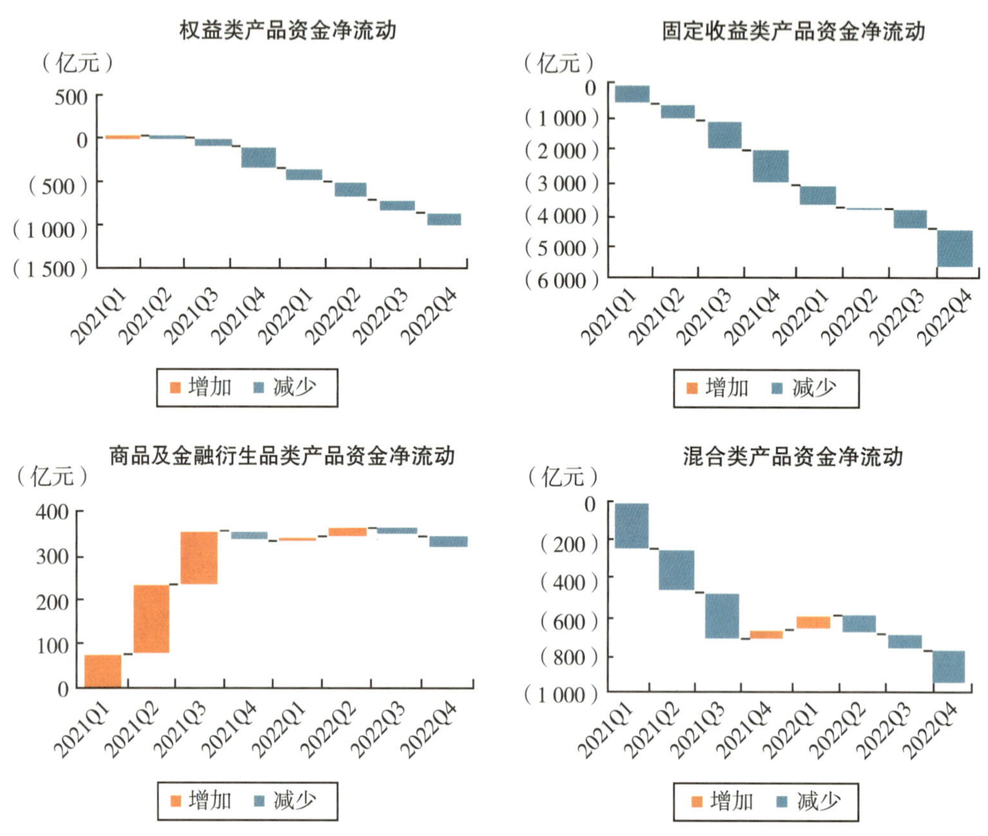

图 4-57 基金子公司各类型私募资管产品资金流动情况

资料来源：中国证券投资基金业协会。

从基金子公司私募资管产品投资者端换手率来看，2022年，固定收益类产品换手率超越混合类产品位居各类产品之首，权益类产品换手率为各类产品中最低（见表4-5）。

表 4-5　基金子公司私募资管产品季度换手率　（单位：%）

时间	权益类	固定收益类	商品及金融衍生品	混合类	合计
2021Q1	15.57	44.98	41.75	51.77	41.76
2021Q2	19.93	52.45	54.16	77.80	49.82
2021Q3	16.62	65.15	46.34	57.35	57.22
2021Q4	20.64	44.90	51.90	57.84	42.27
2022Q1	12.16	38.26	12.24	50.13	34.67
2022Q2	12.76	40.10	9.97	38.29	35.18
2022Q3	10.03	37.92	25.46	66.58	35.82
2022Q4	15.50	53.18	19.93	40.83	46.10

资料来源：中国证券投资基金业协会。

四、资金来源（投资者出资）情况

从基金子公司私募资管产品直接出资者类型来看，居民出资占比小幅增长，但依然比例较小，截至2022年末为7.24%；企业直接出资占比降至34.69%，其中银行自有资金出资占比为29.14%；各类产品出资占比三年连续下降，2022年小幅上升至57.85%，其中银行理财资金贡献产品出资的91.44%（见图4-58）。

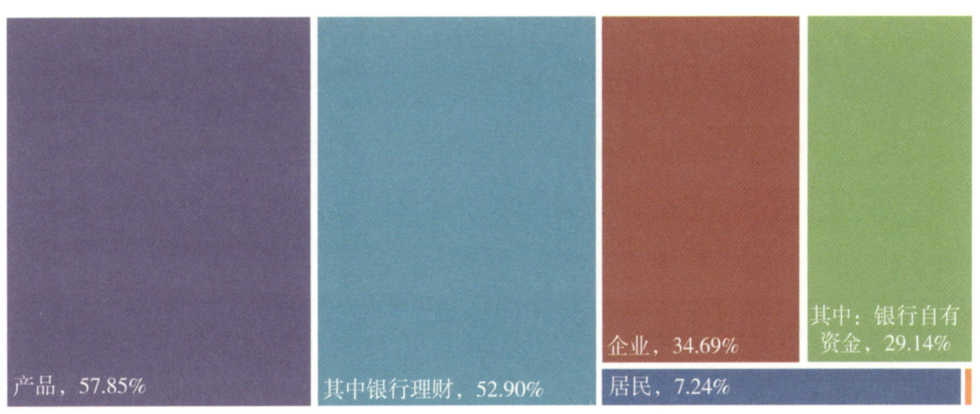

图 4-58　2022 年末基金子公司私募资管产品直接出资者大类分布

资料来源：中国证券投资基金业协会。

从直接出资者属性来看，基金子公司私募资管产品来源于金融机构及其理财产品的资金比例合计高达88.45%，其中银行资金占比82.04%，信托资金3.93%，证券基金期货机构及其产品资金占比1.43%，保险资金与私募基金资金占比合计1.04%；非金融类资金占比为11.69%，其中居民资金占比7.24%，企业资金占比为4.23%，其余为社会基金及境外资金等其他资金。

直接投资者中，银行理财资金出资近乎基金子公司私募资管产品的一半，从穿透来看，银行理财产品99%的投资者为居民，基金子公司私募资管产品直接或间接亦服务了居民投资者资产配置需求。

从资金占比变化来看，2022年银行自有资金占比缩减而银行理财资金占比增长，居民资金占比小幅增长（见表4-6）。

表 4-6　基金子公司私募资管产品直接出资者分类占比趋势　（单位：%）

类型	2020年末	2021年末	2022年末
银行自有	29.53	30.28	29.14
银行理财	49.91	49.27	52.90
保险公司	0.56	0.36	0.42
保险资管	0.02	0.03	0.03
信托公司	0.72	0.63	0.50
信托计划	2.62	3.21	3.44
证券公司	0.35	0.94	0.40
私募资管	3.38	1.09	1.03
私募基金	1.27	0.75	0.45
居民	5.74	6.89	7.24
企业（不含银行）	5.79	6.42	4.23
其他	0.09	0.14	0.22

资料来源：中国证券投资基金业协会。

五、资产配置情况

从产品投向来看，基金子公司私募资管计划主要投向债类（含同业存单）资产及各类资管计划。截至2022年末，基金子公司私募资管计划投向债类（含同业存单）资产9 793.85亿元，占投资总规模的49.07%；投向各类资管计划3 594.69亿元，占比18.01%；投向股类资产1 885.33亿元，占比为9.45%（见图4-59）。

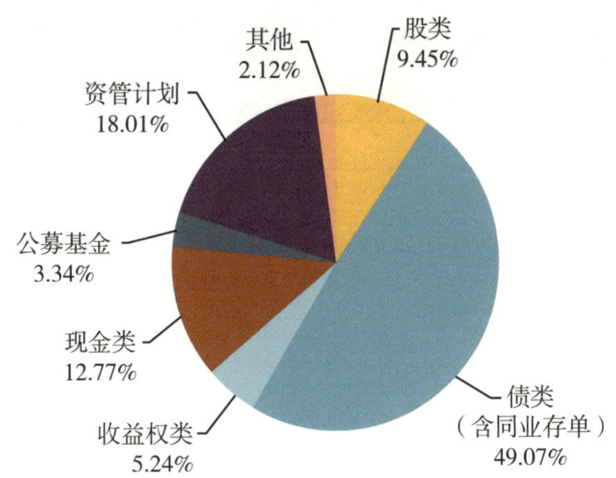

图 4-59　2022 年末基金子公司私募资管产品资产分布

资料来源：中国证券投资基金业协会。

从各类资产分布趋势来看，现金类资产大幅增长，债类（含同业存单）资产占比小幅下降，投向各类资管计划的占比继续下降（见表4-7）。

表 4-7　基金子公司私募资管各类资产占比趋势　（单位：%）

资产类别	2020年末	2021年末	2022年末
股类	7.65	9.44	9.45
债类（含同业存单）	49.73	49.86	49.07
收益权类	11.61	9.19	5.24
现金类	2.37	4.52	12.77
公募基金	2.64	4.11	3.34
资管计划	24.63	20.31	18.01
其他	1.36	2.56	2.12

资料来源：中国证券投资基金业协会。

基金子公司私募资管产品投资标准化资产占比保持增长趋势，投资非标资产比例连续下降（见图4-60）。

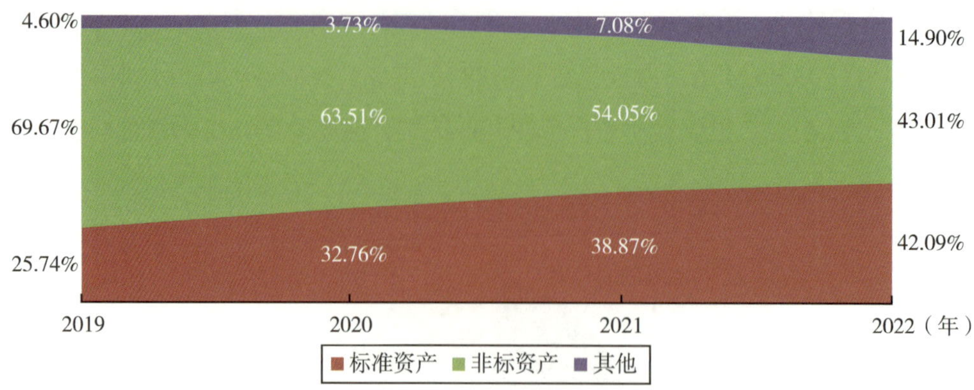

图 4-60 基金子公司私募资管非标资产占比趋势

资料来源：中国证券投资基金业协会。

六、集中度情况

2022年基金子公司私募资管规模分布继续向下集中，前10%的机构管理规模下限下降19.52%，中位数下降35.67%，平均值、上下1/4分位数亦均有不同程度下降。2022年，行业规模较低的80%的机构管理规模合计占比较2020年初下降10.76个百分点至19.82%。按管理规模从小到大机构数量行业占比与对应累计管理规模行业占比描画曲线，曲线越弯曲向横轴，行业规模分布越不平衡，头尾差距越大。对比2022年12月曲线较2020年1月更向下弯曲（见图4-61）。可见，不均衡趋势进一步增强。

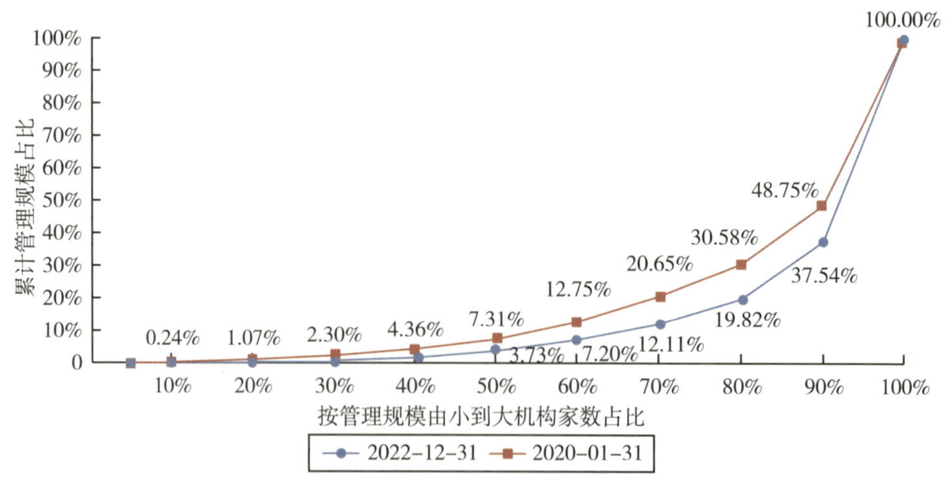

图 4-61 基金子公司私募资管行业"洛伦兹曲线"

资料来源：中国证券投资基金业协会。

从近年行业分布动态趋势来看，规模最大值越来越靠近行业大部分机构，2022年行业大部分机构规模下降，3/4分位值下降40.28%（见图4-62）。

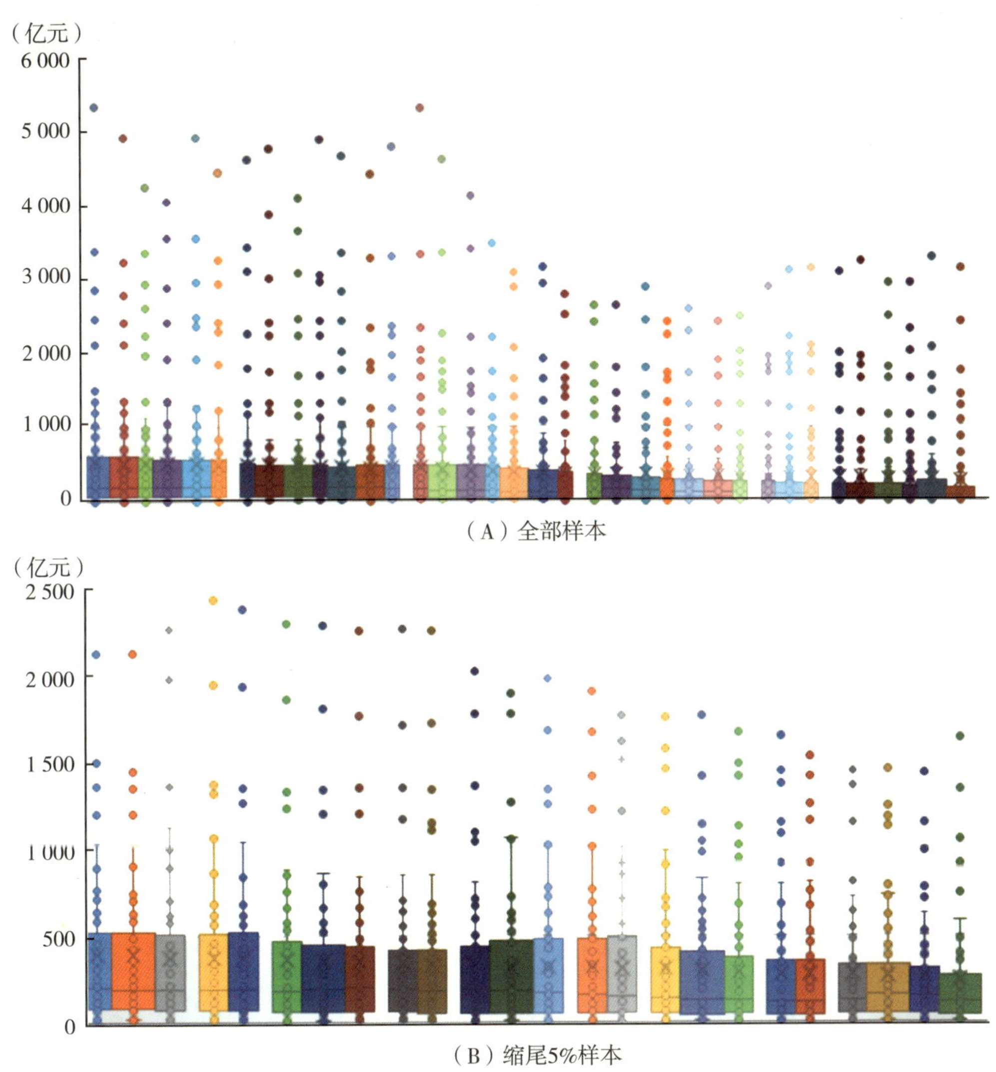

图 4-62　基金子公司私募资管产品规模分布箱形图
（2020 年 1 月—2022 年 12 月）

注：箱形图最高点为最大值，箱体上方小横线表示排名前10%机构管理规模下限，"×"表示平均值，箱体上端线表示3/4分位数，箱体下端线表示1/4分位数，箱体中横线表示中位数，箱体下方最低点为最小值。

资料来源：中国证券投资基金业协会。

从年内各月末平均管理规模来看，行业前10的机构管理67.98%的规模，行业前20的机构管理85.2%的规模（见表4–8）。

表 4–8　　2022 年基金子公司私募资管平均管理规模前 20 名

序号	机构名称	2022 年平均管理规模（亿元）	占行业比例（%）	累计占比（%）
1	招商财富资产管理有限公司	2 949.99	13.67	13.67
2	建信资本管理有限责任公司	2 112.61	9.79	23.46
3	农银汇理资产管理有限公司	1 841.50	8.53	31.99
4	工银瑞信投资管理有限公司	1 840.19	8.53	40.52
5	上海浦银安盛资产管理有限公司	1 699.82	7.88	48.39
6	鑫沅资产管理有限公司	1 220.37	5.65	54.05
7	交银施罗德资产管理有限公司	938.38	4.35	58.40
8	博时资本管理有限公司	843.31	3.91	62.30
9	易方达资产管理有限公司	638.85	2.96	65.26
10	嘉实资本管理有限公司	587.28	2.72	67.98
11	瑞元资本管理有限公司	586.58	2.72	70.70
12	北银丰业资产管理有限公司	582.85	2.70	73.40
13	深圳平安汇通投资管理有限公司	540.02	2.50	75.91
14	首誉光控资产管理有限公司	421.15	1.95	77.86
15	兴业财富资产管理有限公司	366.02	1.70	79.55
16	上海兴瀚资产管理有限公司	297.57	1.38	80.93
17	东方汇智资产管理有限公司	293.93	1.36	82.29
18	万家共赢资产管理有限公司	226.47	1.05	83.34
19	富国资产管理（上海）有限公司	203.55	0.94	84.29
20	深圳市红塔资产管理有限公司	197.19	0.91	85.20

资料来源：中国证券投资基金业协会。

第四节　证券公司私募资产管理业务

一、产品发行情况

2022年，证券公司及其资管子公司备案私募资管产品数量与规模双双下降，全年备案产品4 856只，备案规模2 514.28亿元，同比分别下降29.01%和31.16%。其中，集合资管计划备案2 222只，备案规模1 620.09亿元，同比分别下降11.19%与28.94%，单只产品备案规模降至0.73亿元/只，同比减少19.98%；全年备案单一资管计划2 634只，备案规模894.19亿元，同比分别下降39.28%与34.85%，单只产品备案规模同比增长7.30%至0.34亿元/只。

各季度来看，2022年三季度备案数量与备案规模达到年内峰值（见图4-63）。

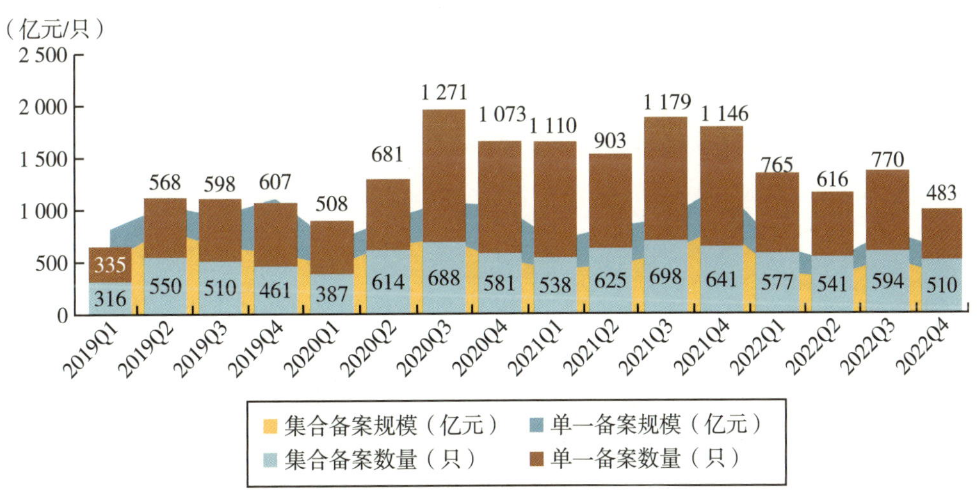

图4-63　证券公司及其资管子公司私募资管产品备案趋势（按产品类型）

资料来源：中国证券投资基金业协会。

从设立私募资管产品的投资类型来看，权益类产品备案326只，备案规模116.87亿元，同比分别下降53.36%与64.64%；固定收益类备案2 619只，备案规模1 795.75亿元，同比分别下降8.01%与25.10%；商品及金融衍生品类产品备案154只，备案规模69.30亿元，同比分别增长3.36%与下降31.28%；混合类产品全年备案1 757只，备案规模532.36亿元，同比分别下降44.13%与35.34%（见图4-64）。

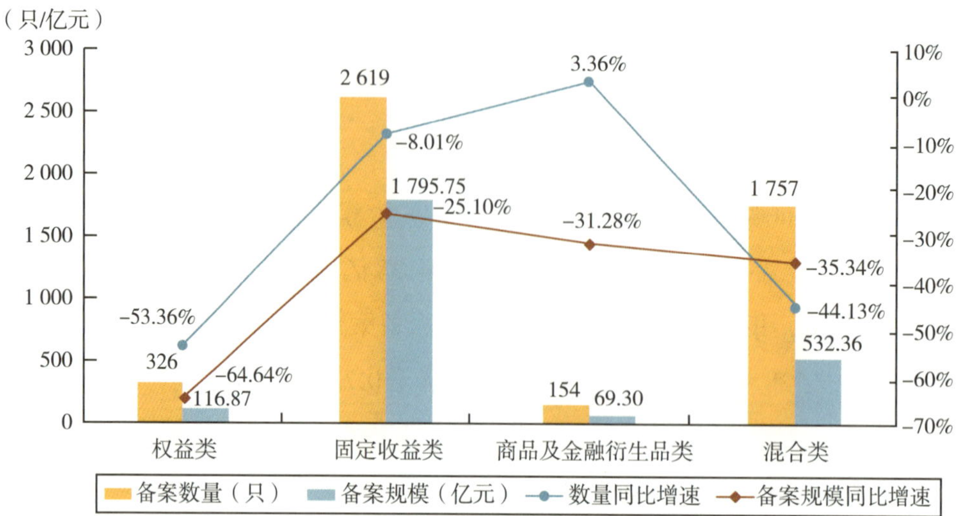

图 4-64　2022 年证券公司及其资管子公司各投资类型产品备案情况

资料来源：中国证券投资基金业协会。

2022年股市下行，资金避险需求提升，固定收益类产品备案数量与备案规模领先其他类型产品，权益类产品与混合类产品新备数量与规模大幅下降（见图4-65至图4-67）。

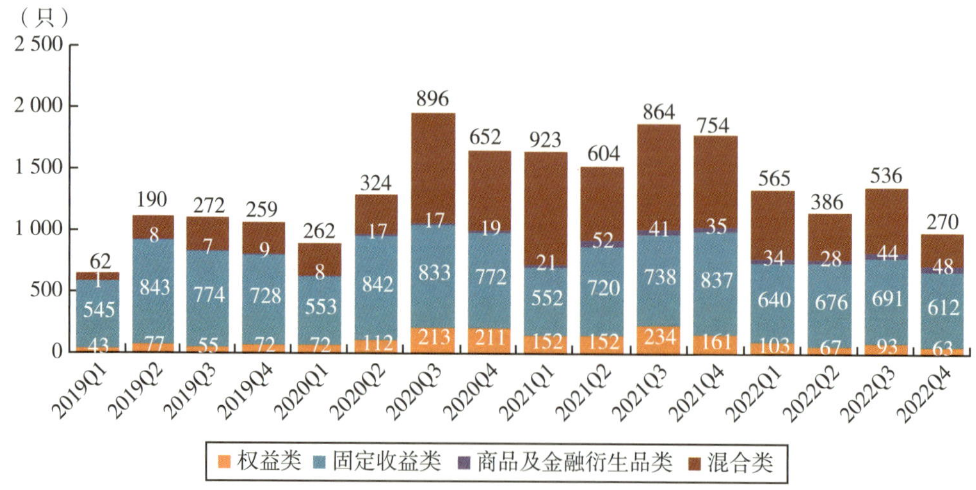

图 4-65　证券公司及其资管子公司各投资类型产品备案数量

资料来源：中国证券投资基金业协会。

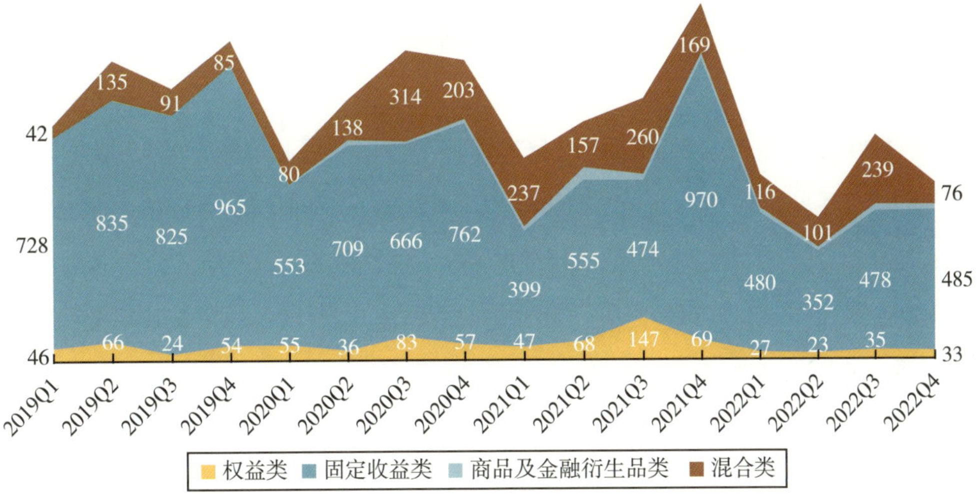

图 4-66　证券公司及其资管子公司各投资类型产品备案规模（亿元）

资料来源：中国证券投资基金业协会。

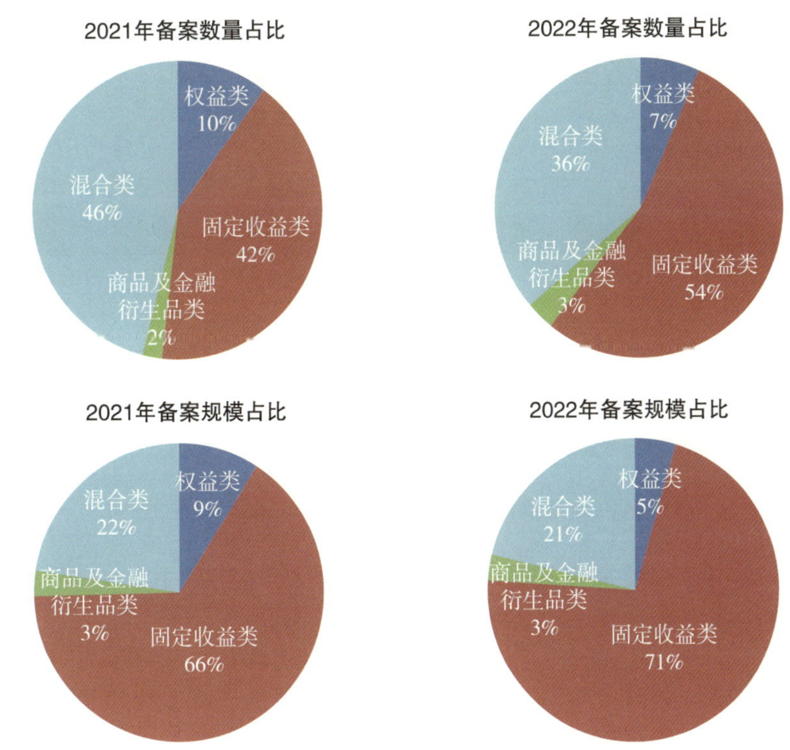

图 4-67　证券公司及其资管子公司各投资类型产品备案数量与备案规模占比对比

资料来源：中国证券投资基金业协会。

二、产品存续情况

截至2022年末，95家证券公司及其资管子公司开展私募资产管理业务[①]，存续产品1.72万只，管理资产规模下降至6.28万亿元，同比减少1.40万亿元，下降18.23%。其中，集合资管计划存续7 066只，规模3.18万亿元，同比减少4 684.79亿元，下降12.84%；单一资管计划存续1.01万只，规模3.10万亿元，同比减少9 324.92亿元，下降23.10%（见图4-68）。

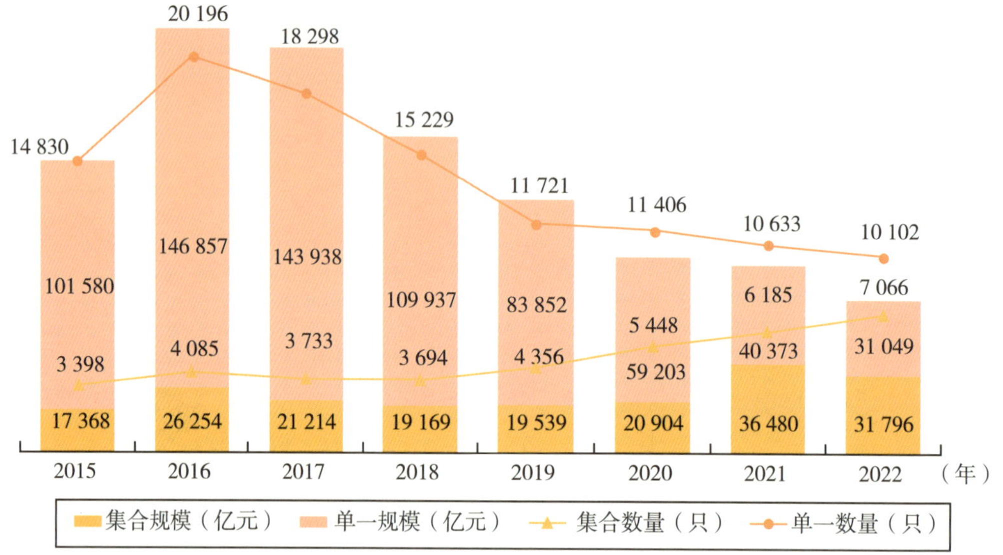

图 4-68　证券公司及其资管子公司私募资产管理产品存续数量与规模

资料来源：中国证券投资基金业协会。

截至2022年末，权益类产品存续2 118只，规模5 304.84亿元，同比分别下降3.55%与23.49%；固定收益类产品存续8 548只，规模5.12万亿元，同比分别下降1.72%与16.36%；商品及金融衍生品类产品存续264只，规模287.54亿元，同比大幅增长83.33%与50.98%；混合类产品存续6 238只，规模6 020.76亿元，同比分别增长7.92%与下降28.96%。

① 指管理资产规模非零的公司。

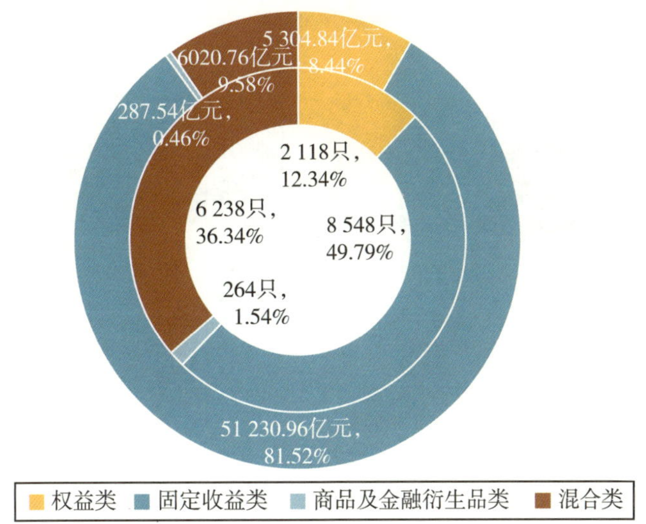

图 4-69　2022 年末证券公司及其资管子公司私募资管产品数量与规模的投资类型分布

资料来源：中国证券投资基金业协会。

从近年各类型产品存续趋势来看，商品及金融衍生品类产品数量与规模基数小、增幅大，其他类型产品数量在总体下降中有稳定趋向，存续规模受市场波动影响较大，如2020年股市上涨，权益类产品规模连续增长，2022年股市下行，相应地，权益类产品规模大幅缩减，2022年四季度债券市场短期大幅波动，固定收益类产品规模四季度下降9 187.91亿元，单季度降幅达15.21%（见图4-70、图4-71）。

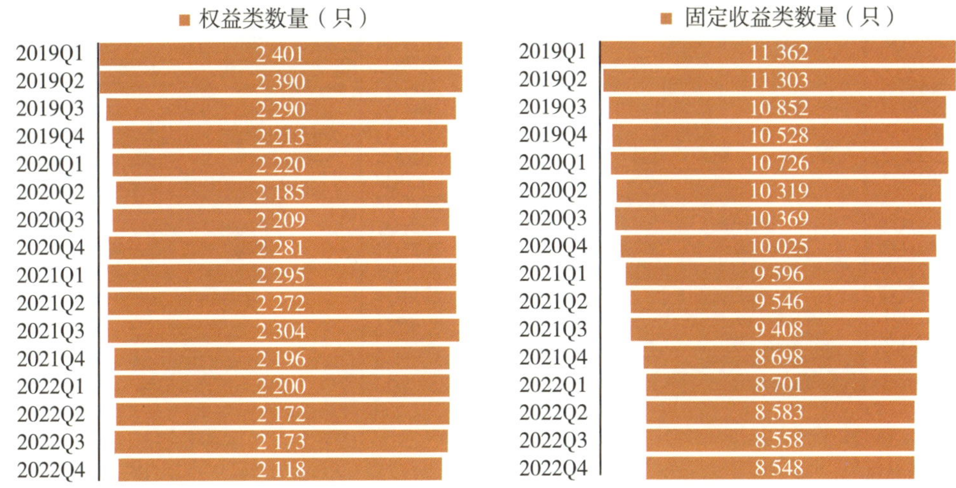

图 4-70　证券公司及其资管子公司各类型私募资管产品数量情况

资料来源：中国证券投资基金业协会。

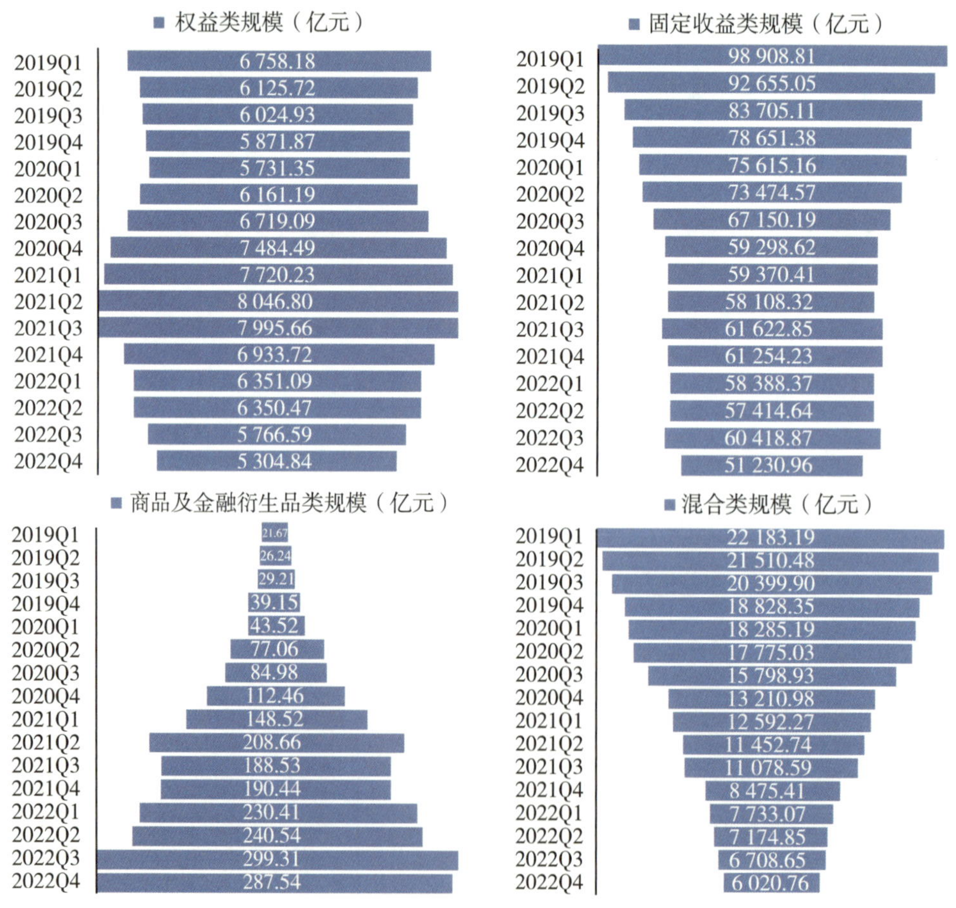

图 4-71　证券公司及其资管子公司各类型私募资管产品规模情况

资料来源：中国证券投资基金业协会。

三、资金净流动（认/申赎）情况

2022年，证券公司及其资管子公司私募资管产品净流出1.07万亿元。其中，固定收益类产品全年净流出7 453亿元，混合类产品净流出1 907亿元，权益类产品净流出1 445亿元，商品及金融衍生品类产品净流入81亿元（见图4-72）。

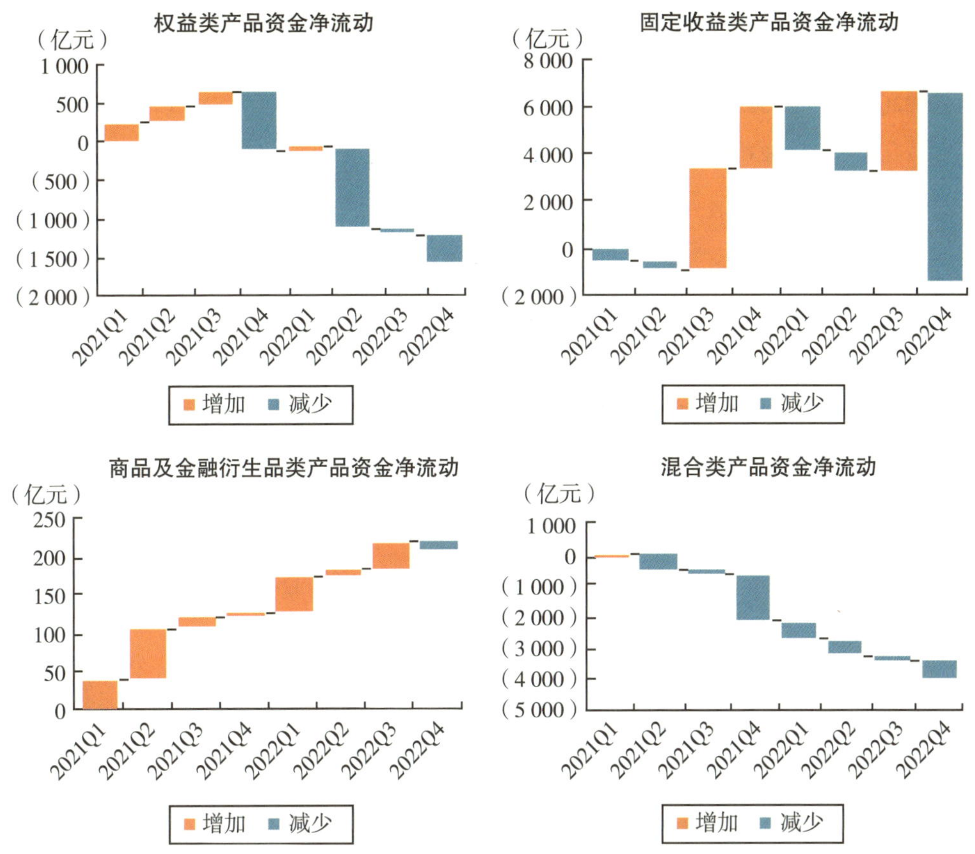

图4-72　证券公司及其资管子公司各类型私募资管产品资金流动情况

资料来源：中国证券投资基金业协会。

从证券公司及其资管子公司私募资管产品投资者端换手率来看，固定收益类产品换手率最高，其次为混合类产品，而权益类产品换手率为各类产品中最低（见表4-9）。可见，固定收益类产品申赎频繁，这或是受短期理财类固定收益类产品资金流动影响所致，而权益类产品投资者持有稳定性更强。

表 4-9　证券公司及其资管子公司私募资管产品季度换手率　（单位：%）

时间	权益类	固定收益类	商品及金融衍生品	混合类	合计
2021Q1	15.71	112.58	24.88	53.32	93.67
2021Q2	19.44	115.32	24.64	57.56	96.71
2021Q3	19.28	140.43	24.28	55.37	115.82
2021Q4	36.03	120.23	33.56	58.51	104.40
2022Q1	15.35	107.68	24.08	54.84	93.51
2022Q2	28.10	106.15	11.62	36.13	91.70
2022Q3	26.46	88.26	30.27	52.10	79.38
2022Q4	23.17	98.68	30.05	49.46	87.63

资料来源：中国证券投资基金业协会。

四、资金来源（投资者出资）情况

从证券公司及其资管子公司私募资管产品直接出资者类型来看，截至2022年末，居民出资占比下降至11.05%；企业直接出资占比为33.85%，同比增加2.95个百分点，其中银行自有资金出资占比为20.45%；各类产品出资占比为55.01%，同比下降2.49个百分点，其中银行理财资金贡献产品出资的88.69%（见图4-73）。

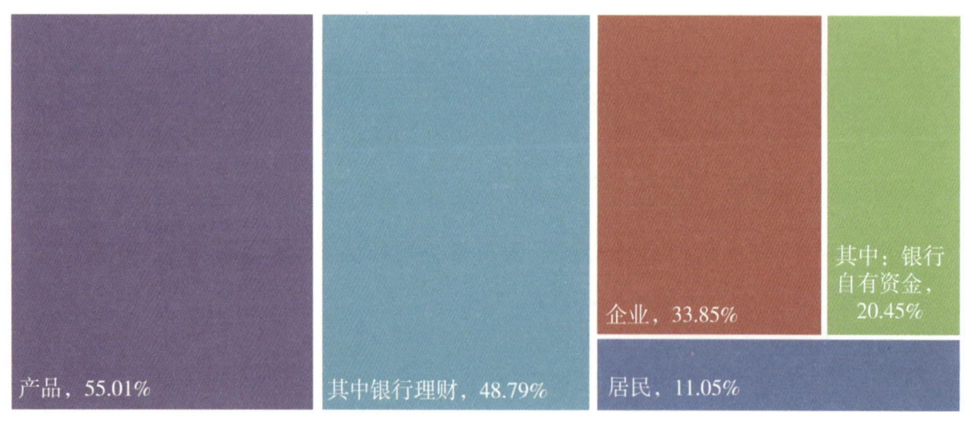

图 4-73　2022 年末证券公司及其资管子公司私募资管产品直接出资者大类分布

资料来源：中国证券投资基金业协会。

从直接出资者属性来看，证券公司及其资管子公司私募资管产品来源于金融机构及其理财产品的资金比例合计达80.35%。其中，银行资金占比69.23%，证券基金期货机构及其产品资金占比4.44%，信托资金占比4.54%，保险资金与私募基金资金占比合计2.13%；非金融类资金占比为19.65%，其中居民资金占比11.05%，企业资金占比为8.52%，其余为社会基金及境外资金等其他资金（见表4–10）。

在直接投资者中，银行理财资金出资超过私募资管产品的一半，从穿透来看，银行理财产品99%的投资者为居民，再加上居民直接出资部分，证券公司及其资管子公司私募资管产品直接或间接亦服务了居民投资者资产配置需求。

表4–10　证券公司及其资管子公司私募资管产品直接出资者分类占比趋势

（单位：%）

类型	2020年末	2021年末	2022年末
银行自有	32.04	19.21	20.45
银行理财	34.78	52.61	48.79
保险公司	0.77	1.17	1.46
保险资管	0.07	0.10	0.12
信托公司	0.37	0.19	0.15
信托计划	3.18	2.86	4.39
证券公司	2.52	3.59	3.27
私募资管	2.85	1.29	1.17
私募基金	0.97	0.65	0.54
居民	14.19	11.55	11.05
企业（不含银行）	8.21	6.73	8.52
其他	0.04	0.06	0.08

资料来源：中国证券投资基金业协会。

五、资产配置情况

从产品投向来看，证券公司及其资管子公司私募资管计划主要投向境内债类（含同业存单）资产，近两年占比进一步提升。截至2022年末，证券公司及其资管子公司私募资管计划投向债类（含同业存单）资产5.36万亿元，占投资总规模的73.59%，其中境内债券投资规模为4.68万亿元，占64.20%；投向现金类资产2 228.36亿元，占比3.06%；投向股类资产5 574.00亿元，占比为7.65%（见图4-74）。

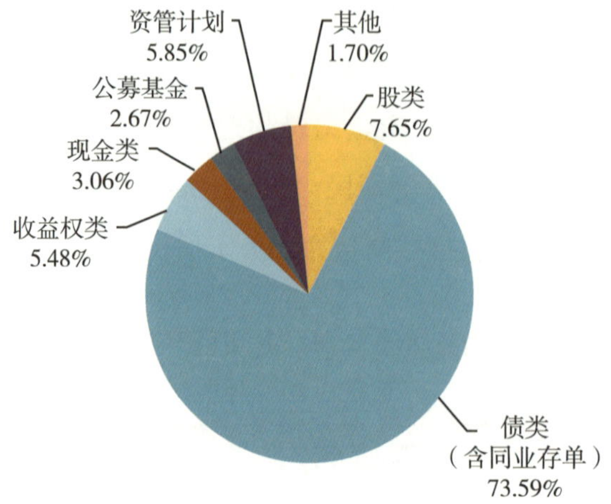

图 4-74　2022 年末证券公司及其资管子公司私募资管产品资产分布

资料来源：中国证券投资基金业协会。

从各类资产分布趋势来看，股类资产占比小幅下降，债类（含同业存单）资产占比连续增长，现金类资产占比小幅下降，收益权类资产、投资资管计划规模占比连续下降（见表4-11）。

表 4-11　证券公司及其资管子公司私募资管各类资产占比趋势

（单位：%）

资产类别	2020年末	2021年末	2022年末
股类	9.14	7.94	7.65
债类（含同业存单）	59.95	69.27	73.59
收益权类	10.89	6.59	5.48
现金类	3.90	4.02	3.06
公募基金	2.97	3.81	2.67
资管计划	11.18	6.99	5.85
其他	1.96	1.38	1.70

资料来源：中国证券投资基金业协会。

证券公司及其资管子公司私募资管投向非标准化资产比例连续下降，而标准化资产占比持续上升（见图4-75）。

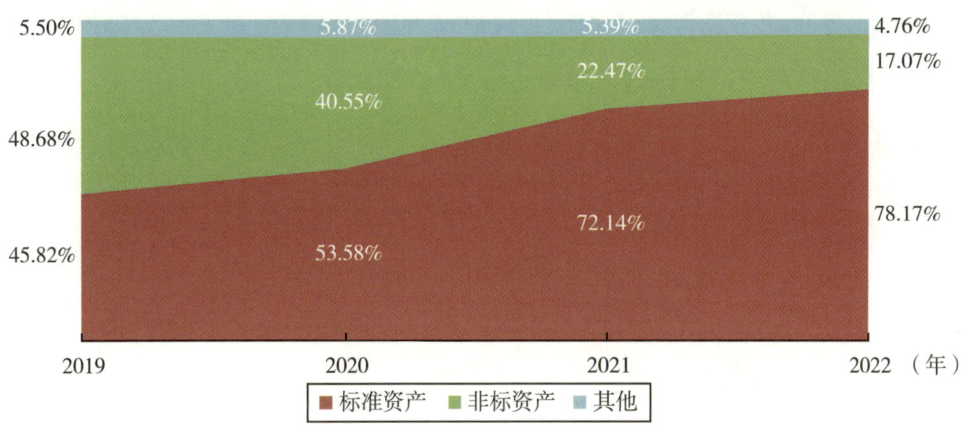

图 4-75　证券公司及其资管子公司私募资管非标资产占比趋势

资料来源：中国证券投资基金业协会。

六、集中度情况

2022年证券公司及其资管子公司私募资管规模总体向下压缩，行业管理最大规模下降15.29%。全行业规模3/4分位数下降18.11%至522.69亿元，中位数下降15.22%至243.59亿元。近年，行业规模较低的80%的机构管理规模合计占比下降10.37个百分点至25.06%。按管理规模从小到大机构数量行业占比与对应累计管理规模行业占比描画曲线，曲线越弯曲向横轴，行业规模分布越不平衡，头尾差距越大。对比2022年12月曲线较2020年1月更向下弯曲，可见不均衡状况有增强趋势（见图4-76）。

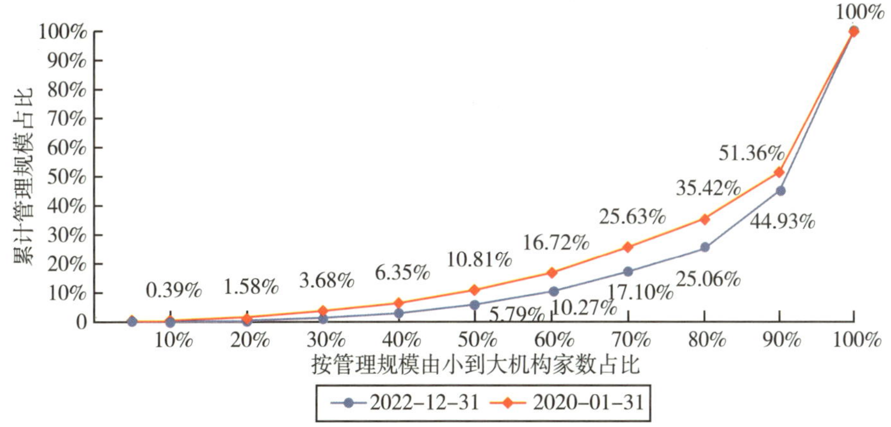

图 4-76　证券公司及其资管子公司私募资管行业"洛伦兹曲线"

资料来源：中国证券投资基金业协会。

从行业分布动态趋势来看，行业规模最大值有远离行业大部分机构规模趋势，尾部机构管理规模保持缩减趋势（见图4-77）。

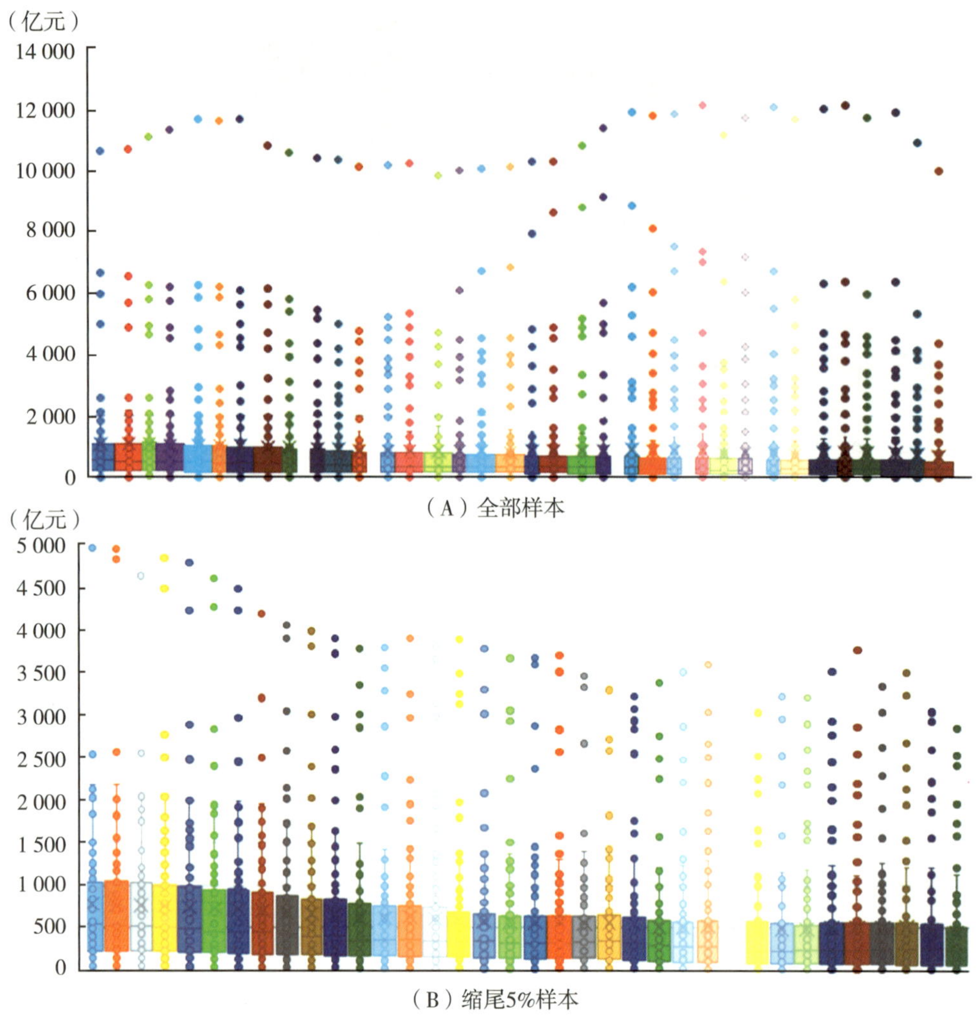

图4-77 证券公司及其资管子公司私募资管产品规模分布箱形图（2020年1月—2022年12月）

注：箱形图最高点为最大值，箱体上方小横线表示排名前10%机构管理规模下限，“×”表示平均值，箱体上端线表示3/4分位数，箱体下端线表示1/4分位数，箱体中横线表示中位数，箱体下方最低点为最小值。

资料来源：中国证券投资基金业协会。

从年内各月末平均管理规模来看，行业前10的机构管理61.00%的规模，行业前20的机构管理77.48%的规模（见表4-12）。

表 4-12　2022 年证券公司及其资管子公司私募资管平均管理规模前 20 名

序号	机构名称	2022 年平均管理规模（亿元）	占行业比例（%）	累计占比（%）
1	中信证券股份有限公司	11 585.55	15.91	15.91
2	中银国际证券股份有限公司	6 195.74	8.51	24.41
3	中国国际金融股份有限公司	5 309.38	7.29	31.70
4	上海光大证券资产管理有限公司	3 954.04	5.43	37.13
5	广发证券资产管理（广东）有限公司	3 722.58	5.11	42.24
6	中信建投证券股份有限公司	3 423.29	4.70	46.94
7	招商证券资产管理有限公司	2 950.82	4.05	50.99
8	上海国泰君安证券资产管理有限公司	2 767.79	3.80	54.80
9	申万宏源证券有限公司	2 376.54	3.26	58.06
10	华泰证券（上海）资产管理有限公司	2 145.20	2.95	61.00
11	国金证券股份有限公司	1 784.24	2.45	63.45
12	平安证券股份有限公司	1 745.32	2.40	65.85
13	中泰证券（上海）资产管理有限公司	1 620.93	2.23	68.07
14	财通证券资产管理有限公司	1 178.68	1.62	69.69
15	安信证券资产管理有限公司	1 080.95	1.48	71.18
16	国信证券股份有限公司	1 040.56	1.43	72.61
17	银河金汇证券资产管理有限公司	1 000.81	1.37	73.98
18	五矿证券有限公司	971.58	1.33	75.31
19	首创证券股份有限公司	838.45	1.15	76.47
20	上海东方证券资产管理有限公司	740.79	1.02	77.48

资料来源：中国证券投资基金业协会。

第五节　证券公司私募子公司私募基金业务

一、产品发行情况

2022年，证券公司私募子公司备案私募基金220只，备案规模310.03亿元，与2021年基本持平。其中，合伙型198只，备案规模264.68亿元；契约型20只，备案规模44.82亿元；公司型2只，备案规模0.53亿元（见图4-78）。

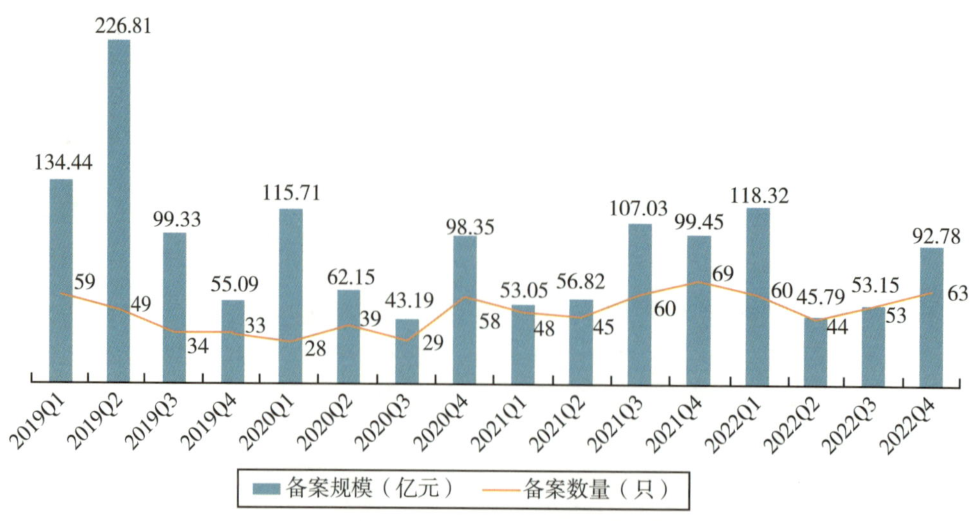

图 4-78　证券公司私募子公司私募基金备案趋势

资料来源：中国证券投资基金业协会。

二、产品存续情况

截至2022年末，71家证券公司一级私募子公司[①]有存续私募基金产品，存续私募基金1 246只，存续规模5 895.72亿元[②]，较2021年末增加397.69亿元，增长7.23%。其中，合伙型1 142只，存续规模5 501.73亿元；公司型20只，存续规模62.80亿元；契约型84只，存续规模331.20亿元（见图4-79）。

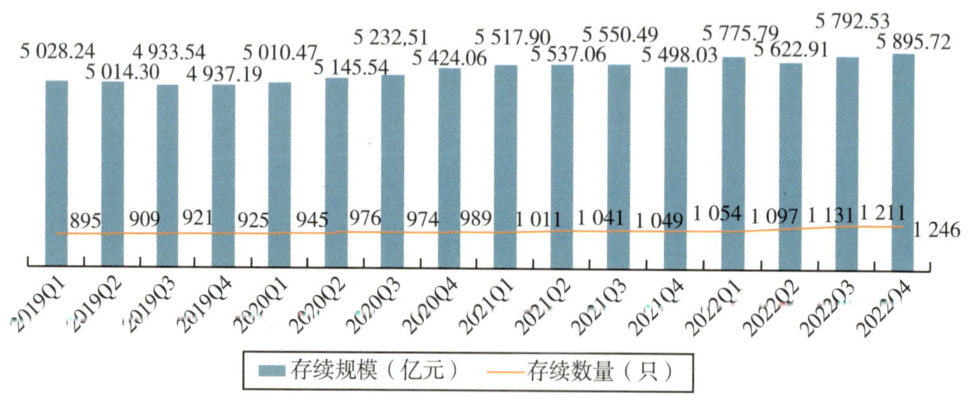

图 4-79　证券公司私募子公司私募基金存续数量与规模趋势

资料来源：中国证券投资基金业协会。

① 二级子公司归至对应一级子公司合并统计。

② 证券公司私募子公司私募基金存续规模指存续产品的实缴规模。

三、资金来源（投资者出资）情况

从证券公司私募子公司私募基金直接出资者类型来看，居民出资占比仅4.66%；企业直接出资占比大幅增长至58.95%，其中银行自有资金出资占比为0.99%；各类产品出资占比下降，截至2022年末占比31.74%，其中私募基金资金占比23.78%（见图4-80）。

图 4-80 2022 年末证券公司私募子公司私募基金直接出资者大类分布

资料来源：中国证券投资基金业协会。

从直接出资者属性来看，证券公司私募子公司私募基金来源于金融机构及其理财产品的资金比例合计达28.11%，其中私募基金资金占比为23.78%，信托计划资金占比为2.13%，银行资金占比为2.20%；非金融类资金占比为71.89%，其中居民资金占比为4.66%，企业资金占比为57.96%，其余为其他资金。

企业出资保持出资占比最大类别，私募基金出资占比略有下降（见表4-13）。

表 4-13 证券公司私募子公司私募基金直接出资者分类占比趋势 （单位：%）

类型	2020年末	2021年末	2022年末
银行自有	1.17	1.08	0.99
银行理财	1.86	1.63	1.21
信托计划	4.56	3.65	2.13
私募基金	26.35	24.99	23.78
居民	4.07	4.70	4.66
企业（不含银行）	57.71	56.47	57.96
其他	4.27	7.47	9.28

资料来源：中国证券投资基金业协会。

四、资产配置情况

从产品投向来看，证券公司私募子公司私募基金主要投向未上市股权资产，2022年现金类资产占比增加2.41个百分点。截至2022年末，证券公司私募子公司私募基金投向股类资产3 460.60亿元，占投资总规模的59.86%；投向各类资管计划1 053.91亿元，占比18.23%；投向现金类资产719.16亿元，占比12.44%；投向债类资产376.84亿元，占比为6.52%（见图4-81、表4-14）。

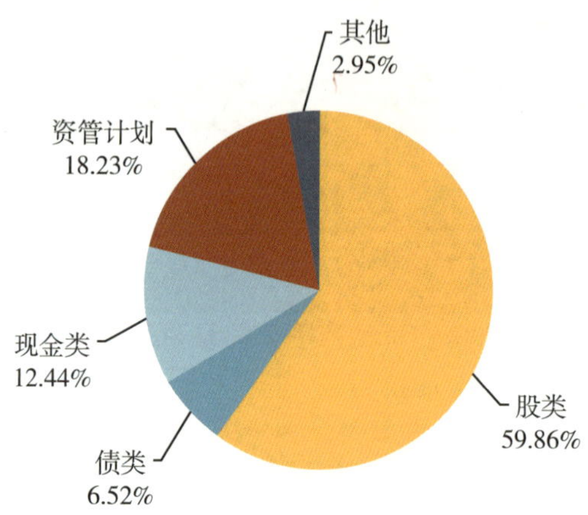

图 4-81　2022 年末证券公司私募子公司私募基金资产分布

资料来源：中国证券投资基金业协会。

表 4-14　证券公司私募子公司私募基金各类资产占比趋势　（单位：%）

资产类别	2020年末	2021年末	2022年末
股类	60.44	63.11	59.86
债类	9.70	6.81	6.52
现金类	10.17	10.03	12.44
资管计划	16.42	17.22	18.23
其他	3.27	2.83	2.95

资料来源：中国证券投资基金业协会。

五、集中度情况

从年内各月末平均管理规模来看，行业居首的机构管理规模占行业总规模的24.04%，行业前10的机构管理66.60%的规模，行业前20的机构管理85.20%的规模（见表4-15）。

表 4-15　　2022 年证券公司私募子公司私募基金平均管理规模前 20

序号	机构名称	2022年平均管理规模（亿元）	占行业比例（%）	累计占比（%）
1	中金资本运营有限公司	1 367.86	24.04	24.04
2	金石投资有限公司	439.74	7.73	31.77
3	华泰紫金投资有限责任公司	428.94	7.54	39.31
4	国泰君安创新投资有限公司	376.27	6.61	45.92
5	信风投资管理有限公司	226.71	3.98	49.91
6	中金私募股权投资管理有限公司	194.99	3.43	53.34
7	海通开元投资有限公司	192.63	3.39	56.72
8	中信建投资本管理有限公司	191.50	3.37	60.09
9	光大发展投资有限公司	187.93	3.30	63.39
10	招商致远资本投资有限公司	182.80	3.21	66.60
11	东吴创业投资有限公司	173.32	3.05	69.65
12	广发信德投资管理有限公司	154.16	2.71	72.36
13	上海东方证券资本投资有限公司	127.42	2.24	74.60
14	华安嘉业投资管理有限公司	121.03	2.13	76.73
15	金城资本管理有限公司	115.94	2.04	78.76
16	中银国际投资有限责任公司	91.56	1.61	80.37
17	恒泰资本投资有限责任公司	86.23	1.52	81.89
18	国海创新资本投资管理有限公司	71.94	1.26	83.15
19	方正和生投资有限责任公司	58.30	1.02	84.18
20	兴证创新资本管理有限公司	58.09	1.02	85.20

资料来源：中国证券投资基金业协会。

第六节　期货公司私募资产管理业务

一、产品发行情况

2022年，期货公司及其资管子公司备案私募资管产品858只，备案规模184.41亿元，同比分别下降17.02%与50.06%。其中，集合资管计划备案数量528只，同比下降20.84%，备案规模123.64亿元，同比下降55.71%，平均单只备案规模0.23亿元/只，同比下降44.06%；单一资管计划备案数量330只，同比下降10.08%，备案规模60.76亿元，同比下降32.51%，平均单只备案规模0.18亿元/只，同比下降24.94%。相关资料见图4-82。

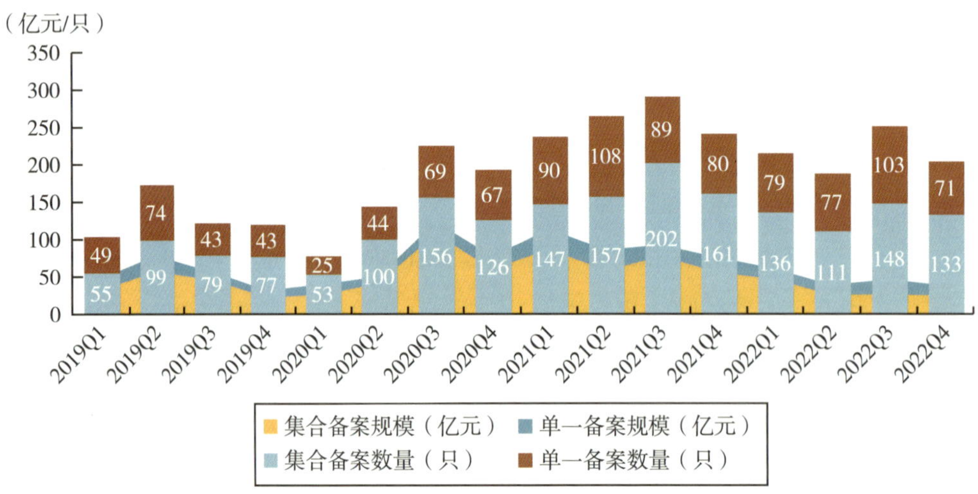

图 4-82　期货公司及其资管子公司私募资管产品备案趋势（按产品类型）

资料来源：中国证券投资基金业协会。

2022年，资金避险需求增长，固定收益类产品新备案产品数量与规模居首位，期货公司及其资管子公司发挥资源优势，新备商品及金融衍生品类产品数量与规模仅次于固定收益类产品。全年备案固定收益类产品357只，备案规模65.71亿元，备案数量同比增长7.21%而备案规模下降14.78%；商品及金融衍生品类产品备案255只，备案规模58.79亿元，同比分别下降17.74%与

29.78%；混合类产品204只，备案规模52.75亿元，同比分别下降40.18%与71.71%；权益类产品备案42只，备案规模7.16亿元，同比分别下降16.00%与67.35%。

相关资料见图4-83至图4-86。

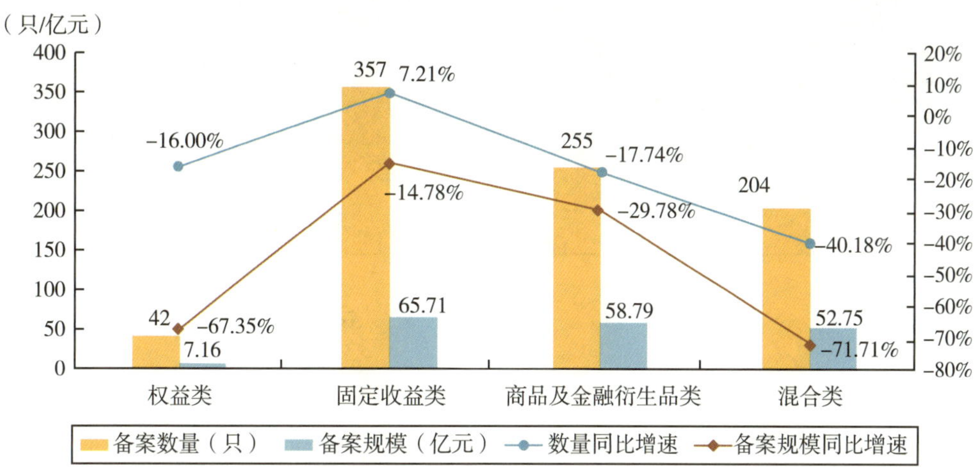

图4-83　2022年期货公司及其资管子公司各投资类型产品备案情况

资料来源：中国证券投资基金业协会。

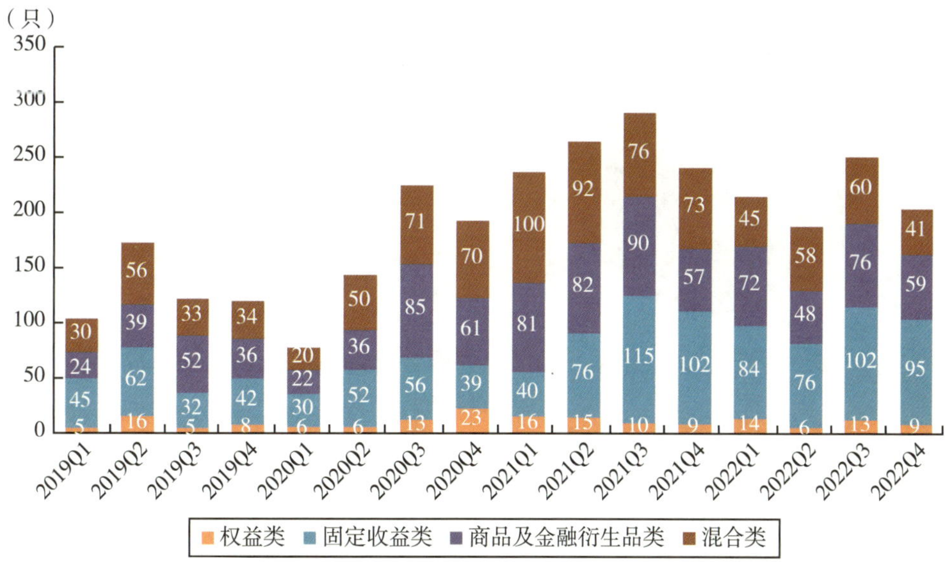

图4-84　期货公司及其资管子公司各投资类型产品备案数量

资料来源：中国证券投资基金业协会。

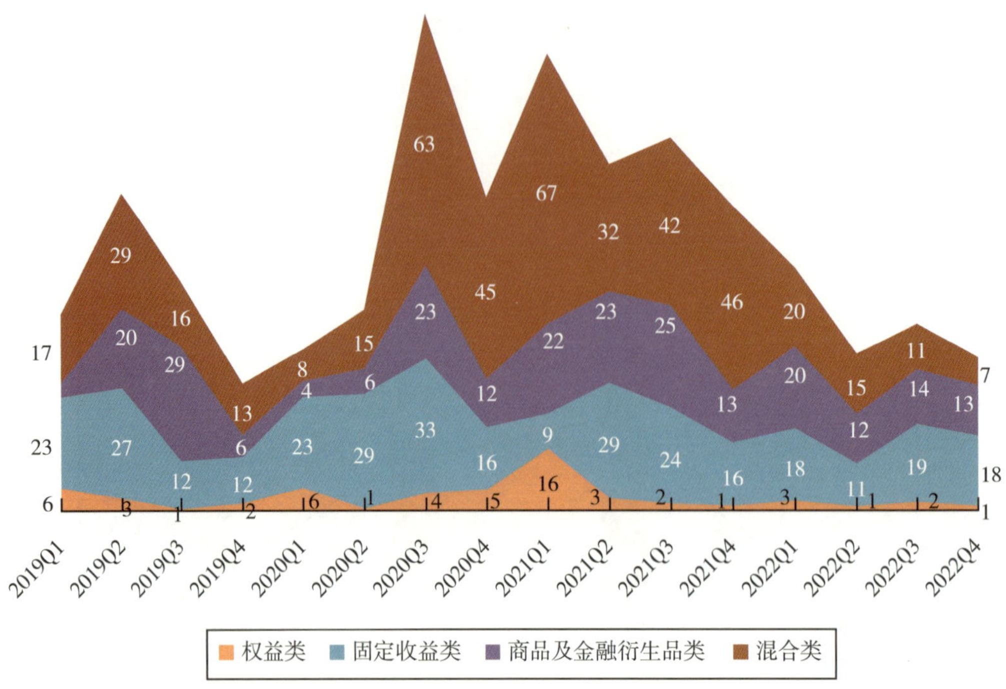

图 4-85　期货公司及其资管子公司各投资类型产品备案规模（亿元）

资料来源：中国证券投资基金业协会。

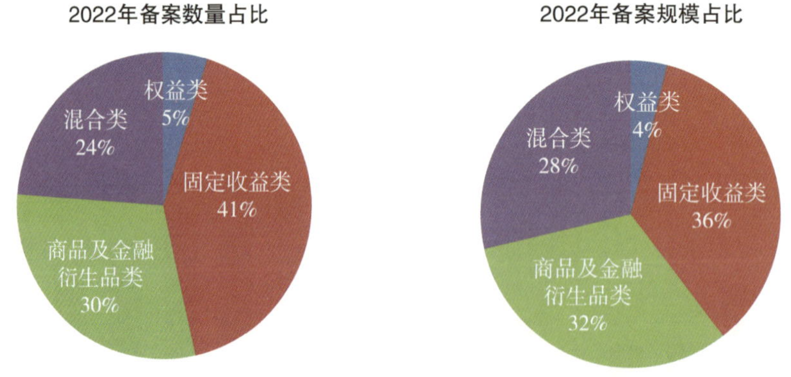

图 4-86　2022 年期货公司及其资管子公司各投资类型产品备案数量与备案规模占比

资料来源：中国证券投资基金业协会。

二、产品存续情况

截至2022年末，115家期货公司及其资管子公司开展私募资产管理业务，存续产品2 023只，管理资产规模3 147.06亿元，同比减少402.04亿元，下降11.33%。2022年，期货公司及其资管子公司集合资产管理业务规模小幅下降，占比继续提升，截至年末存续1 462只，管理资产2 536.76亿元，占比80.61%，比上年提升3.87个百分点，规模同比减少186.88亿元，下降6.86%；单一资产管理业务规模大幅下降，截至年末存续561只，管理资产规模610.30亿元，同比减少215.15亿元，下降26.06%（见图4–87）。

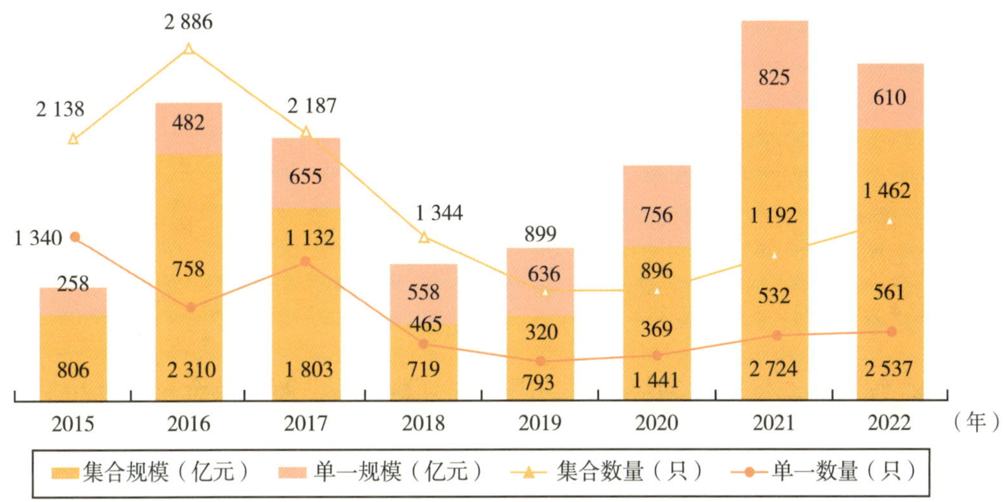

图 4–87　期货公司及其资管子公司私募资产管理产品存续数量与规模

资料来源：中国证券投资基金业协会。

期货公司及其资管子公司私募资管存续产品投资类型中，除权益类产品存量较小外，其他类型产品数量分布均衡；存续规模中，固定收益类产品占绝对优势，混合类产品次之，商品及金融衍生品类产品居第三位。截至2022年末，权益类产品存续105只，规模122.01亿元，同比分别增长12.90%与下降0.10%；固定收益类产品存续610只，规模1 983.52亿元，同比分别增长29.24%与8.91%；商品及金融衍生品类产品存续641只，规模347.81亿元，同比大幅增长17.83%与下降27.73%；混合类产品存续667只，规模693.72亿元，同比分别增长8.46%与下降38.31%（见图4–88）。

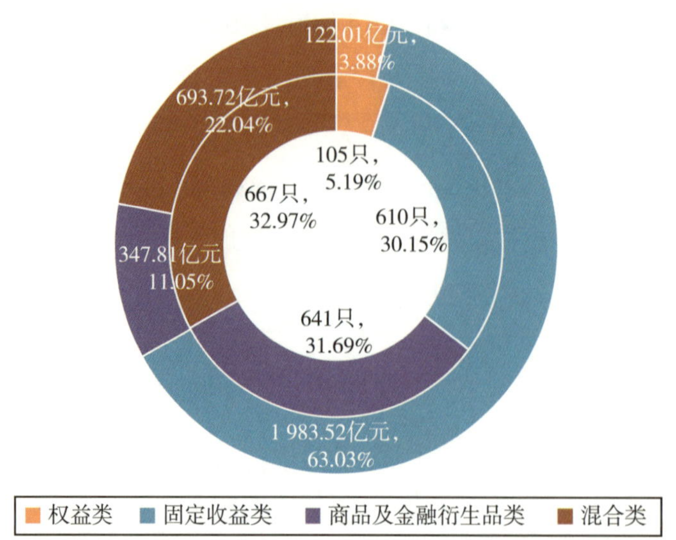

图 4-88　2022 年末期货公司及其资管子公司私募资管产品数量与规模的投资类型分布

资料来源：中国证券投资基金业协会。

从存续产品季度变化趋势来看，固定收益类产品、商品及金融衍生品类产品、混合类产品数量均于2021年下半年开始稳步增长，2022年，股票市场震荡下行，预期转弱，权益类产品、商品及金融衍生品类产品及混合类产品规模均随季度缩减，前三季度固定收益类产品规模明显增长，受11月债市异常波动影响，四季度固定收益类产品规模大幅下降（见图4-89、图4-90）。

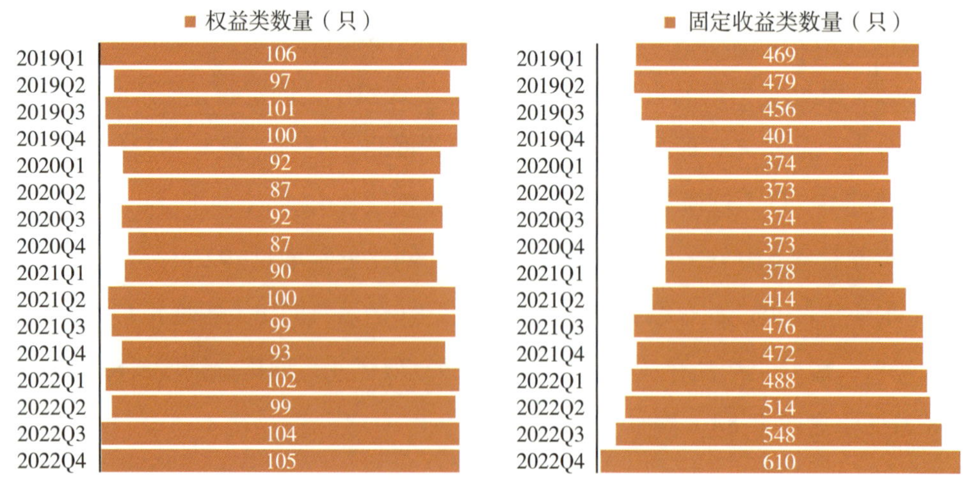

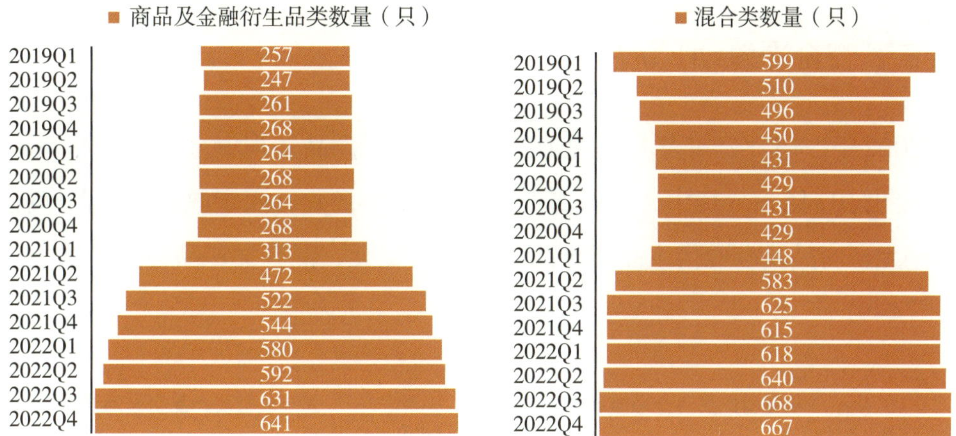

图 4–89　期货公司及其资管子公司各类型私募资管产品数量情况

资料来源：中国证券投资基金业协会。

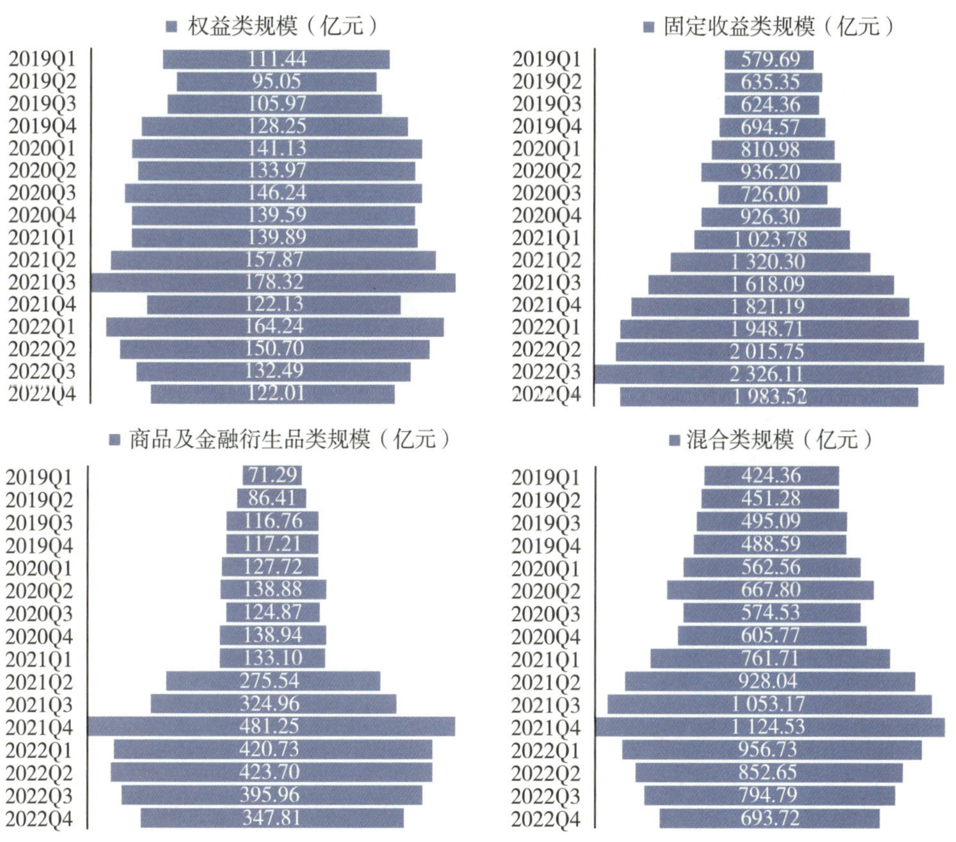

图 4–90　期货公司及其资管子公司各类型私募资管产品规模情况

资料来源：中国证券投资基金业协会。

三、资金净流动（认/申赎）情况

2022年，期货公司及其资管子公司私募资管产品呈现资金净流出状态，全年净流出107亿元。其中，权益类产品净流出89亿元，固定收益类产品净流入243亿元，商品及金融衍生品类产品净流入14亿元，混合类产品净流出275亿元（见图4-91）。

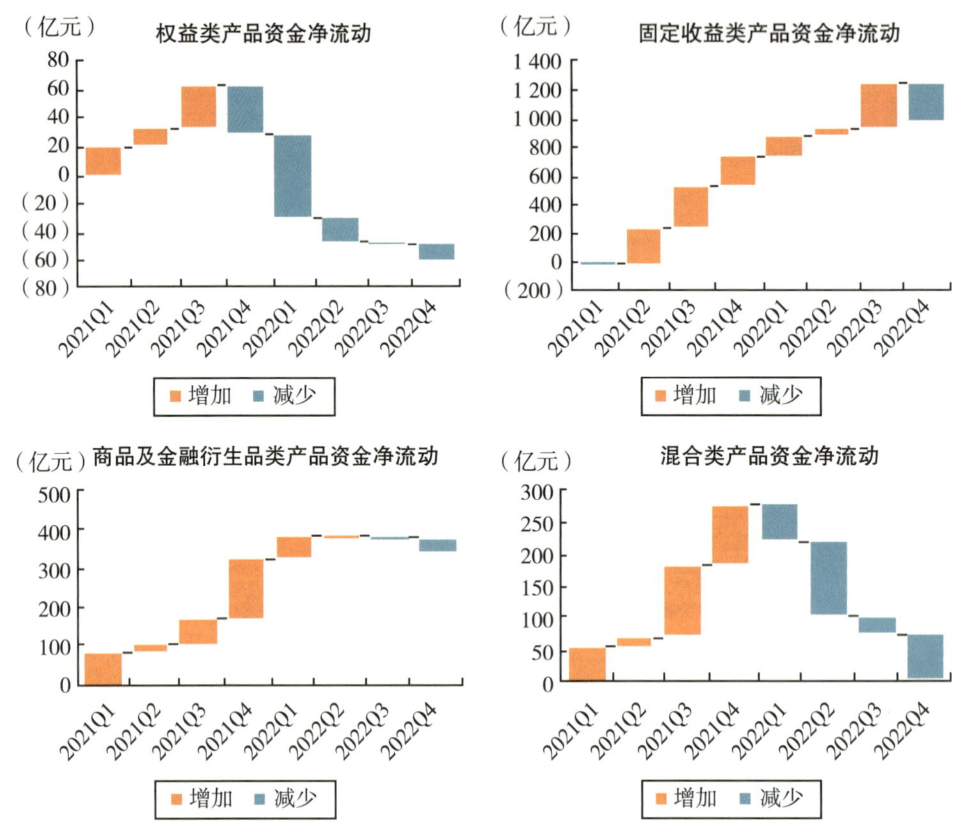

图 4-91 期货公司及其资管子公司各类型私募资管产品资金流动情况

资料来源：中国证券投资基金业协会。

从投资者端换手率情况来看，由于股票市场波动引起投资者申赎量的增加，权益类产品一季度换手率突增，混合类产品换手率较2021年出现明显增长（见表4-16）。

表 4-16　期货公司及其资管子公司私募资管产品季度换手率　（单位：%）

时间	权益类	固定收益类	商品及金融衍生品	混合类	合计
2021Q1	14.71	27.24	123.31	30.52	34.25
2021Q2	25.11	71.44	76.30	46.94	60.22
2021Q3	55.32	72.48	39.86	31.16	54.17
2021Q4	38.30	71.34	63.43	54.61	63.50
2022Q1	126.94	66.92	43.87	72.92	68.18
2022Q2	47.06	71.07	42.01	68.93	65.88
2022Q3	77.21	78.23	26.48	55.27	66.87
2022Q4	57.96	91.04	43.29	55.74	76.84

资料来源：中国证券投资基金业协会。

四、资金来源（投资者出资）情况

2022年，期货公司及其资管子公司私募资管产品居民出资、非银行理财类产品出资、银行自有资金占比上升，而银行理财出资、企业（不含银行）出资占比下降。截至年末，各类产品出资占68.81%，同比下降1.05个百分点，其中银行理财出资占50.02%，同比下降3.77个百分点，非银行理财类产品出资占18.79%，同比上升2.72个百分点；企业出资占15.56%，与上年基本持平，其中银行自有资金占比同比上升0.63个百分点，企业（不含银行）出资占比下降1.18个百分点；居民出资占15.46%，同比增加1.02个百分点（见图4-92）。

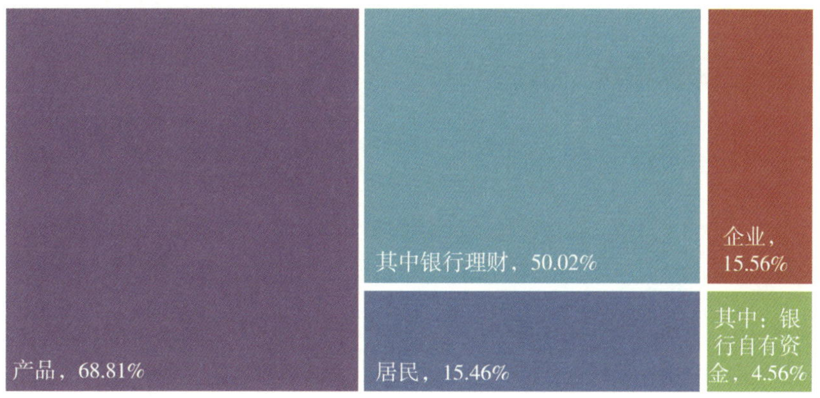

图 4-92　2022 年末期货公司及其资管子公司私募资管产品直接出资者大类分布

资料来源：中国证券投资基金业协会。

从直接出资者属性来看，期货公司及其资管子公司私募资管产品来源于金融机构及其理财产品的资金比例合计76.27%，其中银行资金占比54.58%，私募基金资金占比8.29%，信托资金占比10.07%，证券基金期货机构及其产品资金占比3.33%；非金融类资金占比23.73%，其中居民资金占比15.46%，企业资金占比8.10%，其余为社会基金及境外资金等其他资金（见表4-17）。

表 4-17　期货公司及其资管子公司私募资管产品直接出资者分类占比趋势

（单位：%）

类型	2020年末	2021年末	2022年末
银行理财	39.07	53.79	50.02
居民	14.85	14.44	15.46
信托计划	7.57	6.43	9.43
私募基金	10.38	9.00	8.29
企业（不含银行）	18.34	9.28	8.10
银行自有	3.96	3.93	4.56
证券公司	3.49	1.99	2.26
私募资管	2.16	0.63	1.06
信托公司	0.05	0.38	0.64
其他	0.13	0.12	0.17

资料来源：中国证券投资基金业协会。

五、资产配置情况

从产品投向来看，期货公司及其资管子公司私募资管计划主要投向债券与现金类资产。截至2022年末，期货公司及其资管子公司私募资管计划投向债类（含同业存单）的规模为2 238.40亿元，占投资总规模的61.07%，投资规模同比增长8.80%，占比提升9.33个百分点；投向现金类资产规模为372.63亿元，占比10.17%，投资规模同比增长25.15%，占比提升2.68个百分点（见图4-93及表4-18）。

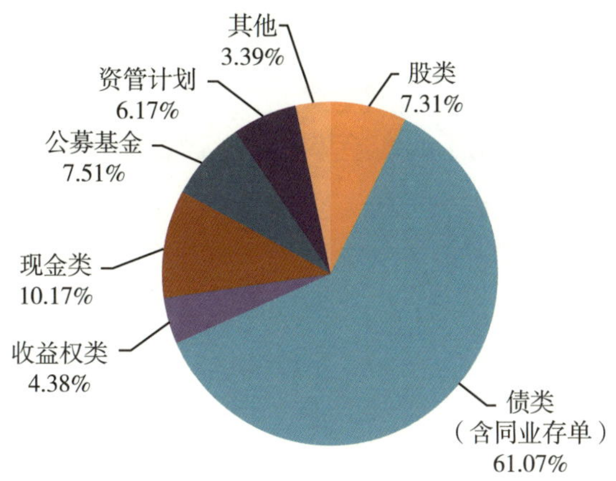

图 4-93　2022 年末期货公司及其资管子公司私募资管产品资产分布

资料来源：中国证券投资基金业协会。

表 4-18　　期货公司及其资管子公司私募资管各类资产占比趋势　　（单位：%）

资产类别	2020 年末	2021 年末	2022 年末
股类	11.79	10.53	7.31
债类（含同业存单）	45.40	51.74	61.07
收益权类	5.59	5.18	4.38
现金类	7.32	7.49	10.17
公募基金	16.47	15.24	7.51
资管计划	9.96	6.83	6.17
其他	3.47	2.99	3.39

资料来源：中国证券投资基金业协会。

六、集中度情况

2022年期货公司及其资管子公司私募资管业务集中趋势增强，行业排位第一的机构规模占行业总规模比例超三成，管理规模同比增长65.34%，其与排第二位的机构规模差距进一步拉大；排位前10%的其他头部机构呈现分散化趋势，第二大管理规模与前10%规模下限距离扩大。近3年，行业规模较低的80%的机构管理规模合计占比下降4.24个百分点至13.42%，尾部效应进一步增强。按管理规模从小到大机构数量行业占比与对应累计管理规模行业占比描画曲线，曲线越弯曲向横轴，行业规模分布越不平衡，头尾差距越大。对比2022年12月曲线较2020年1月更向下弯曲，可见不均衡趋势有所增强（见图4-94）。

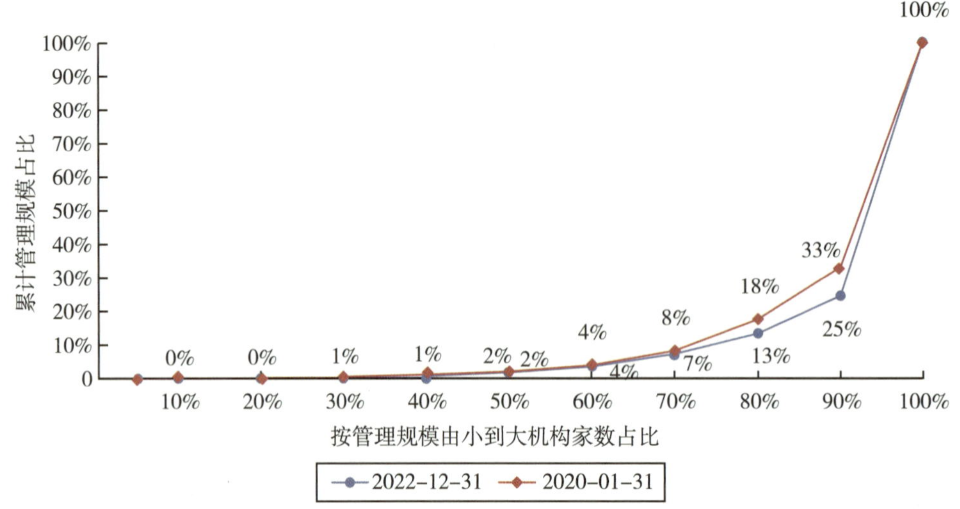

图 4-94　期货公司及其资管子公司私募资管行业“洛伦兹曲线”

资料来源：中国证券投资基金业协会。

从行业分布动态趋势来看，头部机构发展明显快于大部分小规模机构，2022年行业平均管理规模前20管理规模合计同比增长28.00%，而其余机构管理规模合计同比增长3.98%（见图4-95）。

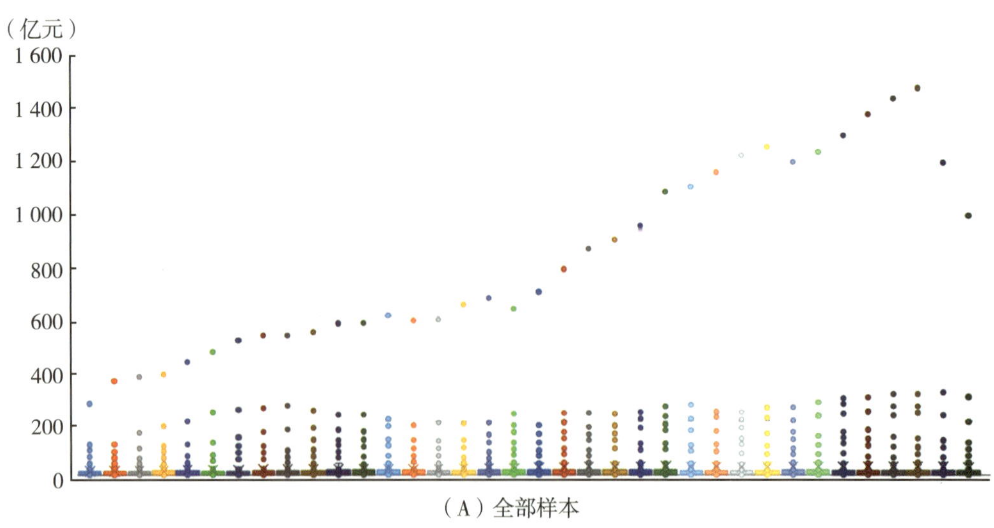

（A）全部样本

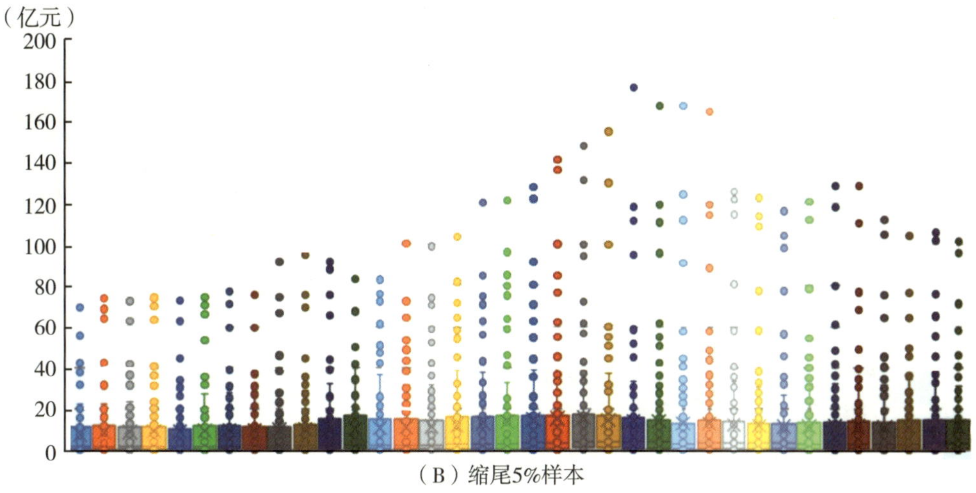

（B）缩尾5%样本

图 4–95　期货公司及其资管子公司私募资管产品规模分布箱形图
（2020 年 1 月—2022 年 12 月）

注：箱形图最高点为最大值，箱体上方小横线表示排名前10%机构管理规模下限，"×"表示平均值，箱体上端线表示3/4分位数，箱体下端线表示1/4分位数，箱体中横线表示中位数，箱体下方最低点为最小值。

资料来源：中国证券投资基金业协会。

从年内各月末平均管理规模来看，行业前10的机构管理75.56%的规模，行业前20的机构管理86.21%的规模（见表4–19）。

表 4–19　2022 年期货公司及其资管子公司私募资管月均管理规模前 20 名

序号	机构名称	2022年月均管理规模（亿元）	占行业比例（%）	累计占比（%）
1	中信期货有限公司	1 224.16	34.87	34.87
2	中信建投期货有限公司	271.05	7.72	42.60
3	弘业期货股份有限公司	242.36	6.90	49.50
4	国泰君安期货有限公司	219.14	6.24	55.74
5	光大期货有限公司	147.09	4.19	59.93
6	海通期货股份有限公司	143.67	4.09	64.03
7	上海东证期货有限公司	135.31	3.85	67.88
8	兴业期货有限公司	114.16	3.25	71.13
9	建信期货有限责任公司	79.21	2.26	73.39
10	方正中期期货有限公司	76.06	2.17	75.56
11	五矿期货有限公司	61.17	1.74	77.30

续表

序号	机构名称	2022年月均管理规模（亿元）	占行业比例（%）	累计占比（%）
12	中原期货股份有限公司	43.19	1.23	78.53
13	广发期货有限公司	39.07	1.11	79.64
14	中粮期货有限公司	37.43	1.07	80.71
15	银河期货有限公司	36.48	1.04	81.75
16	中融汇信期货有限公司	33.69	0.96	82.71
17	上海东亚期货有限公司	33.45	0.95	83.66
18	瑞达期货股份有限公司	32.32	0.92	84.58
19	浙商期货有限公司	30.37	0.87	85.45
20	申银万国期货有限公司	26.65	0.76	86.21

资料来源：中国证券投资基金业协会。

第七节　资产证券化业务

一、企业资产支持证券化产品备案总体情况

截至2022年末，累计共有151家机构备案确认6 823只企业资产证券化产品，累计备案规模7.9万亿元。2022年备案产品1 161只，备案规模1.16万亿元；截至年末，存续产品共2 200只，存续规模1.95万亿元（见图4–96）。

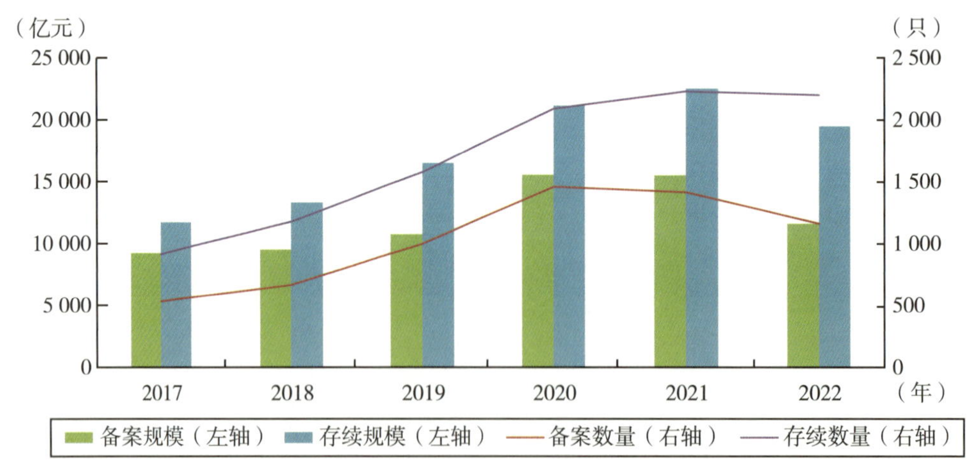

图 4–96　年度备案数量、规模及年末存续数量、规模趋势

资料来源：中国证券投资基金业协会。

二、企业资产证券化产品管理人情况

截至2022年末，122家机构管理企业资产证券化产品，其中证券公司及其资管子公司共85家、基金子公司35家、信托公司2家，证券公司及其资管子公司为发行机构主力（见表4-20）。

表 4-20　2022 年备案及年末存续数量、规模（按管理人类型）

管理人类型	开展业务机构数量（家）	2022年备案数量（只）	2022年备案规模（亿元）	年末存续产品数量（只）	年末存续规模（亿元）
证券公司及其资管子公司	85	1 099	11 120.48	1 961	17 948.04
基金子公司	35	62	468.10	234	1 514.49
信托公司	2	0	0	5	17.98
合计	122	1 161	11 588.58	2 200	19 480.51

注：开展业务机构指截至2022年末存续产品管理规模非零机构。

资料来源：中国证券投资基金业协会。

从2022年月均管理规模来看，中信、华泰资管、平安、中金、国泰君安资管5家机构排名前五（见表4-21）。

表 4-21　2022 年管理人月均管理资产证券化产品规模前 20名

序号	管理人名称	2022年月均管理规模（亿元）	占行业比例（%）	累计占比（%）
1	中信证券股份有限公司	2 470.33	11.99	11.99
2	华泰证券（上海）资产管理有限公司	1 746.63	8.48	20.47
3	平安证券股份有限公司	1 675.84	8.13	28.60
4	中国国际金融股份有限公司	1 599.68	7.76	36.37
5	上海国泰君安证券资产管理有限公司	1 319.07	6.40	42.77
6	中信建投证券股份有限公司	1 249.13	6.06	48.83
7	信达证券股份有限公司	709.05	3.44	52.28
8	招商证券资产管理有限公司	590.51	2.87	55.14

续表

序号	管理人名称	2022年月均管理规模（亿元）	占行业比例（%）	累计占比（%）
9	天风（上海）证券资产管理有限公司	505.65	2.45	57.60
10	华西证券股份有限公司	377.64	1.83	59.43
11	申万宏源证券有限公司	377.51	1.83	61.26
12	中银国际证券股份有限公司	363.02	1.76	63.03
13	国信证券股份有限公司	310.34	1.51	64.53
14	上海海通证券资产管理有限公司	307.06	1.49	66.02
15	深圳平安汇通投资管理有限公司	304.24	1.48	67.50
16	国联证券股份有限公司	290.84	1.41	68.91
17	兴证证券资产管理有限公司	272.08	1.32	70.23
18	上海光大证券资产管理有限公司	266.53	1.29	71.52
19	中山证券有限责任公司	253.73	1.23	72.76
20	前海开源资产管理有限公司	223.87	1.09	73.84

资料来源：中国证券投资基金业协会。

三、基础资产类型

按照基础资产一级分类，截至2022年末，债权类产品存续1 839只，占比83.59%，存续规模15 499.07亿元，占比79.56%；未来经营性收入类产品存续232只，占比10.55%，存续规模1 602.28亿元，占比8.23%；REITs类产品存续108只，占比4.91%，存续规模2 338.96亿元，占比12.01%；其他类产品存续21只，占比0.95%，存续规模40.21亿元，占比0.21%。

从基础资产二级分类来看，截至2022年末，应收账款类产品存续规模4 989.44亿元，占总存续规模的25.61%；商业不动产抵押贷款（CMBS）类产品存续规模3 953.62亿元，占20.30%；融资租赁类产品存续规模2 634.22亿元，占13.52%；小额贷款类产品存续规模2 354.18亿元，占12.08%；不动产持有型ABS产品存续规模1 555.40亿元，占7.98%；基础设施类收费产品存续规模894.30亿元，占4.59%；基础设施公募REITSs产品存续规模783.56亿元，占4.02%；其余类别合计2 315.80亿元，占11.89%（见图4-97）。

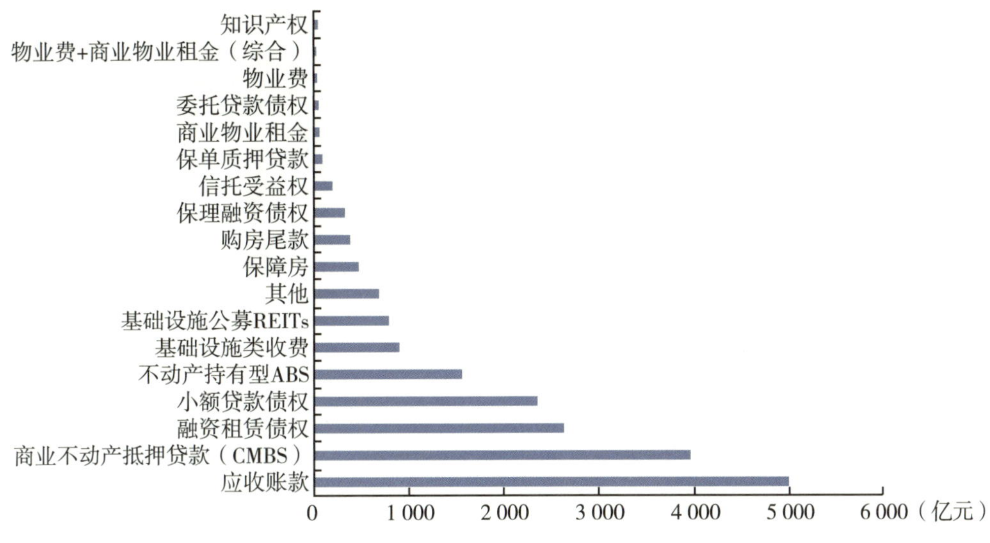

图 4-97 基础资产二级分类存续规模分布情况

资料来源：中国证券投资基金业协会。

四、2022年备案情况

2022年，企业资产证券化产品共备案确认1 161只，新增备案规模11 588.58亿元。按基础资产一级分类，债权类产品共备案1 072只，占比92.33%，备案规模10 241.56亿元，占比88.38%；REITs类产品共备案38只，占比3.27%，备案规模959.22亿元，占比8.28%；未来经营性收入类产品共备案37只，占比3.19%，备案规模355.12亿元，占比3.06%；其他类产品共备案14只，占比1.21%，备案规模32.68亿元，占比0.28%。

按基础资产二级分类来看，企业应收账款类产品备案规模占首位，2022年共备案3 967.23亿元，占当年新增备案规模的34.23%；融资租赁类产品备案2 452.23亿元，占21.16%；小额贷款类产品备案1 982.80亿元，17.11%；商业不动产抵押贷款（CMBS）产品备案1 014.30亿元，占8.75%；不动产持有型ABS产品备案539.77亿元，占4.66%；基础设施公募REITs产品备案419.45亿元，占

3.62%；其他类别产品合计备案1 212.80亿元，占10.47%。相关资料见图4-98、图4-99。

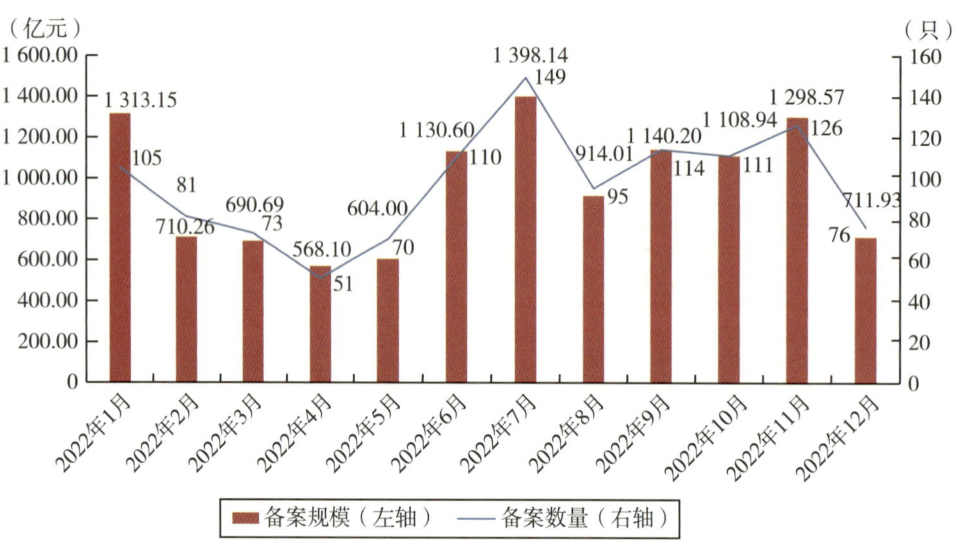

图 4-98　2022 年 1-12 月备案产品数量及规模情况

资料来源：中国证券投资基金业协会。

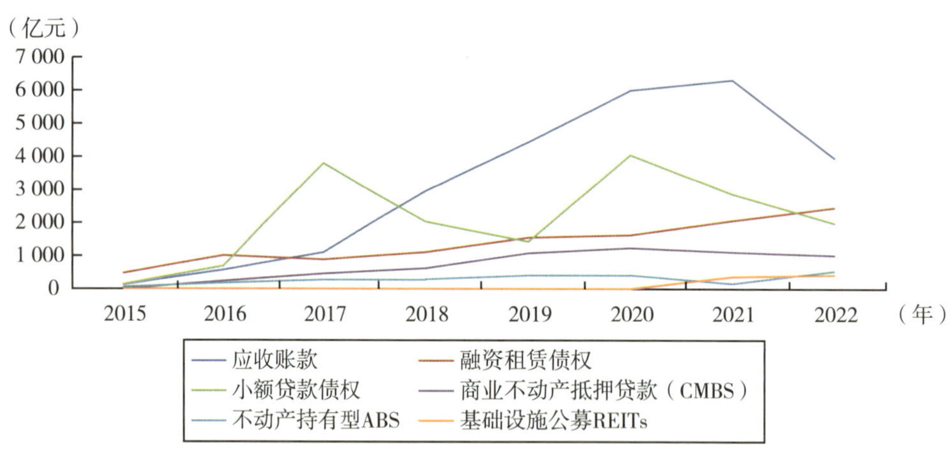

图 4-99　2022 年新增备案规模前六的产品历年备案情况

资料来源：中国证券投资基金业协会。

第五章

私募投资基金

2022年，新备案私募基金34 367只，基金规模7 054.37亿元。截至2022年末，备案私募基金145 020只，较2021年末在管私募基金增加20 922只，同比增长16.86%；管理基金规模20.28万亿元[①]，较2021年末增加112.70亿元，同比增长0.06%。

第一节　私募证券投资基金

一、私募证券投资基金基本情况

（一）自主发行类私募证券投资基金基本情况分析

1.私募证券投资基金数量及规模趋势变化

截至2022年末，自主发行且正在运作的私募证券投资基金88 721只，规模合计为5.04万亿元，平均单只基金的规模为5 678.08万元（见图5-1及图5-2）。

2022年当年，协会备案自主发行的私募证券投资基金24 989只，新备案基金初始规模1 914.06亿元，分别占当年新备案基金总数的72.71%和27.13%。

自主发行产品中有141只基金涉及跨境投资，规模为248.63亿元，分别占所有自主发行类私募证券投资基金数量和规模的0.16%和0.49%。

① 本报告提到年底相关规模数据均已根据当年第4季度季报进行更新。

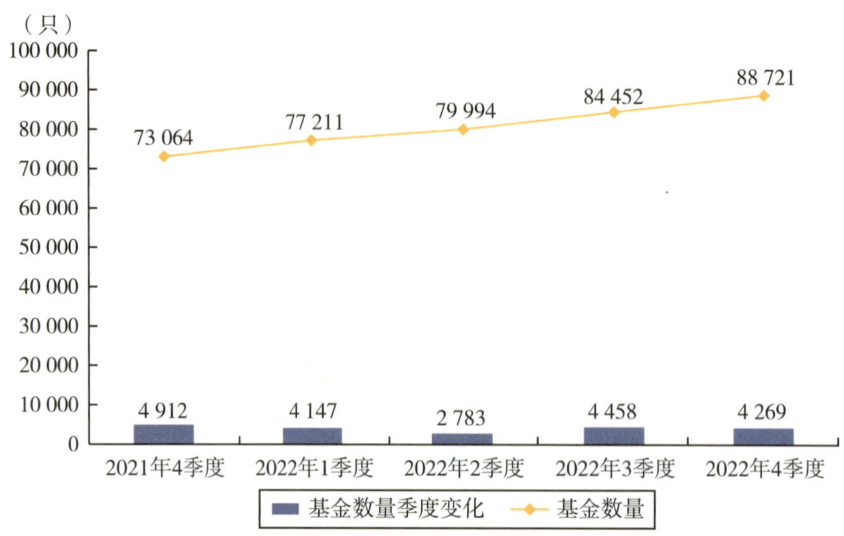

图 5-1　私募证券投资基金数量变化

资料来源：中国证券投资基金业协会。

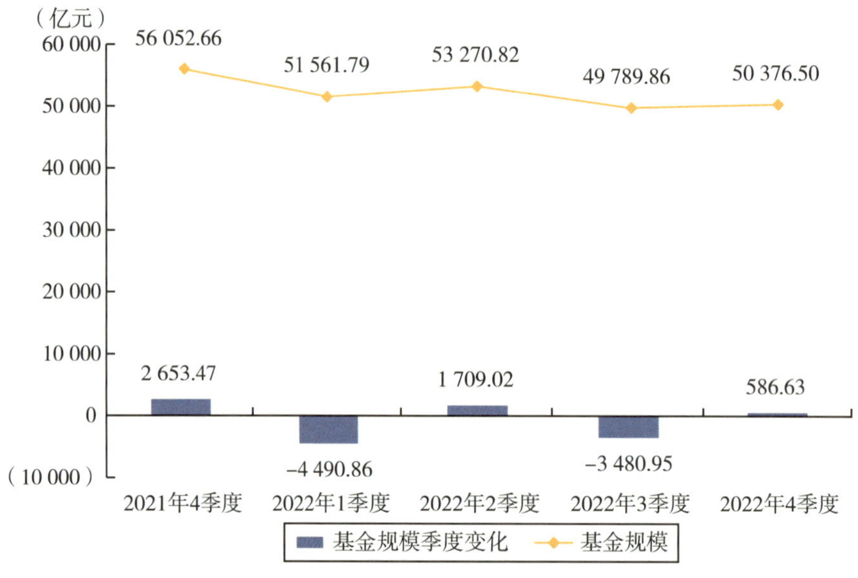

图 5-2　私募证券投资基金规模变化

资料来源：中国证券投资基金业协会。

2. 私募证券投资基金按规模分布情况

截至2022年末，私募证券投资基金“基金数量多，平均规模小；小型基金数量占比高，大型基金数量占比低”的现象依然突出，其中，5亿元规模以下的基金数量占比较2021年小幅增高，5亿元规模以上的基金数量占比较2021年小幅下降；

0.1亿~0.5亿元基金规模占比较2021年增长2.98%，0.5亿~1亿元基金规模占比较2021年增长2.67%，20亿元以上基金规模占比下降3.76%（见图5-3，图5-4）。

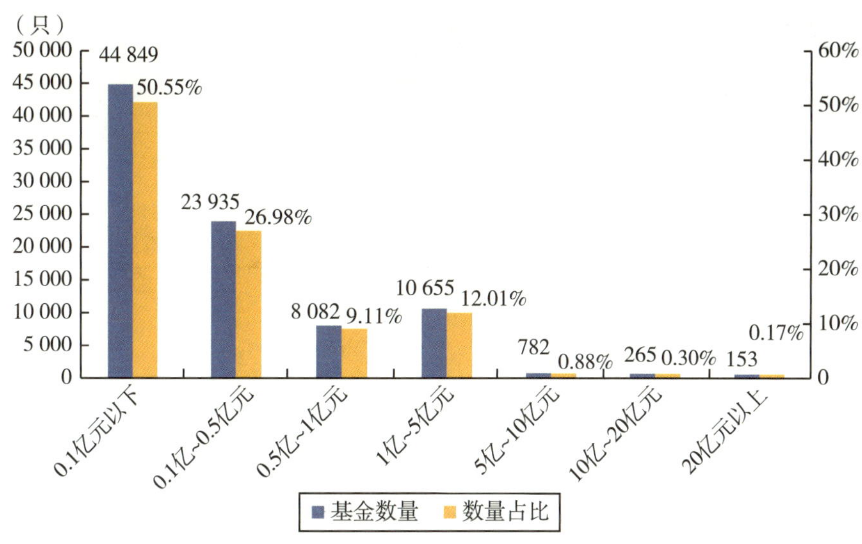

图 5-3　私募证券投资基金数量分布情况

资料来源：中国证券投资基金业协会。

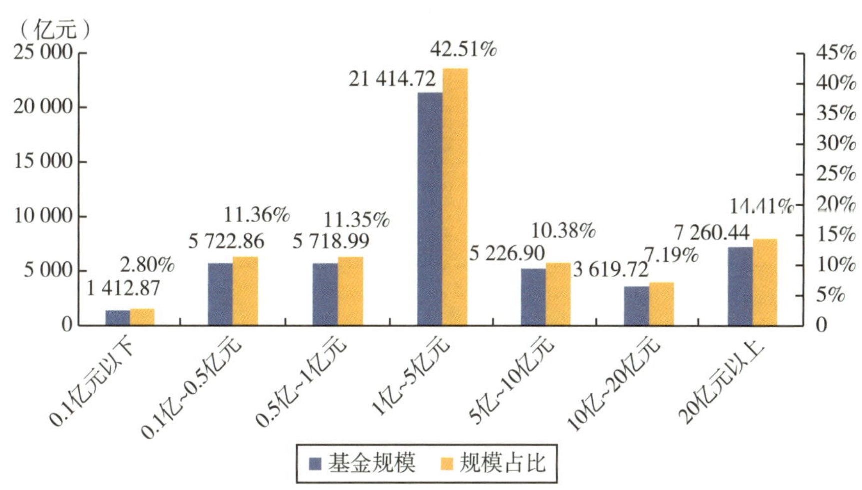

图 5-4　私募证券投资基金规模分布情况

资料来源：中国证券投资基金业协会。

3.私募证券投资产品类型分布情况①

截至2022年末，从产品类型来看，股票类基金和混合类基金是私募证券投资

① 此节所统计的各类型基金中不包含FOF类基金，有关私募证券类FOF基金的情况详见后文。

基金（不含FOF类）中最主要的组成部分（见图5-5、图5-6）。

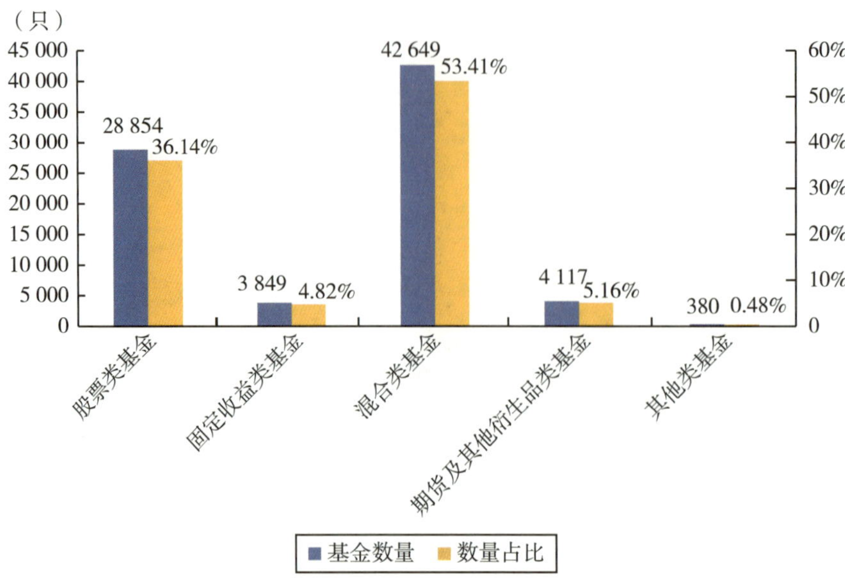

图 5-5　私募证券投资基金数量分布情况（按产品类型）

资料来源：中国证券投资基金业协会。

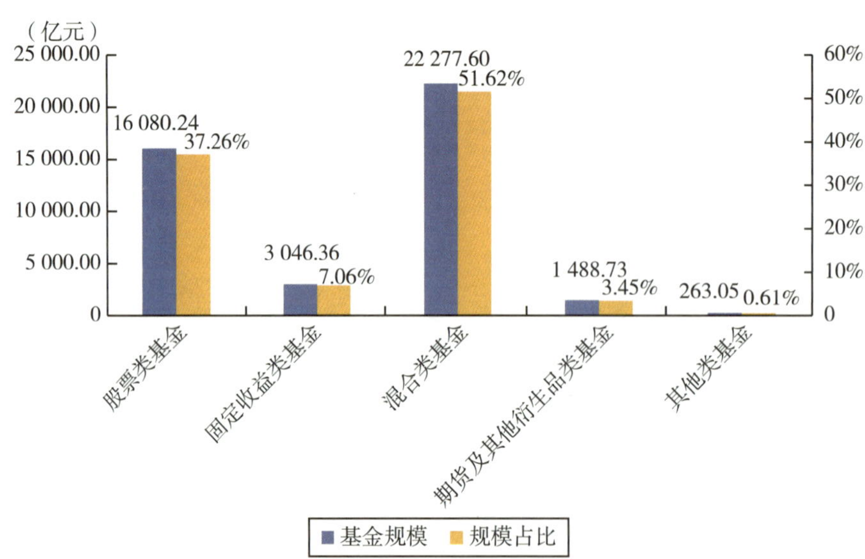

图 5-6　私募证券投资基金规模分布情况（按产品类型）

资料来源：中国证券投资基金业协会。

从不同产品类型的私募证券投资基金（不含FOF类）平均规模来看，单只固定收益类基金平均规模高达0.79亿元，高于其他类型基金；期货及其他衍生品类基金单只平均规模0.36亿元。2022年不同类型基金的平均规模区间较2021年小幅收窄（见图5-7）。

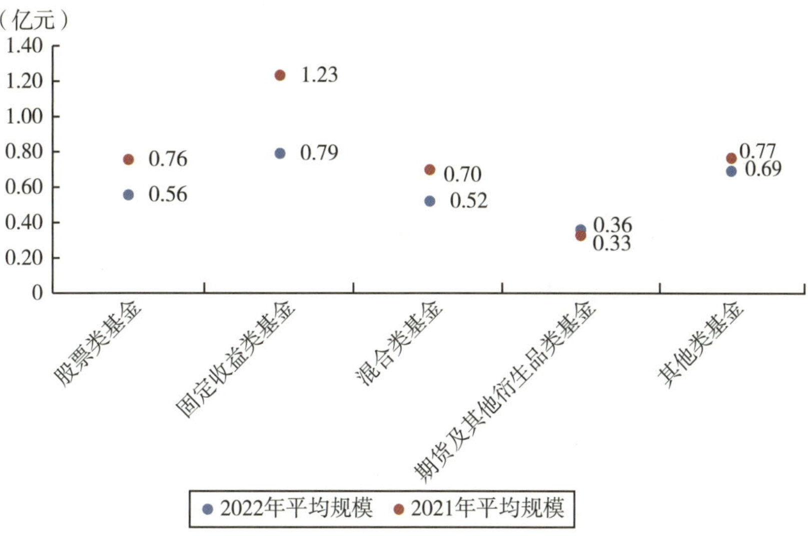

图5-7　不同产品类型私募证券投资基金的平均规模情况

资料来源：中国证券投资基金业协会。

4.私募证券投资基金组织形式分布情况

截至2022年末，从基金组织形式分布情况来看，契约型私募证券投资基金数量和规模上皆占绝对多数，其中，契约型私募证券投资基金规模较2021年增长10.03%，合伙型私募证券投资基金规模较2021年下降18.48%（见图5-8）。

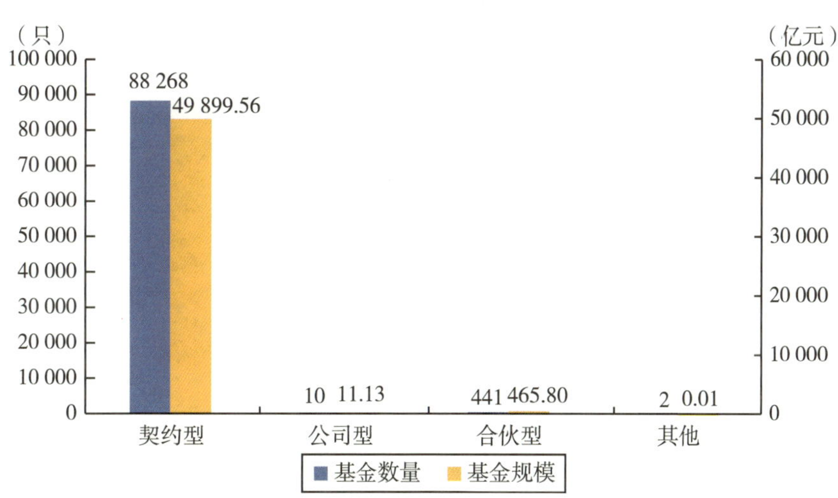

图5-8　私募证券投资基金组织形式分布情况

资料来源：中国证券投资基金业协会。

5. 私募证券投资基金托管情况

大部分私募证券投资基金选择托管服务。截至2022年末，托管的基金只数共87 471只，较2021年增长22.47%；规模4.98万亿元，较2021年下降9.71%（见图5-9）。

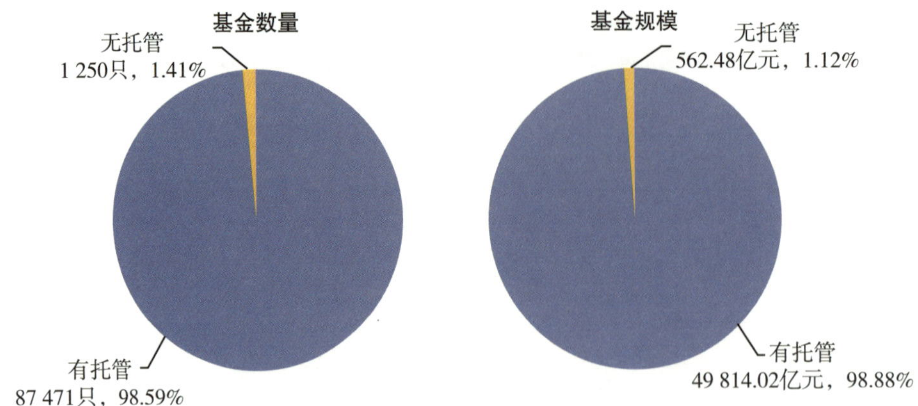

图 5-9　私募证券投资基金数量及规模托管情况

资料来源：中国证券投资基金业协会。

6. 私募证券投资基金外包[①]情况

私募证券投资基金管理人日益注重使用外包服务，有利于在切实实现本机构风险管理和内部控制制度目标的前提下，将优势资源集中于最能反映管理人专业优势的领域。截至2022年末，共有87 574只私募证券投资基金采用外包服务，占私募证券投资基金总数的98.71%，相关基金规模4.88万亿元，占比为96.79%（见图5-10）。

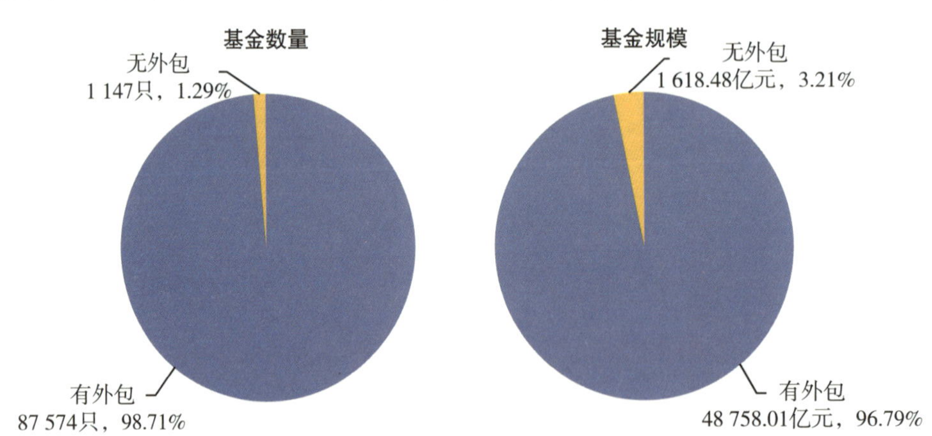

图 5-10　私募证券投资基金服务外包情况

资料来源：中国证券投资基金业协会。

① 根据“资产管理业务综合报送平台”关于基金外包情况的填报说明，私募基金外包服务的类型主要包括份额登记、估值核算、信息技术服务等，同一基金可以选择多种类型外包服务。

从采用的外包服务类型来看，在使用外包服务的私募证券投资基金中，数量达99.71%的基金采用了份额登记服务，99.65%的基金采用了估值核算服务，使用信息技术服务的基金数量占比较2021年增长10.23%（见图5-11）。

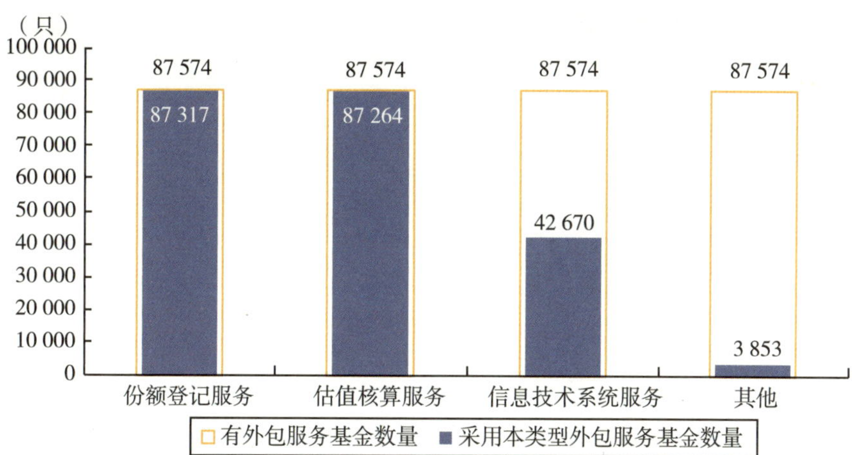

图 5-11　私募证券投资基金外包服务类型分布

资料来源：中国证券投资基金业协会。

7. 证券投资基金投资策略[①]情况

截至2022年末，正在运作的私募证券投资基金中，采用股票策略的基金数量最多（见图5-12）。

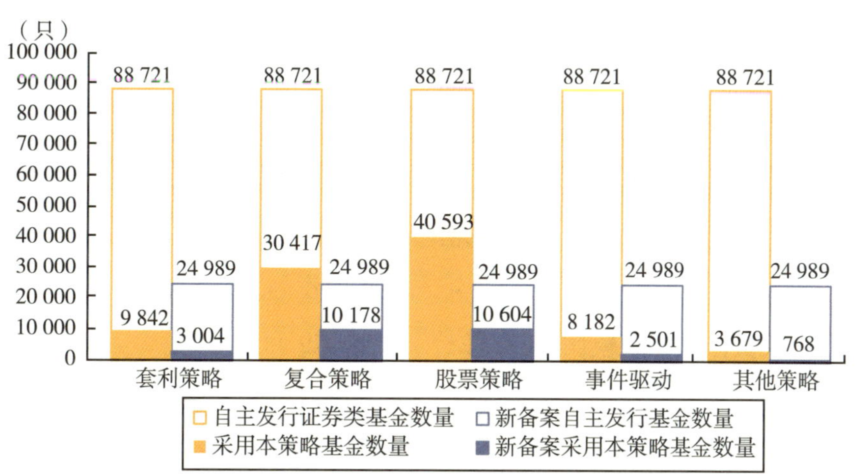

图 5-12　私募证券投资基金投资策略情况

资料来源：中国证券投资基金业协会。

① 根据“资产管理业务综合报送平台”填报规则，私募基金投资策略可以同时选择多种投资策略，也可以不报送投资策略信息。

截至2022年末，正在运作的私募证券投资基金中，共有22 993只基金有使用量化/对冲策略，相关基金规模合计1.31万亿元，分别占自主发行类私募证券投资基金总只数和总规模的25.92%和26.04%。

2022年末量化/对冲策略基金规模较2021年增长4.48%，其中，仅量化策略的基金规模增长73.67%（见图5-13）。

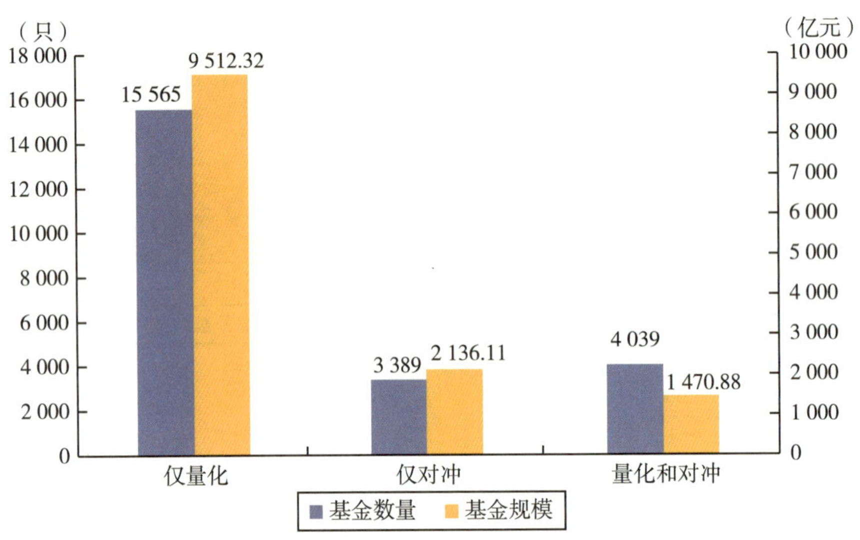

图 5-13　私募证券投资基金量化对冲情况

资料来源：中国证券投资基金业协会。

8.私募证券类FOF情况

截至2022年末，正在运作的私募证券类FOF共有8 871只，规模7 219.76亿元，分别占自主发行类私募证券投资基金总数和总规模的10.00%与14.33%。其中，投向单一资管计划的基金占FOF类基金总数量的50.02%，规模占FOF类基金总规模的54.96%（见图5-14）。2022年末正在运作的私募证券类FOF占自主发行类私募证券投资基金总规模比重较2021年增加2.79个百分点。

（二）自主发行类私募证券投资基金募集出资及投资情况

截至2022年末，私募证券投资基金各类投资者合计出资5.05万亿元，所涉投资者103.08万人次。

2022年新备案私募证券投资基金的初始各类投资者合计出资1 914.06亿元，所涉投资者9.59万人次。

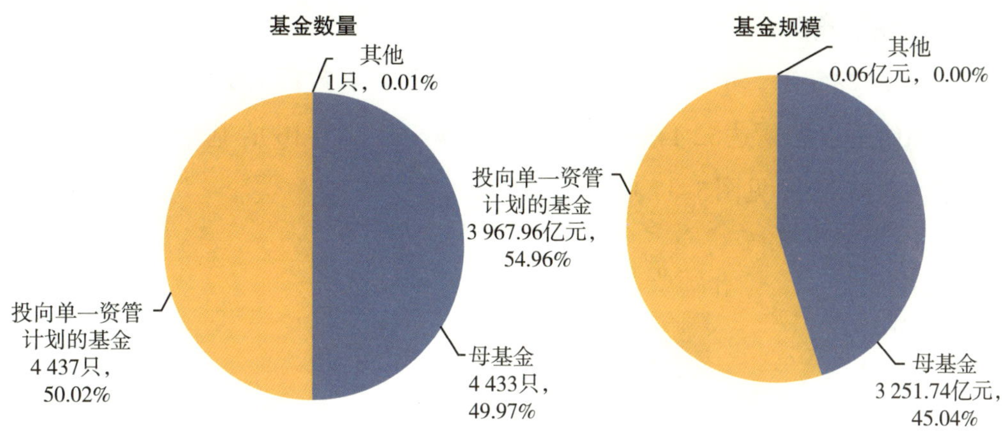

图 5-14　私募证券 FOF 构成情况

资料来源：中国证券投资基金业协会。

1.基金募集账户监督机构类型分布[①]

截至2022年末，有募集账户监督机构[②]的基金共有86 614只，规模4.91万亿元。其中，82 991只私募证券投资基金选择证券公司作为募集账户监督机构，相关基金规模合计4.49万亿元，证券公司是最主要的募集账户监督机构类型（见图5-15）。

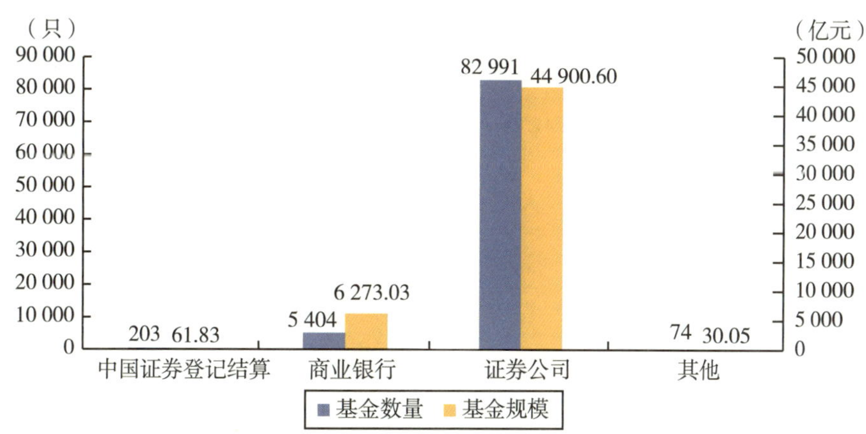

图 5-15　私募证券投资基金募集监督机构分布情况

资料来源：中国证券投资基金业协会。

---

① 《私募投资基金募集行为管理办法》所称监督机构是指中国证券登记结算有限责任公司、取得基金销售业务资格的商业银行、证券公司以及中国基金业协会规定的其他机构。其中，其他机构主要包括招商基金管理有限公司、长安基金管理有限公司等8家已在协会登记为私募基金服务机构的基金管理公司。

② 由于销售机构不同等原因，单只基金可能存在多个募集账户监督机构。

2. 基金投资者数量分布情况

截至2022年末，单只私募证券投资基金的投资者数量主要集中在2~5（含）人次，相关基金数量达32 443只，占比36.57%（见图5-16）；基金规模1.27万亿元，占比25.29%（见图5-17）。

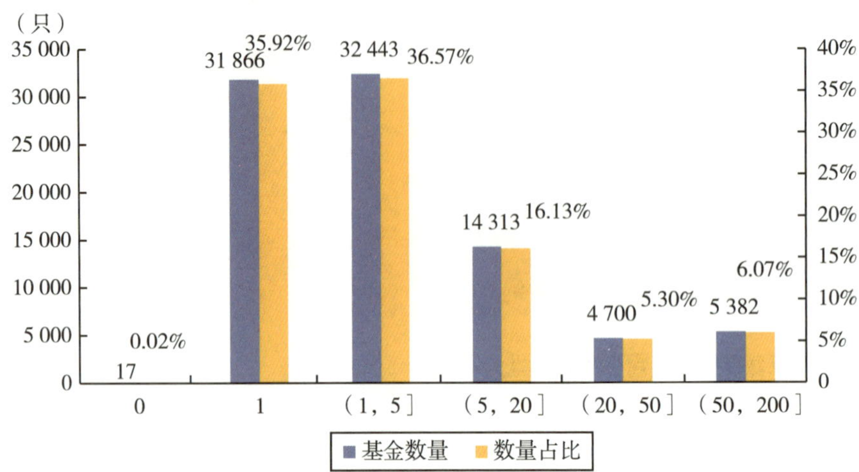

图 5-16　私募证券投资基金数量分布情况（按投资者人数）

资料来源：中国证券投资基金业协会。

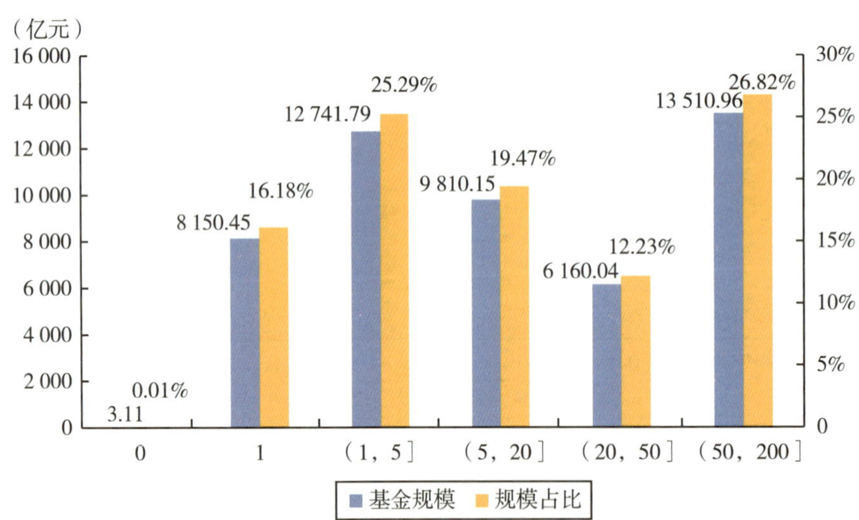

图 5-17　私募证券投资基金规模分布情况（按投资者人数）①

资料来源：中国证券投资基金业协会。

① 部分在原私募基金登记备案系统完成备案的私募证券投资基金，暂未根据协会要求在“资产管理业务综合报送平台”补录投资者数据信息或未及时进行清算，投资者数量暂时显示为0。

3.基金各类投资者[①]出资情况

截至2022年末，私募证券投资基金的各类型投资者中，居民[②]数量占比达83.97%，相关资金占比为44.13%；各类资管计划[③]数量占比为12.83%，相关资金占比达41.81%；企业[④]数量占比3.15%，相关资金占比达13.47%（见图5-18）。

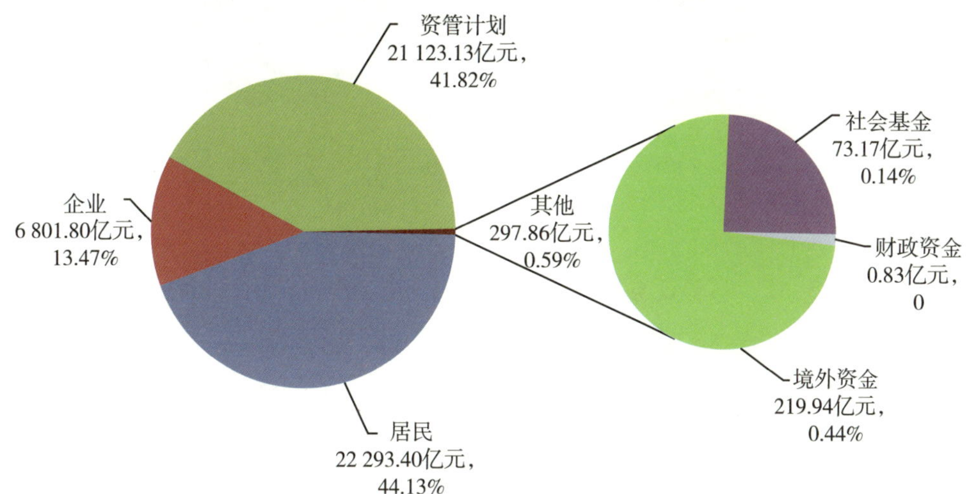

图5-18 私募证券投资基金各类投资者投资规模比例分布

资料来源：中国证券投资基金业协会。

4.机构投资者[⑤]出资比例分布情况

截至2022末，约50.22%私募证券投资基金完全由居民出资，约25.38%的私募证券投资基金完全由机构投资者出资，机构投资者出资占比较2021年小幅上涨0.75%（见图5-19）。

---

① 本报告所统计投资者人数及出资额，基于基金直接投资者（一级投资者）统计。合伙型、公司型基金的投资者出资额取其实缴出资额，契约型基金的投资者出资额取其持有的基金份额乘以同期末基金单位净值。

② 本报告中居民包含自然人（非员工跟投）和自然人（员工跟投）。

③ 本报告中资管计划投资者包含私募基金、信托计划、证券公司及其子公司资管计划、基金公司及其子公司资管计划、期货公司及其子公司资管计划、保险资产管理计划、商业银行理财产品。

④ 本报告中企业投资者包含境内法人机构（公司等）、境内非法人机构（一般合伙企业等）、管理人跟投。

⑤ 本报告中机构投资者包含企业投资者和各类资管计划。

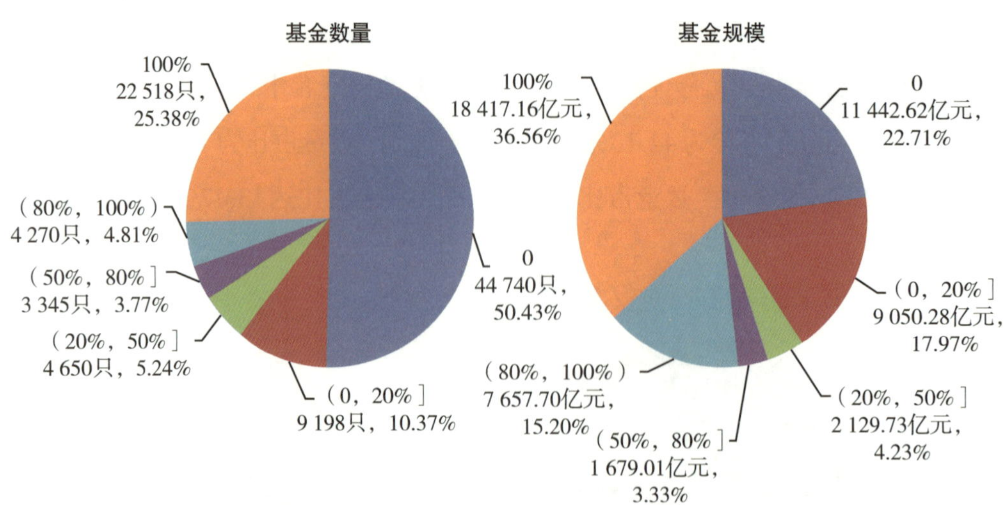

图 5-19　私募证券投资基金按机构投资者出资比例分布情况

资料来源：中国证券投资基金业协会。

5.基金实际投向情况

截至2022年末，从私募证券投资基金的具体投资方向来看，投向境内股票的规模最大，投资规模共计1.99万亿元，占所持有各类资产规模的37.27%；其次为资管计划，投资规模共计1.43万亿元，占比26.69%（见图5-20）。

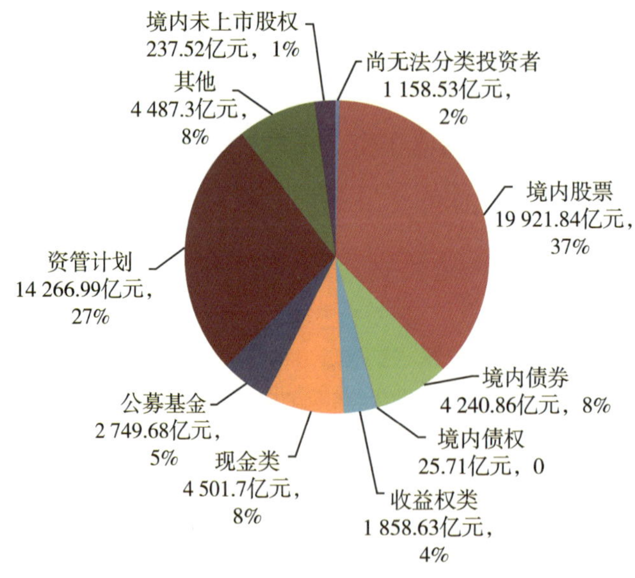

图 5-20　私募证券投资基金投向情况

资料来源：中国证券投资基金业协会。

境内证券投资主要投向交易所流通股票，投资规模为19 778.60亿元，占境内证券投资规模的47.89%（见图5-21）。

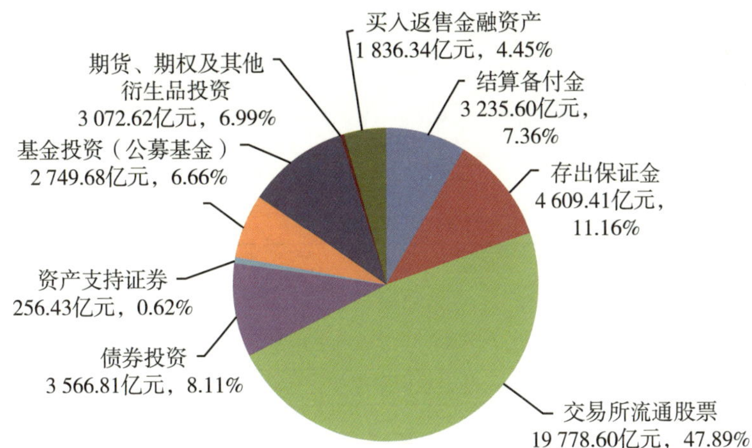

图5-21　私募证券投资基金境内证券投资分布情况

资料来源：中国证券投资基金业协会。

（三）顾问管理类产品情况

截至2022年末，正在运作的顾问管理类产品共有3 857只，规模合计5 752.07亿元，顾问管理类产品基金只数呈上升趋势（见图5-22、图5-23）。2022年新备案顾问管理类产品647只，规模671.52亿元。截至2022年末，300只顾问管理类产品涉及跨境投资，规模416.45亿元，分别占所有顾问管理类产品数量和规模的7.78%和7.24%。

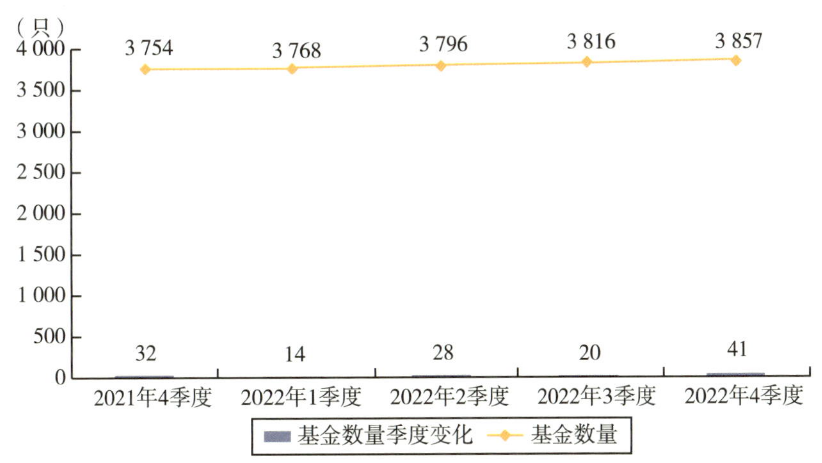

图5-22　顾问管理类产品数量变化

资料来源：中国证券投资基金业协会。

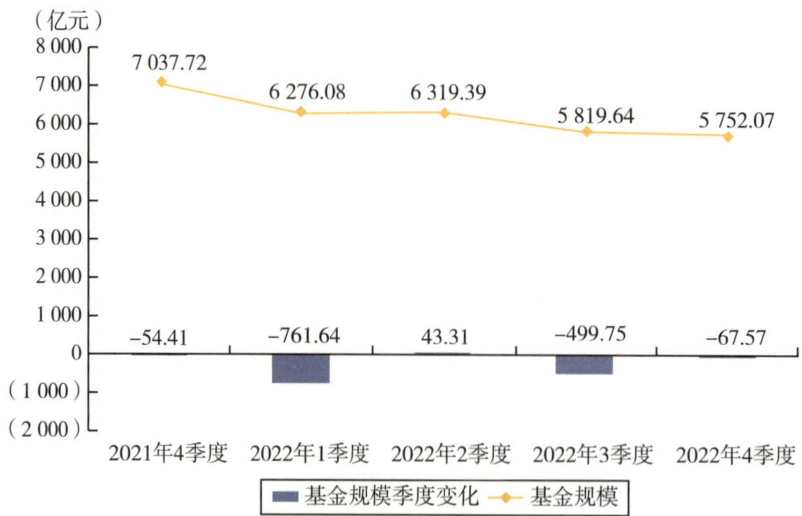

图 5–23　顾问管理类产品规模变化

资料来源：中国证券投资基金业协会。

1.产品规模分布情况

截至2022年末，顾问管理类产品中，1亿~5亿元和0.1亿~0.5亿元基金数量位列前两位，分别为1 240只和1 192只，占比32.16%和30.91%。1亿~5亿元的基金规模最大，占比44.59%。2022年备案的647只顾问管理类产品，平均单只规模约为1.04亿元（见图5–24、图5–25）。

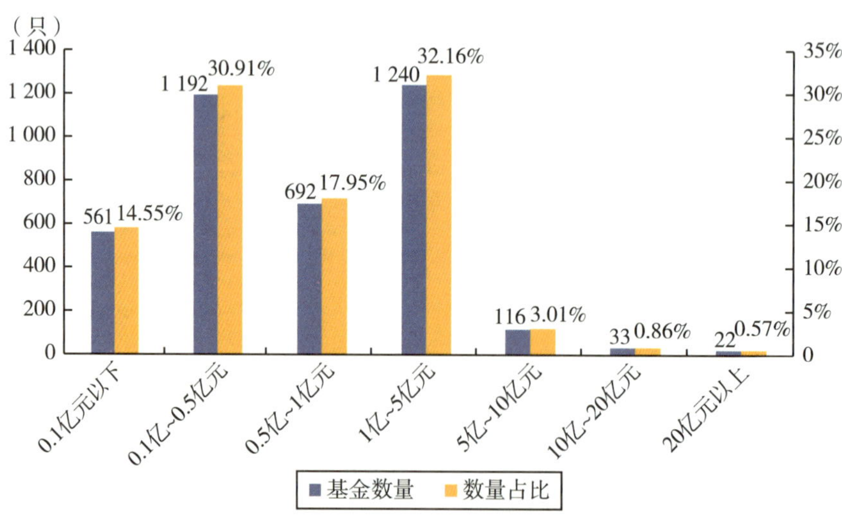

图 5–24　顾问管理类产品数量分布情况

资料来源：中国证券投资基金业协会。

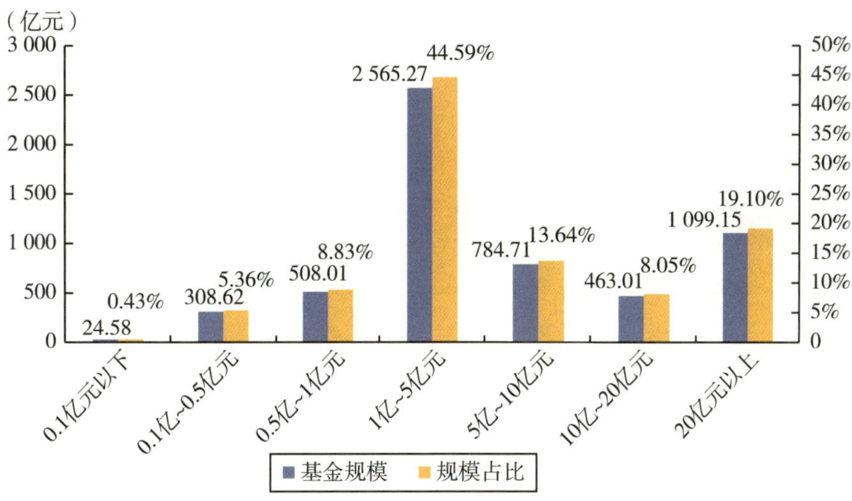

图 5-25　顾问管理类产品规模分布情况

资料来源：中国证券投资基金业协会。

2.产品类型分布情况

截至2022年末，产品类型实际为信托计划的顾问管理类产品数量为2 943只，规模为4 439.55亿元，在顾问管理类产品中的占比最高。2022年新备案的顾问管理类产品中，产品类型为信托计划的顾问管理类产品数量最多，共计437只，占比67.54%，其规模最高，占比58.07%（见图5-26、图5-27）。

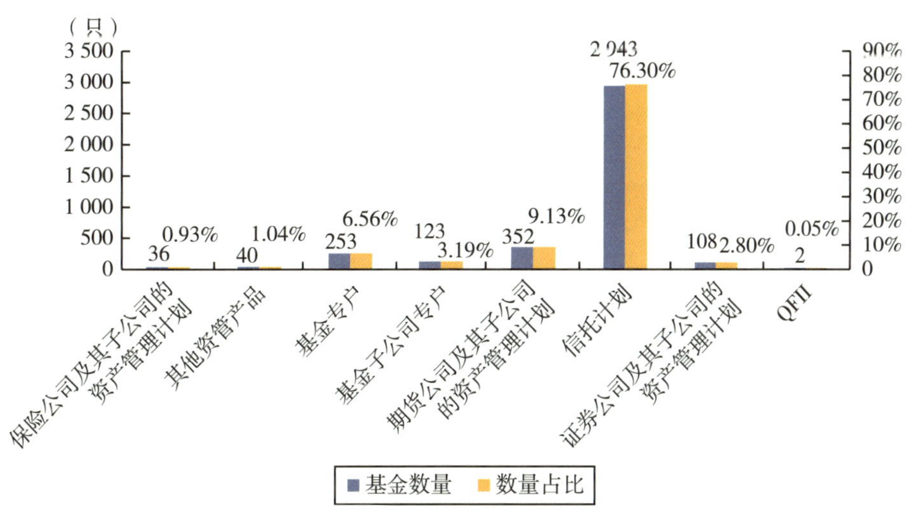

图 5-26　顾问管理类产品数量分布情况（按产品类型）

资料来源：中国证券投资基金业协会。

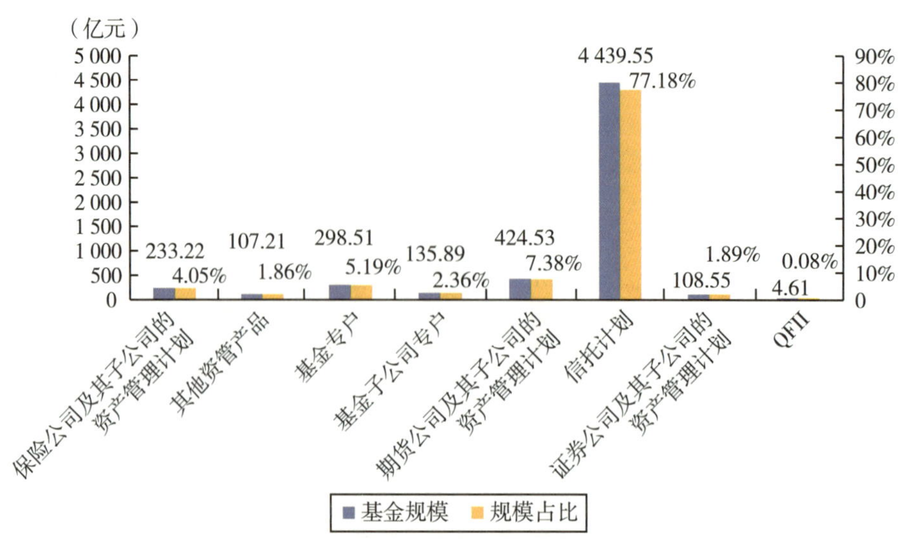

图 5-27　顾问管理类产品规模分布情况（按产品类型）

资料来源：中国证券投资基金业协会。

3.产品投资类型分布情况

截至2022年末，顾问管理类产品中，主要的投资类型为股票类基金、混合类基金和固定收益类基金，三者合计占所有顾问管理类产品数量的93.52%，占所有顾问管理类产品规模的93.02%。2022年新备案顾问管理类产品中，以上三类基金合计564只，规模577.63亿元，分别占新备案顾问管理类产品的87.17%和86.02%（见图5-28、图5-29）。

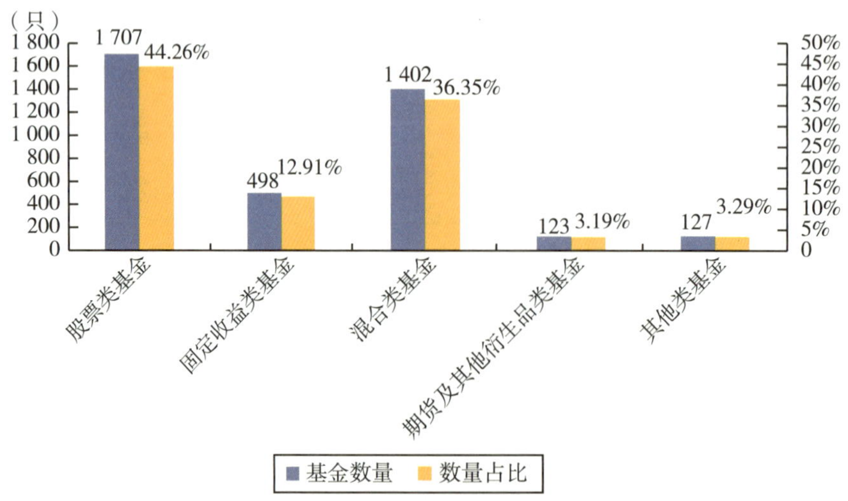

图 5-28　顾问管理类产品数量分布情况（按投资类型）

资料来源：中国证券投资基金业协会。

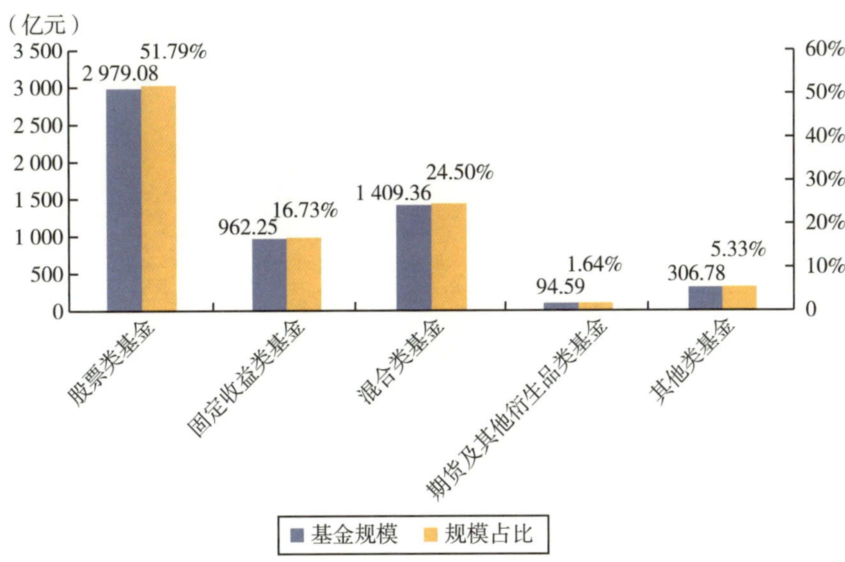

图 5-29　顾问管理类产品规模分布情况（按投资类型）

资料来源：中国证券投资基金业协会。

4.产品实际投向情况

截至2022年末，顾问管理类产品主要投向资管计划，投向各类资管计划规模2 317.99亿元，占所投各类资产规模的39.62%；其次为境内股票，所持规模合计1 722.79亿元，占所投各类资产规模的29.44%（见图5-30）。

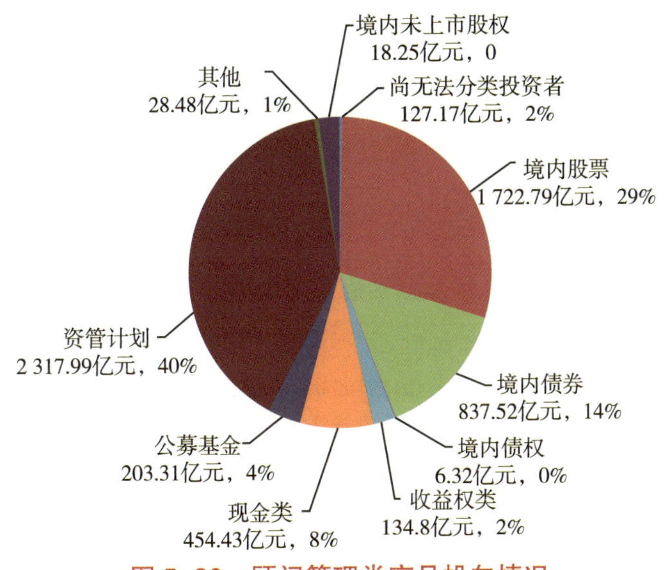

图 5-30　顾问管理类产品投向情况

资料来源：中国证券投资基金业协会。

在顾问管理类产品境内证券投资中，股票投资和债券投资占主要部分，占比分别为54.27%和26.08%（见图5-31）。

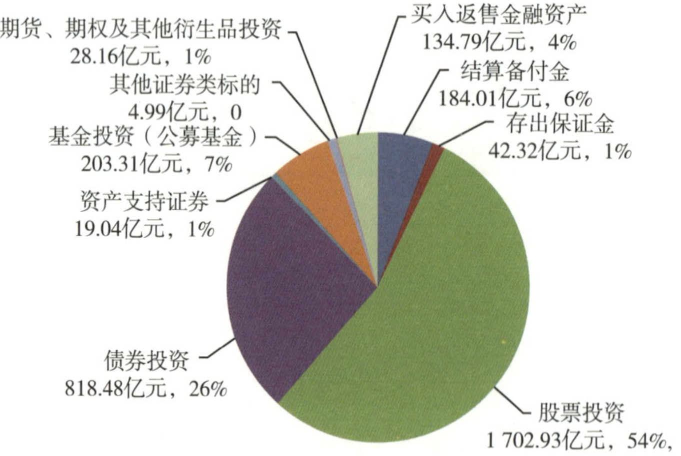

图 5-31　顾问管理类产品境内证券投资分布情况

资料来源：中国证券投资基金业协会。

二、私募证券投资基金运行情况

（一）私募证券投资基金仓位波动情况

截至2022年末，正在运作的私募证券投资基金共计92 578只，规模5.61万亿元，持有流通股票市值2.15万亿元；持有上市公司定增股票127.96亿元。

截至2022年末，股票型私募基金持有流通股票仓位为57.33%；持有总股票（含定增）仓位为57.59%（见表5-1、表5-2）。

表 5-1　私募证券投资基金持有股票仓位情况

季度	私募证券投资基金规模（亿元）	私募证券投资基金持有股票市值（亿元）	持有流通股票仓位（算术平均）（%）	持有股票（含上市定增股票）平均仓位（算术平均）（%）
2019年4季度末	25 610.85	10 338.54	40.79	41.99
2020年1季度末	26 244.98	9 210.15	35.49	36.57
2020年2季度末	30 592.38	12 359.33	40.88	41.25
2020年3季度末	36 659.35	15 430.39	40.98	41.33

续表

季度	私募证券投资基金规模（亿元）	私募证券投资基金持有股票市值（亿元）	持有流通股票仓位（算术平均）（%）	持有股票（含上市定增股票）平均仓位（算术平均）（%）
2020年4季度末	42 979.27	19 720.94	43.70	44.01
2021年1季度末	47 630.20	20 198.97	40.01	40.27
2021年2季度末	53 948.78	24 302.95	41.31	41.53
2021年3季度末	60 491.28	26 301.93	39.26	39.43
2021年4季度末	63 091.60	28 432.18	40.59	40.79
2022年1季度末	57 837.88	22 626.10	37.01	37.22
2022年2季度末	59 590.21	25 047.51	37.84	38.02
2022年3季度末	55 609.50	21 026.64	34.41	34.55
2022年4季度末	56 128.56	21 481.53	34.96	35.09

表 5-2 股票型私募基金持有股票仓位情况

季度	股票型私募基金规模（亿元）	股票型私募基金持有股票市值（亿元）	持有流通股票仓位（算术平均）（%）	持有股票（含定增股票）平均仓位（算术平均）（%）
2019年4季度末	7 624.89	5 250.04	62.22	65.15
2020年1季度末	7 848.00	4 725.68	55.37	58.08
2020年2季度末	9 528.00	6 283.07	62.89	63.70
2020年3季度末	12 049.50	7 795.88	61.40	62.17
2020年4季度末	14 920.31	10 202.87	65.72	66.38
2021年1季度末	16 576.74	10 542.07	60.90	63.60
2021年2季度末	18 912.80	12 755.97	64.14	64.64
2021年3季度末	21 575.04	13 661.66	59.82	60.21
2021年4季度末	22 459.17	14 951.58	63.13	63.54
2022年1季度末	19 840.65	11 805.33	58.77	59.10
2022年2季度末	21 006.82	13 393.60	60.67	60.96
2022年3季度末	18 823.39	11 120.51	55.82	56.07
2022年4季度末	19 060.97	11 632.11	57.33	57.59

（二）私募证券投资基金单位净值情况

截至2022年末，已填报单位基金净值的私募证券投资基金92 200只[①]，规模5.56万亿元。其中，单位净值低于1的私募证券投资基金共48 610只，占比52.72%，规模2.13万亿元，占比38.37%，持有流通股票规模7 908.01亿元。单位净值低于1的基金净值主要集中于0.9~1之间，共计20 228只，规模1.04万亿元；单位净值低于0.9的私募证券投资基金28 382只，规模1.09万亿元（见表5-3）。

表 5-3　　私募证券投资基金单位净值分布情况

单位净值	基金数量（只）	占比（%）	基金规模（亿元）	占比（%）	持有流通股规模（亿元）	持有上市公司定增股票规模（亿元）	持有股票总规模（亿元）
[0，0.5）	5 593	6.07	802.18	1.44	455.32	6.11	461.43
[0.5，0.8）	12 938	14.03	5 207.32	9.36	2 190.80	7.76	2 198.56
[0.8，0.9）	9 851	10.68	4 916.10	8.84	1 723.64	4.64	1 728.28
[0.9，1）	20 228	21.94	10 411.49	18.72	3 538.25	26.96	3 565.21
[1，1.5）	34 784	37.73	22 590.11	40.62	7 439.19	38.84	7 478.03
[1.5，2）	4 619	5.01	4 243.31	7.63	1 935.53	4.56	1 940.09
2及以上	4 187	4.54	7 444.23	13.39	4 084.34	39.09	4 123.43
合计	92 200	100.00	55 614.74	100.00	21 367.07	127.96	21 495.03

第二节　私募股权投资基金

一、私募股权投资基金基本情况

（一）基金数量和规模变化情况

截至2022年末，已备案私募股权投资基金31 523只，基金规模11.11万亿元（见图5-32、图5-33）。

① 已排除单位基金净值为负、季报未报送、已报送季报但单位基金净值为空的三类基金。

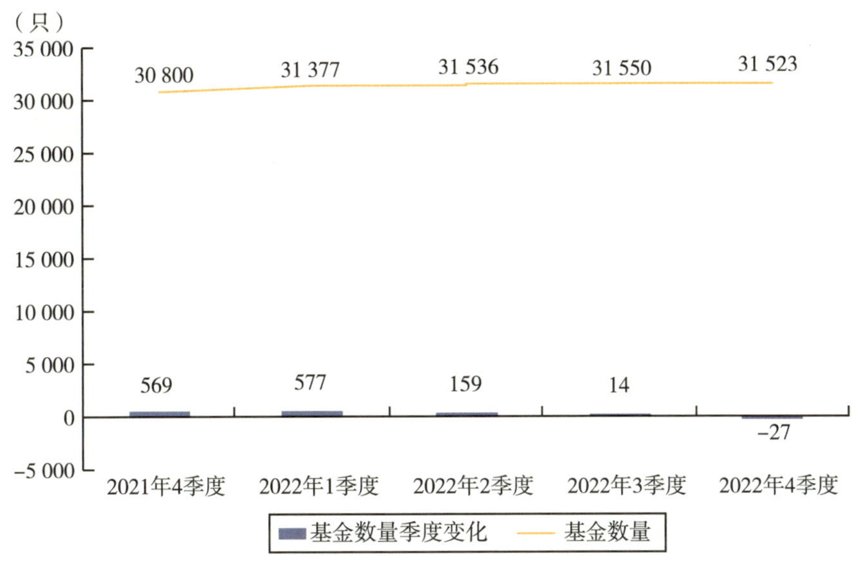

图 5–32　私募股权投资基金数量变化

资料来源：中国证券投资基金业协会。

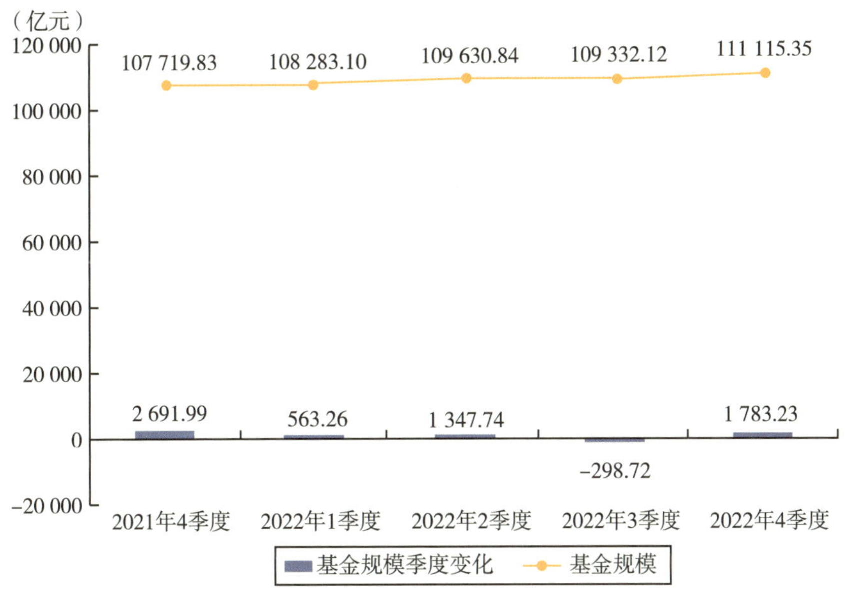

图 5–33　私募股权投资基金规模变化

资料来源：中国证券投资基金业协会。

2022年当年，新备案私募股权投资基金3 331只，备案基金规模2 448.35亿元，占当年新备案各类型私募基金的比例达34.71%。

（二）基金规模分布情况

截至2022年末，私募股权投资基金平均规模约为3.52亿元。从私募股权投资基金规模分布来看，单只基金规模主要集中于2 000万元至5 000万元（不含），占比20.20%（见图5-34）。

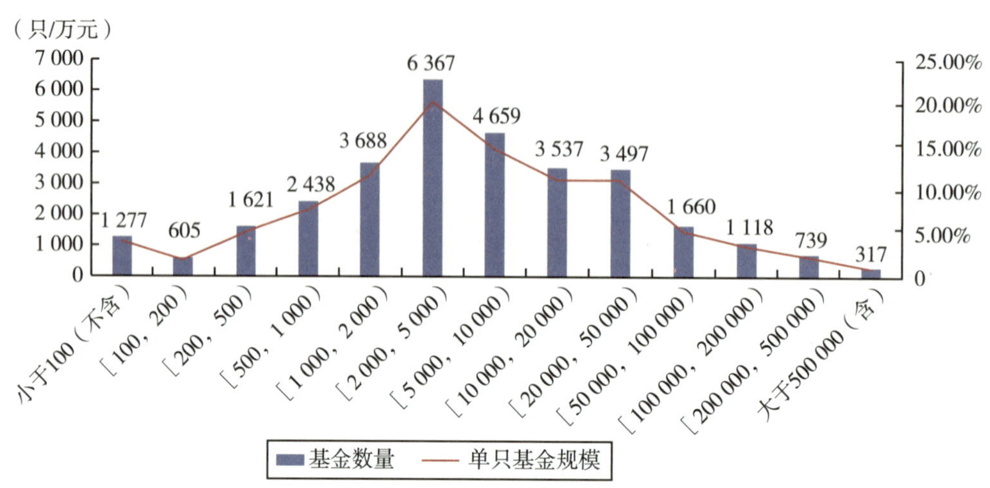

图 5-34　单只私募股权投资基金规模分布情况

资料来源：中国证券投资基金业协会。

2022年当年备案私募股权投资基金的平均备案规模约为0.74亿元，单只基金规模分布同样主要集中于2 000万元至5 000万元（不含），占比20.02%。此外，单只基金规模在5 000万元至1亿元（不含）的基金数量占比11.65%，在1亿至5亿元（不含）的基金数量占比14.05%。

（三）基金产品类型分布情况

截至2022年末，协会已备案私募股权投资基金（不含FOF类）26 693只，基金规模9.45万亿元。从私募股权投资基金（不含FOF类）产品类型来看，多数私募基金只进行一般性股权投资，产品类型为“其他基金”的数量与规模占比均为最高，分别为72.04%和63.48%；房地产基金的数量、规模较2021年末分别下降14.66%和13.16%；从各产品类型基金的平均规模来看，基础设施基金平均规模较大，达8.19亿元（见图5-35、图5-36）。

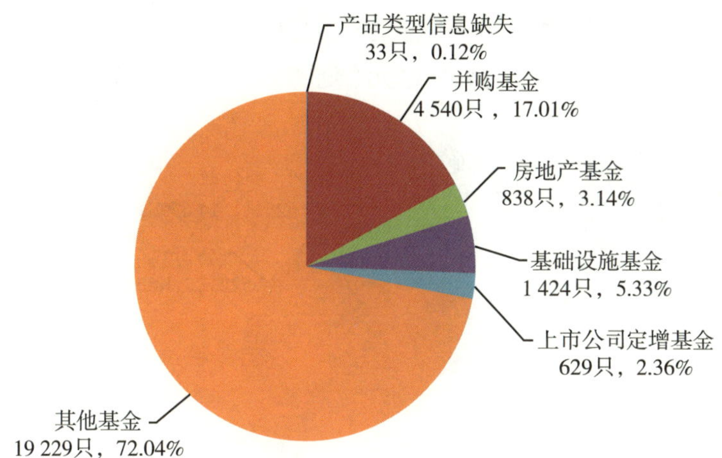

图 5-35　私募股权投资基金产品类型按基金数量分布情况

资料来源：中国证券投资基金业协会。

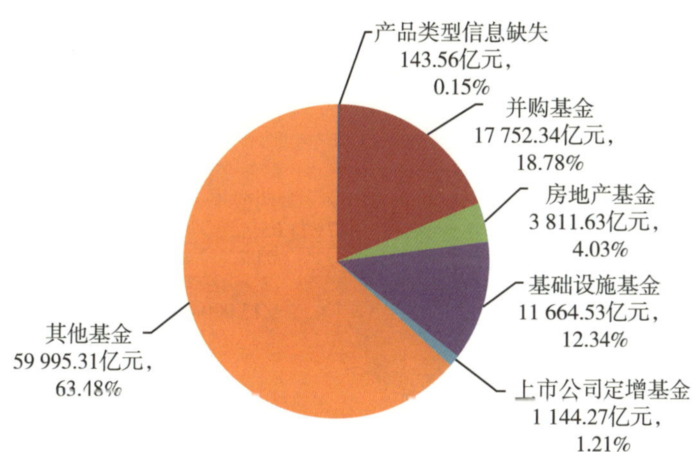

图 5-36　私募股权投资基金产品类型按基金规模分布情况

资料来源：中国证券投资基金业协会。

2022年当年备案的私募股权投资基金（不含FOF类）中，产品类型为并购基金的数量和规模占比分别为11.42%和13.45%，产品类型为基础设施基金的数量和规模占比分别为5.36%和14.00%，产品类型为上市公司定增基金的数量和规模占比分别为2.91%和1.68%，产品类型为房地产基金的数量和规模占比分别为0.80%和1.96%。

（四）基金组织形式分布情况

截至2022年末，从私募股权投资基金的组织形式来看，合伙型的数量和规模占比最高，分别为83.64%和81.25%。从不同组织形式基金的平均规模来看，公司型的基金平均规模最大，达24.91亿元（见图5-37、图5-38）。

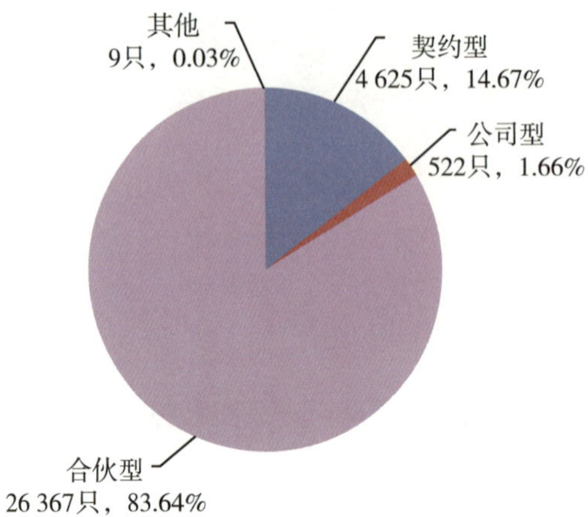

图 5-37　私募股权投资基金组织形式按基金数量分布情况

资料来源：中国证券投资基金业协会。

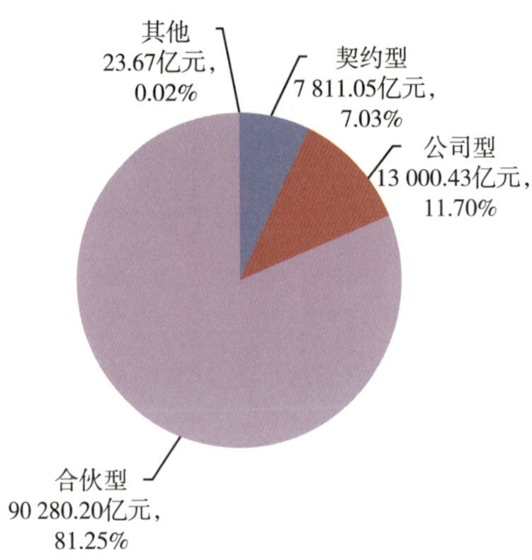

图 5-38　私募股权投资基金组织形式按基金规模分布情况

资料来源：中国证券投资基金业协会。

2022年当年备案的私募股权投资基金中，合伙型的基金数量和规模最大，占比分别为92.92%和86.68%；从不同组织形式基金的平均规模来看，契约型的基金平均规模达到1.45亿元。

（五）基金托管情况

截至2022年末，协会已备案私募股权投资基金中，已托管的基金数量为21 314只，托管率达67.61%；已托管的基金规模为9.22万亿元，占私募股权投资基金总规模的比例为82.95%。从单只基金平均规模来看，已托管基金平均规模4.32亿元，未托管基金平均规模1.86亿元（见图5-39）。

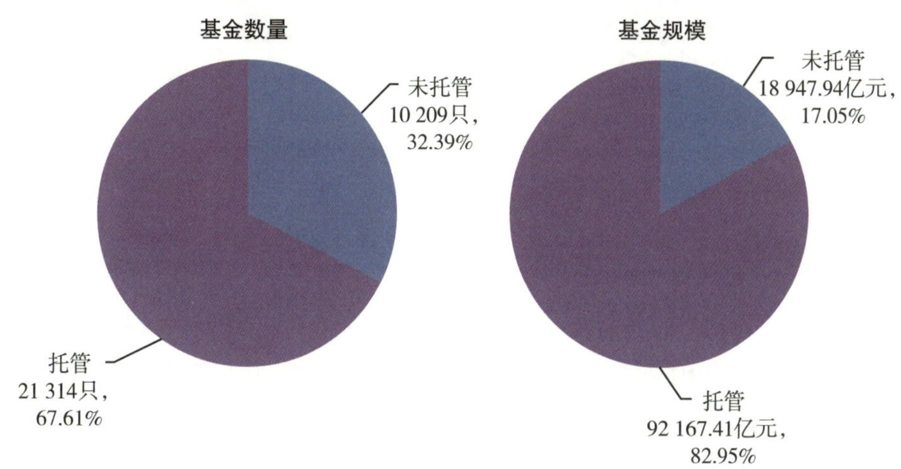

图 5-39 私募股权投资基金托管情况

资料来源：中国证券投资基金业协会。

2022年当年备案私募股权投资基金的托管率达79.47%；托管基金规模占2022年备案私募股权投资基金总规模的92.72%。可见，随着私募基金市场的规范发展，越来越高比例的私募股权投资基金，尤其是小规模私募股权投资基金选择将基金财产进行托管。

（六）基金外包情况[①]

截至2022年末，采用外包服务的私募股权投资基金数量5 909只，占比18.75%；基金规模8 709.38亿元，占比为7.84%（见图5-40）。从单只基金的平均规模来看，采用外包服务的私募股权投资基金平均规模1.47亿元，未采用外包服务的平均规模4.00亿元。

---

① 根据“资产管理业务综合报送平台”关于基金外包情况的填报说明，私募基金外包服务的类型主要包括份额登记、估值核算、信息技术服务等，同一基金可以选择多种类型外包服务。

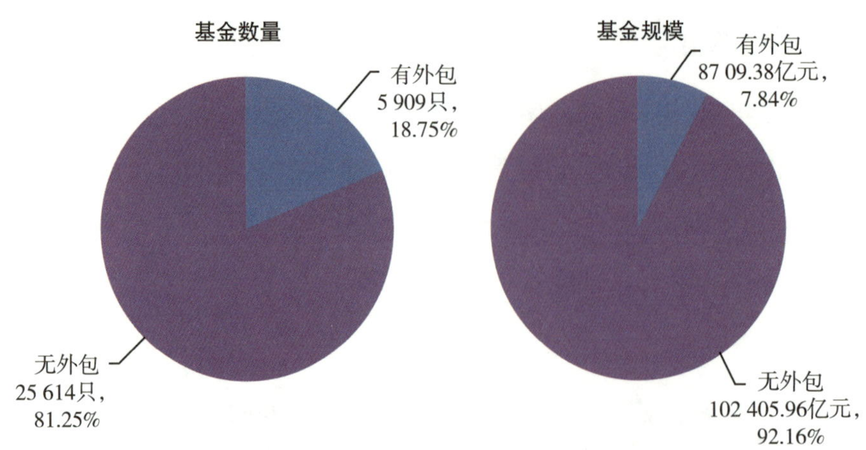

图 5-40　私募股权投资基金外包情况

资料来源：中国证券投资基金业协会。

私募股权投资基金采用的主要外包服务是份额登记服务和估值核算服务，其中，采用份额登记服务的私募股权投资基金5 354只，占有采用外包服务私募股权投资基金数量的90.61%；采用估值核算服务的5 498只，占有采用外包服务私募股权投资基金数量的93.04%（见图5-41）。

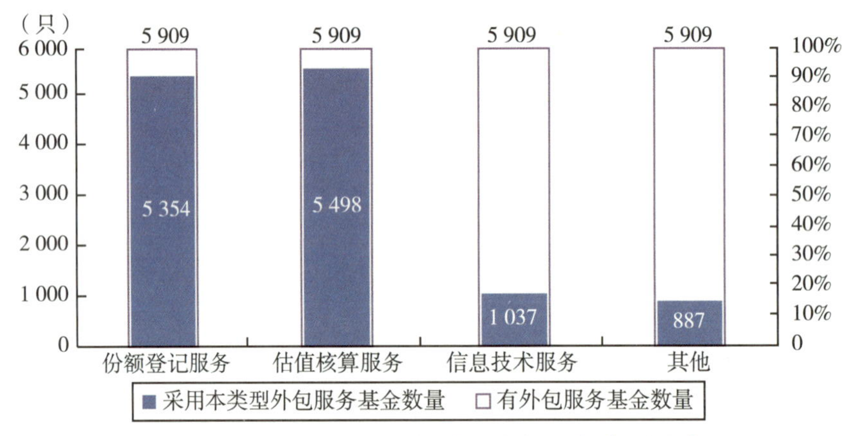

图 5-41　私募股权投资基金外包服务类型分布

资料来源：中国证券投资基金业协会。

2022年当年备案的私募股权投资基金中，采用外包服务的基金数量和规模占比分别为15.94%和19.29%。其中，采用份额登记服务的私募股权投资基金占有采用外包服务私募股权投资基金数量的89.83%；采用估值核算服务的私募股权投资基金占有采用外包服务私募股权投资基金数量的94.92%。

（七）私募股权投资类FOF基金情况

截至2022年末，私募股权投资类FOF共4 830只，占私募股权投资基金总数量的15.32%；基金规模1.66万亿元，占私募股权投资基金规模的14.94%。

从基金种类来看，母基金数量和规模分别为2 520只和1.35万亿元，占私募股权投资类FOF的比例分别为52.17%和81.01%；投向单一资管计划基金的数量和规模分别为2 310只和3 152.29亿元，占私募股权投资类FOF的比例分别为47.83%和18.99%（见图5-42）。

从私募股权投资类FOF基金平均规模来看，母基金平均规模5.34亿元，而投向单一资管计划基金平均规模1.36亿元。

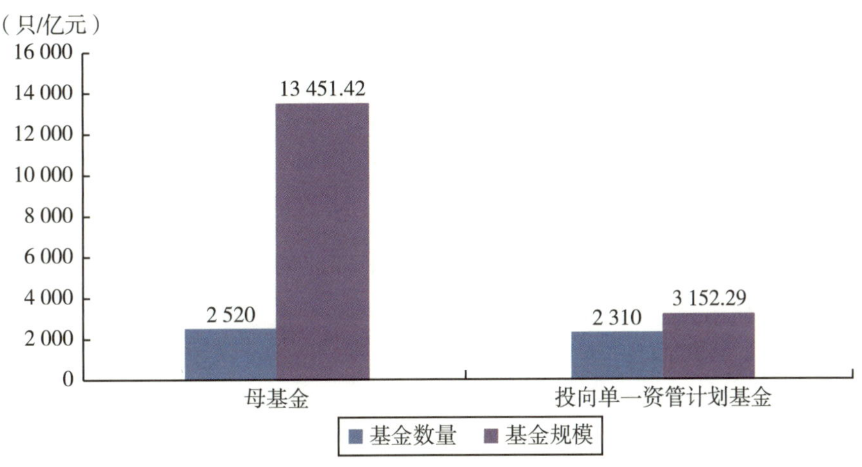

图5-42　私募股权投资类FOF基金产品种类分布情况

注：截至统计时点，仍有部分私募基金未完成信息补录，FOF产品类型缺失。

资料来源：中国证券投资基金业协会。

2022年当年备案的私募股权投资类FOF 346只，基金规模238.18亿元，占当年备案私募股权投资基金的比例分别为10.39%和9.73%。其中，母基金197只，基金规模160.99亿元；投向单一资管计划基金149只，基金规模77.20亿元。

（八）政府引导基金情况

截至2022年末，勾选了“政府引导基金”标签的私募股权投资基金1 195只，占全部私募股权投资基金数量的3.79%，较2021年末增长0.13%；基金规模9 232.59亿元，占全部私募股权投资基金规模的8.31%，较2021年末增长0.56%。

从单只基金平均规模来看，勾选了“政府引导基金”标签的私募股权投资基金平均规模为7.73亿元，远高于私募股权投资基金平均规模。

2022年当年备案勾选了“政府引导基金”标签的私募股权投资基金104只，占新备案私募股权投资基金数量的3.12%；基金规模90.36亿元，占新备案私募股权投资基金规模的3.69%，单只基金的平均规模为0.87亿元。

二、私募股权投资基金募集出资情况

截至2022年末，私募股权投资基金各类投资者合计出资10.41万亿元，所涉投资者34.23万个。

（一）基金募集账户监督机构情况

截至2022年末，私募股权投资基金募集账户监督机构主要为取得基金销售业务资格的商业银行和证券公司，基金数量占比分别为82.40%和17.42%，基金规模占比分别为93.51%和6.24%（见图5-43）；从单只基金平均规模来看，募集账户监督机构为商业银行的私募股权投资基金平均规模为3.97亿元，而募集账户监督机构为证券公司的平均规模为1.25亿元，远小于前者。

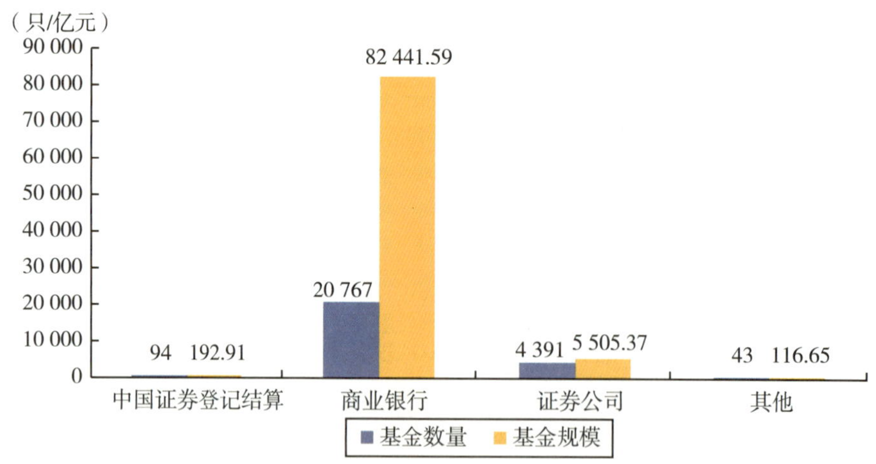

图 5-43　私募股权投资基金募集账户监督机构情况

注：根据“资产管理业务综合报送平台”相关填报规则，单只基金可同时选择多家募集账户监督机构。其中2016年7月15日之前成立的私募基金如监督机构可选择“不适用”，无须填写募集账户监督机构信息。

资料来源：中国证券投资基金业协会。

2022年当年备案的私募股权投资基金中，以取得基金销售业务资格的商业银行作为募集账户监督机构的基金最多，占比达87.81%。商业银行在私募股权投资基金募集账户监督环节占据主导地位，是私募股权投资基金尤其是新备案、大规模基金的主要选择。

（二）基金投资者数量分布情况

截至2022年末，在基金业协会备案的私募股权投资基金中，投资者数量主要集中在1~5（含）个，基金数量达16 819只，占比53.35%；基金规模5.79万亿元，占比52.15%。此外，还有部分未进行信息补录或未及时清算的私募股权投资基金投资者数量显示为“0”（见图5-44、图5-45）。

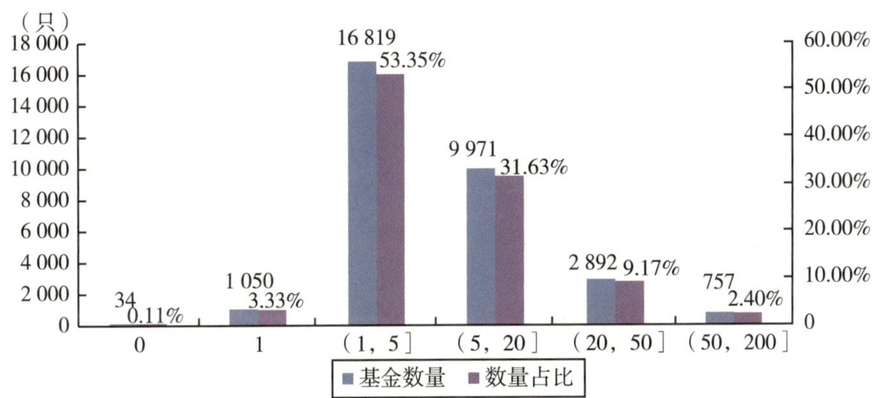

图5-44　私募股权投资基金按投资者数量分类的数量分布

资料来源：中国证券投资基金业协会。

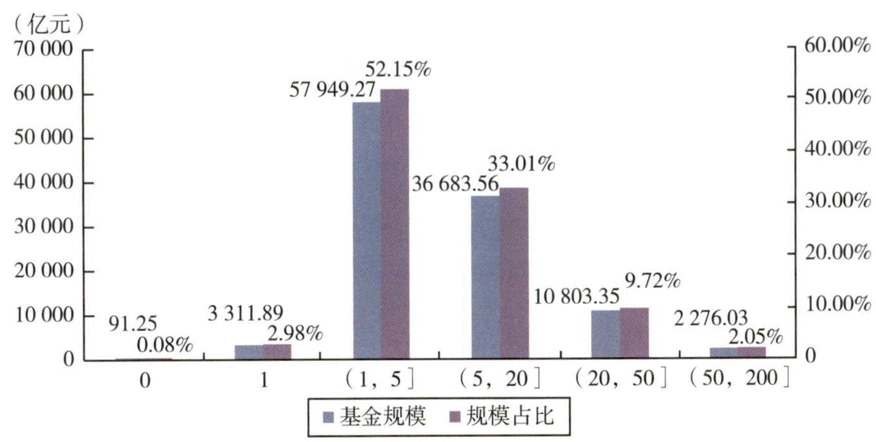

图5-45　私募股权投资基金按投资者数量分类的规模分布

资料来源：中国证券投资基金业协会。

2022年当年备案的私募股权投资基金，无论从基金数量还是从基金规模来看，投资者数量均主要集中在1~5（含）个，基金数量2 174只，占比65.27%；基金规模1 267.74亿元，占比达51.78%。

（三）基金投资者出资情况

截至2022年末，私募股权投资基金的各类投资者中，居民投资者数量占比达73.73%，相关资金占比仅为8.12%；企业投资者数量占比21.27%，但相关资金占比达61.34%；各类资管计划投资者数量占比仅为4.96%，相关资金占比达27.58%（见图5-46）。

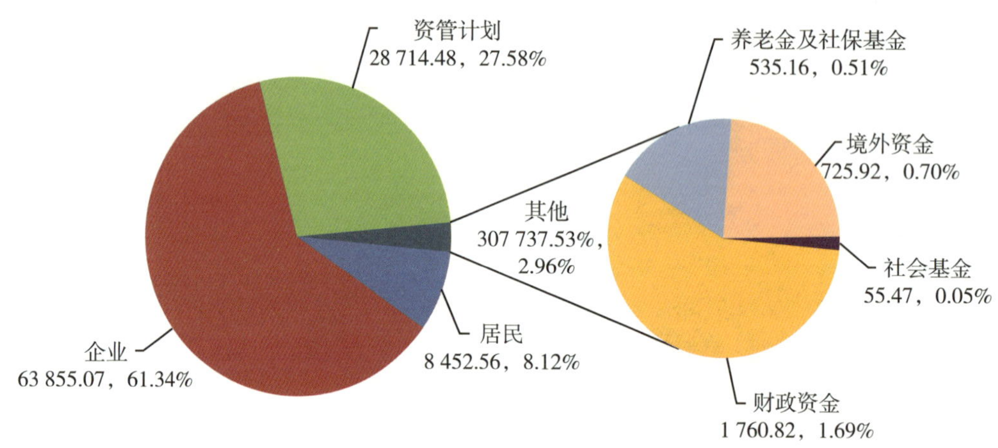

图 5-46　私募股权投资基金投资者出资比例分布

资料来源：中国证券投资基金业协会。

截至2022年末，私募股权投资基金的主要出资方为企业投资者及各类资管计划，出资金额9.26万亿元，出资占比达88.92%；居民投资者出资8 452.56亿元，占比8.12%。具体来看，在所有类型投资者中，境内公司等法人机构出资最高，占出资总额的56.80%，私募基金产品出资占比17.37%，自然人（非员工跟投）出资占比7.75%（见图5-47）。

2022年当年新备案私募股权投资基金中，居民投资者数量占比达55.34%，相关资金占比仅为13.48%；企业投资者数量占比37.95%，但相关资金占比达60.60%；各类资管计划投资者数量占比6.35%，相关资金占比达24.36%。

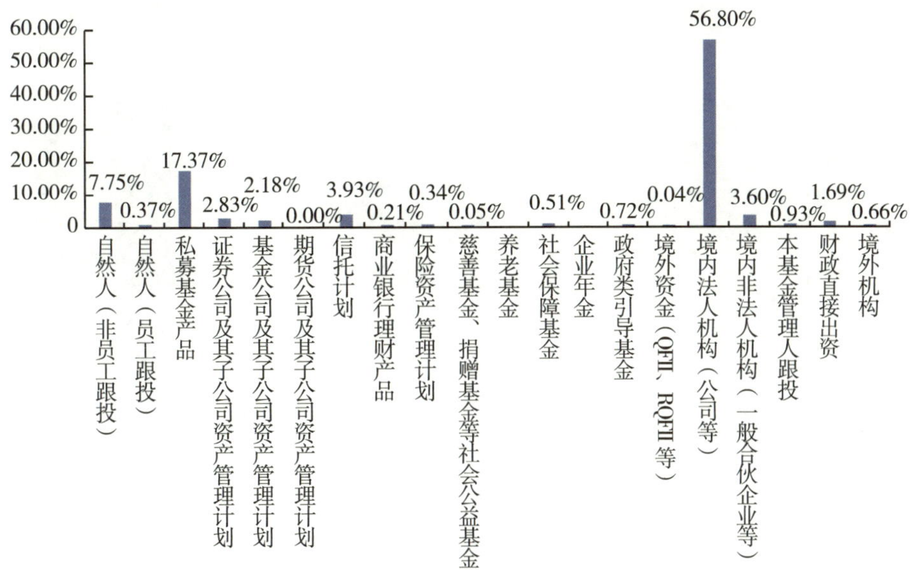

图 5-47　私募股权投资基金投资者出资比例明细

资料来源：中国证券投资基金业协会。

（四）机构投资者出资比例分布情况

截至2022年末，从数量上看，43.76%的私募股权投资基金均由机构投资者出资，此类基金规模占比82.93%；11.83%的基金全部由自然人投资者出资，基金规模占比仅为1.43%（见图5-48、图5-49）。

从单只基金的规模看，由机构投资者100%出资的基金平均规模6.68亿元；自然人投资者100%出资的基金平均规模0.43亿元。

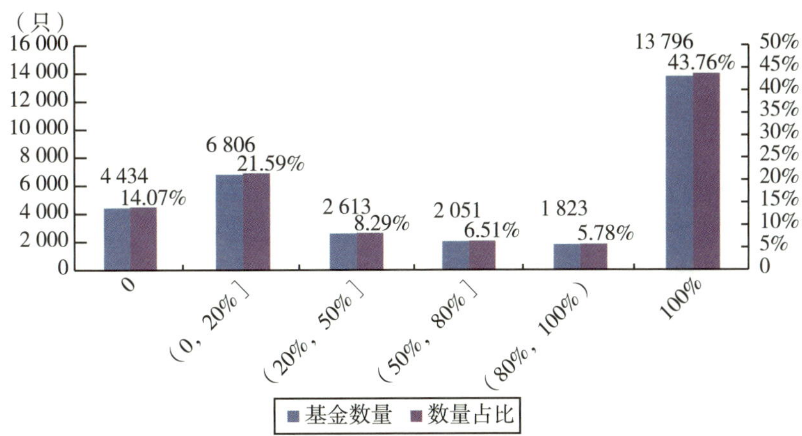

图 5-48　私募股权投资基金按机构投资者出资数量及占比分布

资料来源：中国证券投资基金业协会。

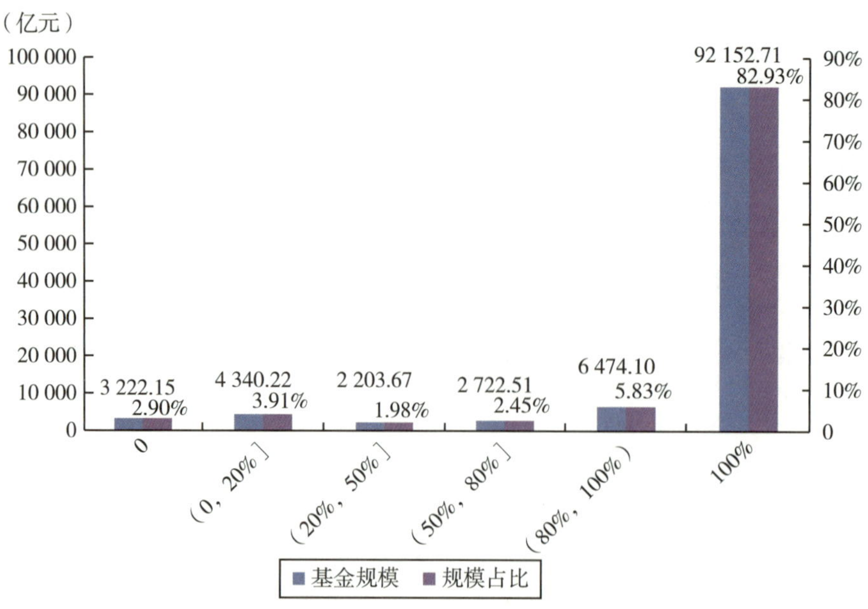

图 5-49　私募股权投资基金按机构投资者出资规模及占比分布

资料来源：中国证券投资基金业协会。

2022年当年备案的私募股权投资基金中，从数量上看，57.28%的私募股权投资基金均由机构投资者出资，此类基金规模占比达77.51%；9.67%的基金全部由自然人投资者出资，相关基金规模占比仅为3.91%。总体来看，机构投资者依然是私募股权投资基金的主要出资者。

三、私募股权投资基金投资运作情况

截至2022年末，已进行季度更新、完成运行监测表填报的存续私募股权投资基金期末总资产为11.58万亿元，期末净资产11.08万亿元。从私募股权投资基金的配置效率来看，存续私募股权投资基金已实现收益分配3.24万亿元。

（一）基金实际投资方向分布情况

截至2022年末，从私募股权投资基金的具体投资方向情况来看，投资境内未上市、未挂牌公司股权的规模最大，总计5.79万亿元，占所持有各类资产规模的50.10%；投资资管计划的规模2.56万亿元，占比22.16%；投资现金类资产的规模8 233.84亿元，占比7.13%（见图5-50）。

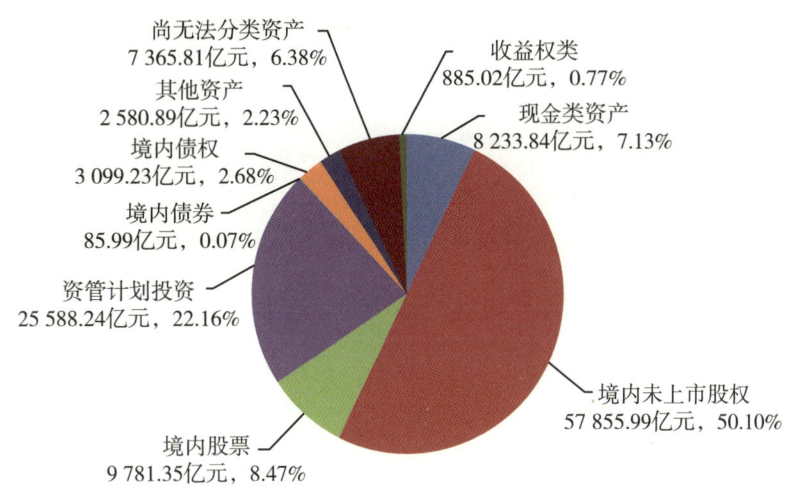

图 5-50　私募股权投资基金实际投资方向分布

资料来源：中国证券投资基金业协会。

2022年当年备案的私募股权投资基金主要投资于境内未上市、未挂牌公司股权和资管计划，总计4 053.81亿元，占该类基金产品已投资规模的73.02%。其中，投资于境内未上市、未挂牌公司股权的规模达3 338.12亿元，占已投资规模的60.13%。

（二）基金投资案例情况

截至2022年末，已进行季度更新、完成运行监测表填报的存续私募股权投资基金，已投资且暂未完全退出的境内未上市、未挂牌公司股权投资、上市公司定向增发投资、股票协议转让、股票大宗交易、新三板投资、境内债权类投资以及境外股权、债权投资的投资案例66 984个，账面价值7.67万亿元，在投金额6.99万亿元。2022年当年，私募股权投资基金新增投资案例11 573个，投资金额9 339.91亿元。

1.基金投资案例特征情况

私募股权投资基金是支持实体经济、助力创新型企业发展的中坚力量。从本质上说，私募股权投资基金是从承担企业发展的各种风险中获取未来成长的价值收益，风险承受能力远高于债权资本，这就决定了私募股权投资基金对于高科技企业和创新型中小企业等具有浓厚的投资偏好。

截至2022年末，私募股权投资基金投资属于中小企业的案例37 636个，占所有投资案例的56.19%；在投金额1.79万亿元，占比25.57%。

私募股权投资基金的投资案例中属于高新技术企业的案例27 541个，在投金额1.82万亿元，占比分别为41.12%和26.07%。

私募股权投资基金的投资案例中属于初创科技型企业的案例9 389个，在投金额2 656.81亿元，占比分别为14.02%和3.80%（见图5-51）。

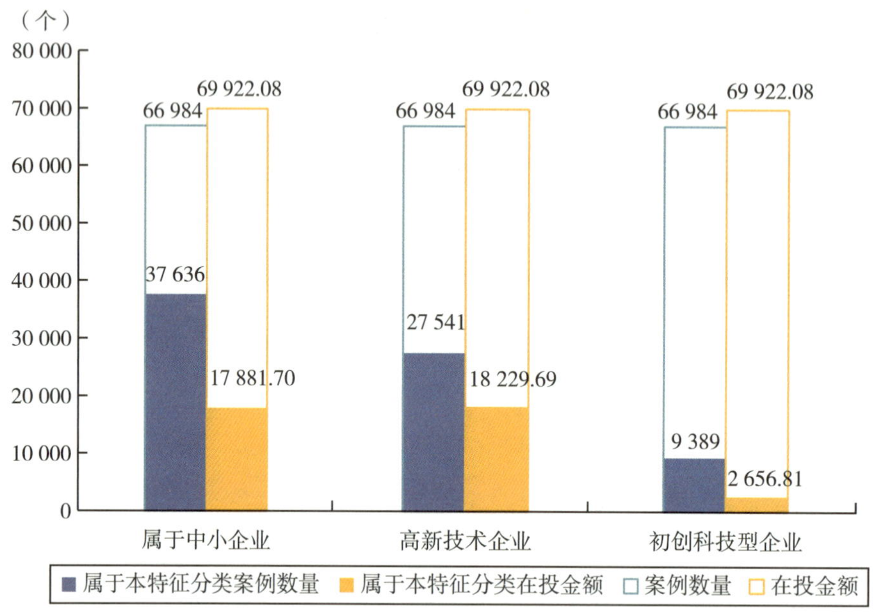

图 5-51　私募股权投资基金投资案例特征数量及规模分布

资料来源：中国证券投资基金业协会。

2022年当年，私募股权投资基金新增投资案例中属于中小企业的案例6 406个，占当年新增投资案例数量的55.35%；投资金额2 792.75亿元，占比29.90%。此外，属于高新技术企业投资的案例5 846个，投资金额3 735.48亿元；属于初创科技型企业的案例2 143个，投资金额605.27亿元。

2.基金投资案例地域分布情况

截至2022年末，从投资案例地域分布来看，投资案例数量排名前五的地区为北京、广东、上海、江苏和浙江，合计43 930个，占案例总数量的65.58%，超过境内其他区域数量占比合计的2倍；投资案例在投金额排名前五的地区为北京、广东、上海、江苏和浙江，合计3.65万亿元，占投资案例在投金额总数的52.22%（见图5-52、图5-53）。

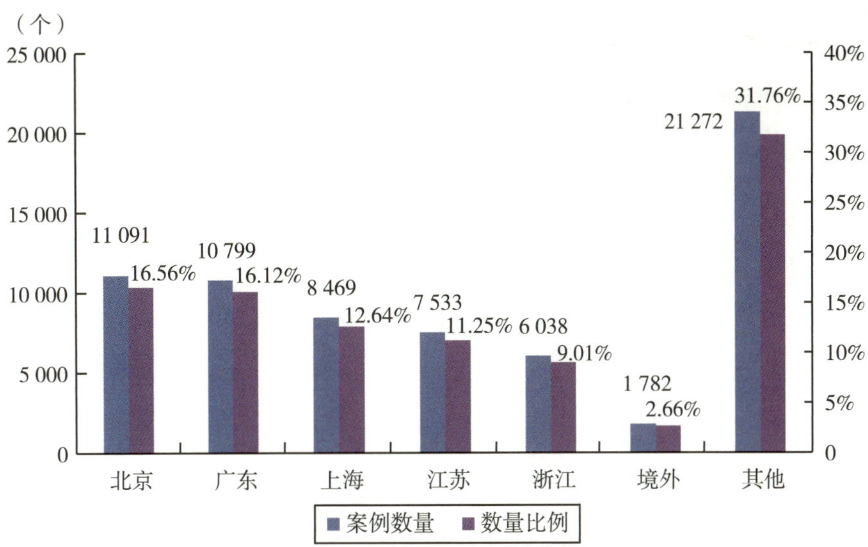

图 5-52　私募股权投资基金投资案例数量排名前五地域分布

资料来源：中国证券投资基金业协会。

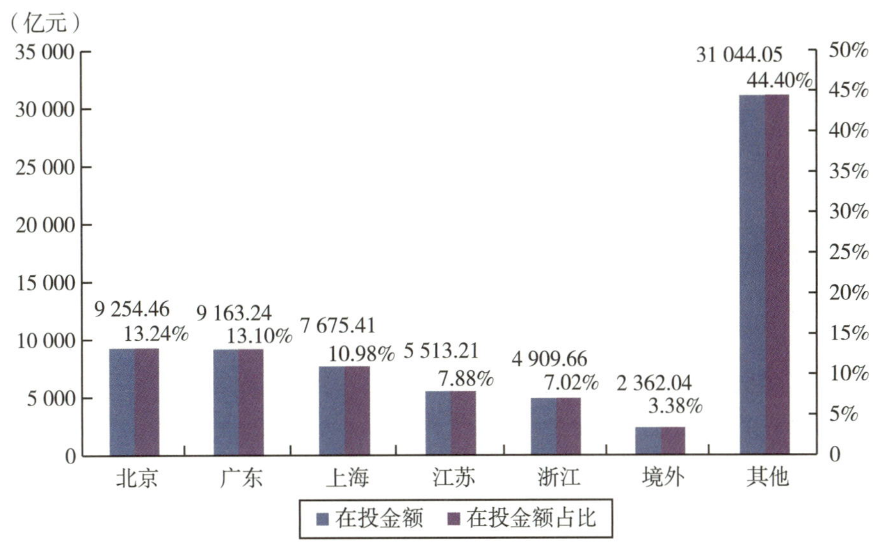

图 5-53　私募股权投资基金投资案例在投金额排名前五地域分布

资料来源：中国证券投资基金业协会。

2022年当年，私募股权投资基金投资案例数量排名前五的地区是广东、江苏、北京、上海和浙江，数量合计7 449个，占2022年新增投资案例数量的64.37%；投资金额排名前五的是北京、广东、上海、江苏和浙江，投资金额合计5 410.46亿元，占2022年新增投资案例金额的57.93%。

3.基金投资案例行业分布情况

从投资案例数量的行业分布来看，前五大行业为“计算机运用”“资本品”“医药生物”“半导体”和“医疗器械与服务”，各行业投资案例数量分别为14 566个、8 217个、5 826个、5 197个和4 597个，占比分别为21.75%、12.27%、8.70%、7.76%和6.86%（见图5-54）。

从投资案例在投金额的行业分布来看，前五大行业分别为“资本品”“房地产”“半导体”“计算机运用”和“交通运输”，各行业在投金额分别为9 097.88亿元、7 610.93亿元、6 554.72亿元、6 494.09亿元和6 204.98亿元，占比分别为13.01%、10.88%、9.37%、9.29%和8.87%（见图5-55）。

从单个投资案例在投金额的行业分布来看，前五大行业分别为“银行”“交通运输”“保险”“公用事业”和“房地产”，平均在投金额分别为10.60亿元、4.36亿元、3.97亿元、3.79亿元和3.66亿元。

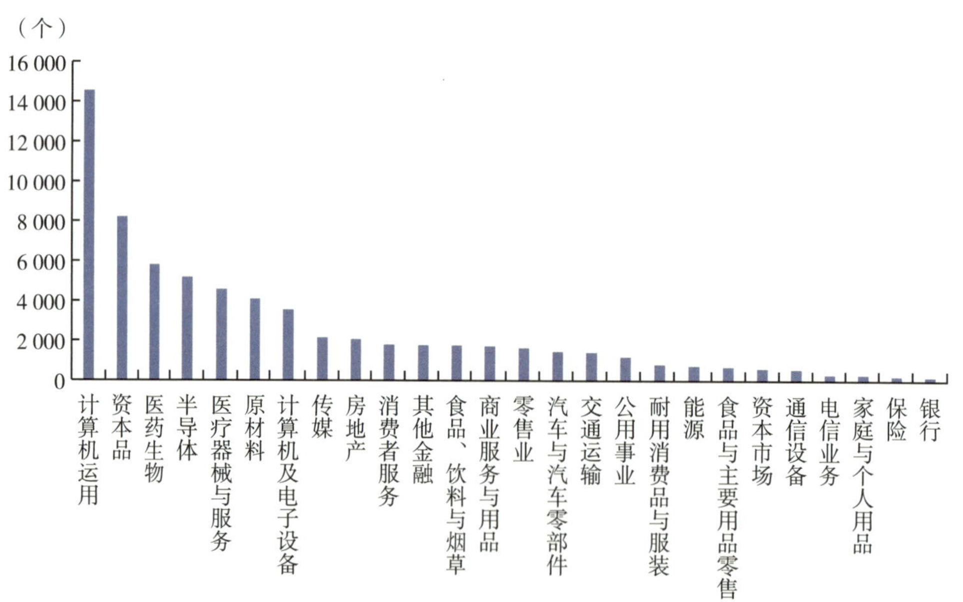

图 5-54　私募股权投资基金投资案例数量行业分布情况

资料来源：中国证券投资基金业协会。

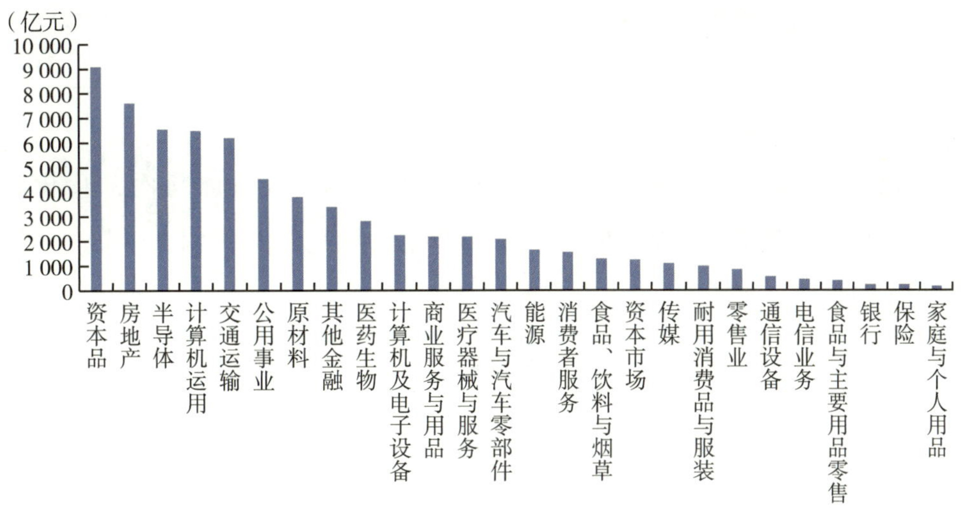

图 5-55　私募股权投资基金投资案例在投金额行业分布情况

资料来源：中国证券投资基金业协会。

2022年当年新增投资案例数量从行业分布来看，前五大行业为“半导体”“资本品”“计算机运用”“医药生物”和“原材料”，数量占比分别为15.62%、14.82%、13.91%、10.63%和8.21%；投资案例金额从行业分布来看，前五大行业为“半导体”“资本品”“原材料”“计算机运用”和“房地产”，投资金额占比分别为18.45%、13.83%、8.58%、7.69%和7.32%；单个案例投资金额从行业分布来看，排名前五的行业分别为“房地产”“交通运输”“公用事业”“其他金融”和“汽车与汽车零部件”，平均投资金额分别为3.20亿元、2.87亿元、1.81亿元、1.40亿元和1.28亿元。

四、私募股权投资基金投资案例退出情况

截至2022年末，已完成运行监测表或清算表填报的私募股权投资基金（含已清算基金）退出案例32 320个，发生退出行为64 205次，退出本金3.31万亿元。2022年当年股权投资基金（含已清算基金）退出案例17 129个，发生退出行为11 221次，退出本金5 649.50亿元。

（一）基金投资案例退出总体情况

截至2022年末，已进行季度更新、完成运行监测表填报且正在运作的私募

股权投资基金投资案例共退出24 749个，发生退出行为49 183次，退出本金1.95万亿元。其中，私募股权投资基金完全退出的投资案例16 144个，发生退出行为27 454次，退出本金1.35万亿元。

2022年当年新增退出案例7 078个，发生退出行为10 034次，退出本金4 396.06亿元。其中，完全退出的案例3 355个，发生退出行为4 271次，退出本金3 016.84亿元。

（二）基金投资案例退出方式分布情况

截至2022年末，私募股权投资基金退出方式主要为“协议转让”“企业回购”“被投企业分红”“融资人还款”“新三板挂牌”，上述方式合计占所有退出次数的86.65%。

现有私募股权投资基金将相当多的资产通过股东借款的方式纳入投资组合，谋求债权类固定回报。从退出本金来看，“融资人还款”占比高达19.32%，“协议转让”占比达36.46%；从实际退出金额来看，“融资人还款”占比15.35%。

从单次退出的实际退出金额来看，“境外上市”“境内上市（除IPO）”[①]“境内IPO”和“整体收购”领先于其他退出方式，平均实际退出金额分别为3.30亿元、2.88亿元、2.66亿元和1.20亿元。

2022年当年新增退出案例通过“协议转让”和“企业回购”方式发生的退出行为较多，占所有退出数量的60.10%，退出本金占比达64.26%，实际退出金额占比57.03%。其中，通过“协议转让”发生的退出行为3 683次，退出本金1 863.92亿元；通过“企业回购”发生的退出行为2 347次，退出本金960.99亿元。

（三）基金投资案例退出地域分布情况

截至2022年末，从私募股权投资基金投资案例退出的地域分布来看，退出案例数量排名前五的地区为北京、广东、上海、浙江和江苏，退出案例数量合计15 800个，数量占比63.84%；案例退出本金排名前五的地区为广东、北京、上海、江苏和浙江，退出本金合计1.04万亿元，退出本金占比53.29%（见图5-56和图5-57）。

① “境内上市（除IPO）”包括“上市公司定向增发”“股票协议转让”和“股票大宗交易”。

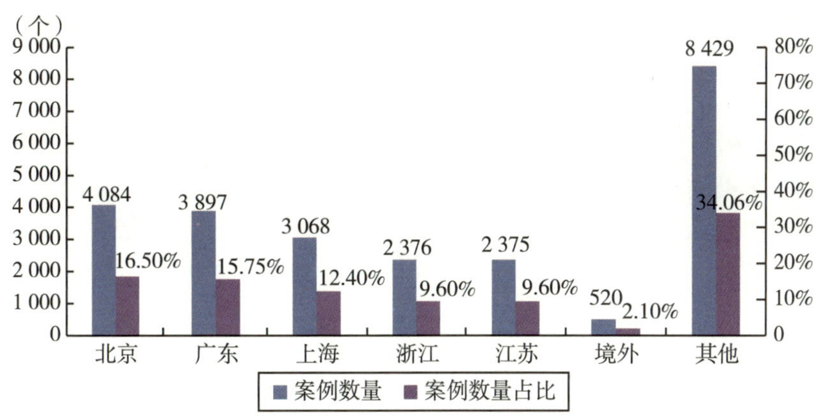

图 5-56　私募股权投资基金退出案例数量排名前五地域分布

资料来源：中国证券投资基金业协会。

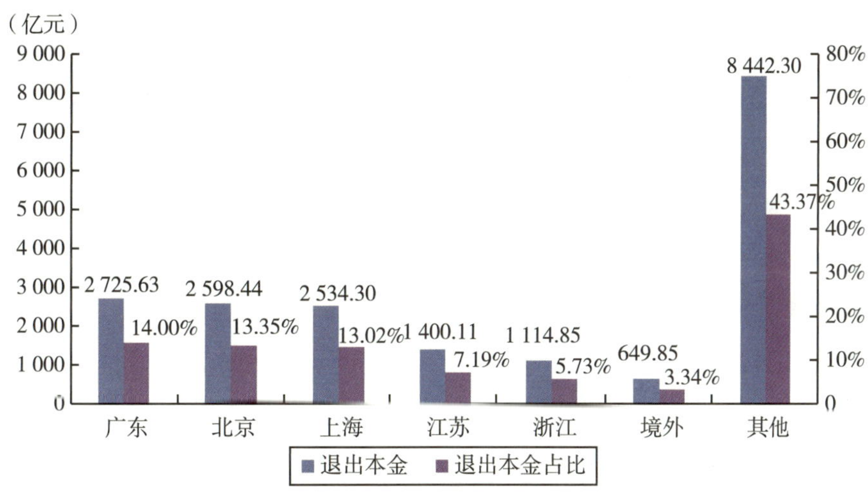

图 5-57　私募股权投资基金投资案例退出本金排名前五地域分布

资料来源：中国证券投资基金业协会。

从私募股权投资基金2022年当年新增退出案例的地域分布来看，退出案例数量排名前五的地区为广东、北京、上海、浙江和江苏，退出案例数量合计4 368个，数量占比61.71%；案例退出本金排名前五的地区为广东、北京、上海、江苏和浙江，退出本金合计2 198.81亿元，退出本金占比50.02%。

（四）基金投资案例退出行业分布情况

从私募股权投资基金退出案例的行业分布来看，截至2022年末，前五大行业为“计算机运用”“资本品”“原材料”“医药生物”和“医疗器械与服务”，各行业退出案例数量分别为5 219个、3 062个、1 791个、1 766个和1 466个，合计13 304个；数量占比分别为21.09%、12.37%、7.24%、7.14%和5.92%，合计占比53.76%（见图5-58）。

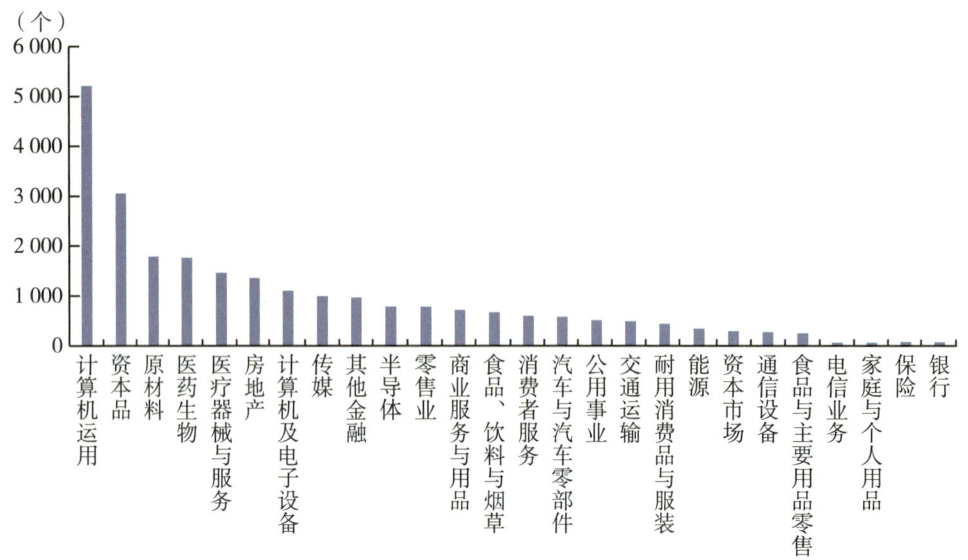

图 5-58　私募股权投资基金退出案例数量行业分布

资料来源：中国证券投资基金业协会。

从私募股权投资基金退出案例退出本金的行业分布来看，前五大行业分别为“房地产”“资本品”“计算机运用”“其他金融”和“原材料”，各行业退出本金分别为3 382.73亿元、2 561.37亿元、1 811.72亿元、1 449.38亿元和1 177.05亿元，退出本金合计1.04万亿元；占比分别为17.38%、13.16%、9.31%、7.45%和6.05%，合计占比53.34%（见图5-59）。

2022年当年私募股权投资基金新增退出案例中，退出案例数量排名前五的行业为“计算机运用”“资本品”“医药生物”“原材料”和“房地产”，各行业退出案例数量分别为1 204个、904个、573个、564个和504个，合计占比52.97%；退出本金前五大行业为“房地产”“资本品”“原材料”“公用事业”和“交通运输”，各行业退出本金分别为830.48亿元、588.09亿元、352.17亿元、319.09亿元和293.91亿元，合计占比54.22%。

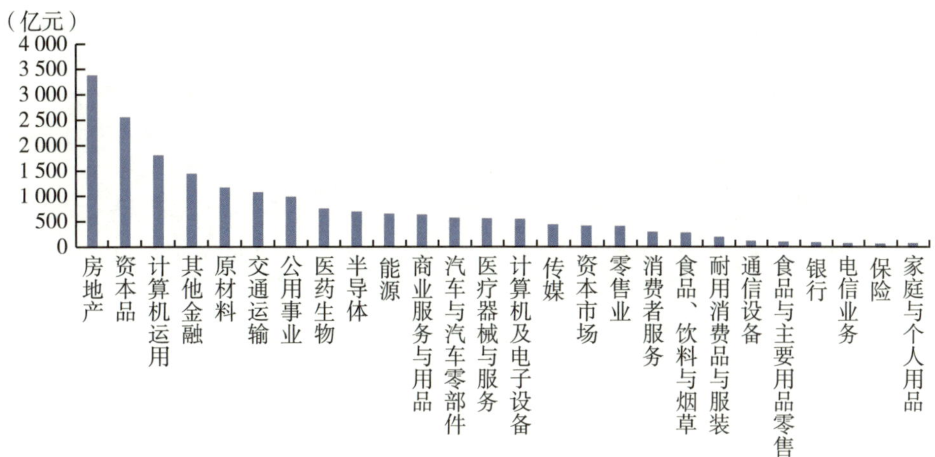

图 5-59　私募股权投资基金退出案例退出本金行业分布

资料来源：中国证券投资基金业协会。

第三节　创业投资基金

一、创业投资基金基本情况

（一）基金数量和规模变化情况

截至2022年末，已备案创业投资基金19 353只，已备案创业投资基金规模为2.90万亿元，平均每只基金的规模约为1.50亿元（见图5-60、图5-61）。

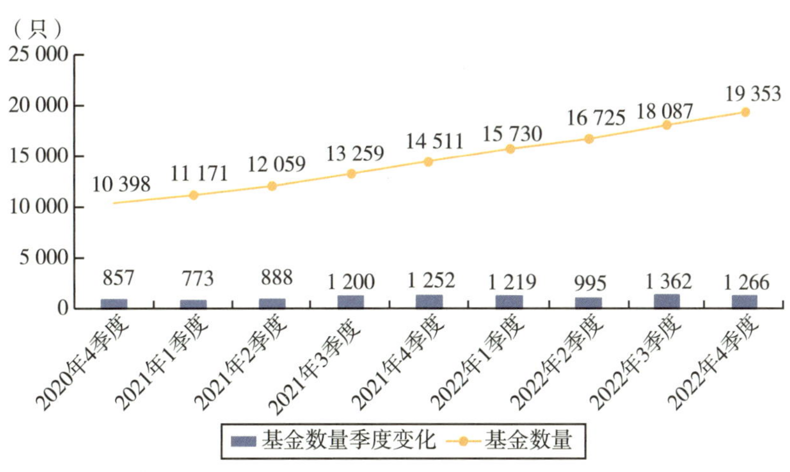

图 5-60　创业投资基金数量变化

资料来源：中国证券投资基金业协会。

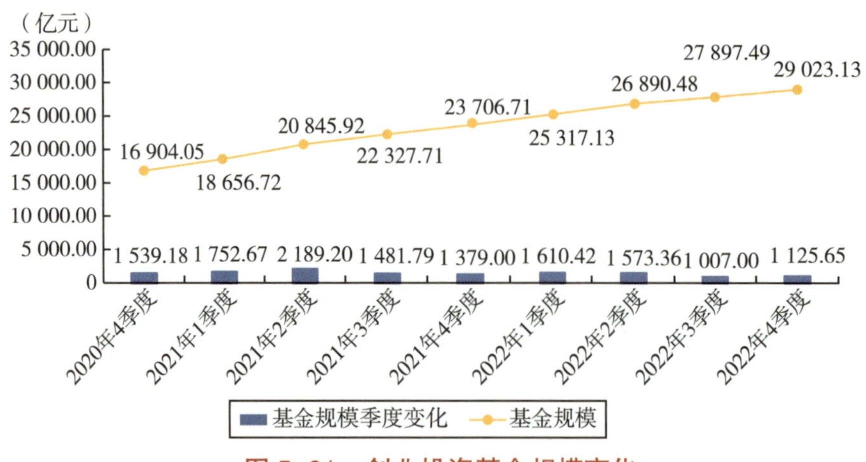

图 5-61　创业投资基金规模变化

资料来源：中国证券投资基金业协会。

2022年当年，创业投资基金继续保持稳定增长，新备案创业投资基金5 394只，备案规模2 013.24亿元，占当年新备案各类型私募基金的比例为15.70%和28.54%。

（二）基金规模分布情况

截至2022年末，创业投资基金单只基金规模主要集中于2 000万元至5 000万元（不含），基金数量为5 108只，占创业投资基金总数的比例为26.39%（见图5-62）。

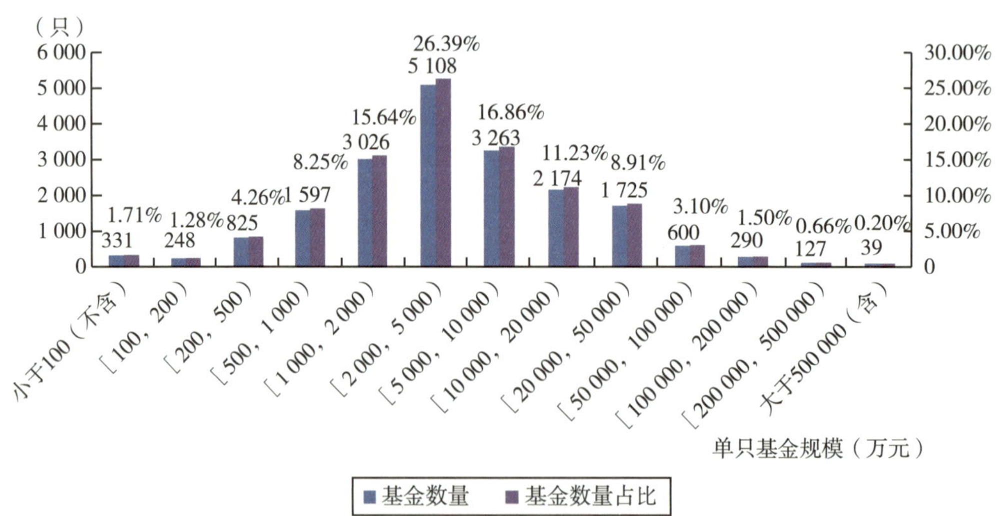

图 5-62　单只创业投资基金规模分布

资料来源：中国证券投资基金业协会。

2022年当年备案的创业投资基金规模普遍较小，单只基金规模主要集中于1 000万元至2 000万元（不含）和2 000万元至5 000万元（不含），数量占比分别为17.71%和20.02%；单只基金规模在5 000万元以下的基金数量占比合计达71.54%。

（三）基金组织形式分布情况

截至2022年末，从创业投资基金的组织形式来看，合伙型的基金数量和规模均最多，分别为18 389只和2.67万亿元，占比分别为95.02%和91.88%；组织形式为公司型的创业投资基金单只基金规模最大，为3.52亿元（见图5-63、图5-64）。

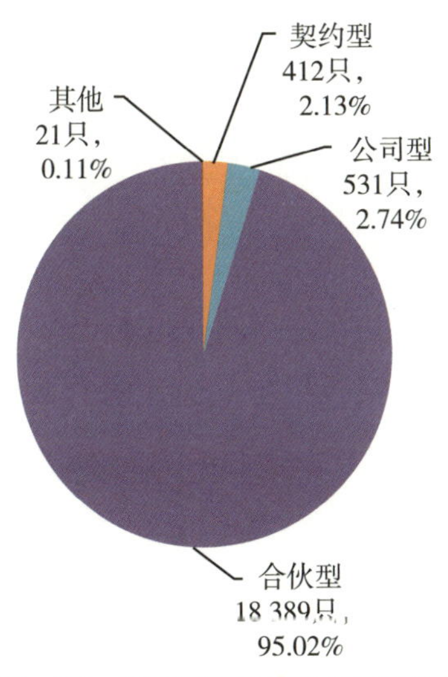

图5-63　创业投资基金组织形式按基金数量分布

资料来源：中国证券投资基金业协会。

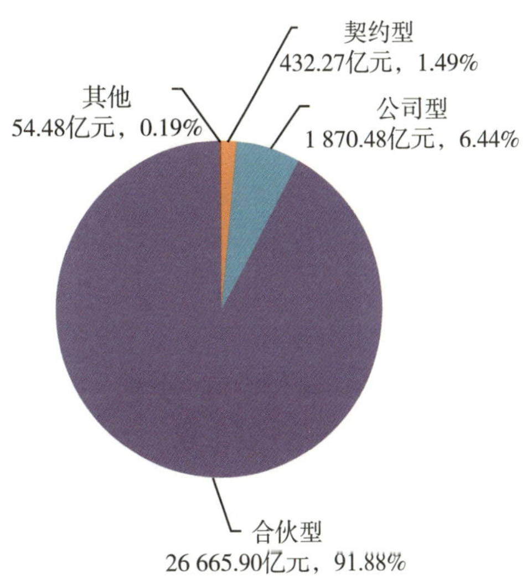

图5-64　创业投资基金组织形式按基金规模分布

资料来源：中国证券投资基金业协会。

2022年当年备案创业投资基金的组织形式依然以合伙型为主，基金数量5 356只，基金规模2 005.16亿元。此外，契约型基金29只，基金规模6.66亿元；公司型基金9只，基金规模1.43亿元。

（四）基金托管情况

截至2022年末，在基金业协会备案的19 353只创业投资基金中，已托管的基金数量为12 048只，托管率达62.25%；已托管的基金规模为2.39万亿元，占创业投资基金总规模的82.43%（见图5-65）。从单只基金平均规模来看，已托管基金平均规模1.99亿元，未托管基金平均规模0.70亿元。

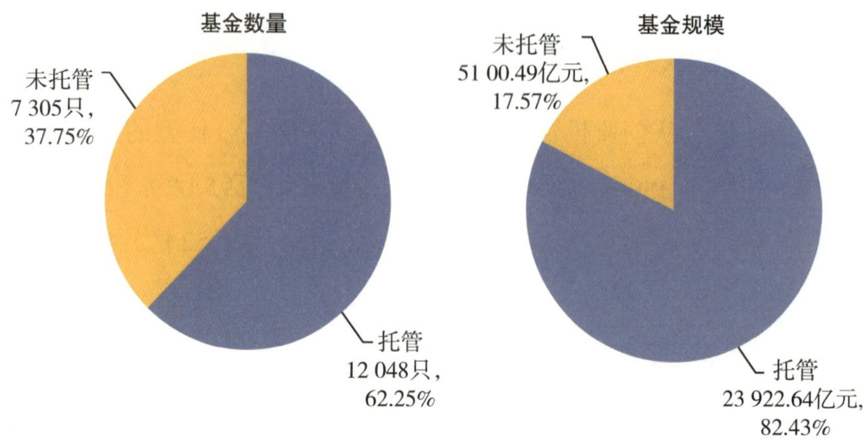

图 5-65　创业投资基金托管情况

资料来源：中国证券投资基金业协会。

从不同组织形式基金的托管情况来看，其他形式和契约型基金的托管率较高，公司型、合伙型基金具有独立的法律地位，在一定程度上受到工商行政管理等其他部门监管，基金托管率低于契约型和其他组织形式基金（见图5-66）。

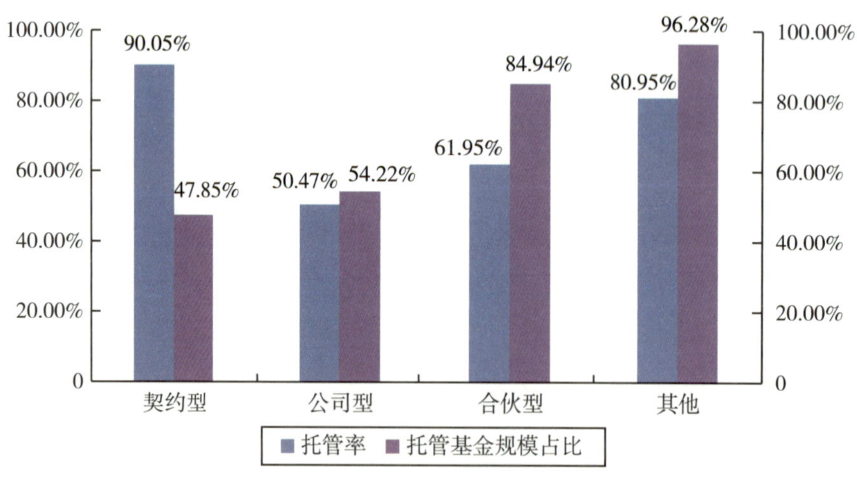

图 5-66　不同组织形式创业投资基金托管情况

资料来源：中国证券投资基金业协会。

2022年当年备案创业投资基金的托管率达62.38%，托管基金规模占比76.66%；从新备案创业投资基金的组织形式来看，契约型基金托管率和托管基金规模占比达100%，公司型基金托管率和托管基金规模占比分别为77.78%和85.26%，合伙型基金托管率和托管基金规模占比分别为62.15%和76.58%。

（五）基金外包情况

截至2022年末，采用外包服务的创业投资基金数量2 619只，占比13.53%；基金规模1 806.67亿元，占比6.22%。大部分创业投资基金未采用外包服务（见图5-67）。

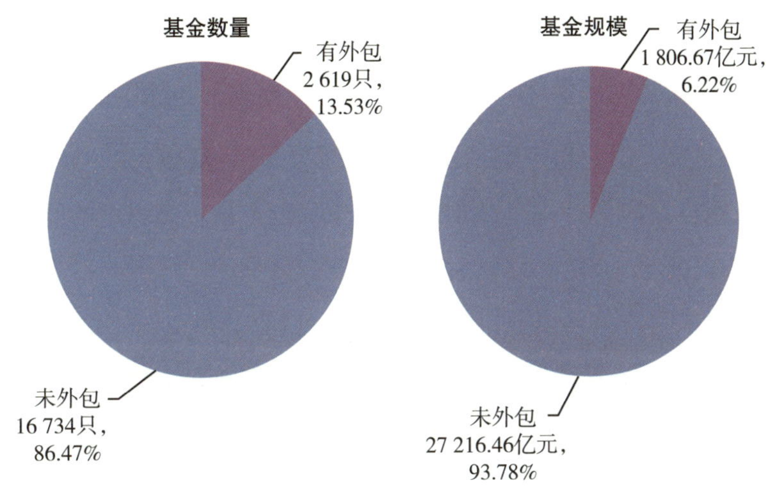

图5-67　创业投资基金外包情况

资料来源：中国证券投资基金业协会。

创业投资基金采用的主要外包服务是份额登记服务和估值核算服务，其中，采用份额登记服务的创业投资基金2 367只，占有采用外包服务创业投资基金数量的90.38%；采用估值核算服务的创业投资基金2 457只，占有采用外包服务创业投资基金数量的93.81%（见图5-68）。

2022年当年备案的创业投资基金中，采用外包服务的创业投资基金数量681只，占比12.63%；基金规模297.47亿元，占比14.78%。其中，创业投资基金主要采用份额登记服务和估值核算服务，占有采用外包服务创业投资基金数量的比例分别为88.11%和93.54%。

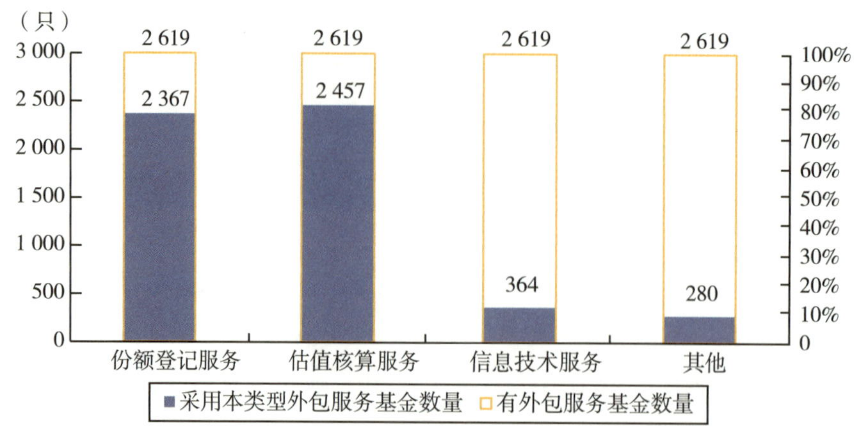

图 5-68　创业投资基金外包服务类型分布

资料来源：中国证券投资基金业协会。

（六）创业投资类FOF情况

截至2022年末，创业投资类FOF共1 763只，基金规模3 839.43亿元，基金数量和规模占比分别为9.11%和13.23%。从单只创业投资类FOF的规模来看，主要集中在2 000万元至5 000万元（不含），数量占比26.83%。

从基金种类来看，母基金数量和规模占创业投资类FOF的比例分别为50.99%和81.09%，投向单一资管计划基金的数量和规模占创业投资类FOF的比例分别为49.01%和18.91%（见图5-69）；母基金的平均规模3.46亿元，而投向单一资管计划基金的平均规模为0.84亿元，远小于母基金。

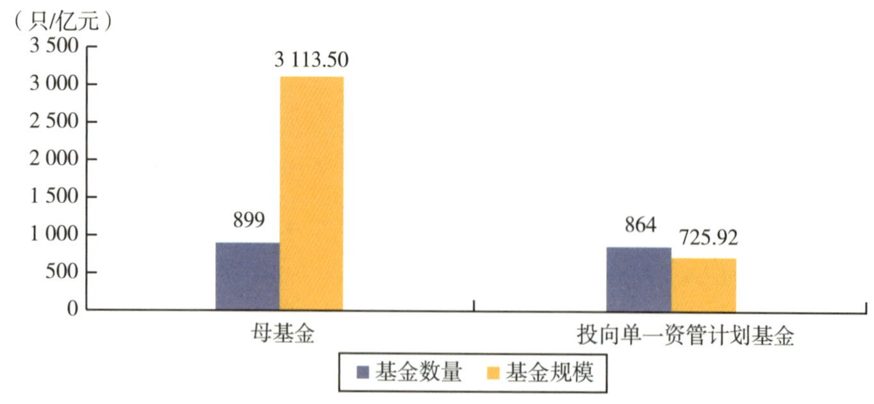

图 5-69　创业投资类 FOF 基金产品种类分布

注：其中一只创投FOF基金分类未明确。

资料来源：中国证券投资基金业协会。

2022年当年备案的创业投资类FOF495只，基金规模193.07亿元，占新备案创业投资基金的比例分别为9.18%和9.59%；单只基金规模同样主要集中在2 000万元至5 000万元（不含），基金数量149只，占当年新备案创业投资类FOF的30.10%。其中，母基金207只，基金规模104.06亿元，平均规模0.50亿元。

（七）政府引导基金情况

截至2022年末，勾选了“政府引导基金”标签的创业投资基金619只，占创业投资基金总数量的3.20%；基金规模2 309.88亿元，占全部创业投资基金规模的7.96%。从单只基金平均规模来看，勾选了“政府引导基金”标签的创业投资基金平均规模为3.73亿元。

2022年当年备案创业投资基金中勾选了“政府引导基金”标签的基金37只，占比0.69%；基金规模26.86亿元，占比1.33%。

二、创业投资基金募集出资情况

截至2022年末，创业投资基金各类投资者合计出资2.40万亿元，所涉投资者17.61万个。2022年当年新备案创业投资基金的各类投资者合计出资2 012.18亿元，所涉投资者42 907个；截至2022年末新备案创业投资基金投资者合计出资2 828.29亿元，所涉投资者44 711个。

（一）基金募集账户监督机构情况

截至2022年末，创业投资基金中有募集账户监督机构的基金17 357只，占比89.69%；基金规模23 895.54亿元，占比82.33%。在有募集账户监督机构的创业投资基金中，募集账户监督机构为取得基金销售业务资格商业银行和证券公司的基金数量占比分别为87.13%和12.84%，基金规模占比分别为94.00%和5.95%（见图5-70）；从单只基金平均规模来看，募集账户监督机构为商业银行的创业投资基金平均规模为1.49亿元，而募集账户监督机构为证券公司的平均规模仅为6 382.12万元。

2022年当年备案的创业投资基金中，有募集账户监督机构的基金5 393只，基金规模2 013.07亿元，占比分别为99.98%和99.99%。新备案有募集账户监督机构的创业投资基金中，以取得基金销售业务资格的商业银行作为募集账户监督

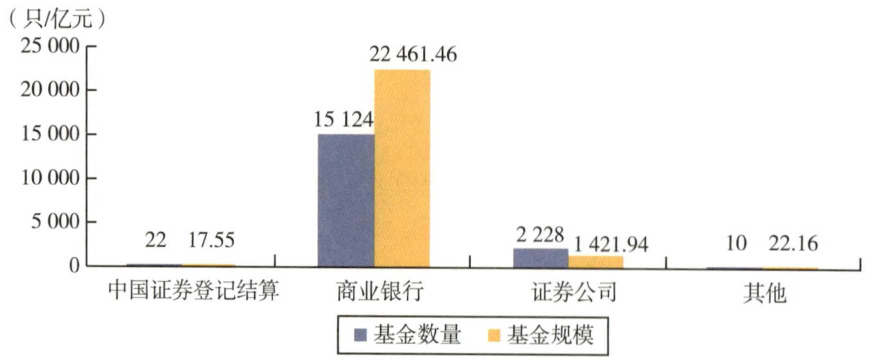

图 5-70 创业投资基金募集账户监督机构情况

资料来源：中国证券投资基金业协会。

机构的基金数量4 943只，基金规模1 826.19亿元；以取得基金销售业务资格的证券公司作为募集账户监督机构的基金450只，基金规模187.43亿元。

（二）基金投资者数量分布情况

截至2022年末，创业投资基金的投资者数量主要集中在1~20（含）个，基金数量达17 528只，占比90.57%；基金规模2.27万亿元，占比78.17%。此外，还有极少部分未进行信息补录或未及时清算的创业投资基金投资者数量显示为“0”（见图5-71、图5-72）。

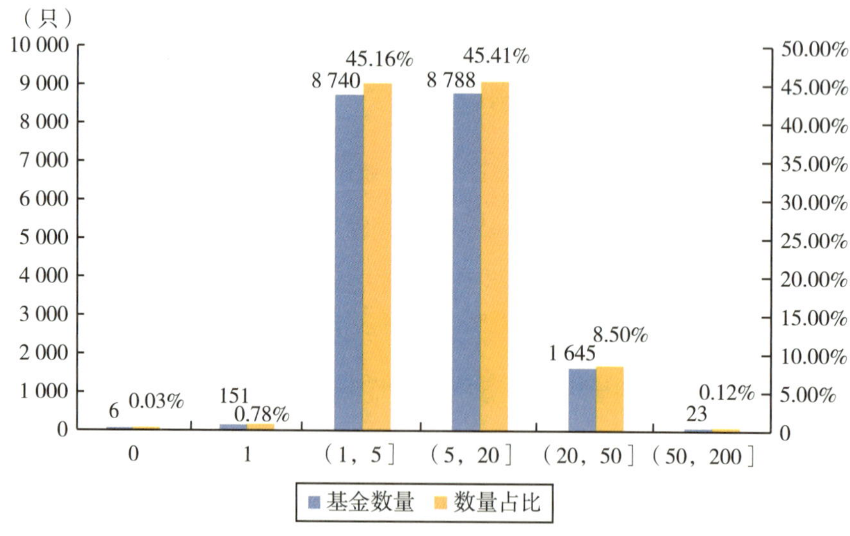

图 5-71 创业投资基金按投资者数量分类的数量分布

资料来源：中国证券投资基金业协会。

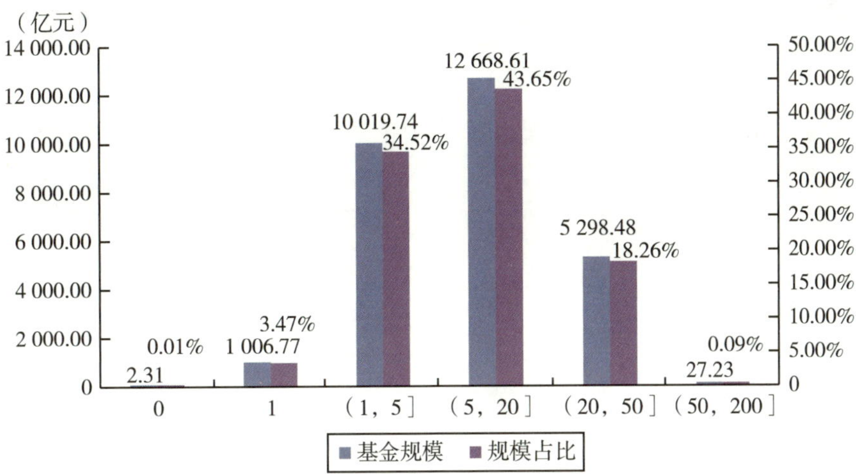

图 5-72　创业投资基金按投资者数量分类的规模分布

资料来源：中国证券投资基金业协会。

2022年当年备案的创业投资基金中，投资者数量主要集中在1~5（含）个，基金数量达2 654只，占比49.22%；基金规模761.67亿元，占比37.85%。投资者数量为5~20（含）个的基金数量2 428只，占比45.03%；基金规模1 006.39亿元，占比50.02%。

（三）基金投资者出资情况

截至2022年末，创业投资基金的各类投资者中，居民投资者数量占比达66.50%，相关资金占比仅为21.00%；企业投资者数量占比26.67%，但相关资金占比达48.54%；各类资管计划投资者数量占比仅为6.60%，相关资金占比达27.39%（见图5-73）。

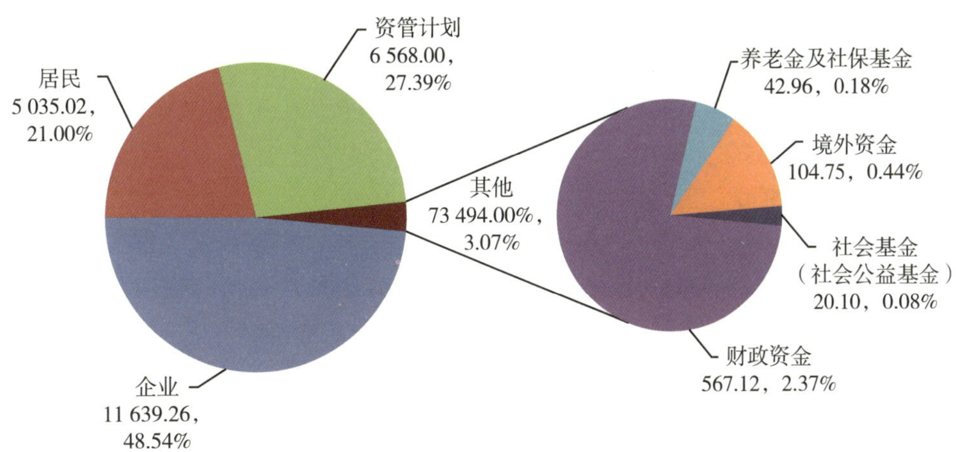

图 5-73　创业投资基金不同类型投资者出资比例分布

资料来源：中国证券投资基金业协会。

具体来看，截至2022年末，企业投资者中，境内公司等法人机构出资占比达到39.34%；居民投资者中，自然人（非员工跟投）出资占比19.63%；各类资管计划投资者中，私募基金产品出资占比22.42%（见图5-74）。

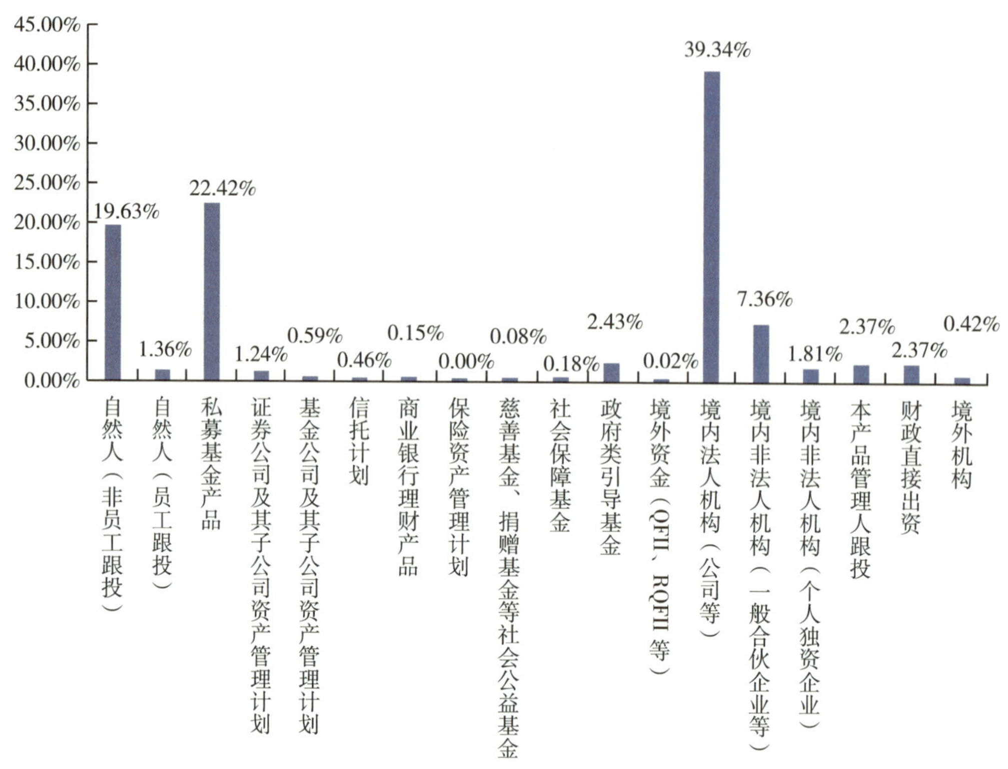

图 5-74　创业投资基金投资者出资比例明细

资料来源：中国证券投资基金业协会。

2022年当年备案创业投资基金的投资者中，主要出资方为企业类投资者，占全部出资的37.25%，其中境内公司等法人机构出资最高，占当年出资总额的29.44%，创业投资基金出资者继续呈现机构化、专业化发展趋势。

（四）机构投资者出资比例分布情况

截至2022年末，从数量上看，28.89%的创业投资基金由机构投资者100%出资，此类基金规模占比达55.93%（见图5-75、图5-76）；从单只基金的规模看，由机构投资者100%出资的基金平均规模达2.90亿元。

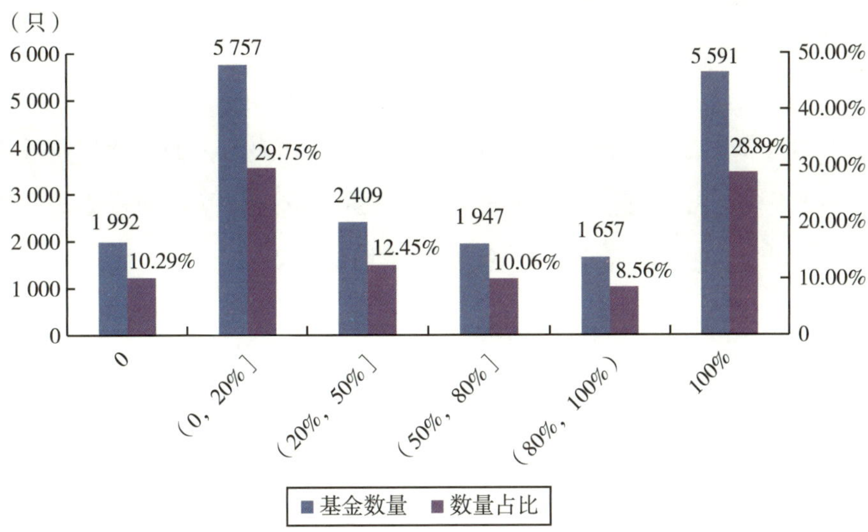

图 5-75　创业投资基金按机构投资者出资数量及占比分布

资料来源：中国证券投资基金业协会。

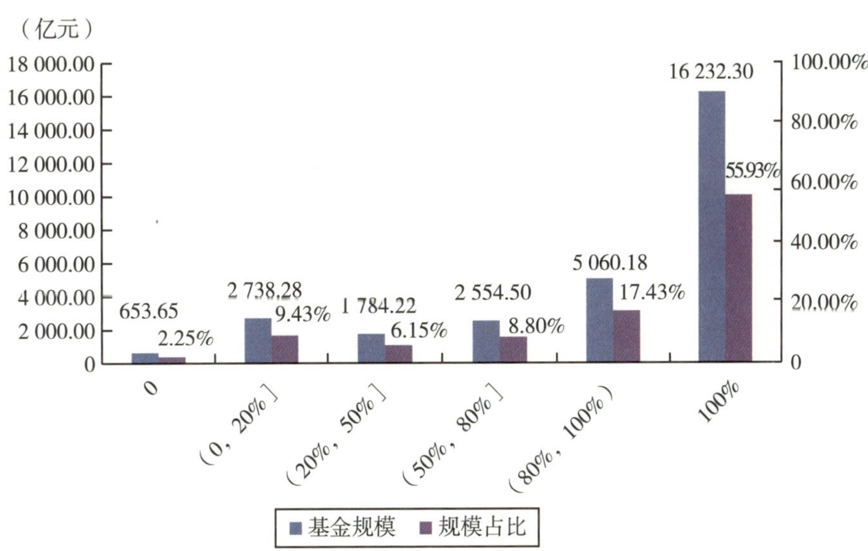

图 5-76　创业投资基金按机构投资者出资规模及占比分布

资料来源：中国证券投资基金业协会。

在2022年当年备案的创业投资基金中，从数量上看，24.00%的创业投资基金由机构投资者100%出资，此类基金规模占比达38.03%；从单只基金的规模看，由机构投资者100%出资的基金平均规模达5 913.95万元。

三、创业投资基金投资运作情况

截至2022年末，已进行季度更新、完成运行监测表填报的存续创业投资基金期末总资产规模为3.02万亿元；期末净资产2.90万亿元。从创业投资基金的配置效率来看，存续创业投资基金已实现收益分配5 728.83亿元。

（一）基金实际投资方向分布情况

截至2022年末，从创业投资基金的具体投资方向情况来看，投资境内未上市、未挂牌公司股权的资产规模最大，达16 950.97亿元，占所投各类资产规模的56.11%（见图5-77）。

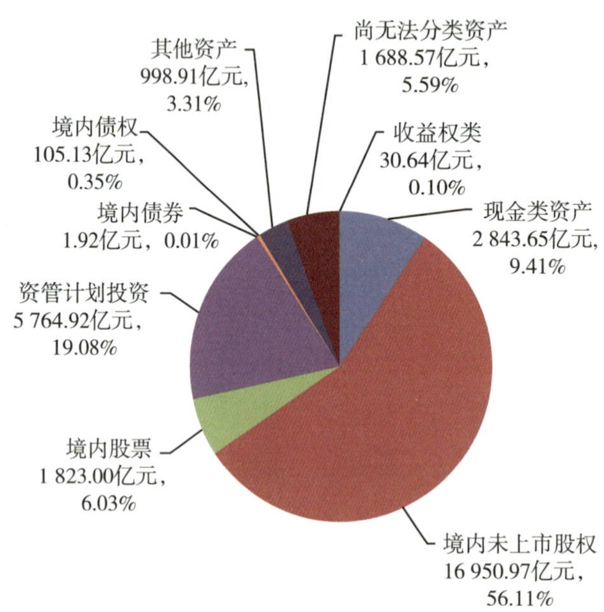

图 5-77　创业投资基金实际投资方向分布

资料来源：中国证券投资基金业协会。

2022年当年备案的创业投资基金投资境内未上市、未挂牌公司股权的资产规模最大，总计1 868.81亿元，占当年所投各类资产规模的59.01%。此外，投资资管计划的资产规模451.91亿元，占比14.27%；投资新三板的资产规模16.88亿元，占比0.53%。

（二）基金投资案例情况

截至2022年末，已进行季度更新、完成运行监测表填报的存续创业投资基金中，已投资且暂未完全退出的境内未上市、未挂牌公司股权投资、上市公司再融资项目、新三板投资、境内债权类投资以及境外股权、债权投资的投资案例65 193个，账面价值20 458.47亿元，在投金额15 785.73亿元；单个案例平均账面价值3 138.14万元，平均在投金额2 421.38万元。2022年当年，创业投资基金新增投资案例14 953个，投资金额3 749.51亿元，单个案例平均投资金额2 507.53万元。

1.基金投资案例特征情况

截至2022年末，创业投资基金所投案例中属于中小企业的案例数量占比最大，达72.19%，在投金额占比为50.79%；属于高新技术在投金额占比最大，达50.80%，企业案例数量为47.55%；属于初创科技型企业的案例数量和在投金额占比分别为27.61%和17.65%（见图5-78）。

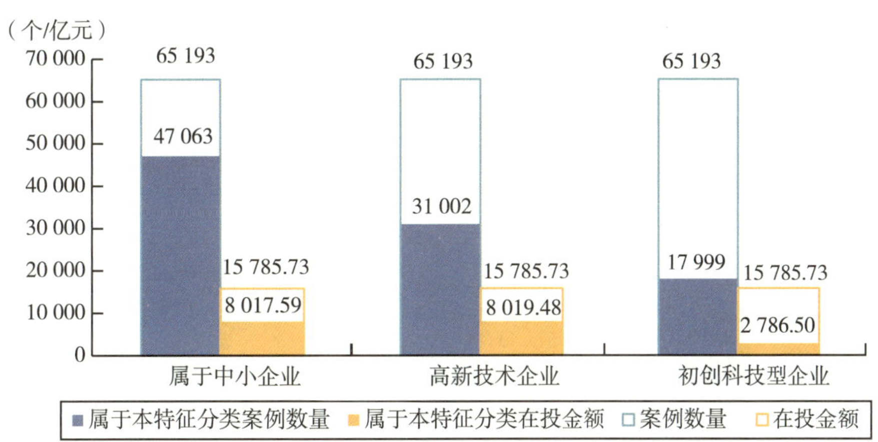

图5-78　创业投资基金投资案例特征数量及规模分布

资料来源：中国证券投资基金业协会。

2022年当年创业投资基金新增投资案例中，属于中小企业的案例数量和投资金额分别为10 526个和1 998.52亿元；属于高新技术企业的案例数量和投资金额分别为7 826个和2 102.73亿元；属于初创科技型企业的案例数量和投资金额分别为4 958个和838.50亿元。

2.基金投资案例地域分布情况

截至2022年末，从创业投资基金投资案例地域分布来看，投资案例数量排名前五的地区为北京、广东、江苏、上海和浙江，合计49 604个，占案例总数量的76.09%（见图5-79）；投资案例在投金额排名前五的地区为广东、江苏、上海、北京和浙江，合计1.13万亿元，占案例在投金额总数的71.87%（见图5-80）。

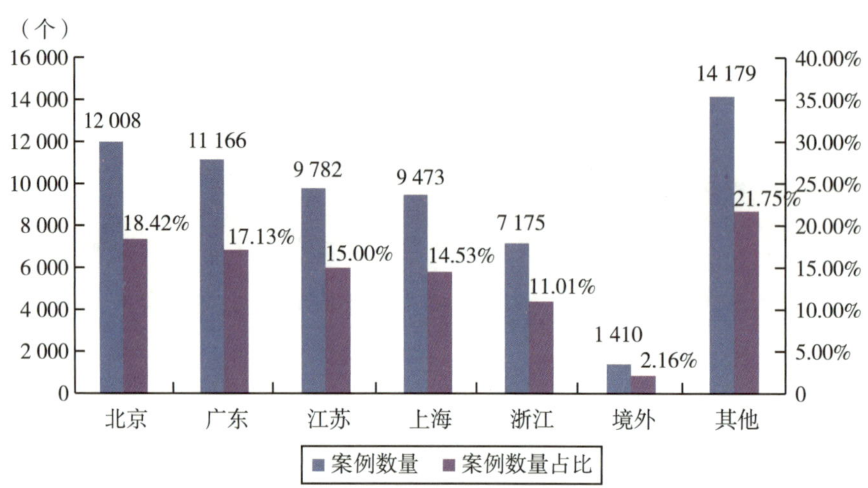

图 5-79 创业投资基金投资案例数量排名前五地域分布

资料来源：中国证券投资基金业协会。

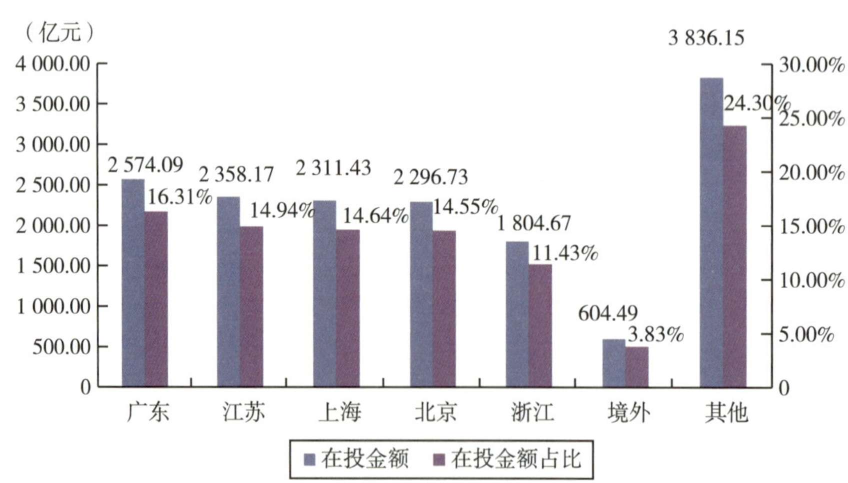

图 5-80 创业投资基金投资案例在投金额排名前五地域分布

资料来源：中国证券投资基金业协会。

2022年当年创业投资基金新增投资案例中，投资案例数量排名前五的地区主要集中于江苏、广东、上海、北京和浙江，合计11 251个，占比75.24%；投资金额排名前五的地区为广东、江苏、浙江、上海和北京，合计2 655.72亿元，占比70.83%。

3.基金投资案例行业分布情况

从投资案例数量的行业分布来看，截至2022年末，前五大行业为“计算机运用”“资本品”“医药生物”“半导体”和“医疗器械与服务”，各行业投资案例数量分别为19 165个、7 500个、6 803个、6 254个和4 985个，数量合计44 707个，占比68.58%（见图5–81）。

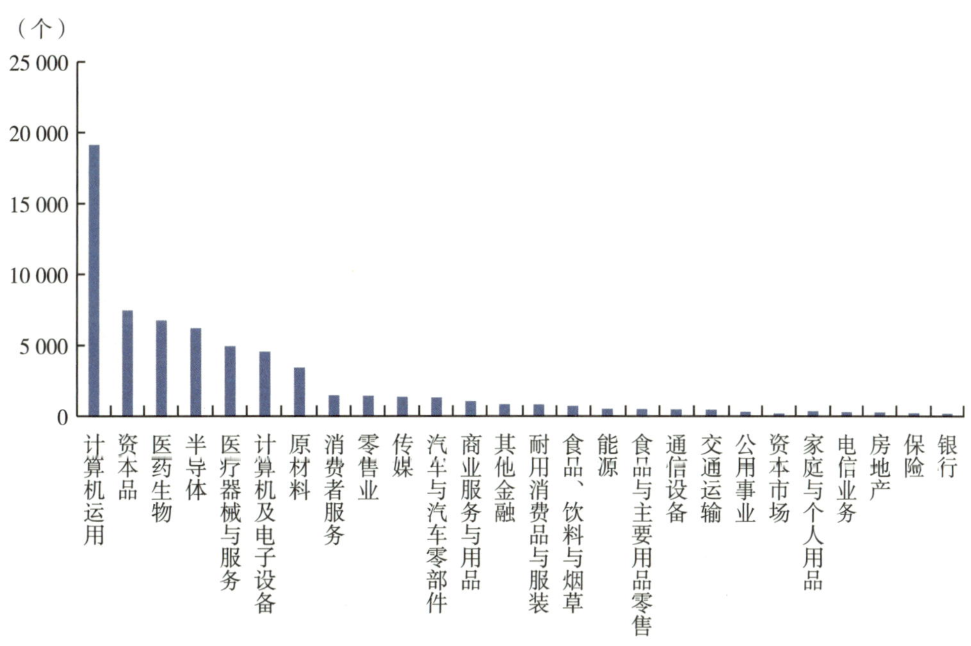

图5–81 创业投资基金投资案例数量行业分布

资料来源：中国证券投资基金业协会。

从投资案例在投金额的行业分布来看，前五大行业分别为“计算机运用”“半导体”“资本品”“医药生物”和“医疗器械与服务”，各行业在投金额分别为3 187.17亿元、2 133.13亿元、1 903.00亿元、1 673.39亿元和1 068.66亿元，在投金额合计9 965.35亿元，占比63.13%（见图5–82）。

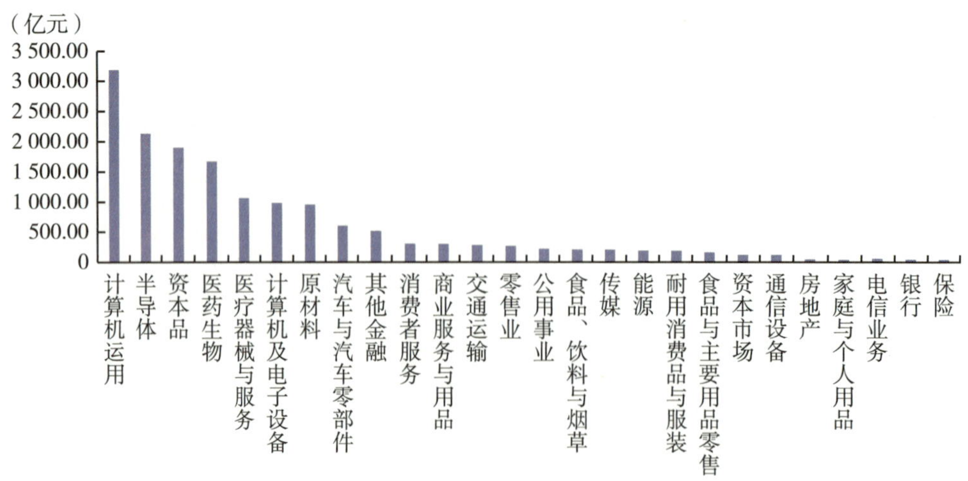

图 5-82 创业投资基金投资案例在投金额行业分布

资料来源：中国证券投资基金业协会。

综合来看，投资案例平均在投金额排名前五位的行业为“银行”“公用事业”“其他金融”“交通运输”和“房地产”，平均在投金额分别为6 758.68万元、6 481.62万元、5 957.83万元、5 764.29万元和5 419.83万元。

2022年当年创业投资基金新增投资案例中，投资案例数量排名前五的行业为“计算机运用”“半导体”“资本品”“医药生物”和“计算机及电子设备”，各行业投资案例数量分别为2 913个、2 659个、2 053个、1 881个和1 347个，数量合计10 853个，占比72.58%；投资金额前五的行业为“半导体”“资本品”“计算机运用”“医药生物”和“计算机及电子设备”，各行业投资金额分别为840.23亿元、537.92亿元、497.86亿元、381.38亿元和308.80亿元，投资金额合计2 566.18亿元，占比68.44%；新增投资案例平均投资金额排名前五的行业为“银行”“其他金融”“房地产”“交通运输”和“商业服务与用品”，平均投资金额分别为51 562.68万元（仅一例投资）、8 432.46万元、7 869.83万元、6 644.77万元和5 973.79万元。

四、创业投资基金投资案例退出情况

截至2022年末，已完成运行监测表或清算表填报的创业投资基金（含已清算基金）退出案例19 658个，发生退出行为32 549次，退出本金3 144.19亿元。2022年当年创业投资基金（含已清算基金）退出案例6 479个，发生退出行为

6 125次，退出本金676.44亿元。

（一）存续基金投资案例退出情况

截至2022年末，已进行季度更新、完成运行监测表填报且正在运作的创业投资基金投资案例退出共18 140个，发生退出行为29 777次，退出本金2 613.37亿元。其中，完全退出案例12 851个，发生退出行为19 536次，退出本金1 998.68亿元。

1.存续基金投资案例退出方式分布情况

截至2022年末，创业投资基金投资案例退出方式，从退出次数来看主要为“协议转让”“企业回购”“新三板挂牌”和“被投企业分红”，上述方式合计占所有退出次数的79.68%；从退出本金来看，“协议转让”“企业回购”“境内IPO”退出本金占比较高，共81.78%。

2.存续基金投资案例退出地域分布情况

截至2022年末，从创业投资基金投资案例退出的地域分布来看，退出案例数量排名前五的地区为北京、上海、广东、江苏和浙江，退出案例数量合计12 621个，数量占比69.58%（见图5-83）；案例退出本金排名前五的地区为北京、广东、江苏、上海和浙江，退出本金合计1 762.52亿元，退出本金占比67.44%（见图5-84）。

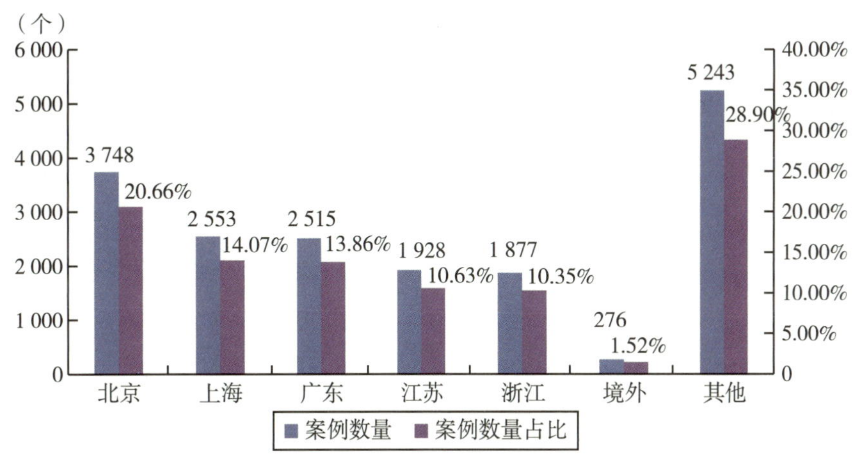

图5-83　存续创业投资基金退出案例数量排名前五名地域分布

资料来源：中国证券投资基金业协会。

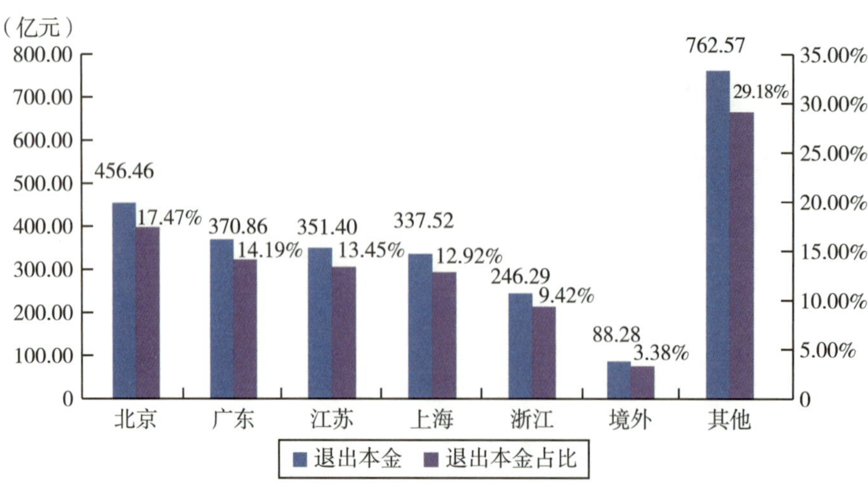

图 5-84　存续创业投资基金投资案例退出本金排名前五名地域分布

资料来源：中国证券投资基金业协会。

3.存续基金投资案例退出行业分布情况

从创业投资基金退出案例数量的行业分布来看，截至2022年末，前五大行业为“计算机运用”“资本品”“医药生物”“原材料”和“医疗器械与服务”，各行业退出案例数量分别为5 815个、2 401个、1 374个、1 276个和1 120个，数量合计11 986个，占比66.03%（见图5-85）。

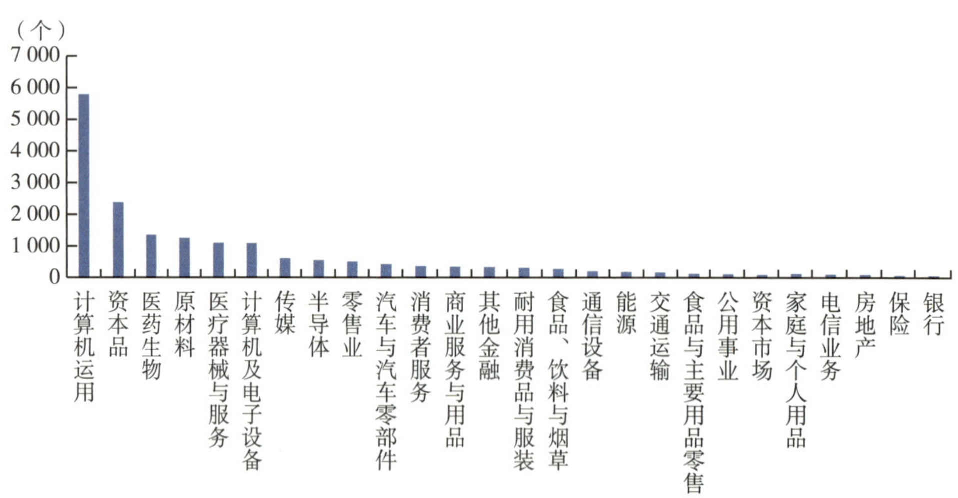

图 5-85　存续创业投资基金退出案例数量行业分布

资料来源：中国证券投资基金业协会。

从创业投资基金退出案例退出本金的行业分布来看，前五大行业分别为“计算机运用”“资本品”“医药生物”“原材料”和“医疗器械与服务”，各行业退出本金分别为545.91亿元、364.29亿元、230.78亿元、202.13亿元和175.94亿元，退出本金合计1 519.05亿元，占比58.13%（见图5-86）。

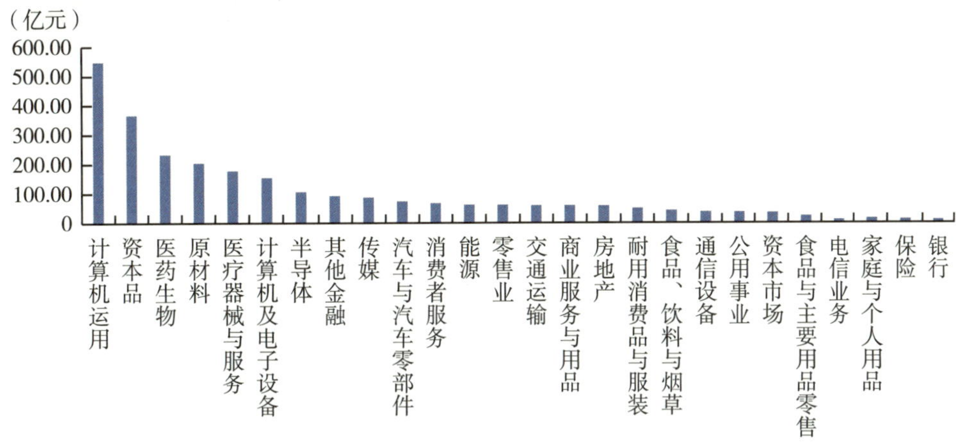

图5-86　存续创业投资基金退出案例退出本金行业分布

资料来源：中国证券投资基金业协会。

（二）已清算基金投资案例退出情况

截至2022年末，在资产管理业务综合报送平台完成清算情况表填报的已清算创业投资基金退出案例1 518个，发生退出行为2 772次，退出本金530.82亿元。

（三）当年新增退出案例情况

2022年当年创业投资基金新增退出案例4 409个，发生退出行为5 849次，退出本金593.32亿元。其中，完全退出案例2 413个，发生退出行为3 010次，退出本金400.17亿元。

从相关退出案例的退出方式来看，主要为“协议转让”“企业回购”和“新三板挂牌”，上述方式占所有退出次数的72.11%；从退出本金来看，“协议转让”“企业回购”和“境内IPO”退出本金占比较高，合计占比83.79%。

从相关退出案例的地域分布来看，退出案例数量排名前五的地区为北京、江苏、广东、上海和浙江，退出案例数量合计3 052个，数量占比69.22%；案例退出本金排名前五的地区为北京、广东、江苏、浙江和上海，退出本金合计383.74

亿元，退出本金占比64.68%。

从相关退出案例的行业分布来看，退出案例数量排名前五的行业为“计算机运用”“资本品”“医药生物”“原材料”和“计算机及电子设备”，各行业退出案例数量分别为1 129个、632个、354个、348个和319个，数量合计2 782个，占比63.10%；退出本金前五的行业为“计算机运用”“资本品”“医药生物”“计算机及电子设备”和“医疗器械与服务”，各行业退出本金分别为110.71亿元、90.57亿元、46.75亿元、43.51亿元和43.43亿元，退出本金合计334.97亿元，占比56.46%。

第六章

公募基金管理机构[①]

截至2022年末，我国境内已成立的公募基金管理机构有156家[②]。其中，中外合资公司43家，外商独资企业4家[③]，取得公募基金管理资格的证券公司或证券公司资管子公司12家，保险资管公司2家[④]。与2021年相比，增加5家公募基金管理机构。

第一节　公募基金管理机构股东情况

一、国有、中外合资、外商独资、民企、其他

按股东背景[⑤]将基金管理机构分为：国有企业、中外合资企业、民营企业、

① 本章主体内容由上海证券协助撰写。

② 本章以截至2022年末，基金管理人是否取得经营证券期货业务许可证为准。

③ 公司性质基础数据来源于Wind。

④ 证监会已于2021年9月1日核准设立泰康基金管理有限公司。泰康资产管理有限责任公司已于2023年1月取消公募基金管理资格。截至2022年12月，泰康基金管理有限公司与泰康资产管理有限责任公司暂时性地同时具有公募基金管理资格。

⑤ 具体分类标准如下：国有企业，指大股东或实际控制人属于国务院/地方各级国资委、中央国家机关及地方各政府/部门、中央国有及地方国有企/事业单位；中外合资企业，指由外国公司或其他经济组织或个人与中国公司或其他经济组织按法律规定共同投资设立、共同经营，按各自的出资比例共担风险、共负盈亏，各方出资折算成一定的出资比例，外国合营者的出资比例一般不低于25%，或由外国公司或其他经济组织活个人，依照中国法律在中国境内设立的全部资本由外国投资者投资的企业（可以是一个外国投资者独资，也可以是若干外国投资者合资）；民营企业，指非公有制企业，例如个体企业，私营企业等，特点是没有国有资本，非国家控股；外商独资企业，指外国的公司、企业、其他经济组织或者个人，依照中国法律在中国境内设立的全部资本由外国投资者投资的企业；其他企业，指除以上四种类型外的企业单位。

外商独资企业、其他企业。

属于国有企业的公募基金管理机构共56家，其中多为地方政府或财政部出资，个别基金管理公司由财政部或国资委直接出资。从机构类型来看，有47家基金公司，9家持牌机构；从控股模式看，有34家公募基金管理机构为国有企业绝对控股，其中有15家公募基金管理机构由国有企业独资。目前国有企业仍然是基金管理机构股东群体中的重要力量。

属于中外合资企业的公募基金管理机构共43家，机构类型上均为基金管理公司，无持牌机构；从控股模式来看，绝对控股[①]的公募基金管理机构有30家，其中大部分均由单家内资企业控股超过50%（即绝对控股），少部分为外资控股。13家机构为相对控股[②]，无分散持股[③]的机构。从外资股东所处区域来看，外资股东多是来自美国、欧洲等的大型投资机构，也包括中国香港、中国澳门和中国台湾等地区，以及日本、新加坡等国的亚洲市场金融机构。

属于民营企业的公募基金管理机构共34家。从机构类型看，有32家基金管理公司，2家持牌机构；从控股模式上看，17家基金管理机构股权为绝对控股，其余17家为相对控股，股东中多数为民营企业与自然人。从第一大股东来看，20家基金管理机构第一大股东为自然人。

属于外商独资企业的公募基金管理机构共4家。所有外商独资企业均采用绝对控股的模式。

总体来看，我国公募基金管理机构股权结构呈现出多元化的特点，各种各样的机构参与到公募基金管理领域，为基金管理机构在丰富社会投资、提升服务能力、激励人才方面奠定了基础。相关资料见图6-1和图6-2。

① 绝对控股，是指第一大股东持有公司全部股份的50%以上，处于绝对控股地位。

② 相对控股，是指第一大股东持股比例在20%~50%，这种股权结构也称为股权相对集中模式。

③ 分散持股，是指第一大股东持股比例在20%以下，相当数量的股东持股比例较接近。

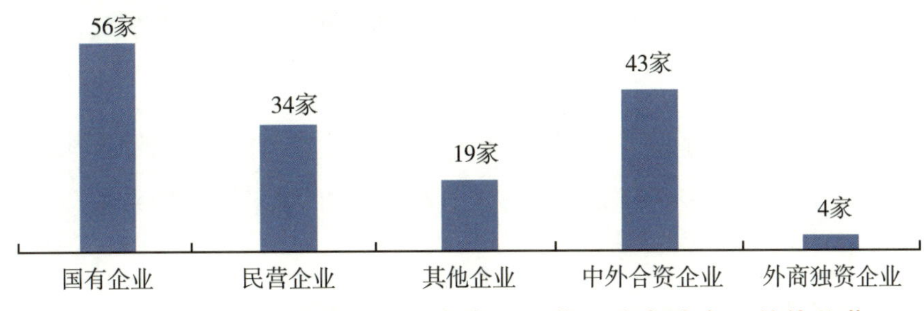

图 6-1　2022 年国有、中外合资、民营、外商独资、其他公募基金管理机构数量分布

资料来源：Wind、上海证券基金评价研究中心。

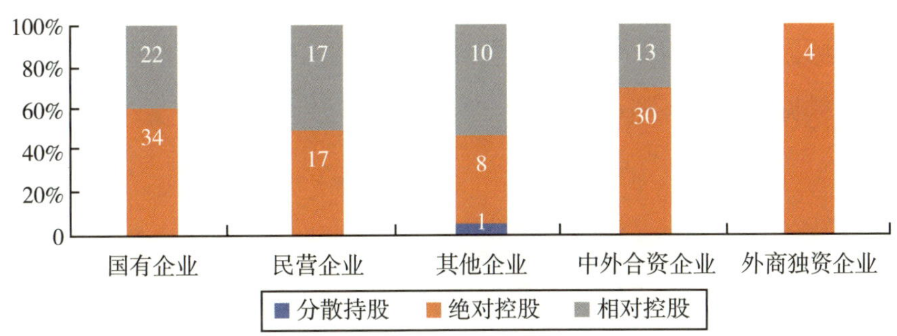

图 6-2　2022 年各类公募基金管理机构股权模式占比

资料来源：Wind、上海证券基金评价研究中心。

二、不同类型股东背景

从主要控股股东所处行业来划分，大致可分为四个类型[①]：银行系、券商系、信托系和其他系。一直以来，无论从公募基金管理机构数量还是从管理资产规模来看，券商系公募基金管理机构都在行业中占据领先地位。尽管银行系中有数家规模较大的基金公司，但是券商系公募基金管理机构具有数量优势，因此整体规模占优。

2022年共有67家券商系基金管理机构，数量较2021年未发生变化。券商系基金管理机构在全部基金管理机构中数量占比42.95%，规模占比56.97%。此外，共有4家证券公司及8家证券公司资管子公司获得公募基金管理人资格。

① 机构派系基础数据来源于Wind。

银行系基金管理机构有15家，规模占全部基金管理机构的20.61%，较2021年未发生变化。从数量上看，占比9.62%；相比2021年，机构数量占比略有下降。

信托系基金管理机构共计21家，在全部基金管理机构中数量占比13.46%，规模占比10.77%，均略有下降。从数量上看，较2021年，信托系基金管理机构数量下降1家。

其他系基金管理机构共计53家，主要包括多类金融机构共同控股或资产管理公司为控股股东的基金管理机构。随着混业经营的态势持续深化，其他系基金管理机构包括保险、期货、私募等金融机构，也包括地产、互联网等机构、在此也可以清晰地看出，其他系基金管理机构占比也在近年来逐步上升。以往以券商系为主导的市场，可能随着其他系基金管理机构的加入变得更加活跃。

相关资料见图6-3至图6-6。

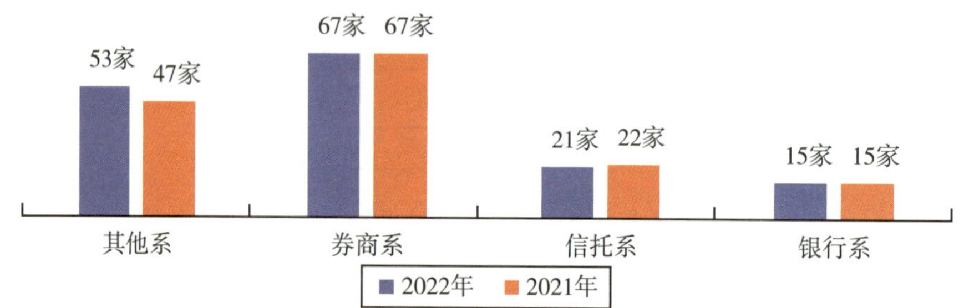

图6-3　2021年和2022年各类公募基金管理机构数量

资料来源：Wind、上海证券基金评价研究中心。

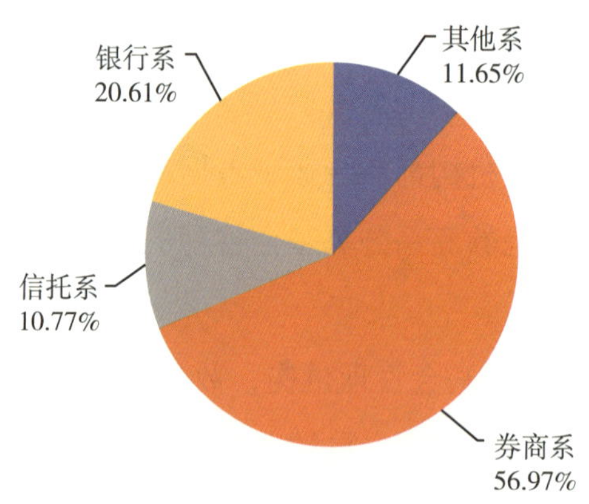

图6-4　2022年各类公募基金管理机构资产规模占比

资料来源：Wind、上海证券基金评价研究中心。

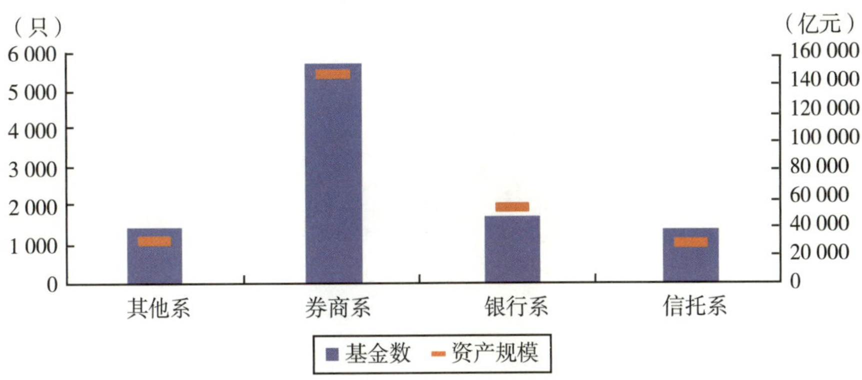

图 6-5　2022 年末各类公募基金管理机构管理资产情况

资料来源：Wind、上海证券基金评价研究中心。

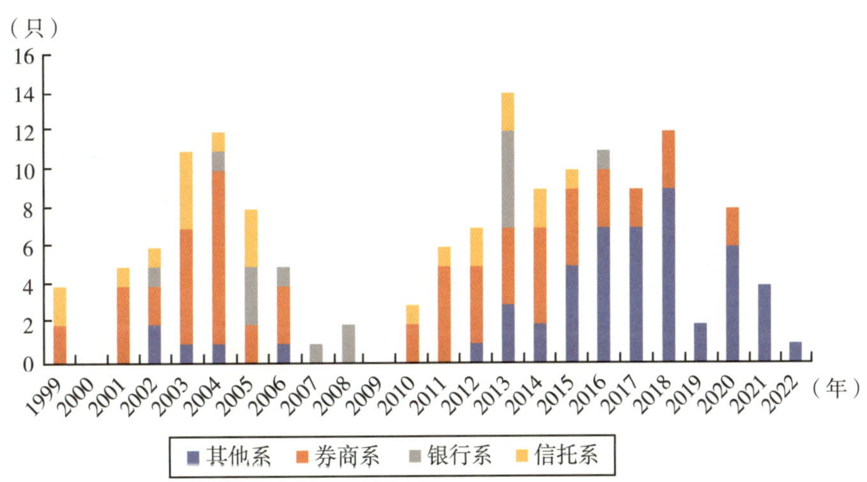

图 6-6　1999 年以来每年新成立公募基金管理机构类别及数量（以获批日期为准）

资料来源：Wind、上海证券基金评价研究中心。

第二节　公募基金管理机构股权结构

一、控股模式

2022年，93家基金管理机构采用绝对控股模式，占比为59.62%，其中包含23家独资控股公司。另有62家基金管理机构采用相对控股模式，1家基金管理机构采用分散持股模式（见图6–7）。

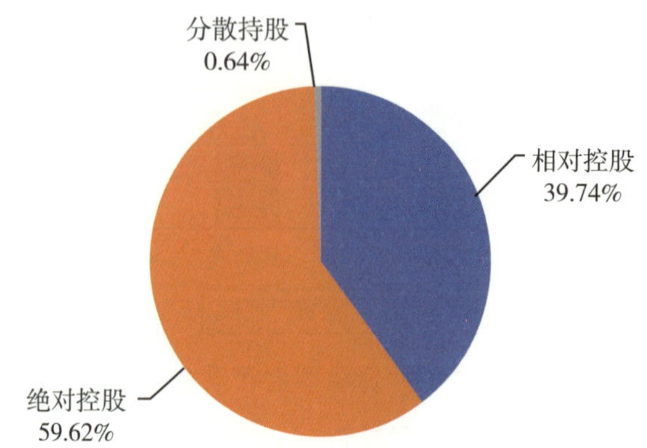

图 6–7　2022 年公募基金管理机构股权结构数量分布（参 / 控股）

资料来源：Wind、上海证券基金评价研究中心。

从公司性质上看，分散持股与相对控股在民营企业与其他企业中占比较大，合计约为50%（见图6–8）；而在国有企业、外商独资企业与中外合资企业中绝对控股占大多数，占比均在60%以上。

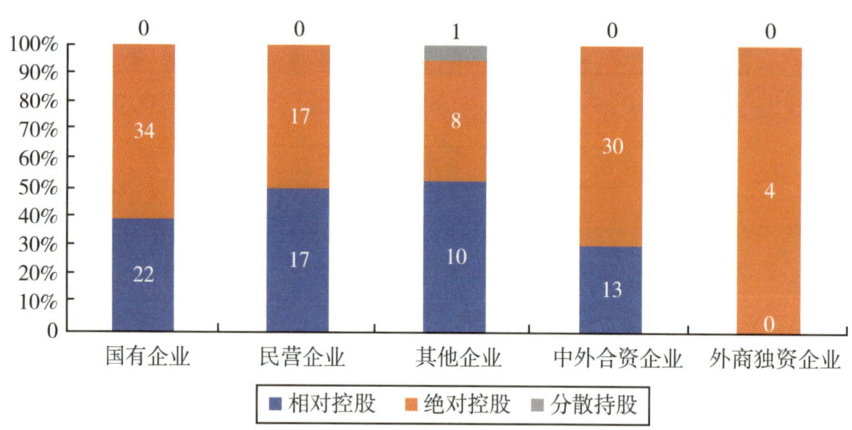

图 6–8　2022 年各类公募基金管理机构股权结构（参 / 控股）

资料来源：Wind、上海证券基金评价研究中心。

从公募基金管理机构分布的地域上看（见图6–9），基金管理机构主要分布在上海、深圳、北京三地。其中，上海与北京地区公募基金管理机构多采用绝对控股模式；而深圳地区的公募基金管理机构采用相对控股模式的较多。

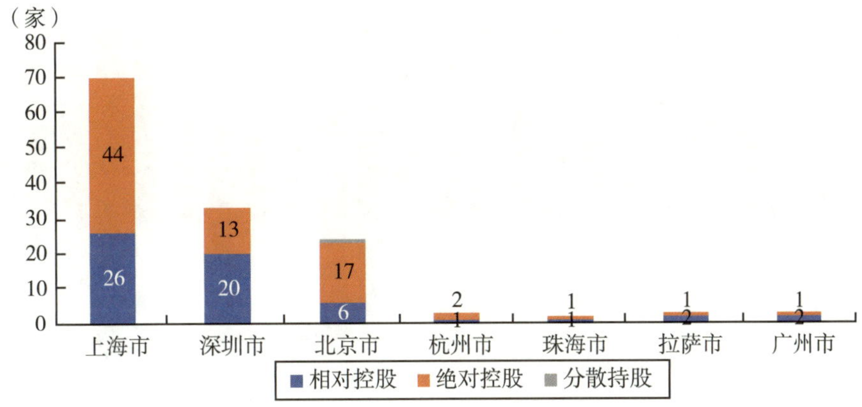

图6-9　公募基金管理机构注册数量较多的六个区域

资料来源：Wind、上海证券基金评价研究中心。

从图6-10可以看出公募基金管理机构在选择控股模式上，大致经历了从相对控股为主到绝对控股与相对控股持平的状态。从新增公募基金管理机构股权模式来看，在大多数年份，公募基金管理机构大概率选择绝对控股，但总体上，相对控股与绝对控股的控股模式趋于平衡。

由于两种模式优势与劣势各不相同，公募基金管理机构在选择时，都会选择更为适合自己公司的模式，这使得这两者并没有明显的占比优势（见图6-11）。

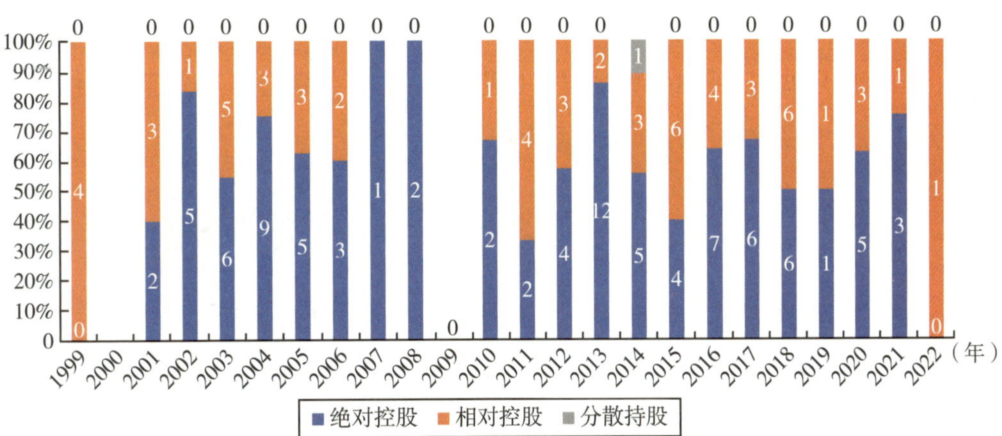

图6-10　每年新增公募基金管理机构的控股模式选择（以获批日期为准）[①]（家）

资料来源：Wind、上海证券基金评价研究中心。

① 基金公司与持牌机构的股权数据采用2022年获取的截面数据，我们假设绝大部分基金公司的股权结构自获批以来，并未发生大幅度的变动，以大致展现基金管理机构控股模式的变迁。

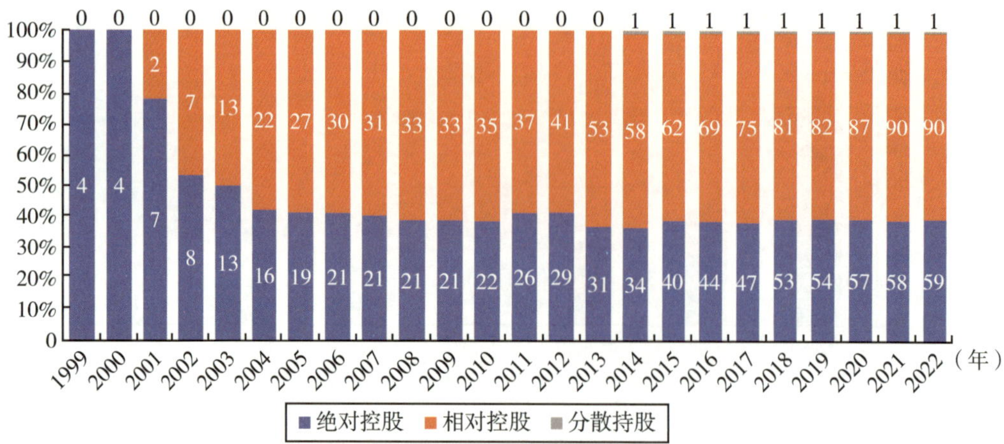

图 6-11　公募基金管理机构整体控股模式占比趋势（以获批日期为准）（家）

资料来源：Wind、上海证券基金评价研究中心。

二、股权集中度

在纳入统计的156家公募基金管理机构中，第一大股东平均持股集中度为58.37%，较2021年略有提升；前两大股东和前三大股东平均持股集中度为83.75%和92.47%（见图6-12），较2021年均略有提升。第一大股东的持股比例达到50%以上的有99家公募基金管理机构，在公司运作中掌握绝对话语权。62家公募基金管理机构由两家及以下股东控制全部的股份，另有33家公募基金管理机构由三家股东共同控制100%的股份（见图6-13）。个别公募基金管理机构股东较为分散，其中多数股东为个人或民营企业。

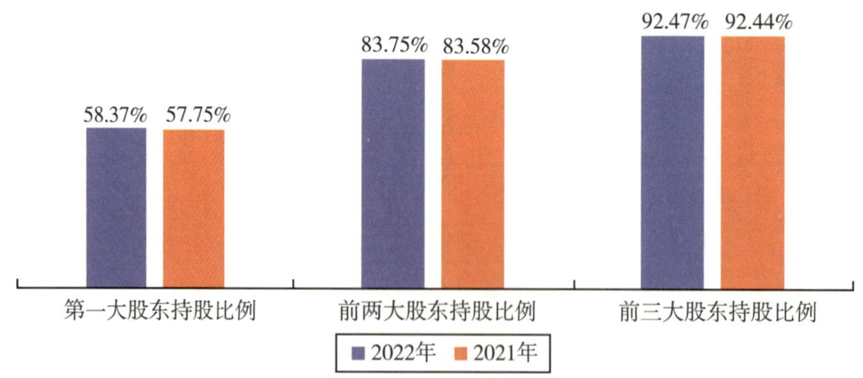

图 6-12　2022 年与 2021 年公募基金管理机构参股机构合资与独资情况

资料来源：Wind、上海证券基金评价研究中心。

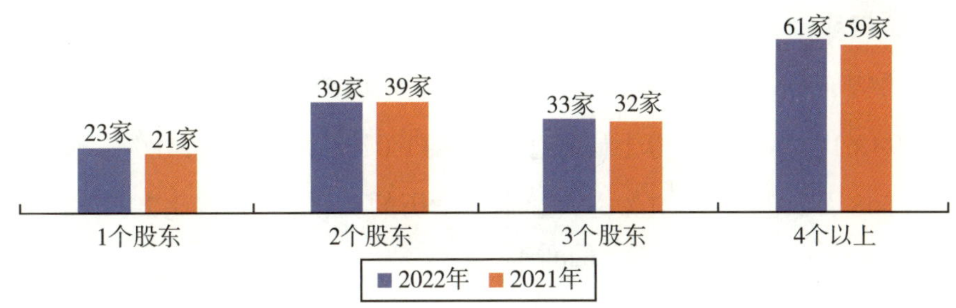

图 6-13　2022 年与 2021 年公募基金管理机构股东数量情况

资料来源：Wind、上海证券基金评价研究中心。

股权集中度，指全部股东因持股比例不同所表现出来的股权集中（分散）的数量化指标，是衡量公司的股权分布状态、公司结构、公司稳定性强弱的重要指标。上述数据显示，多数公募基金管理机构股权集中度较高，加上股东大部分为金融机构，使得股东之间利益关系较为一致、认知差异较小，较为有利于公募基金管理机构的稳定发展。

第三节　公募基金管理机构人力资本情况

一、从业人员整体情况

截至2022年末，公募基金管理机构共有从业人员31 509人，较2021年末增加3 007人，增加幅度为10.55%。其中，男性从业人员17 294人，占比54.88%；女性从业人员14 215人，占比45.12%（见图6-14）。

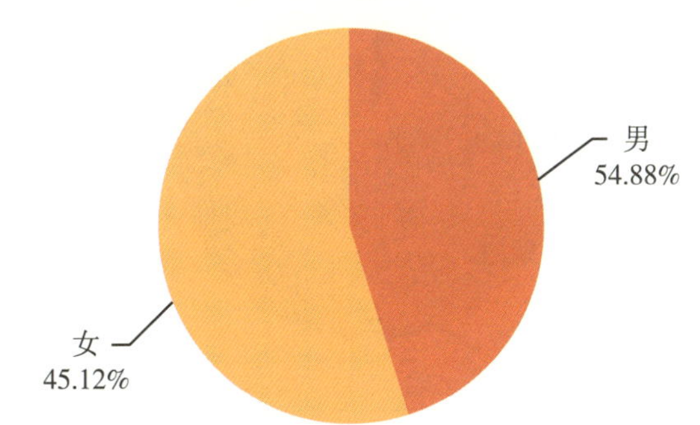

图 6-14　截至 2022 年底公募基金从业人员性别构成

资料来源：中国证券投资基金业协会。

1.学历构成

从学历构成看，在公募基金管理机构从业人员中，具有本科及以上学历的人数占比达98.61%，其中，博士研究生学历的1 073人，占比3.41%；硕士研究生学历的20 548人，占比65.21%；大学本科学历的9 450人，占比29.99%；大专及以下学历的438人，占比1.39%（见图6-15）。

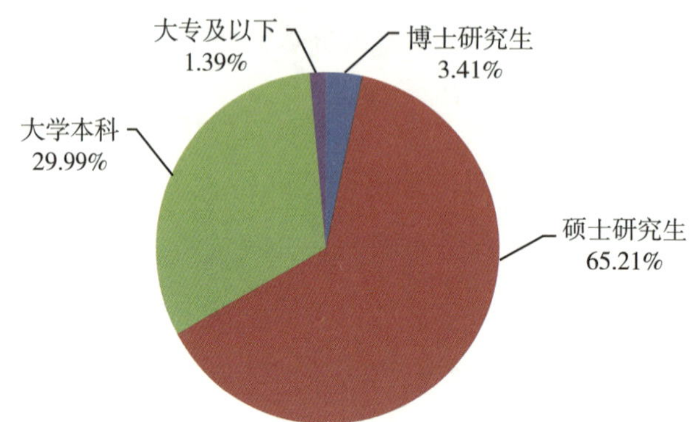

图 6-15　截至 2022 年底公募基金从业人员学历构成

资料来源：中国证券投资基金业协会。

2.年龄构成

从年龄构成看，公募基金管理机构从业人员的年龄主要集中在30~39岁，其次为20~29岁，这两个年龄段的从业人员在总人数中的占比分别为55.91%、24.29%（见图6-16）。

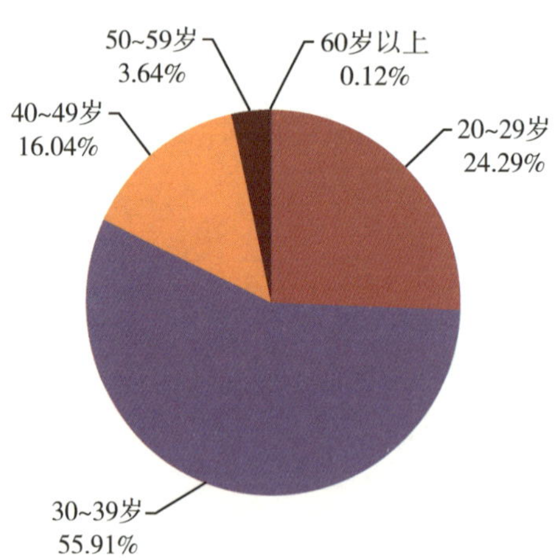

图 6-16　截至 2022 年底公募基金从业人员年龄构成

资料来源：中国证券投资基金业协会。

3. 工作地域分布

从地域分布来看，目前基金从业人员依然主要集中于北京、上海、广东（含深圳）等省份，该三个省份从业人员数量占总人数的比例达到95.86%（见图6-17）。

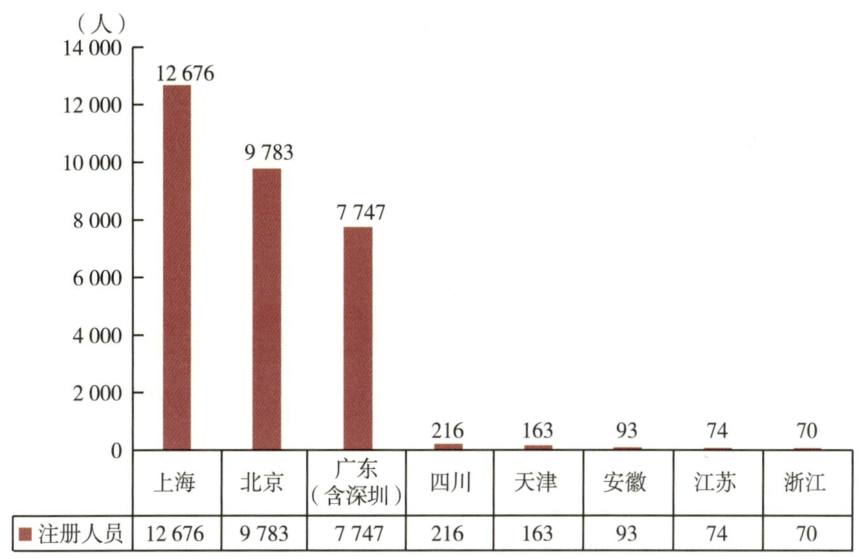

	上海	北京	广东（含深圳）	四川	天津	安徽	江苏	浙江
■注册人员	12 676	9 783	7 747	216	163	93	74	70

图 6-17　截至 2022 年底公募基金从业人员工作地域分布

资料来源：中国证券投资基金业协会。

二、高管情况

（一）基金管理公司高管人员基本情况

截至2022年末，142家基金管理公司现任高管人员共计747人，总经理139人（其中法定代表人37人）、督察长138人、副总经理440人、总经理助理30人。基金管理公司高管人员人数平均为5.3人，中位数为5人。

1. 学历构成

从学历结构上看，高管人员学历以硕士研究生为主。其中，博士研究生学历96人，占比12.8%；硕士研究生学历482人，占比64.5%；大学本科学历164人，占比21.9%；大专学历5人，占比0.7%（见图6-18）。

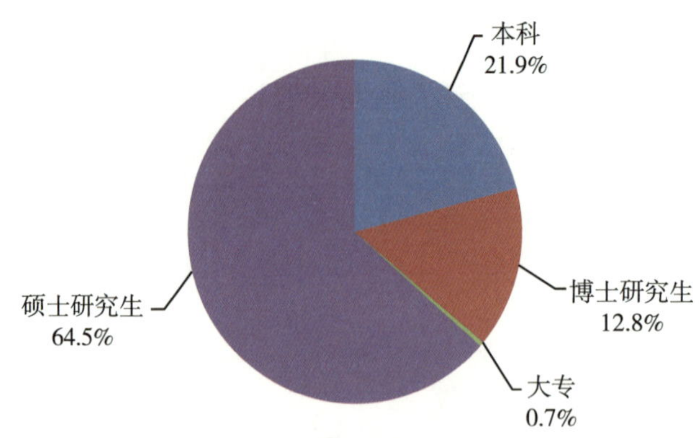

图 6-18　基金管理公司高管人员学历结构

资料来源：中国证券投资基金业协会。

2. 年龄构成

从年龄上看，高管人员平均年龄48岁，年龄主要集中在40~50岁之间（见表6-1）。具体情况如下：总经理平均年龄50岁，督察长平均年龄48岁，副总经理平均年龄48岁，总经理助理平均年龄46岁。

表 6-1　　基金管理公司高管人员年龄结构

年龄区间	数量（人）	占比（%）
35岁及以下	2	0.27
36~40岁	48	6.43
41~45岁	164	21.95
46~50岁	250	33.47
51~55岁	207	27.71
56岁及以上	76	10.17
合计	747	100.00

资料来源：中国证券投资基金业协会。

3. 性别构成

从性别上看，男性高管584人，占比78.2%，女性高管163人，占比21.8%（见表6-2）。

表 6-2　　基金管理公司高管人员性别结构　　（单位：人）

高管职位	女性	男性
总经理（含兼任法定代表人）	23	116
督察长	49	89
副总经理	87	353
总经理助理	4	26
合计	163	584

资料来源：中国证券投资基金业协会。

4.地域构成

从所属地域上看，有18人来自国外，11人来自中国港台地区，其余718人来自中国内地。

5.聘任和离任情况

从人员流动情况上看，2022年除公司内部转任的情况，有81家基金管理公司新聘任了高管人员127人，有62家基金管理公司离任高管人员97人。

（二）取得公募资格的资产管理机构高管人员基本情况

截至2022年末，14家取得公募资格的资产管理机构高管人员共计45人，平均任职年限3.3年。其中[①]，总经理（含兼任法定代表人的情况）12人、合规或风控负责人12人、副总经理19人、总经理助理3人，其中有1人存在担任2个及以上职务的情况。

1.学历构成

从学历结构上看，高管人员学历以硕士研究生为主。其中，博士研究生学历4人，占比8.9%；硕士研究生学历32人，占比71.1%；大学本科学历9人，占比20%。

2.性别构成

从性别上看，男性高管人员35人，占比77.7%，女性高管人员10人，占比22.2%（见表6-3）。

① 各职务人数统计包含兼任情况，有重复计算。

表 6-3　取得公募资格的资产管理机构高管人员性别结构[①]　（单位：人）

高管职位	女性	男性
总经理	2	10
合规或风控负责人	1	11
副总经理	6	12
总经理助理	1	2
合计	10	35

资料来源：中国证券投资基金业协会。

3.聘任和离任情况

从人员流动情况上看，2022年有6家取得公募资格的资产管理机构新聘任高管人员13人，有7家取得公募资格的资产管理机构离任高管人员8人。

三、基金经理情况

截至2022年末，公募基金管理机构注册的在职基金经理共计3 262人，较2021年末的2 865人增加13.86%。其中，男性基金经理占74.04%，女性基金经理占25.96%。3 198人为中国内地的基金经理，64人为港澳台地区同胞或外籍，其中来自我国香港、澳门和台湾地区的基金经理有38人。

1.学历构成

从学历构成看，基金经理中具有硕士学位的2 746人，在总人数中占比84.18%；具有博士学位的336人，占比10.3%（见图6-19）；具备本科及以下学历的180人，占比5.52%。与2021年末相比，基金经理学历构成未发生大幅变化。

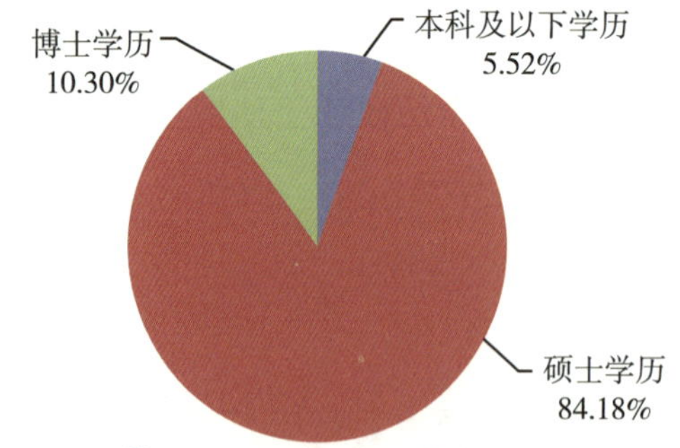

图 6-19　截至 2022 年底公募基金经理学历构成

资料来源：中国证券投资基金业协会。

① 因高管存在兼任情况，以所担任的最高职务为统计标准。

2. 年龄构成

从年龄构成看，基金经理平均年龄为38.22岁，有34.24%的基金经理年龄在35岁以下。基金经理的年龄主要集中在36~45岁，其次为31~35岁，这两个年龄段的基金经理人数占比分别为56%、31%（见图6-20）。

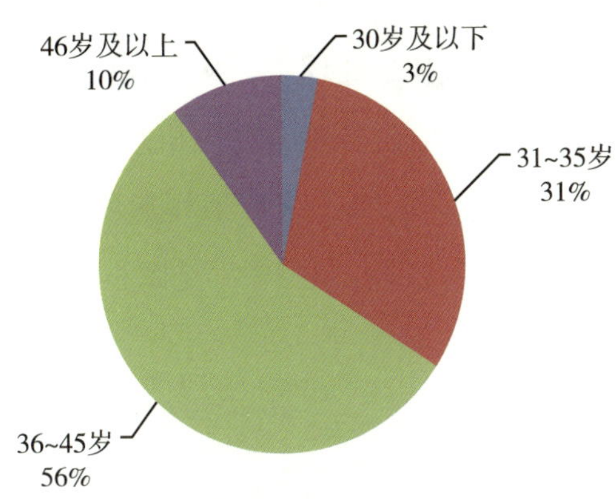

图6-20 截至2022年底公募基金经理年龄构成

资料来源：中国证券投资基金业协会。

3. 任职年限

从担任基金经理职务的年限看，基金经理平均任职年限为4.14年。其中，任职年限在1年以下的861人，占比26.30%；1~2年的779人，占比23.79%；2~3年的279人，占比8.52%；3~4年的113人，占比3.45%；4~5年的137人，占比4.18%；5年及以上的1 105人，占比33.75%（见图6-21）。

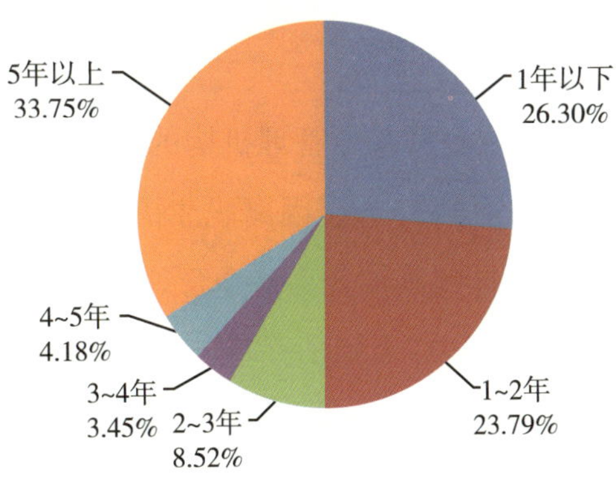

图6-21 截至2022年底公募基金经理任职年限情况

资料来源：中国证券投资基金业协会。

4.基金经理新增注册情况

2022年，公募基金经理新增注册651人，较2021年增加14.8%，平均每月注册约54人。新注册基金经理中有84.95%为硕士研究生及以上学历；有54.53%的基金经理年龄在35岁及以下。基金经理兼任私募资产管理计划投资经理的55人。

从过往任职经历看，新注册基金经理中，从所在机构内部其他岗位调任基金经理的345人，占53%；来自其他公募基金管理机构的196人，占30%；来自证券公司或其资管子公司的45人，占7%；来自私募基金管理机构的40人，占6%；来自保险公司或其资管子公司的25人，占4%（见图6-22）。

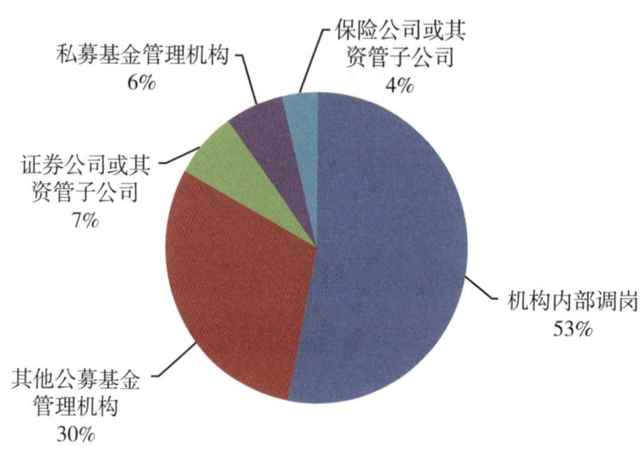

图6-22　2022年新注册公募基金经理来源情况

资料来源：中国证券投资基金业协会。

5.基金经理注销情况

2022年，共有来自114家公募基金管理机构的307名基金经理办理注销，其中，因公司内部岗位调整注销的37人，因离职注销的270人。经统计离职去向，离职的基金经理中有92人选择到其他公募基金管理机构任职，50人到证券公司、保险公司或其资管子公司任职，27人到私募基金管理机构任职，15人选择商业银行或其理财子公司任职，5人到实体行业等非金融机构任职，81人选择到其他机构任职或未说明离职去向（见图6-23）。

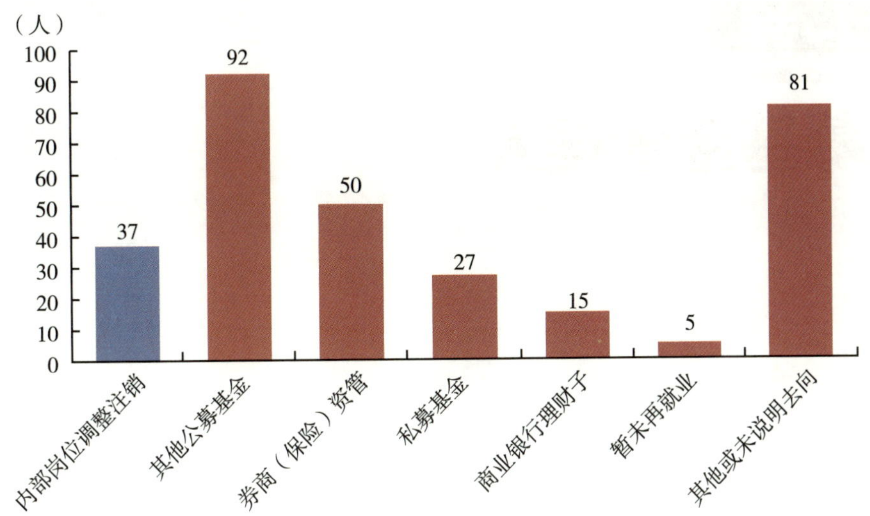

图 6-23　2022 年公募基金经理注销情况

资料来源：中国证券投资基金业协会。

第七章 私募基金管理人

截至2022年末，协会登记私募基金管理人23 667家，其中私募证券投资基金管理人9 023家，私募股权、创业投资基金管理人14 303家。2022年当年登记私募基金管理人1 279家[①]，其中，私募证券投资基金管理人539家，私募股权、创业投资基金管理人729家。

第一节 私募证券投资基金管理人

一、私募证券投资基金管理人情况分析

（一）管理人登记数量变化情况

截至2022年末，在中国证券投资基金业协会登记的私募证券投资基金管理人共9 023家（见图7-1）。2022年新登记私募证券投资基金管理人539家，占当年登记私募基金管理人总数的42.14%。

（二）管理人管理基金数量及规模情况

截至2022年末，9 023家私募证券投资基金管理人所管理的正在运作的私募

① 不含截至年末已注销机构，以下同。

基金共92 385只（见图7-2），管理基金规模[①]合计为5.67万亿元（见7-3）。

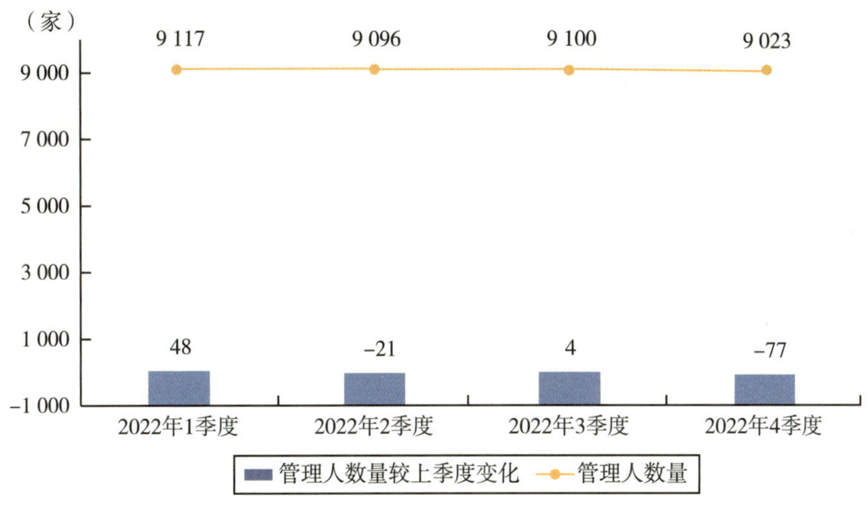

图7-1 私募证券投资基金管理人登记数量变化

资料来源：中国证券投资基金业协会。

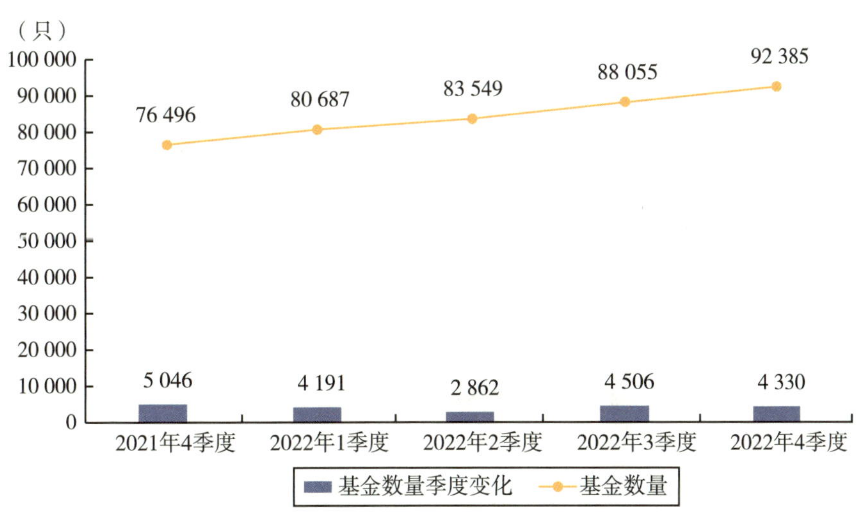

图7-2 私募证券投资基金管理人管理基金数量变化

资料来源：中国证券投资基金业协会。

① 本报告所统计基金数量和基金规模，均指截至统计时点正在运作的基金数量及规模，不含已清盘基金数据。管理人管理规模和基金规模以相关管理人填报的基金运行表中期末净资产为准；若相关基金新设立且暂未更新运行表，以基金募集资金规模为准。

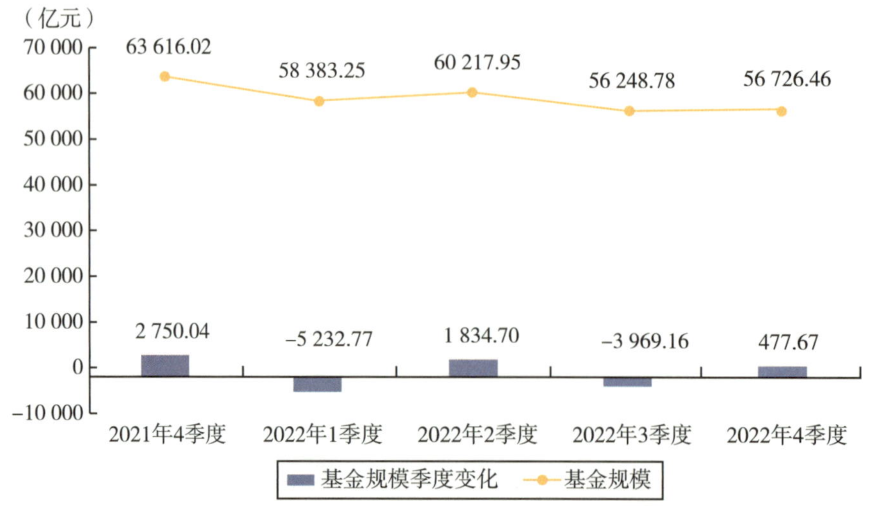

图 7-3　私募证券投资基金管理人管理基金规模变化

资料来源：中国证券投资基金业协会。

2022年当年新登记私募证券投资基金管理人539家，已备案私募基金1 944只，管理基金规模938.68亿元。

截至2022年末，在登记的9 023家私募证券投资基金管理人中，无在管基金的管理人有497家；有管理正在运作基金的私募证券投资基金管理人8 526家，占管理人总数的94.49%，平均每家管理人在管基金数量约为10.84只（见图7-4）。

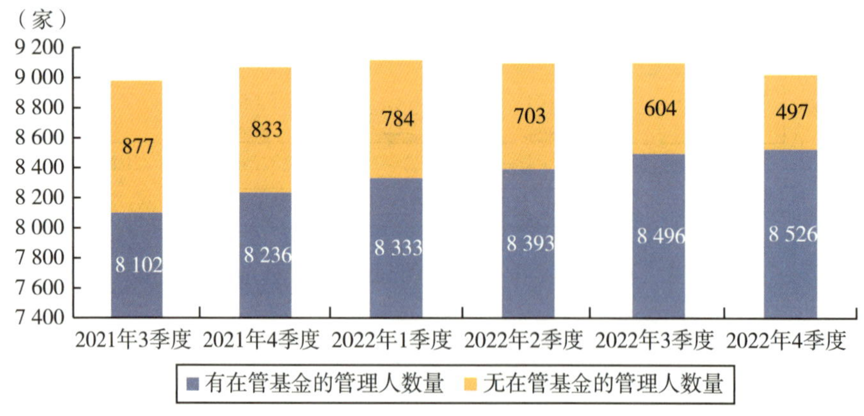

图 7-4　私募证券投资基金管理人展业数量对比变化

资料来源：中国证券投资基金业协会。

从在管基金数量分布看，私募证券投资基金管理人在管基金数量集中在2~4只（见图7-5）。

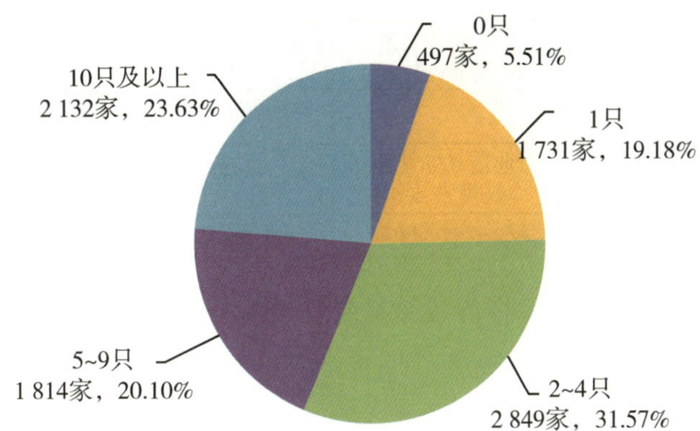

图7-5　私募证券投资基金管理人管理基金数量分布

资料来源：中国证券投资基金业协会。

截至2022年末，有实际管理规模的私募证券投资基金管理人为8 506家[①]，其中管理规模在5 000万元以下的管理人数量占比55.00%（见图7-6）。

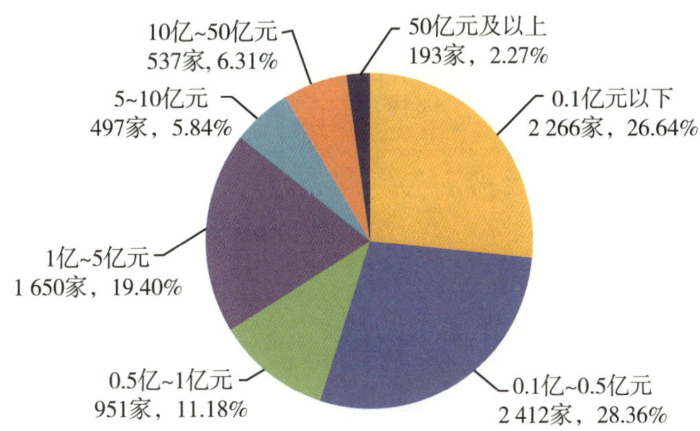

图7-6　私募证券投资基金管理人管理规模分布

资料来源：中国证券投资基金业协会。

（三）管理人管理规模集中度情况

截至2022年末，在所有私募证券投资基金管理人中位列管理规模前20名的

① 此处管理规模为0的私募证券投资基金管理人未统计在内。

管理人，管理规模占比27.56%；管理规模位列行业前20%的管理人，管理规模占比94.14%（见图7–7）。

	行业前5管理规模占比	行业前10管理规模占比	行业前20管理规模占比	
私募证券投资基金管理人行业集中度	14.11%	20.03%	27.56%	100%
	行业前5%管理规模占比	行业前10%管理规模占比	行业前20%管理规模占比	
	77.50%	86.96%	94.14%	100%

图 7–7　私募证券投资基金管理人管理规模集中度

资料来源：中国证券投资基金业协会。

（四）管理人成立时间及注册/实收资本情况

从成立时间来看，截至2022年末，超过一半私募证券投资基金管理人成立时间在6~10年；2022年当年登记的私募证券投资基金管理人成立时间大部分在1~3年，占比55.47%（见图7–8）。

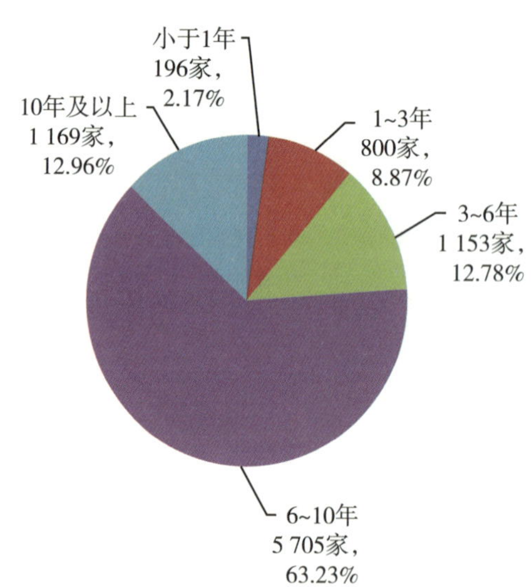

图 7–8　私募证券投资基金管理人成立时间分布

资料来源：中国证券投资基金业协会。

就管理人注册资本而言，私募证券投资基金管理人注册资本主要集中在1 000万~5 000万元（不含5 000万元），共有7 639家，数量占比达到84.66%；

2022年当年登记的私募证券投资基金管理人注册资本同样集中在1 000万~5 000万元，占比82.00%（见图7-9）。

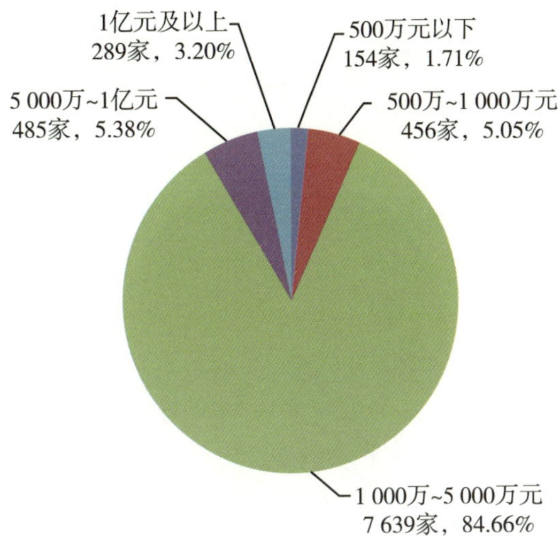

图7-9　私募证券投资基金管理人注册资本分布

资料来源：中国证券投资基金业协会。

从实收资本来看，近半数的私募证券投资基金管理人实收资本达到1 000万~5 000万元。2022年当年登记的私募证券投资基金管理人实收资本则主要集中在200万~500万元，相关管理人占比79.04%（见图7-10）。

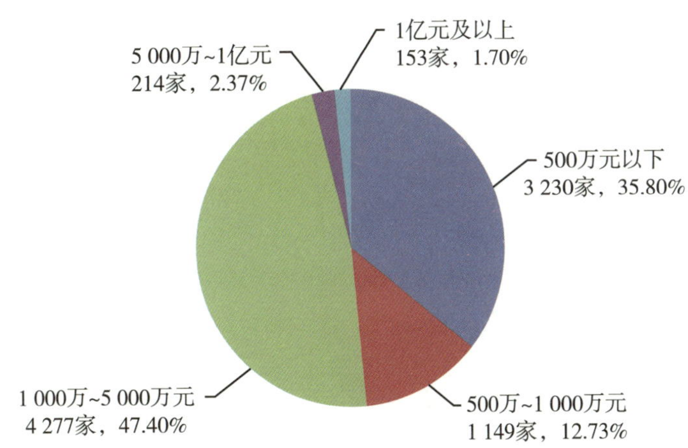

图7-10　私募证券投资基金管理人实收资本分布

资料来源：中国证券投资基金业协会。

截至2022年末，在私募证券投资基金管理人中，实收资本比例低于25%的管理人数量共有464家，占所有私募证券投资基金管理人数量的5.14%；2022年当年登记的私募证券投资基金管理人中，实缴资本比例低于25%的管理人2家，占比0.37%（见图7–11）。

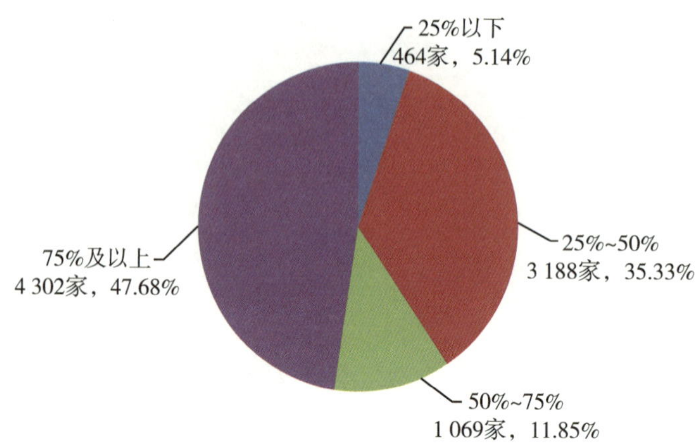

图 7–11　私募证券投资基金管理人实收资本比例分布

资料来源：中国证券投资基金业协会。

（五）管理人组织形式、股权性质与控股类型分布情况

截至2022年末，公司制是私募证券投资基金管理人的最主要组织形式，占比高达92.59%；2022年当年登记私募证券投资基金管理人中公司制占比84.79%（见图7–12）。

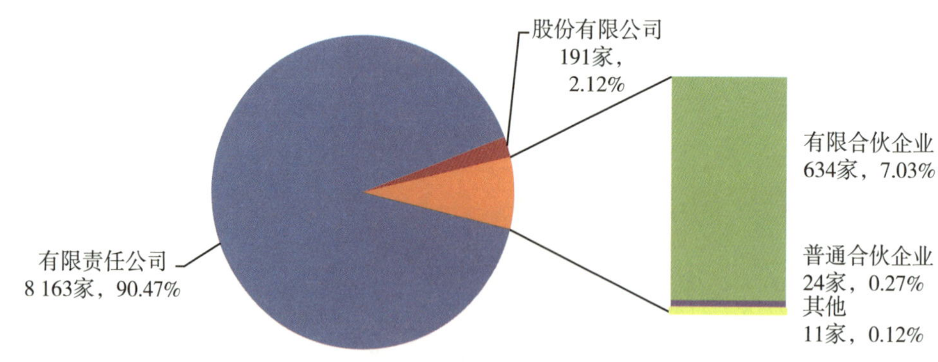

图 7–12　私募证券基金管理人组织形式分布

资料来源：中国证券投资基金业协会。

截至2022年末，从私募证券投资基金管理人股权的中外性质来看，股权性质中含有外资成分的管理人数量有61家，其中外商独资和合资私募证券管理人（WFOE PFM）38家；2022年当年登记私募证券投资基金管理人中，含有外资成分的管理人数量6家，其中外商独资私募证券投资基金管理人3家，中外合资企业3家（见图7–13）。

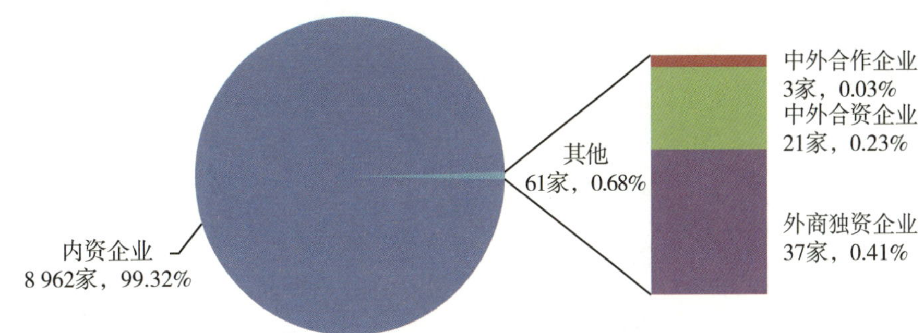

图7–13　私募证券基金管理人中外性质分布

资料来源：中国证券投资基金业协会。

从私募证券投资基金管理人的控股类型[①]来看，自然人及其所控制民营企业控股的管理人数量最多，共计8 716家，占比97.17%；2022年当年登记私募证券投资基金管理人，自然人及其所控制民营企业控股的管理人数量占比有所提升，为97.59%（见图7–14）。

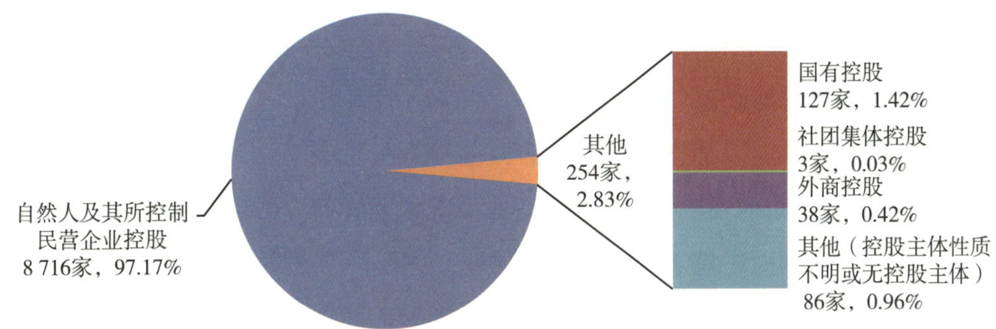

图7–14　私募证券基金管理人控股类型分布

资料来源：中国证券投资基金业协会。

① 截至统计时点，仍有53家私募证券投资基金管理人未补充填报“控股类型”信息，为更好分析私募证券投资基金管理人控股类型分布情况，将53个空字段进行剔除。

（六）管理人股东数量分布情况

截至2022年末，从私募证券投资基金管理人的股东数量来看，大部分管理人股东数量为1~5人，共计6 782家，占比75.16%；2022年当年登记私募证券投资基金管理人，股东数量为1~5人的管理人占比84.23%（见图7-15）。

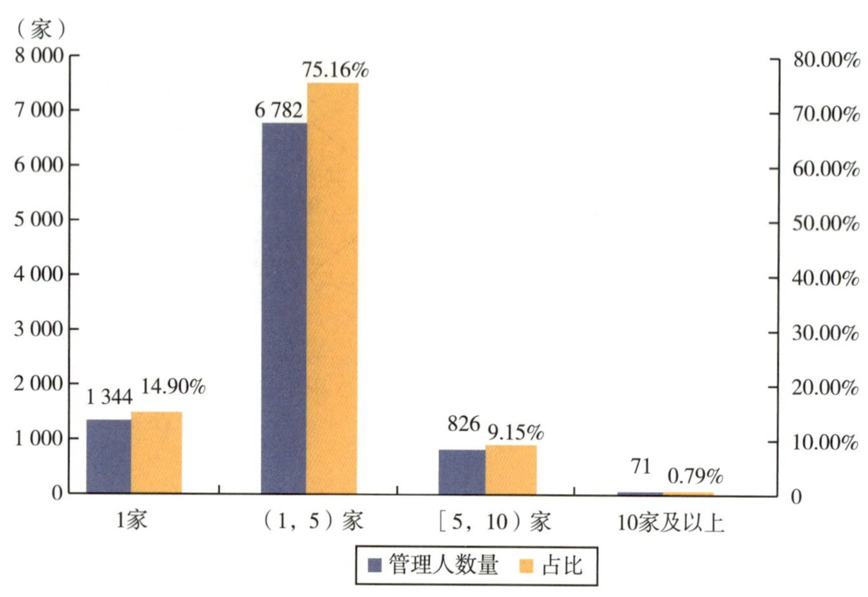

图 7-15　私募证券投资基金管理人股东数量分布

资料来源：中国证券投资基金业协会。

（七）管理人地域分布情况

1.管理人注册地分布

截至2022年末，从管理人数量来看，注册地在上海、深圳、北京、广东、浙江前五大证监会派出机构辖区的私募证券投资基金管理人数量合计6 811家，占全国所有私募证券投资基金管理人的75.48%。

从注册在各辖区的私募证券投资基金管理人管理的基金只数和规模来看，只数排名前五的上海、深圳、北京、广东、浙江五大辖区管理的基金只数之和为73 941只；规模排名前五的上海、北京、深圳、浙江、宁波管理规模4.77万亿元，分别占全国私募证券投资基金管理人管理的基金总只数和总规模的80.04%和84.03%。

从2022年当年登记私募证券投资基金管理人注册地来看，管理人数量排名前五的辖区依次为海南、上海、北京、广东和浙江。新登记私募证券投资基金管理人注册地分布变化应与各地商事环境有关：一部分辖区大力发展基金小镇，为私募基金管理人的注册登记提供便利性，吸引了一定量的私募基金管理人在当地注册；另有一分部辖区限制了投资类公司注册登记，从而导致部分确有需求的管理人分流至其他辖区。

2.管理人办公地分布

截至2022年末，上海、深圳、北京、广东、浙江五大辖区内共有6 915家私募证券投资基金管理人办公，占全国所有私募证券投资基金管理人数量的76.64%。

从在各辖区办公的私募证券投资基金管理人所管理的基金只数和规模来看，只数排名前五的上海、北京、深圳、广东、浙江五大辖区管理的基金只数之和为77 292只，规模排名前五的上海、北京、深圳、浙江、广东管理规模5.13万亿元，分别占全国私募证券投资基金管理人管理的基金总只数和总规模的83.66%与90.35%。

从2022年当年登记私募证券投资基金管理人办公地来看，数量排名前五的辖区为上海、北京、深圳、浙江和广东五个辖区，体现出各地经济基础和市场容量对管理人实际展业地选择的影响。相较于所有存量管理人的办公地分布，新登记私募证券投资基金管理人办公地的分布更加均匀。

二、私募证券投资基金管理人从业人员及高管情况分析

截至2022年末，私募证券投资基金管理人在从业人员管理平台完成注册的全职员工总人数为71 871人。其中，具有从业资格的员工62 118人，占比86.43%。私募证券投资基金管理人高管总数22 850人，具有基金从业资格高管22 205人，占比达97.18%。

2022年当年登记私募证券投资基金管理人的员工人数3 341人，其中具有从业资格的有2 863人，占比85.69%；私募证券投资基金管理人高管1 452人，其中具有从业资格的有1 329人。

（一）从业人员情况分析

截至2022年末，在9 023家私募证券投资基金管理人中，在从业人员管理平

台完成注册的全职员工数量在9人以下的管理人数量占比75.65%，从员工数量角度看，目前私募证券投资基金管理人以中小型为主（见图7-16）。

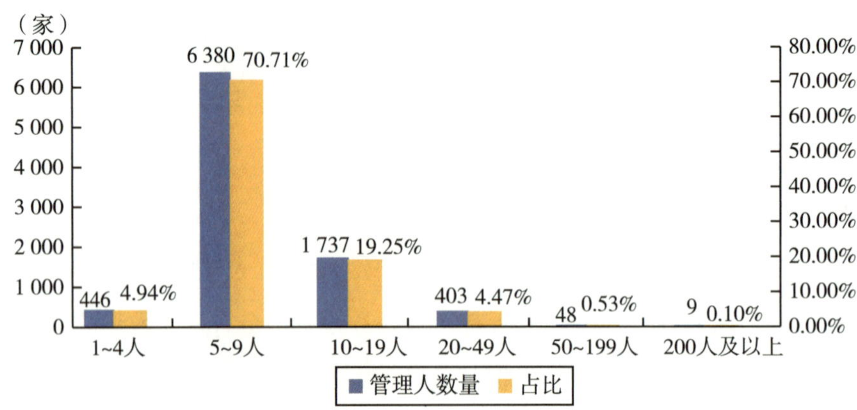

图 7-16 私募证券投资基金管理人分布情况（按员工数量）

资料来源：中国证券投资基金业协会。

私募证券投资基金管理人员工数量与其管理基金规模有明显正相关性，管理基金规模较大的私募证券投资基金管理人配备的员工数量相对较多（见图7-17）。

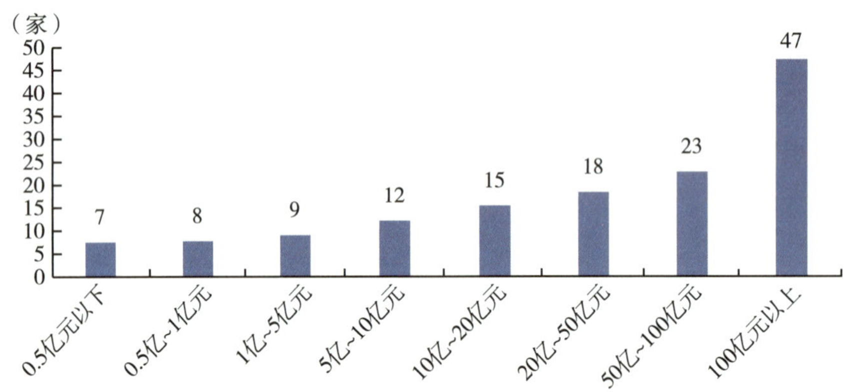

图 7-17 私募证券投资基金管理人平均员工数量分布（按管理规模）

资料来源：中国证券投资基金业协会。

（二）高管情况分析

1. 管理人高管人数分布情况

截至2022年末，从单个私募证券投资基金管理人所配备的高管数量来看，近一半的管理人配备了2名高管（见图7–18）。

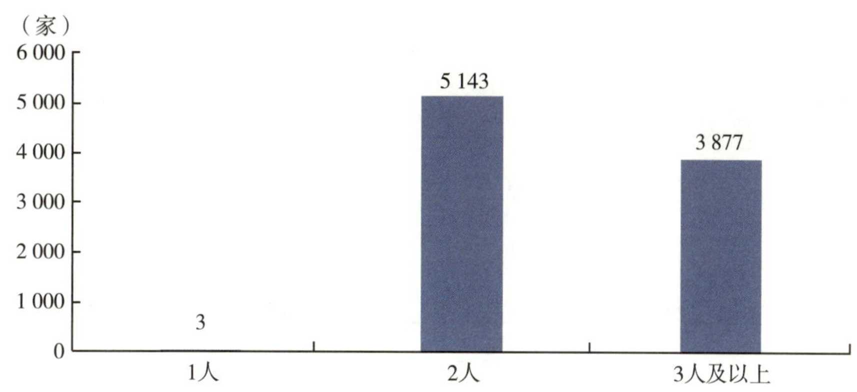

图7–18　私募证券投资基金管理人高管人数分布

资料来源：中国证券投资基金业协会。

2. 管理人高管取得从业资格情况

截至2022年末，在22 850名私募证券投资基金管理人高管中，有22 205名高管拥有基金从业资格。其中，有20 282名通过参加基金从业考试取得从业资格，1 923名通过资格认定程序取得从业资格（见图7–19）。

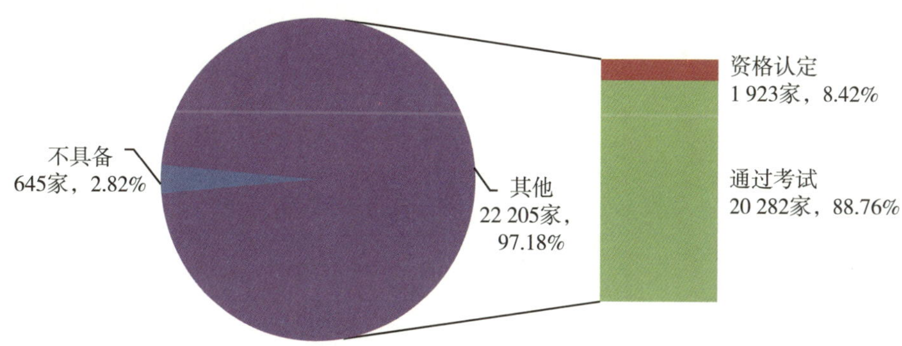

图7–19　私募证券投资基金管理人高管取得从业资格情况

资料来源：中国证券投资基金业协会。

3. 管理人高管最高学历分布和高管人数分布情况

截至2022年末，私募证券投资基金管理人所有高管，以及2022年当年登记私募证券投资基金管理人高管，最高学历均主要为本科及以上（见图7–20）。

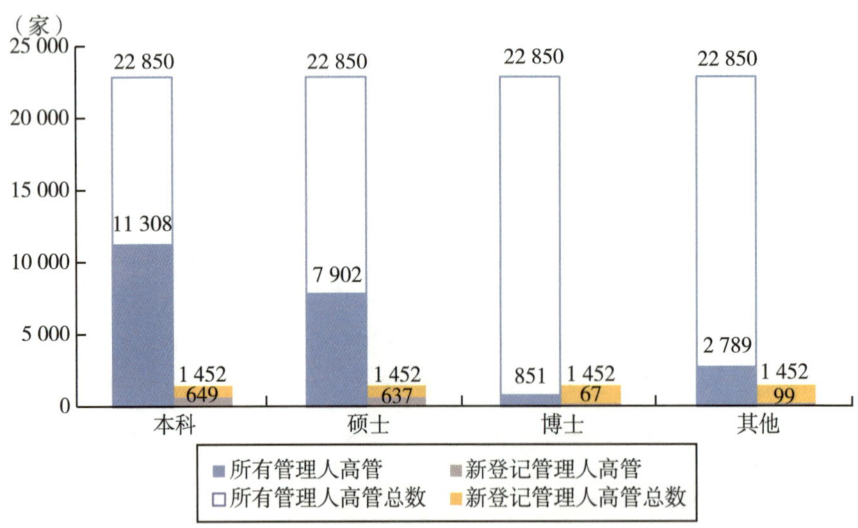

图 7-20　私募证券投资基金管理人高管最高学历分布

资料来源：中国证券投资基金业协会。

4.管理人高管年龄分布情况

从高管年龄分布来看，无论是所有私募证券投资基金管理人的高管，还是2022年当年登记的私募证券投资基金管理人的高管，年龄都主要集中在30~39岁（见图7-21）。

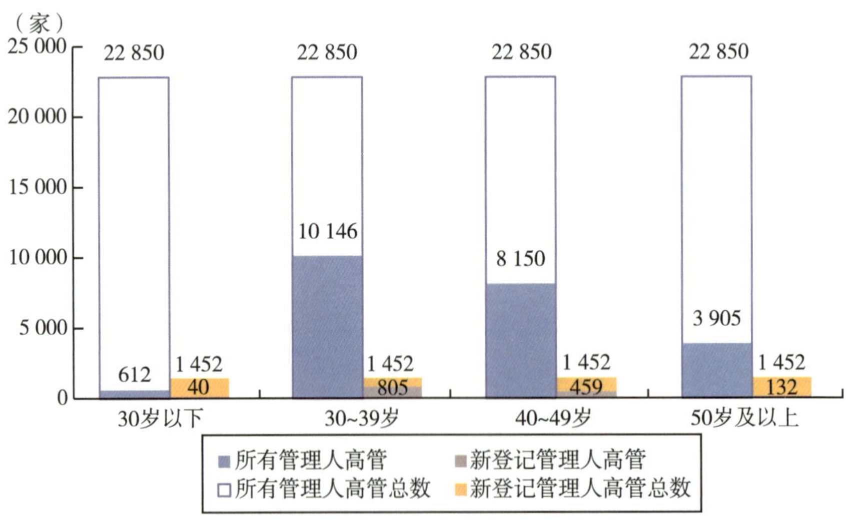

图 7-21　私募证券投资基金管理人高管年龄分布情况

资料来源：中国证券投资基金业协会。

5.管理人高管从业年限分布情况

从高管从业年限分布来看，截至2022年末，私募证券投资基金管理人中84.23%的高管从业年限在10年及以上，整体从业年限较长（见图7-22）。

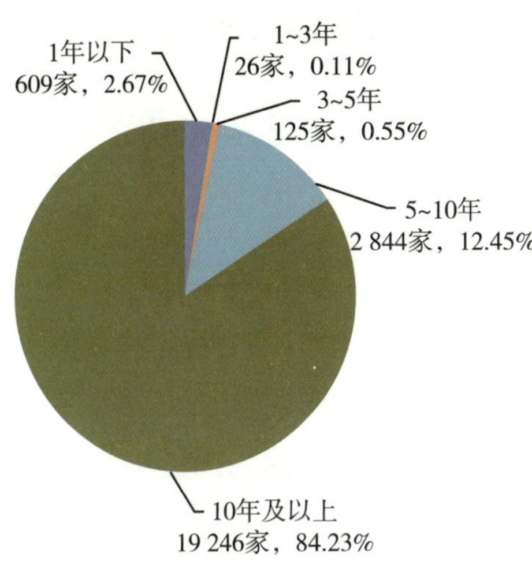

图7-22　私募证券投资基金管理人高管从业年限分布情况

资料来源：中国证券投资基金业协会。

6.管理人高管任职年限分布情况

从高管任职年限分布来看，截至2022年末，私募证券投资基金管理人的任职年限主要集中在5年以上，这部分高管数量占比为52.12%（见图7-23）。

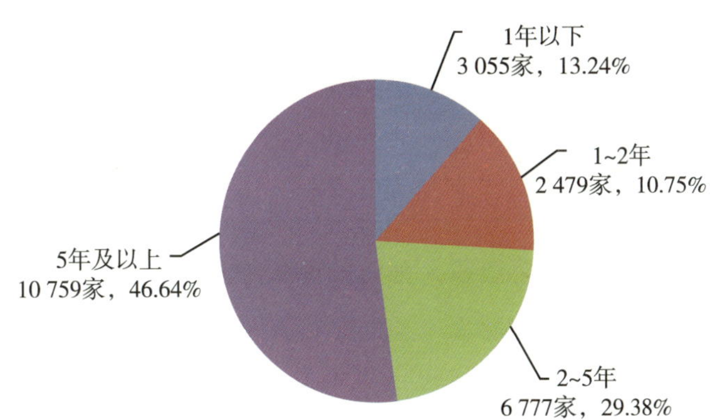

图7-23　私募证券投资基金管理人高管任职年限分布情况

资料来源：中国证券投资基金业协会。

第二节　私募股权、创业投资基金管理人

一、私募股权、创业投资基金管理人总体情况

（一）私募股权、创业投资基金管理人基本情况

1. 管理人数量及规模

2022年私募股权、创业投资基金管理人数量有所下降，受新冠疫情、全球经济走弱等影响，增速有所放缓。截至2022年末，协会登记私募股权、创业投资基金管理人14 303家，占私募基金管理人总数量的比例为60.43%。其中，有在管基金的私募基金管理人12 849家，占比达89.83%。2022年当年新登记私募股权、创业投资基金管理人729家，占当年登记私募基金管理人总数的57.00%（见图7-24）。

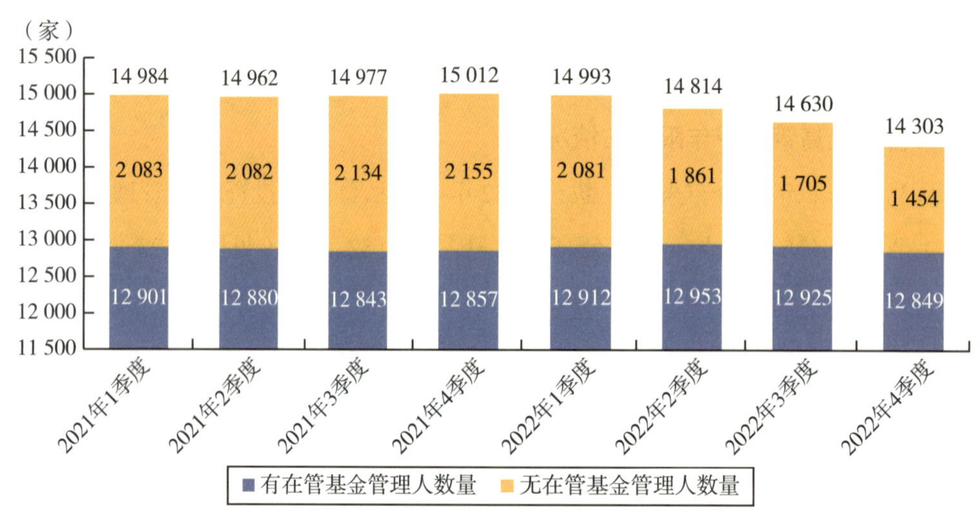

图 7-24　私募股权、创业投资基金管理人数量变化

资料来源：中国证券投资基金业协会。

2. 管理人管理基金数量及规模变化情况

截至2022年末，登记私募股权、创业投资基金管理人管理各类型私募基金50 987只，管理基金规模14.00万亿元。平均来看，有在管基金的私募股权、创业投资基金管理人平均管理基金规模10.90亿元（见图7-25、图7-26）。

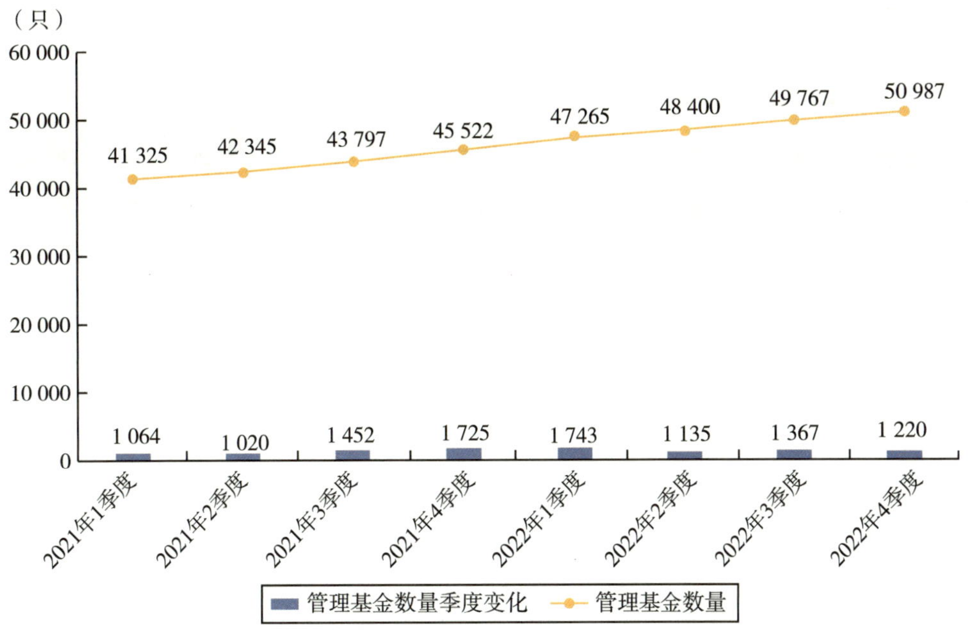

图 7-25　私募股权、创业投资基金管理人管理基金数量变化

资料来源：中国证券投资基金业协会。

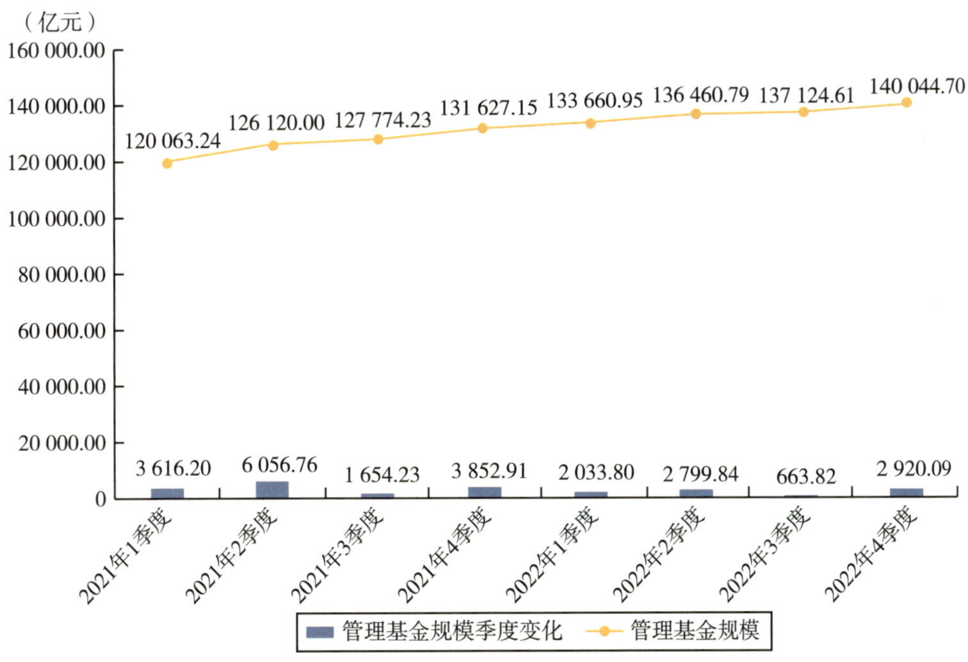

图 7-26　私募股权、创业投资基金管理人管理基金规模变化

资料来源：中国证券投资基金业协会。

（二）管理人管理基金数量及规模分布情况

1.行业集中度继续提升

截至2022年末，有在管基金的私募股权、创业投资基金管理人中，小型私募股权、创业投资基金管理人仍占多数，46.69%的管理人管理基金规模在1亿元以下；管理基金规模在5亿元以下的私募股权、创业投资基金管理人9 573家，占比达74.51%（见图7-27）。

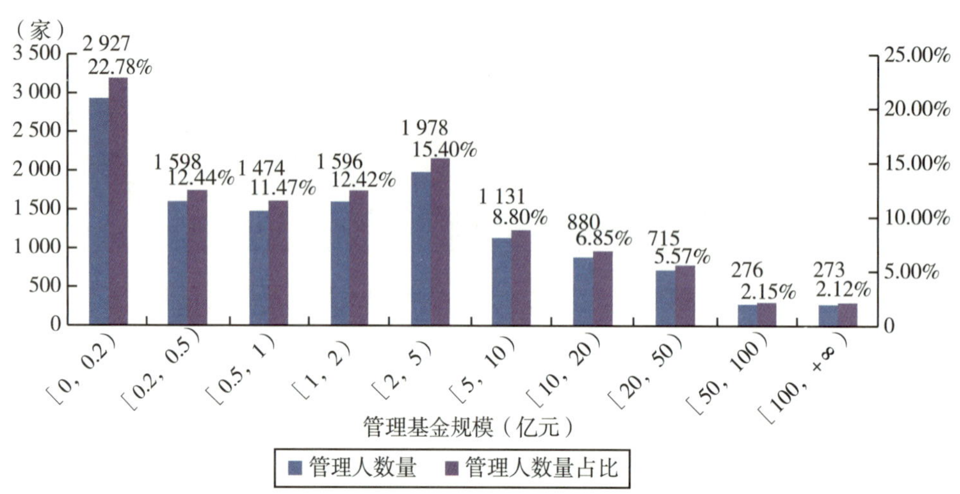

图7-27　私募股权、创业投资基金管理人管理基金规模分布

资料来源：中国证券投资基金业协会。

2.管理人管理规模集中度

私募股权、创业投资基金管理人管理规模的行业集中度较高，其中行业排名前20的管理人管理规模占比12.85%，行业排名前20%的管理人管理规模占比达89.42%（见图7-28）。

行业前5管理规模占比	行业前10管理规模占比	行业前20管理规模占比
5.89%	8.59%	12.85%
行业前5%管理规模占比	行业前10%管理规模占比	行业前20%管理规模占比
65.02%	78.31%	89.42%

图7-28　私募股权、创业投资基金管理人管理规模集中度

资料来源：中国证券投资基金业协会。

（三）管理人成立时间及注册/实收资本情况

1.管理人成立时间分布

从成立时间来看，大部分私募股权、创业投资基金管理人成立时间在10年以下，占比达83.49%，其中成立时间在1年以下的管理人数量占比最低为1.78%（见图7-29）。

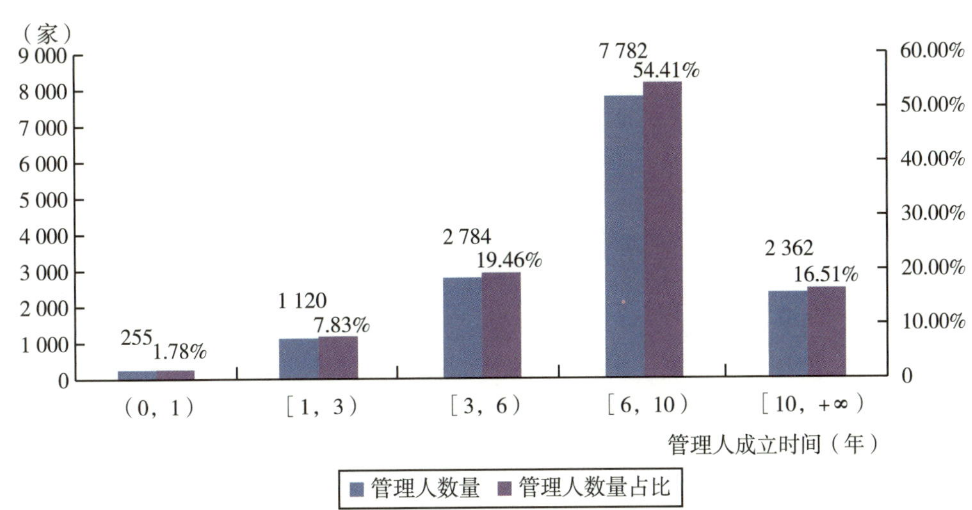

图7-29　私募股权、创业投资基金管理人成立时间分布

资料来源：中国证券投资基金业协会。

2022年当年登记的私募股权、创业投资基金管理人中，多数管理人成立时间不足3年，数量占比达87.38%；成立时间在1~3年（不含）年的管理人数量占比52.40%。

2.管理人注册资本分布

从管理人注册资本来看，私募股权、创业投资基金管理人的注册资本集中在1 000万~2 000万元（不含），管理人数量占比48.84%；注册资本在2 000万元及以上管理人数量占比合计为36.11%（见图7-30）。

2022年当年登记的私募股权、创业投资基金管理人，注册资本也主要集中在1 000万元至2 000万元（不含），管理人数量占比69.27%；注册资本在2 000万元及以上管理人数量占比合计为20.16%。

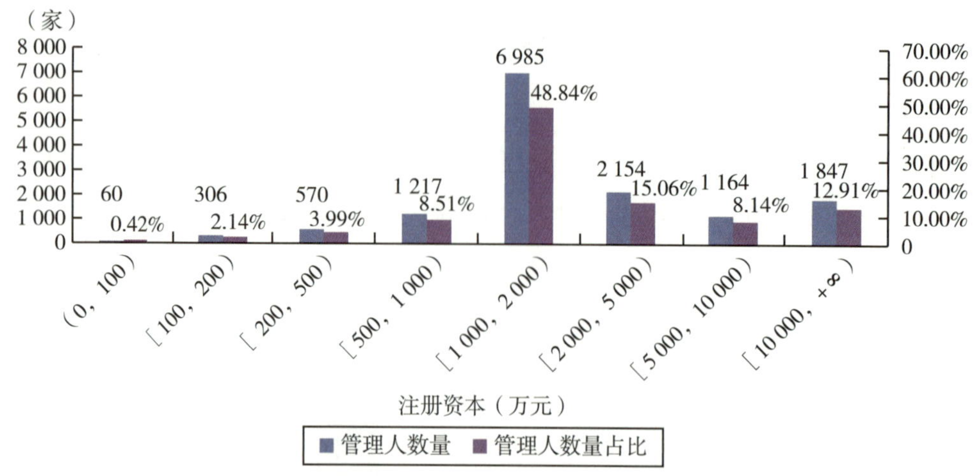

图 7–30　私募股权、创业投资基金管理人注册资本分布

资料来源：中国证券投资基金业协会。

3.管理人实收资本分布

从管理人实收资本来看，95.27%的私募股权、创业投资基金管理人实收资本在200万元及以上。其中，实收资本在200万元至500万元（不含）、1 000万元至2 000万元（不含）的管理人数量较为集中（见图7–31）。

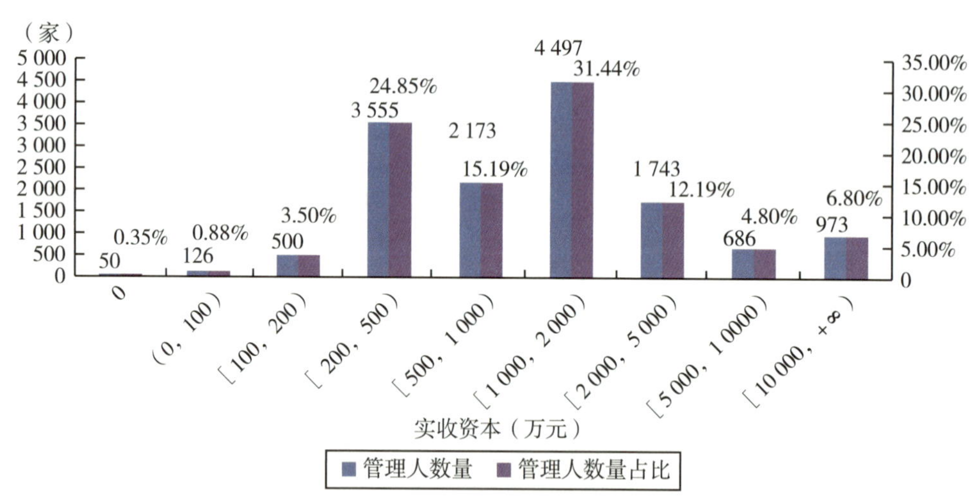

图 7–31　私募股权、创业投资基金管理人实收资本分布

资料来源：中国证券投资基金业协会。

从管理人实收资本比例来看，近半数私募股权、创业投资基金管理人实收资本比

例达到100%，实收资本比例在25%及以上的管理人数量占比达93.86%（见图7-32）。

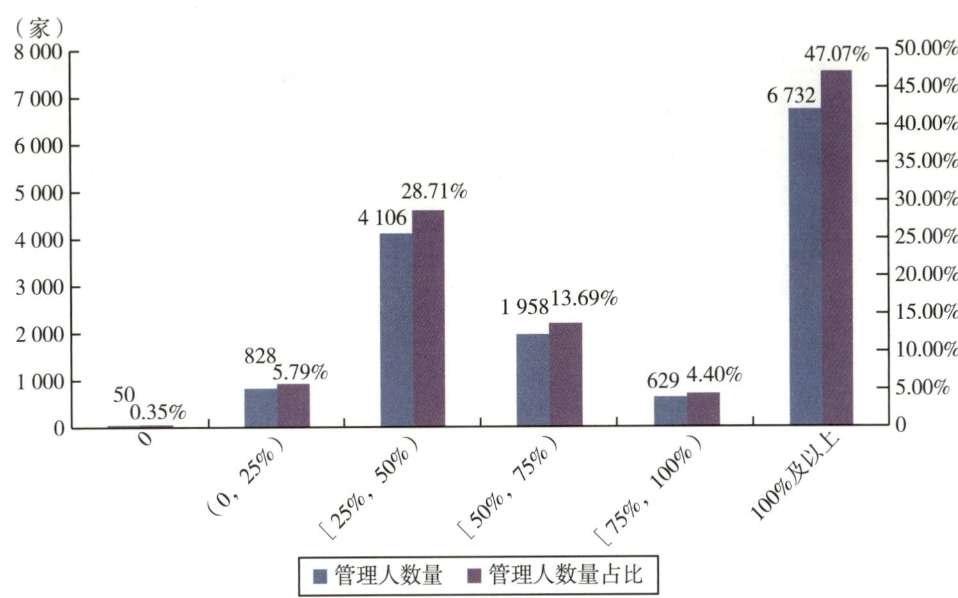

图 7-32　私募股权、创业投资基金管理人实收资本比例分布

资料来源：中国证券投资基金业协会。

2022年当年登记的私募股权、创业投资基金管理人，实收资本主要集中在200万元至500万元（不含），占比51.17%；实收资本比例在25%及以上的管理人数量占比达到98.22%。

（四）管理人组织形式、股权性质及控股类型情况

1.管理人组织形式分布

截至2022年末，从私募股权、创业投资基金管理人组织形式看，公司制管理人最多，达13 092家，占比91.53%（见图7-33）；合伙制管理人仅1 190家，占比8.32%。

2022年当年登记的私募股权、创业投资基金管理人主要为公司制管理人，数量占比达93.28%。其中有限责任公司679家，为全部登记的公司制管理人。

2.管理人股权性质分布

从管理人股权中外性质来看，私募股权、创业投资基金管理人的主要股权性质仍然是内资，管理人数量和管理基金规模分别为14 024家和13.61万亿元，占比分别达98.05%和97.22%；中外合资管理人平均管理规模最大，达14.79亿元

（见图7-34、图7-35）。

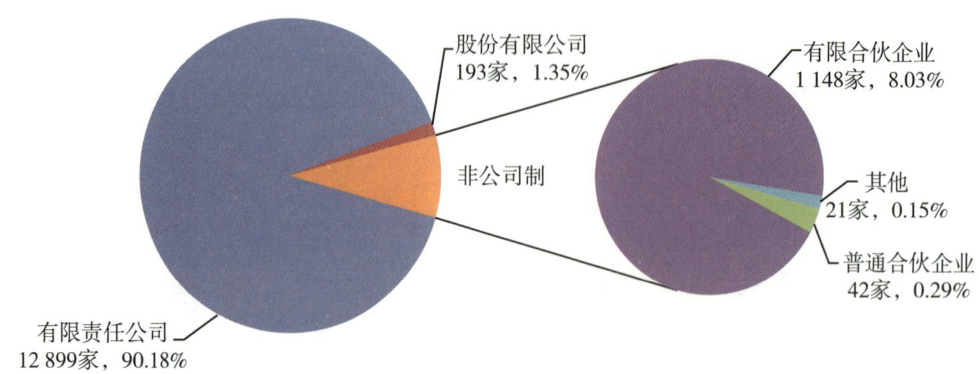

图 7-33　私募股权、创业投资基金管理人组织形式分布

资料来源：中国证券投资基金业协会。

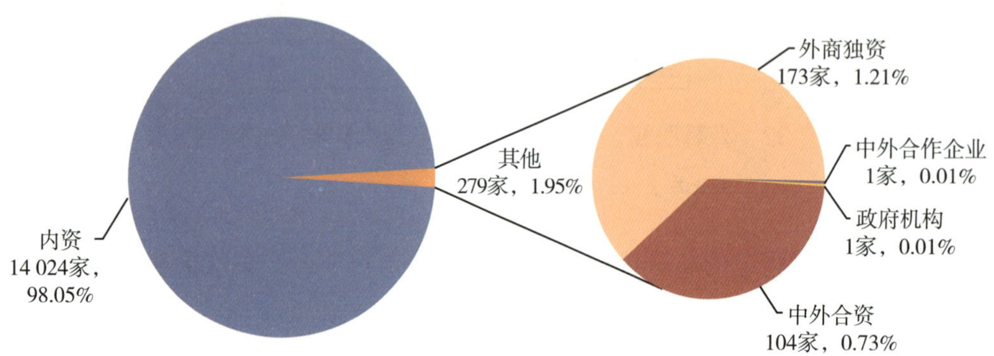

图 7-34　私募股权、创业投资基金管理人股权中外性质分布

资料来源：中国证券投资基金业协会。

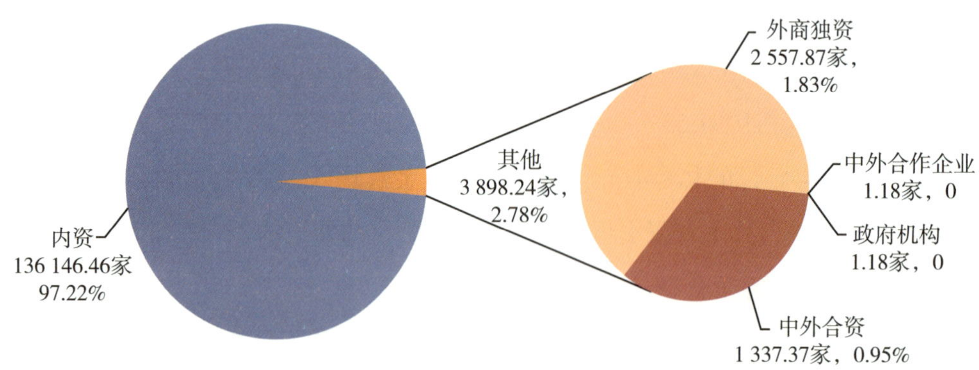

图 7-35　私募股权、创业投资基金管理人股权中外性质分布

资料来源：中国证券投资基金业协会。

2022年当年登记的私募股权、创业投资基金管理人，主要股权性质仍然是内资，达702家，占比96.30%。此外，中外合资企业15家，外商独资管理人12家。

3.管理人控股类型分布

从控股类型[①]来看，私募股权、创业投资基金管理人中，自然人及其所控制民营企业控股的管理人数量最多，有10 959家，占比77.13%；国有控股管理人平均管理规模最大，平均管理规模23.09亿元（见图7-36、图7-37）。

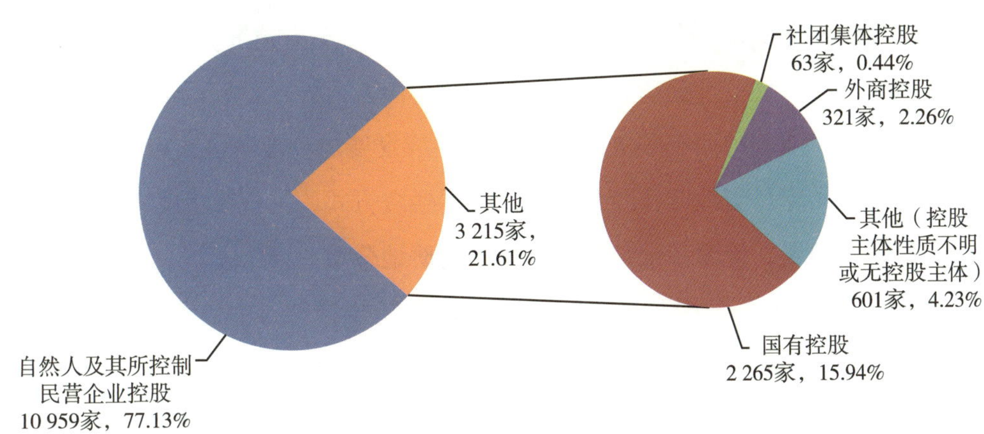

图7-36　私募股权、创业投资基金管理人控股类型分布

资料来源：中国证券投资基金业协会。

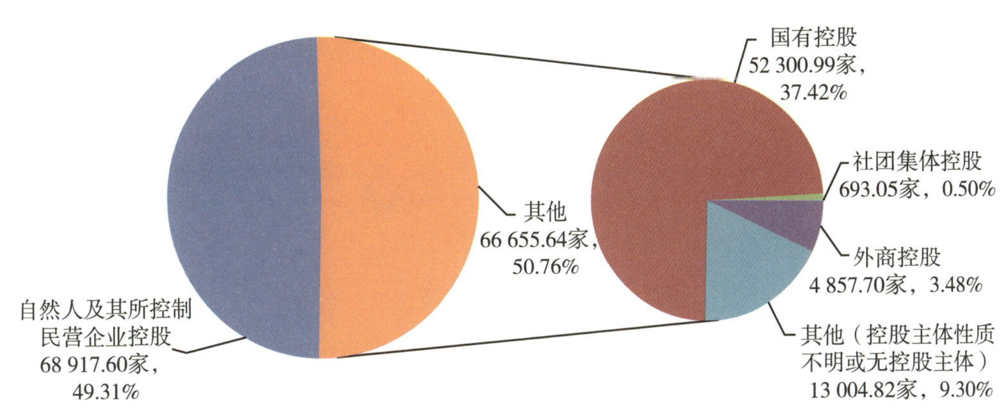

图7-37　私募股权、创业投资基金管理人控股类型分布

资料来源：中国证券投资基金业协会。

① 截至统计时点，仍有193家私募股权、创业投资基金管理人未补充填报“控股类型”信息，为更好分析私募股权、创业投资基金管理人控股类型分布情况，将193个空字段进行剔除。

2022年当年登记的私募股权、创业投资基金管理人，控股类型主要为自然人及其所控制民营企业控股，达495家，占比67.90%。此外，控股类型为国有控股的管理人176家，外商控股管理人27家，社团集体控股私募基金管理人2家，其他（控股主体性质不明或无控股主体）管理人29家。

（五）管理人注册区域分布集中在东部省市

以证监会派出机构所在辖区划分，从私募基金管理人注册地和办公地两个角度出发分别分析全国私募股权、创业投资基金管理人地域分布情况。总体来看，排名前10的私募股权、创业投资基金管理人仍主要集中在少数一线城市及东南沿海等经济较发达地区，随着中西部等欠发达地区的经济发展与政策倾斜，私募股权、创业投资基金作为支持当地实体经济发展的重要融资方式，其规模也在不断增长。

1. 管理人数量、管理基金数量及规模按注册地分布

截至2022年末，全国私募股权、创业投资基金管理人中，注册地在北京、上海和深圳三大辖区的管理人数量合计6 755家，占全国总数的47.23%；注册地在北京、上海、深圳、浙江、江苏五大辖区的管理人数量合计8 924家，占比62.39%；管理人数量排名前10的辖区合计有11 347家私募股权、创业投资基金管理人，占比79.33%（见图7–38）。

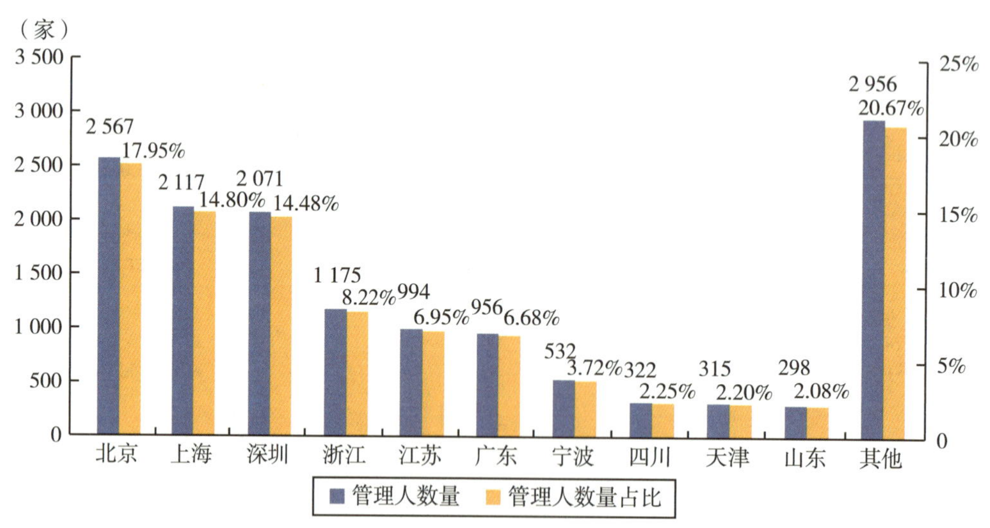

图7–38　私募股权、创业投资基金管理人数量按注册地分布

资料来源：中国证券投资基金业协会。

从各辖区内管理人管理基金数量来看，注册地在北京、上海、深圳三大辖区内的私募股权、创业投资基金管理人管理的基金数量合计25 835只，占全国私募股权、创业投资基金管理人所管理基金总数的50.67%；注册地在北京、上海、深圳、浙江、广东五大辖区内的管理人管理基金数量合计34 044只，占比66.77%；排名前10的辖区内私募基金管理人管理的基金数量合计42 284，占比82.93%（见图7-39）。

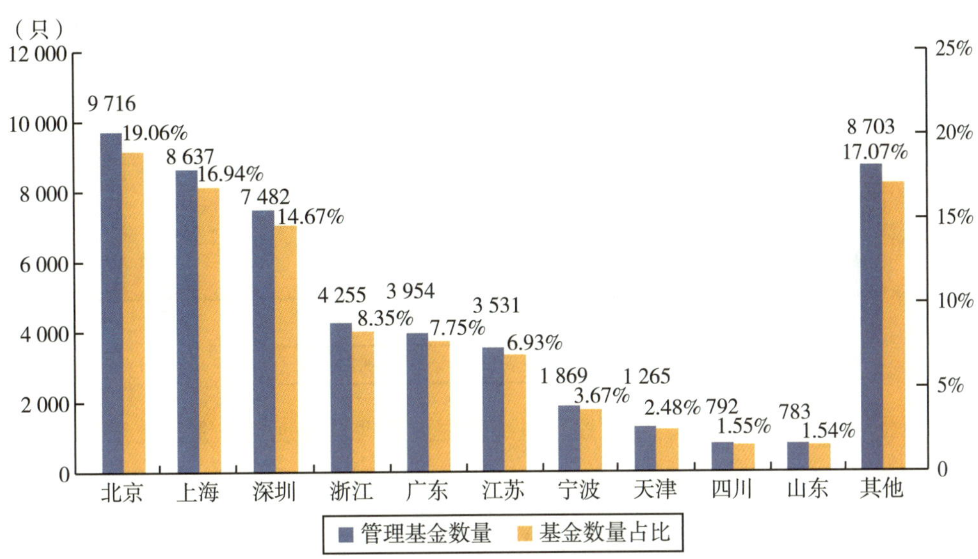

图 7-39　私募股权、创业投资基金管理人管理基金数量按注册地分布

资料来源：中国证券投资基金业协会。

从各辖区内管理人管理基金规模来看，注册地在北京、上海、深圳三大辖区内的私募股权、创业投资基金管理人管理基金规模合计7.37万亿元，占全国私募股权、创业投资基金管理人所管理基金总规模的52.63%；注册地在北京、上海、深圳、江苏、广东五大辖区内的管理人管理基金规模合计9.25万亿元，占比66.07%；排名前10的辖区内机构管理规模合计11.45万亿元，占比81.74%（见图7-40）。

2022年当年登记的私募股权、创业投资基金管理人中，注册地在海南、江苏和北京三大辖区的管理人数量合计282家，占新登记管理人总数的38.68%；注册地在海南、江苏、北京、广东和上海五大辖区的管理人数量合计397家，占比

54.46%；管理人数量排名前十的辖区合计有569家私募股权、创业投资基金管理人，占比78.05%。2022年当年新登记私募股权、创业投资基金管理人注册地仍主要集中于经济发达地区（见图7-41）。

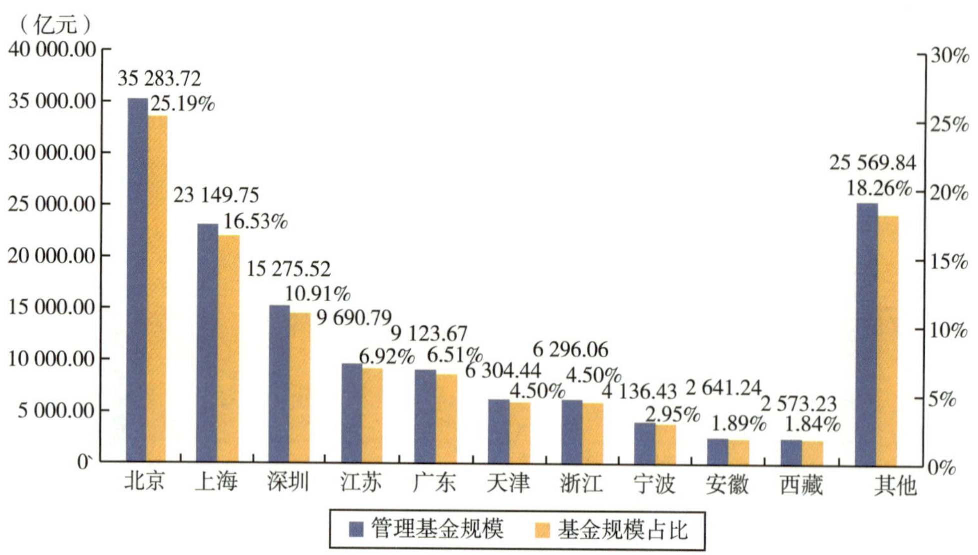

图7-40　私募股权、创业投资基金管理人管理基金规模按注册地分布

资料来源：中国证券投资基金业协会。

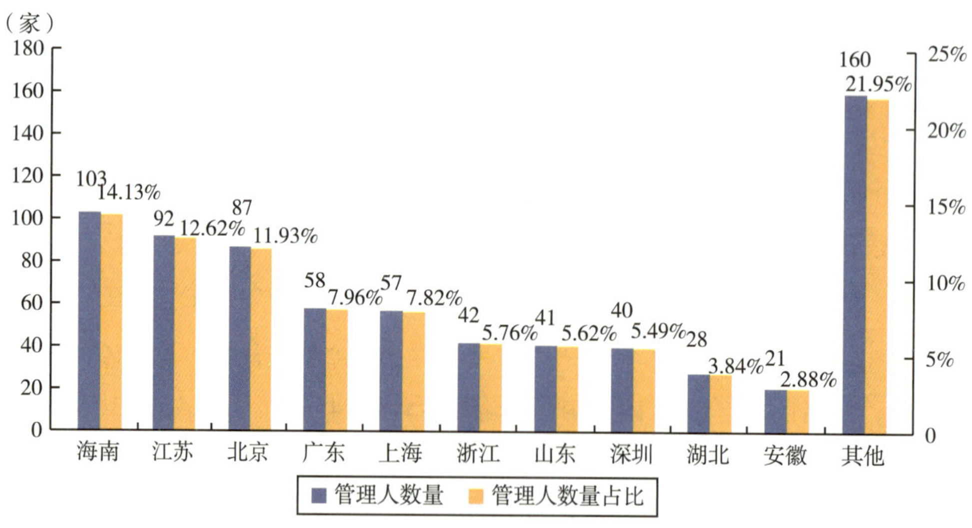

图7-41　2022年登记私募股权、创业投资基金管理人数量按注册地分布

资料来源：中国证券投资基金业协会。

2.管理人数量、管理基金数量及规模按办公地分布

截至2022年末，私募股权、创业投资基金管理人中，办公地在北京、上海和深圳三大辖区的管理人数量合计7 901家，占全国总数的55.24%；办公地在北京、上海、深圳、浙江、江苏五大辖区的管理人数量合计9 765家，占比68.27%；管理人数量排名前十的辖区合计有11 836家私募股权、创业投资基金管理人，占比82.75%（见图7-42）。

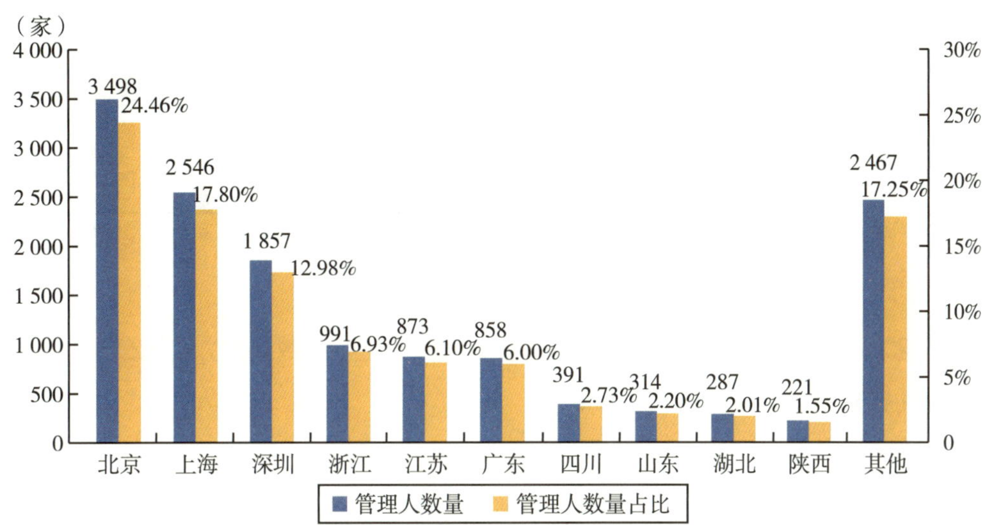

图7-42　私募股权、创业投资基金管理人数量按办公地分布

资料来源：中国证券投资基金业协会。

从各辖区内管理人管理基金数量来看，办公地在北京、上海、深圳三大辖区内的私募股权、创业投资基金管理人管理的基金数量合计30 782只，占全国总数的60.37%；办公地在北京、上海、深圳、浙江、广东五大辖区内管理人管理的基金数量合计38 295只，占比75.11%；排名前十的辖区内管理人管理的基金数量合计44 389只，占比87.06%（见图7-43）。

从各辖区内管理人管理的基金规模来看，办公地在北京、上海、深圳三大辖区的私募股权、创业投资基金管理人管理的基金规模合计9.17万亿元，占全国私募股权、创业投资基金管理人管理基金总规模的65.51%。其中，北京远超上海和深圳，为规模最大辖区。在北京、上海、深圳、江苏、广东五大辖区的管理人管理规模合计10.73万亿元，占比76.59%；排名前十的辖区内管理人管理规模合计12.11万亿元，占比86.45%（见图7-44）。

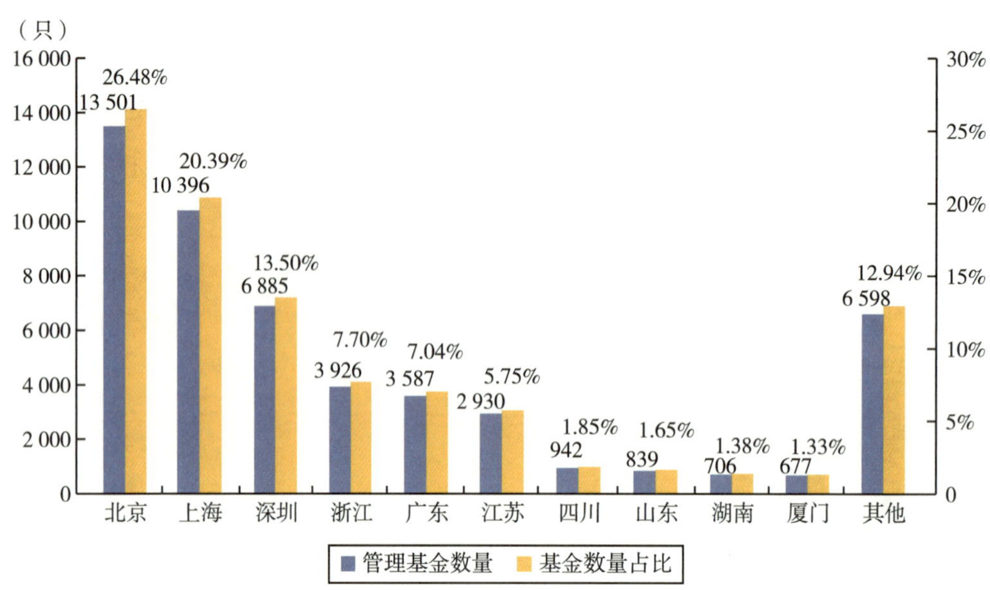

图 7-43　私募股权、创业投资基金管理人管理基金数量按办公地分布

资料来源：中国证券投资基金业协会。

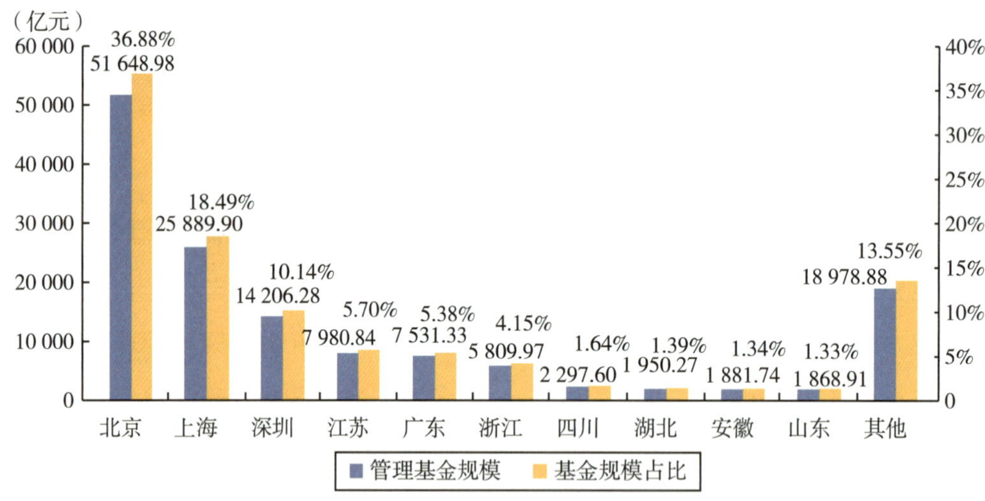

图 7-44　私募股权、创业投资基金管理人管理基金规模按办公地分布

资料来源：中国证券投资基金业协会。

2022年当年登记的私募股权、创业投资基金管理人，办公地在北京、上海和江苏三大辖区的管理人数量合计309家，占全国总数的42.39%；办公地在北

京、上海、江苏、深圳和广东五大辖区的管理人数量合计427家，占比58.57%；管理人数量排名前10的辖区合计有570家私募股权、创业投资基金管理人，占比78.19%。2022年当年新登记的私募股权、创业投资基金管理人办公地同样主要集中于经济发达地区（见图7–45）。

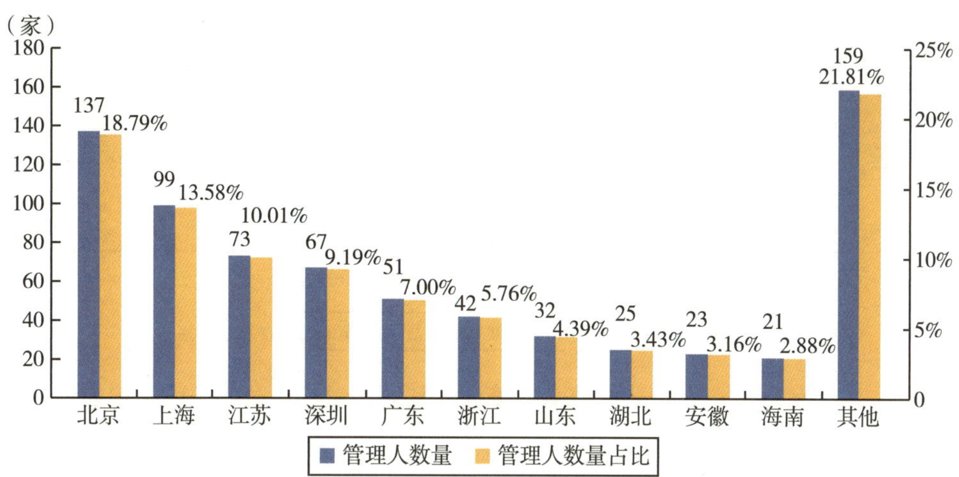

图7–45　2021年登记私募股权、创业投资基金管理人数量按办公地分布

资料来源：中国证券投资基金业协会。

二、私募股权、创业投资基金管理人从业人员及高管情况

截至2022年末，私募股权、创业投资基金基金管理人在从业人员管理平台完成注册的全职员工总人数10.86万人，其中，具有基金从业资格的员工9.27万人，数量占比85.28%。私募股权、创业投资基金管理人高管总数3.70万人，具有基金从业资格高管3.45万人，数量占比达93.38%。

2022年当年登记并在从业人员管理平台完成注册的私募股权、创业投资基金管理人的员工人数4 180人，其中具有基金从业资格的员工3 301人，占比78.97%；私募股权、创业投资基金管理人高管2 061人，其中具有基金从业资格的高管1 795人，占比达87.09%。

（一）管理人从业人员情况

截至2022年末，大多数私募股权、创业投资基金管理人具有5名及以上员工，其中，半数以上管理人的员工数量在5（含）~10人。整体来看，私募股权、创业投资基金管理人平均具有9名员工（见图7–46）。

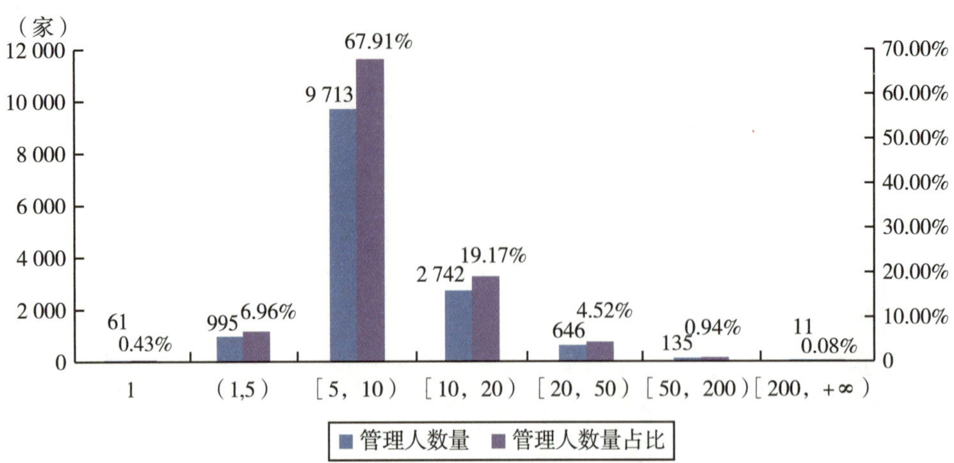

图 7–46 私募股权、创业投资基金管理人从业人员数量分布（按数量统计）

资料来源：中国证券投资基金业协会。

从单家私募股权、创业投资基金管理人从业人员数量来看，管理基金规模较大的管理人具有的从业人员普遍较多。截至2022年末，管理规模在5亿元以下的管理人平均具有8名员工，而管理规模在100亿元及以上的管理人平均具有32名员工（见图7–47）。

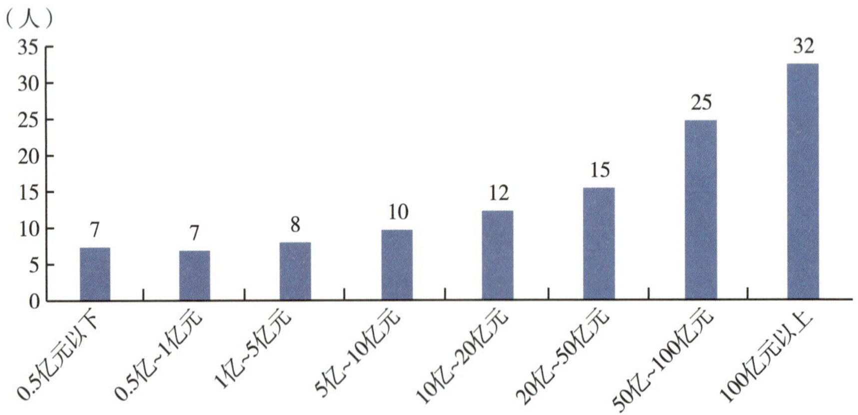

图 7–47 私募股权、创业投资基金管理人平均从业人员数量分布（按规模统计）

资料来源：中国证券投资基金业协会。

2022年当年登记的私募股权、创业投资基金管理人，从业人员数量主要集中于5~10人（不含），占比达95.61%；整体来看，私募股权、创业投资基金管理人平均具有6名员工。

（二）管理人高管情况

1.管理人高管人数分布情况

截至2022年末，从单个私募股权、创业投资基金管理人的高管数量来看，99.76%的管理人具有2名或2名以上高管（见图7-48）。

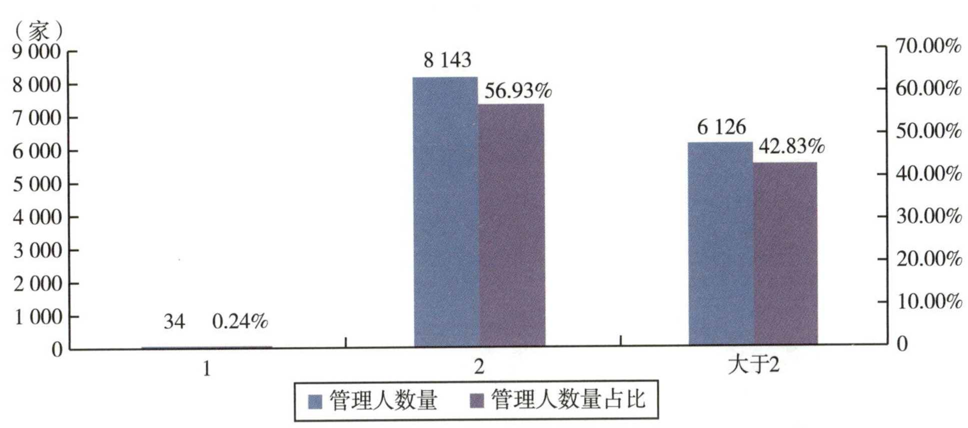

图7-48 私募股权、创业投资基金管理人高管人数分布（按数量统计）

资料来源：中国证券投资基金业协会。

2022年当年登记的私募股权、创业投资基金管理人均具有2名或2名以上高管，其中有3名及以上高管的管理人数量占比62.14%。

2.管理人高管取得从业资格情况

截至2022年末，私募股权、创业投资基金管理人高管中，具备基金从业资格的有3.45万人，占高管总数的93.38%。其中，12 487家管理人的所有高管都具备基金从业资格，占比87.30%；法定代表人与合规风控负责人具备基金从业资格的管理人13 351家，占私募股权、创业投资基金管理人数量的93.34%（见图7-49、图7-50）。

2022年当年登记的私募股权、创业投资基金管理人的高管中，具备基金从业资格的高管1 795人，占比达87.09%；所有高管都具备基金从业资格的管理人

581家，占比达79.70%。

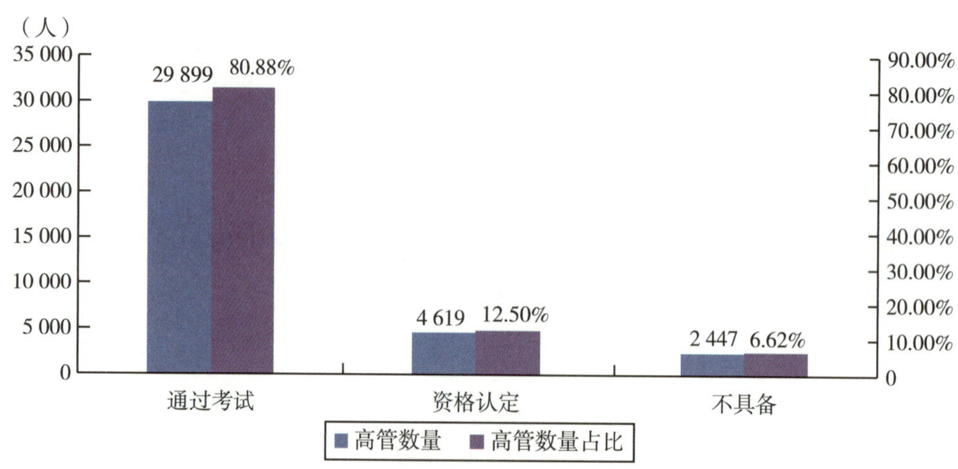

图 7-49　私募股权、创业投资基金管理人基金从业资格取得情况（按人数统计）

资料来源：中国证券投资基金业协会。

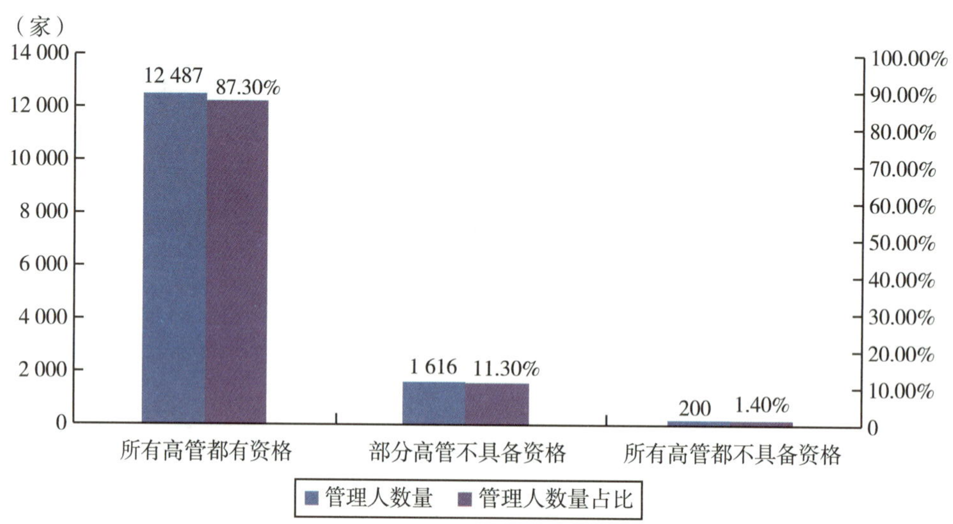

图 7-50　私募股权、创业投资基金管理人基金从业资格取得情况（按数量统计）

资料来源：中国证券投资基金业协会。

3. 管理人高管人员学历分布情况

从高管最高学历来看，截至2022年末，私募股权、创业投资基金管理人高管普遍学历背景良好，最高学历为本科及以上的为34 530人，占比93.43%，其中硕博占比为51.79%（见图7-51）。

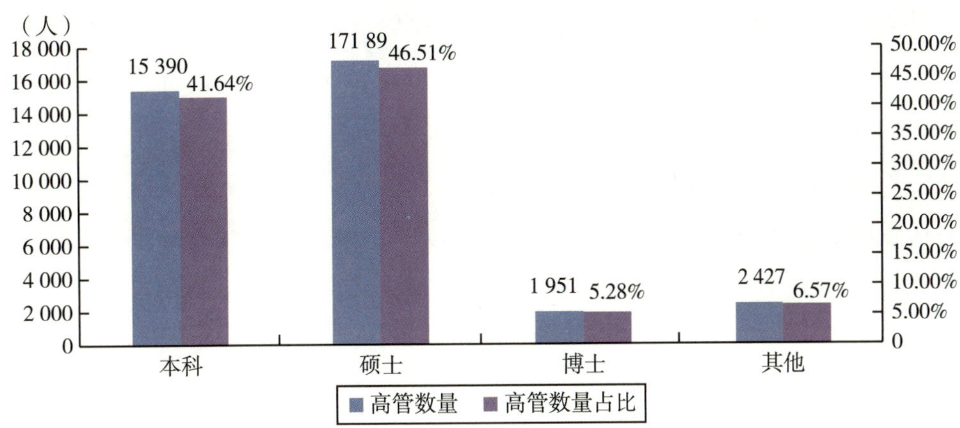

图 7-51　私募股权、创业投资基金管理人高管最高学历分布情况（按人数统计）

资料来源：中国证券投资基金业协会。

2022年当年登记的私募股权、创业投资基金管理人中，最高学历为本科及以上的高管数量占比达95.97%，其中硕博占比为61.48%。

4.管理人高管人员年龄分布情况

从高管年龄分布来看，截至2022年末，私募股权、创业投资基金管理人高管年龄主要集中在30~50（不含）岁，占比74.05%，其中年龄在40~50（不含）岁的人士，成为私募股权、创业投资从业的中坚力量，占全部高管数量的比例达37.49%（见图7-52）。

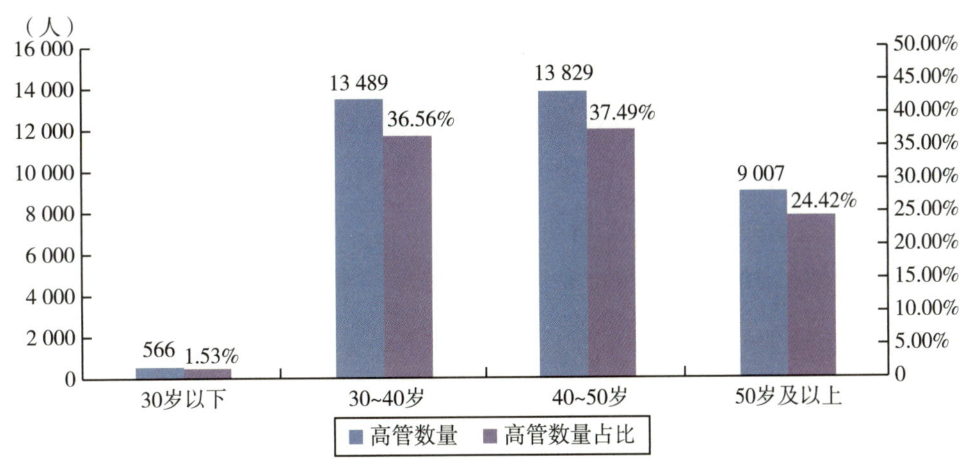

图 7-52　私募股权、创业投资基金管理人高管年龄分布（按人数统计）

资料来源：中国证券投资基金业协会。

2022年当年登记的私募股权、创业投资基金管理人高管年龄主要集中在30~40岁（不含），占比50.35%，年龄在40~50岁（不含）的高管占全部高管数量的34.91%。

5.管理人高管从业年限分布情况[①]

从高管从业年限分布来看，截至2022年末，私募股权、创业投资基金管理人中84.59%的高管从业年限在10年及以上，整体从业年限较长（见图7-53）。

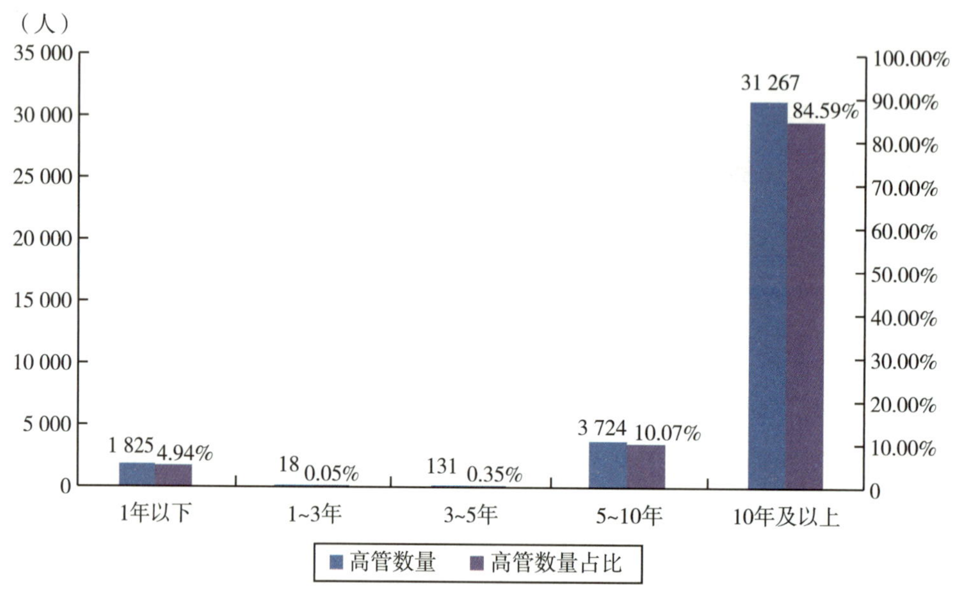

图7-53　私募股权、创业投资基金管理人高管从业年限分布（按人数统计）

资料来源：中国证券投资基金业协会。

2022年当年登记的私募股权、创业投资基金管理人高管从业年限主要集中在10年及以上，占比达75.06%；从业年限在1年以下的高管190人。

6.管理人高管任职年限分布情况

从高管任职年限分布来看，截至2022年末，私募股权、创业投资基金管理人高管在现有管理人任职时间主要集中在5年及以上，占比达53.00%（见图7-54）。

① 本报告中高管从业年限自高管毕业以来从事第一份工作的起始时间算起。

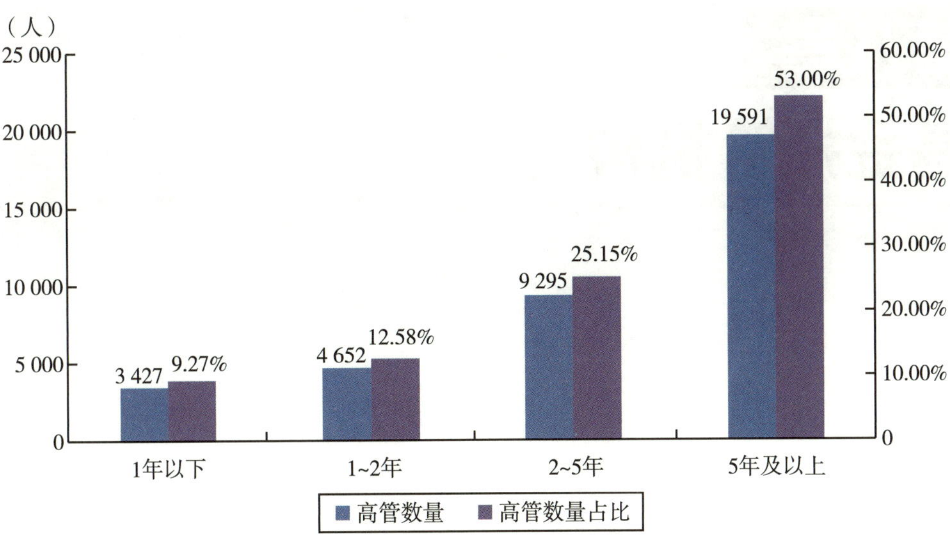

图 7-54　私募股权、创业投资基金管理人高管任职年限分布（按人数统计）

资料来源：中国证券投资基金业协会。

第八章
基金托管机构

第一节　托管机构登记情况

一、基金托管人登记情况

金融机构从事基金托管业务，应当经中国证监会核准，依法取得基金托管资格，申请基金托管资格的金融机构应当符合《证券投资基金托管业务管理办法》要求。

根据证监会发布的《证券投资基金托管人名录》，截至2022年12月31日，共59家托管人经证监会核准，依法取得证券投资基金托管业务展业资格。其中，包括30家银行、27家证券公司以及2家其他类型托管机构（见图8-1）。具体名录见行业数据篇。

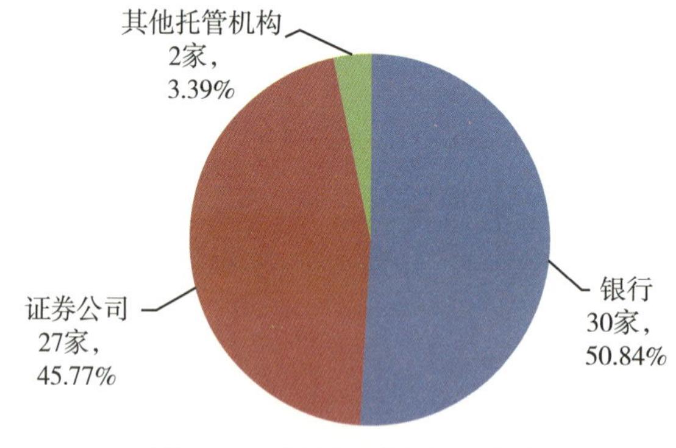

图8-1　托管机构类型分布

资料来源：中国证监会官网。

二、合格境外机构投资者托管人登记情况

《合格境外机构投资者境内证券投资管理办法》第12条要求："取得托管人资格，必须经中国证监会和国家外汇局审批。中国证监会收到完整的申请文件后，于30个工作日内会签国家外汇局作出托管资格许可。"

截至2022年12月31日，共22家托管人取得合格境外机构投资者托管业务资格，全部为银行类托管机构。具体名录见行业数据篇。

第二节　托管业务发展情况

一、托管产品数量及资产规模

截至2022年末，托管人开展托管业务或资产保管业务的产品共计393 031只，资产规模达到206.97万亿元[①]。从产品类型来看，按照产品数量统计（见图8-2），私募基金的数量最多，总计124 476只，占比31.67%；公募基金10 351只，占比2.63%；证券期货经营机构发行的资管产品40 706只，占比10.36%；跨境或者管理人为外资的基金3 315只，占比0.84%；银行理财37 848只，占比9.63%；信托（保管）90 100只，占比22.92%；保险产品10 192只，占比2.59%；养老金11 125只，占比2.83%；其他产品（托管或保管）64 918只，占比16.52%。

按照资产规模统计（见图8-3），保险产品的规模最大，总计314 621.91亿元，占比15.20%；公募基金254 468.11亿元，占比12.29%；私募基金166 600.06亿元，占比8.05%；证券期货经营机构发行的资管产品162 620.91亿元，占比7.86%；跨境或者管理人为外资的基金23 972.30亿元，占比1.16%；信托（保管）219 791.76亿元，占比10.62%；银行理财298 547.46亿元，占比14.42%；养老金115 465.13亿元，占比5.58%；其他产品（托管或保管）513 644.30亿元，占比24.82%（见图8-3）。

---

① 本次统计范围从托管机构业务角度出发，不仅包括资管产品托管业务，也包括资产保管等其他业务。

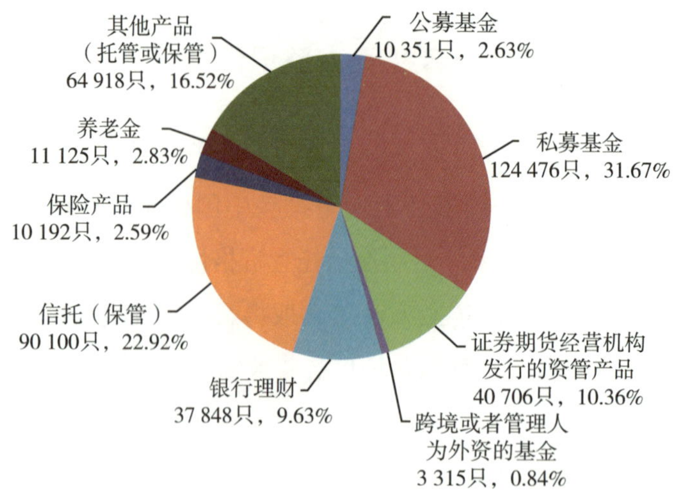

图 8-2　托管产品数量占比（按产品类型）

资料来源：中国证券投资基金业协会。

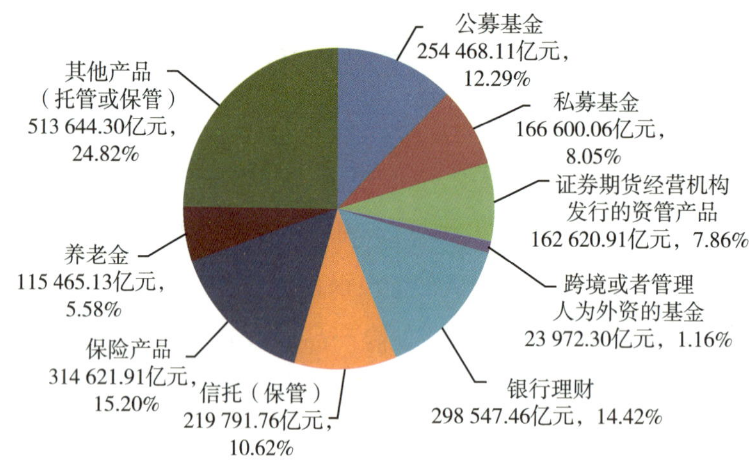

图 8-3　托管资产规模占比（按产品类型）

资料来源：中国证券投资基金业协会。

二、不同类型托管人的基金托管业务开展情况

（一）公募基金的托管业务开展情况

截至2022年末，托管人托管的公募基金产品共计10 351只，资产规模254 468.11亿元。其中，商业银行托管9 881只公募基金，托管规模248 141.86亿

元；证券公司托管465只公募基金，托管规模5 452.65亿元；其他类型托管人托管5只公募基金，托管规模873.6亿元（见图8-4）。

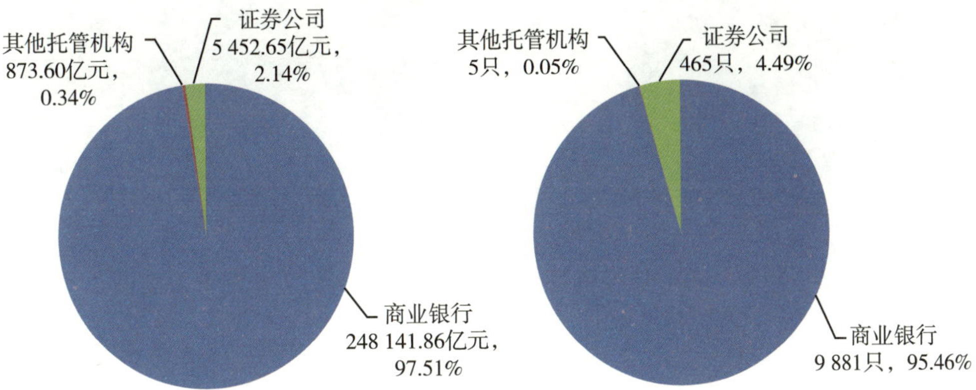

图8-4　托管公募基金的数量及规模占比（按托管人类型）

资料来源：中国证券投资基金业协会。

（二）私募基金的托管业务开展情况

截至2022年末，托管人托管的私募基金产品共计124 476只，资产规模166 600.06亿元（见图8-5和图8-6）。其中，私募证券投资基金89 931只，资产规模48 901.38亿元，商业银行托管2 114只，托管规模4 003.57亿元，证券公司托管87 817只，托管规模44 897.81亿元；私募股权投资基金34 545只，资产规模117 698.68亿元，商业银行托管28 584只，托管规模110 983.23亿元，证券公司托管5 961只，托管规模6 715.45亿元；其他类型托管人未托管私募基金。

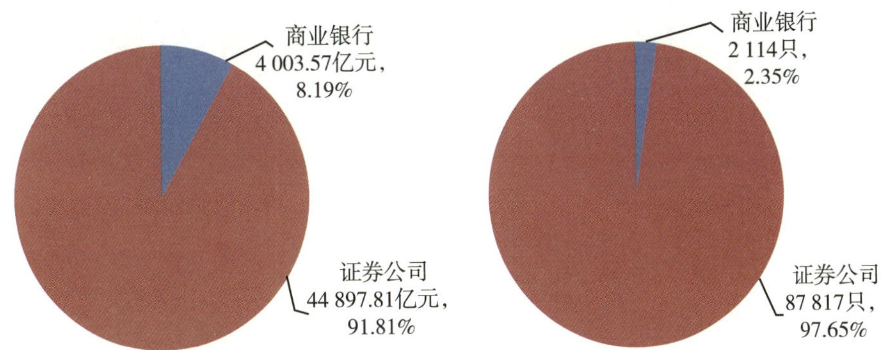

图8-5　托管私募证券投资基金的数量及规模占比（按托管人类型）

资料来源：中国证券投资基金业协会。

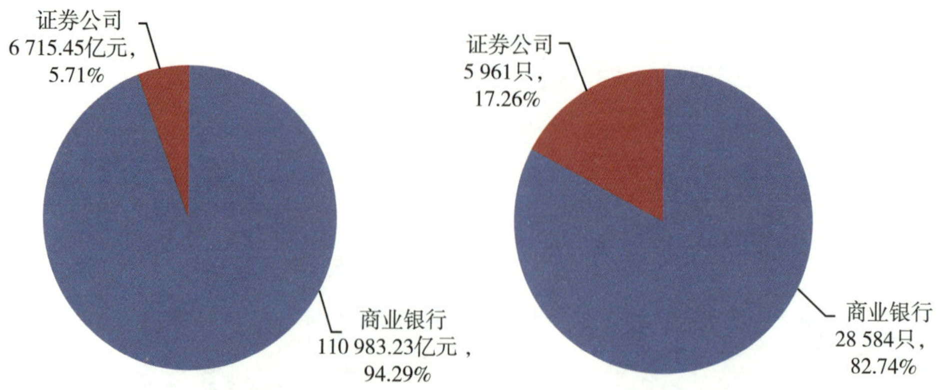

图 8-6 托管私募股权投资基金的数量及规模占比（按托管人类型）

资料来源：中国证券投资基金业协会。

（三）证券期货经营机构发行的资管产品的托管业务开展情况

截至2022年末，托管人托管的证券期货经营机构发行的资管产品（以下简称“资管计划”）共计40 706只，资产规模162 620.91亿元（见图8-7）。其中，商业银行托管34 878只资管计划，托管规模157 050.29亿元；证券公司托管5 790只资管计划，托管规模3 566.32亿元；其他类型托管人托管38只资产管理计划，托管规模2 004.3亿元。

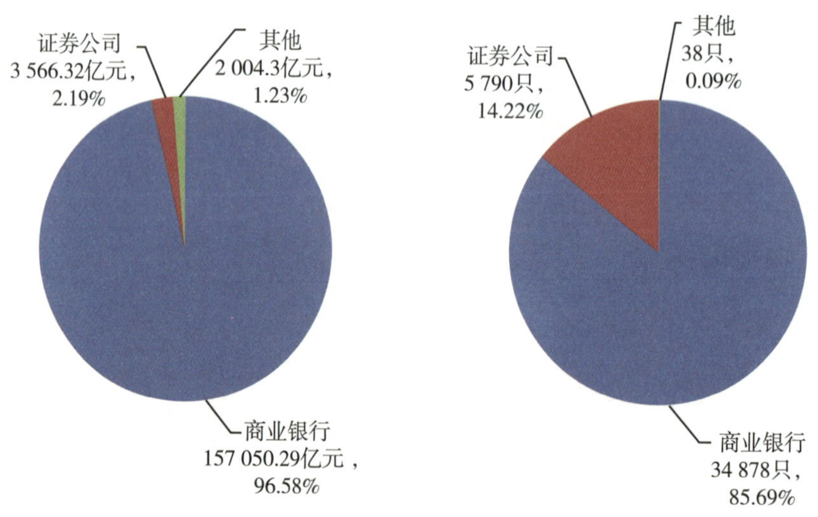

图 8-7 托管资管计划的数量及规模占比（按托管人类型）

资料来源：中国证券投资基金业协会。

第九章
基金服务机构

第一节　基金服务业务发展历程

我国私募基金服务业务的开展大概可以分为四个阶段。

第一阶段：初创探索阶段（2013—2014年）。

2013年6月1日起开始实施的《证券投资基金法》，设置“基金服务机构”单独章节，为基金服务业务和基金行业专业化分工奠定了法律基础。首次明确基金管理人可以委托基金服务机构代为办理基金的销售、销售支付、份额登记、核算、估值、信息技术系统等事项。

第二阶段：蓬勃发展阶段（2015—2016年）。

2015年基金业协会开始对第一批基金服务机构进行备案，专业的基金服务机构帮助私募基金管理人解决了“运营瓶颈”，降低了私募基金运作成本，提升了经营合规水平，基金服务业务促进了私募基金行业有序健康发展。

第三阶段：高速创新阶段（2017—2018年）。

2017开始，国内服务机构发展进入高速发展阶段，基金业协会围绕“7+2”自律框架，重新梳理对私募基金服务业务的规范要求，发布《私募基金服务业务管理办法（试行）》（以下简称《服务办法》）。按照《服务办法》要求改造并重新上线了私募基金服务机构登记系统，通过培育专业的私募基金服务机构梯队，搭建私募基金行业生态体系，促进管理人、托管人和服务机构三类市场主体之间的合作和博弈，提升私募基金行业的专业化水平。

第四阶段：扶优限劣、生态培育阶段（2019年至今）。

2019年7月，基金业协会正式公布第四批完成登记的私募基金服务机构名单。根据《证券投资基金法》及其他私募基金法规要求，秉持会员管理标准，依照《证券投资基金法》关于信义义务的要求，按照合规风控、人力资本、运营能力、金融科技、生态培育等五大维度，筛选符合条件的私募基金服务机构登记入会。为完善私募基金生态体系建设，协会着手修订《服务办法》。2020年10月，协会就《私募投资基金电子合同业务管理办法（试行）（征求意见稿）》正式公开征求意见。电子合同业务是金融科技在私募基金领域的重要应用，通过电子合同缔约能够衔接投资者、基金管理人、基金托管人和基金服务机构等主体，为托管人履行投资监督、募集机构销售适当性、份额登记机构份额确权等法定职责提供落地场景，同时大大提高了缔约效率。

2021年，市场对于电子合同签署服务需求越来越大，新冠疫情期间线上办公及无纸化合同签署方式在私募基金领域应用越来越广泛，巨量需求催生部分市场机构加快布局电子合同业务。

2022年6月，为规范私募基金电子合同业务发展、保护基金投资者及相关当事人合法权益，协会正式发布《私募投资基金电子合同业务管理办法（试行）》。为规范电子合同服务机构数据报送标准，监督电子合同服务机构电子签约系统满足业务运作要求，基金业协会于同年11月配套发布《私募投资基金电子合同业务数据报送接口规范（试行）》以及《私募投资基金电子合同业务服务系统测试规范（试行）》。

第二节　基金服务机构登记情况

截至2022年末，在基金业协会完成登记的基金服务机构共计48家（具体名录见行业数据篇），按照机构类型划分，服务机构包括证券公司、商业银行、基金公司、IT公司及第三方独立服务机构等5类，其中证券公司的数量最多（见图9-1）。

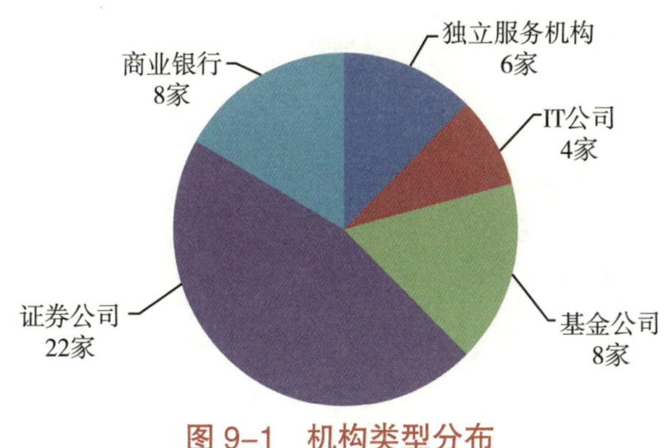

图 9-1　机构类型分布

资料来源：中国证券投资基金业协会。

第三节　基金服务业务开展情况

一、基金服务产品数量和规模

作为《证券投资基金法》规定的三类主体之一，基金服务机构的发展初衷是提高基金行业专业能力，搭建基金行业良性发展生态圈。服务机构在协会登记以来，服务对象已经从私募投资基金不断扩大至公募基金、券商资管、期货资管、基金公司专户等大资管行业各类产品。服务内容除了份额登记和估值核算两项涉及系统重要性数据的核心业务之外，在信息科技建设、培育行业生态等发展目标下，不断扩展至整个基金运作链条，提供了全方位、多功能的各项专业服务，对基金行业发展起到了重要推动作用。

截至2022年末，服务机构对外（不含完全控股下属公司）提供份额登记及估值核算服务的基金产品共计133 249只，服务的资产规模达到136 242.21亿元，分别比2021年底增长了23.18%和37.65%。

按照服务业务数量统计（见图9-2），私募基金的数量最多，总计105 247只，占比78.99%；银行、保险和信托发行的资管产品21 442只，占比16.09%；证券期货经营机构发行的私募资管产品5 999只，占比4.50%；跨境或者管理人为外资的基金162只，占比0.12%；公募基金（含证券公司大集合产品）16只，占比0.01%；其他资管产品383只，占比0.29%。

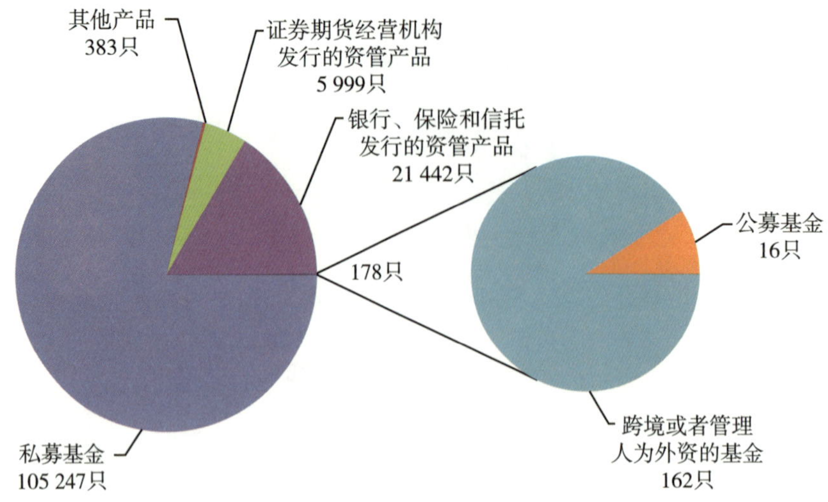

图 9-2　服务业务数量占比（按服务基金类型）

资料来源：中国证券投资基金业协会。

按照服务业务规模（见图9-3）统计，私募基金是服务机构服务规模最大的产品类型，总计61 833.02亿元，占比45.38%；银行、保险和信托发行的资管产品59 204.05亿元，占比43.46%；证券期货经营机构发行的私募资管产品规模12 980.42亿元，占比9.53%；跨境或者管理人为外资的基金510.07亿元，占比0.37%；公募基金规模151.29亿元，占比0.11%；其他资管产品1 563.36亿元，占比1.15%。

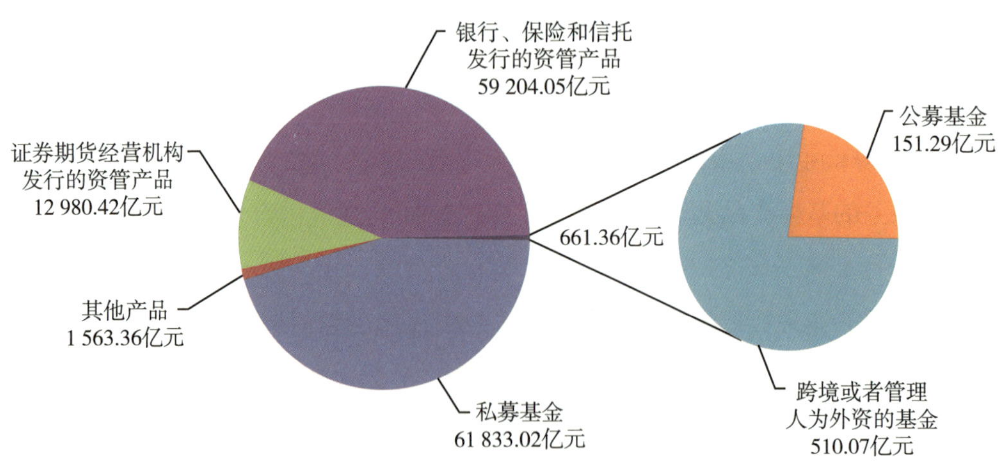

图 9-3　服务业务规模占比（按服务基金类型）

资料来源：中国证券投资基金业协会。

按私募基金类型划分（见图9-4），私募证券投资基金产品48 275.36亿元，占私募基金服务总规模的78.07%；私募股权投资基金11 308.74亿元，占私募基金服务总规模的18.29%；创业投资基金1 376.23亿元，占私募基金服务总规模的2.23%；其他类私募基金866.34亿元，占私募基金服务总规模的1.40%。

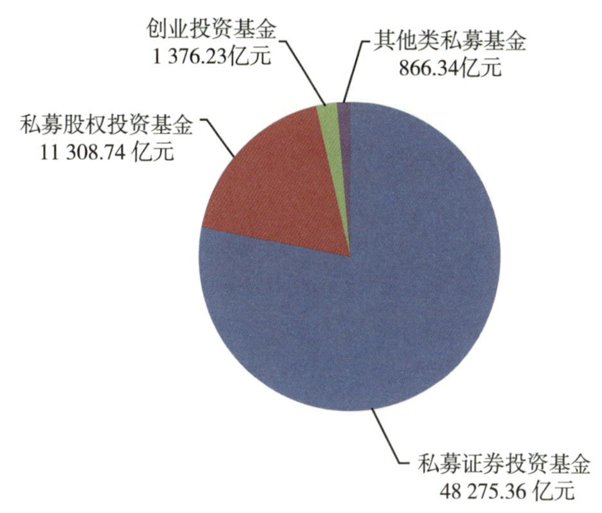

图9-4　私募投资基金服务业务规模占比（按基金类型）

资料来源：中国证券投资基金业协会。

二、行业集中度情况

截至2022年末，服务机构对外服务业务规模（见表9-1）排名前三的服务机构服务资产规模占总规模的44.79%，排名前十的服务机构服务资产规模共计占总规模的76.87%，行业集中度较高。相较2021年底，基金服务行业的整体格局基本稳定，第一梯队优势愈发明显，服务规模突破千亿的第二梯队继续扩大，具体表现为"3+14+n"的特点（见图9-5）。其中第一梯队3家，规模均超过10 000亿元，合计占总规模的44.79%；第二梯队14家，规模均在1 000亿元~6 000亿元之间，合计占总规模的46.64%；其余的服务机构为第三梯队，规模均不超过1 000亿元，合计占总规模的8.57%。

表 9–1　各服务机构服务的基金规模和数量

序号	机构名称	服务规模（亿元）	数量（只）
1	国泰君安	15 348.31	20 679
2	招商证券	13 821.29	22 150
3	中信中证	11 987.52	15 406
4	华泰证券	5 967.88	12 587
5	创金合信	5 236.84	1 810
6	工商银行	4 124.91	1 557
7	宁波银行	3 932.07	5 064
8	国金道富	3 778.43	4 990
9	中信建投	3 758.42	6 669
10	国信证券	2 674.95	4 676

资料来源：中国证券投资基金业协会。

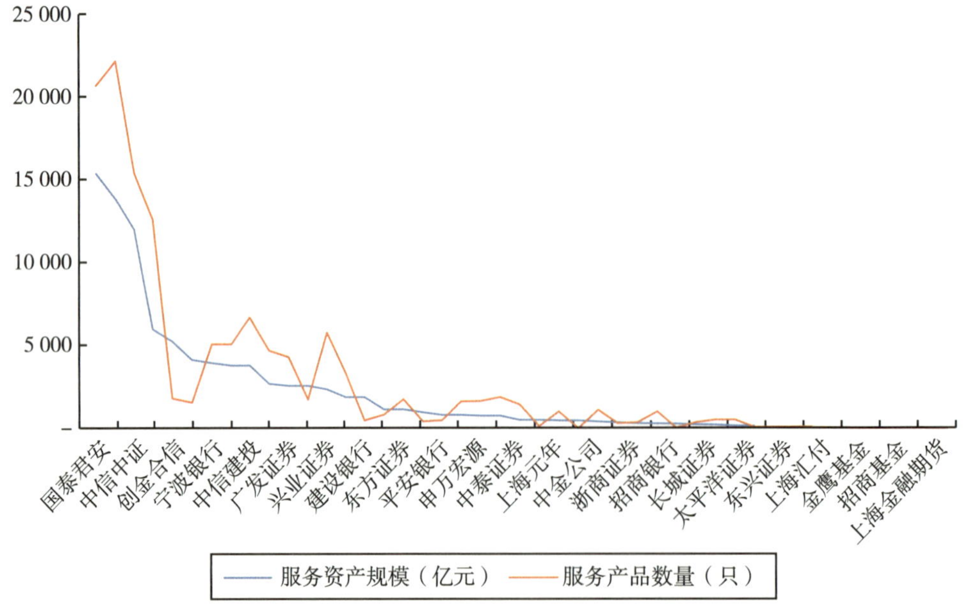

图 9–5　排除服务机构服务的集团内部资管产品的行业集中度

注：图中X轴未完整显示出所有服务机构。

资料来源：中国证券投资基金业协会。

三、收入情况

2022年度服务机构对外开展服务业务的总收入（见表9-2）为21.40亿元，较2021年度增长13.47%。其中，私募证券投资基金对基金服务行业的收入贡献度最高，为81.62%；银行、保险和信托发行的资管产品其次，收入贡献度为9.13%。

表9-2　2022年基金服务业务（份额登记和估值核算）收入情况（按基金类型分）

服务基金类型	规模（亿元）	收入（万元）	收入贡献度（%）
私募证券投资基金	48 275.36	174 637.47	81.62
私募股权投资基金	11 308.74	9 293.28	4.34
创业投资基金	1 376.23	2 566.35	1.20
其他类私募基金	866.34	368.03	0.17
证券期货经营机构发行的私募资管产品	12 980.42	4 378.32	2.05
银行、保险和信托发行的资管产品	59 204.05	19 543.47	9.13
其他资管产品	2 224.72	3 154.58	1.47

资料来源：中国证券投资基金业协会。

02 第二篇 行业数据篇

一、公开募集证券投资基金数据

表 1-1　　公开募集证券投资基金数量　　（单位：只）

年份	封闭式	开放式	其中 股票	其中 混合	其中 货币	其中 债券	其中 QDII	合计
1998	5	0	–	–	–	–	–	5
1999	16	0	–	–	–	–	–	16
2000	34	0	–	–	–	–	–	34
2001	48	3	–	–	–	–	–	51
2002	54	17	–	–	–	–	–	71
2003	54	41	–	–	–	–	–	95
2004	54	107	–	–	–	–	–	161
2005	54	164	–	–	–	–	–	218
2006	53	254	–	–	–	–	–	307
2007	36	310	–	–	–	–	–	346
2008	33	406	162	138	40	61	10	439
2009	31	516	239	158	43	81	10	547
2010	39	665	332	166	46	103	28	704
2011	57	857	434	192	51	129	51	914
2012	68	1 105	534	218	61	225	67	1 173
2013	137	1 415	611	287	94	341	82	1 552
2014	134	1 763	699	395	171	409	89	1 897
2015	164	2 558	587	1 184	220	466	101	2 722
2016	303	3 564	661	1 707	286	789	121	3 867
2017	480	4 361	791	2 096	348	989	137	4 841
2018	669	4 957	927	2 375	347	1 172	136	5 626
2019	861	5 683	1 135	2 593	335	1 471	149	6 544
2020	1 024	6 213	1 268	3 030	332	1 417	166	7 237
2021	1 175	7 977	1 756	3 879	333	1 810	199	9 152
2022	1 300	9 276	1 992	4 595	372	2 095	222	10 576

注：2008—2010年按投资类型合计与开放式有差异，鉴于历史数据已不可考，无法探究修正。基金数量以报送净值非零口径统计，数据来源于中国证监会。

表 1-2　　公开募集证券投资基金份额　　（单位：亿份）

年份	封闭式	开放式	其中股票	其中混合	其中货币	其中债券	其中QDII	合计
1998	100.00	0.00	–	–	–	–	–	100.00
1999	505.00	0.00	–	–	–	–	–	505.00
2000	562.00	0.00	–	–	–	–	–	562.00
2001	686.73	117.50	–	–	–	–	–	804.23
2002	817.00	501.85	–	–	–	–	–	1 318.85
2003	817.00	797.67	–	–	–	–	–	1 614.67
2004	817.00	2 491.79	–	–	–	–	–	3 308.79
2005	817.00	3 897.18	–	–	–	–	–	4 714.18
2006	812.00	5 408.67	–	–	–	–	–	6 220.67
2007	844.14	21 495.70	–	–	–	–	–	22 339.84
2008	890.32	24 851.46	10 866.30	7 395.81	3 891.73	1 745.23	1 094.01	25 741.78
2009	945.02	22 573.53	12 454.50	6 692.64	2 581.41	765.82	1 017.35	23 518.55
2010	1 119.80	22 835.53	12 945.64	6 651.08	1 532.77	1 359.03	940.50	23 955.33
2011	1 371.32	25 139.05	13 323.36	6 771.72	2 948.85	1 181.67	913.45	26 510.37
2012	1 424.85	30 283.56	13 510.10	6 493.14	5 717.28	3 687.60	875.46	31 708.41
2013	2 121.81	29 058.03	11 722.02	5 919.76	7 478.71	3 176.76	760.78	31 179.84
2014	1 253.71	40 758.28	10 772.46	5 525.28	20 804.36	3 039.70	616.48	42 011.99
2015	1 669.54	75 004.59	5 988.13	17 948.31	44 371.59	5 895.92	800.64	76 674.13
2016	6 179.14	82 249.17	6 450.19	18 667.35	42 730.63	13 310.59	1 090.41	88 428.31
2017	5 863.27	104 326.82	5 847.66	16 315.05	67 253.81	14 091.62	818.68	110 190.09
2018	8 706.16	120 263.35	7 716.98	14 152.74	76 150.94	21 552.75	689.94	128 969.51
2019	15 214.30	121 723.12	9 346.83	14 784.25	71 110.11	25 687.88	794.05	136 937.42
2020	23 961.85	146 012.44	11 746.07	27 857.78	80 915.99	24 478.40	1 014.21	169 974.29
2021	29 005.00	189 239.00	15 996.00	40 872.00	94 977.00	35 604.00	1 790.00	218 244.00
2022	33 265.65	206 162.67	20 131.94	40 755.25	103 354.25	38 209.47	3 711.76	239 428.35

注：2008—2010年按投资类型合计与开放式有差异，鉴于历史数据已不可考，无法探究修正。基金数量以报送净值非0口径统计，数据来源于中国证监会。

表 1-3 公开募集证券投资基金资产净值 （单位：亿元）

年份	封闭式	开放式	其中股票	其中混合	其中货币	其中债券	其中 QDII	合计
1998	107.00	0.00	–	–	–	–	–	107.00
1999	577.00	0.00	–	–	–	–	–	577.00
2000	847.35	0.00	–	–	–	–	–	847.35
2001	691.15	118.09	–	–	–	–	–	809.24
2002	717.06	468.50	–	–	–	–	–	1 185.56
2003	862.00	837.22	–	–	–	–	–	1 699.22
2004	809.71	2 436.63	–	–	–	–	–	3 246.34
2005	822.17	3 869.21	–	–	–	–	–	4 691.38
2006	1 623.64	6 941.41	–	–	–	–	–	8 565.05
2007	2 442.17	30 320.15	–	–	–	–	–	32 762.32
2008	758.95	18 644.30	7 242.57	5 193.09	3 892.43	1 880.36	522.41	19 403.25
2009	1 238.78	24 786.02	13 702.50	7 478.45	2 581.41	839.37	742.24	26 024.80
2010	1 299.00	23 741.86	13 214.94	7 300.67	1 532.78	1 449.76	735.50	25 040.86
2011	1 234.15	20 684.40	10 248.35	5 706.69	2 948.86	1 204.47	576.02	21 918.55
2012	1 413.01	27 248.80	11 476.71	5 646.86	5 717.28	3 776.94	632.02	28 661.81
2013	2 150.84	27 869.87	10 958.45	5 626.59	7 475.90	3 224.84	584.09	30 020.71
2014	1 363.79	43 989.82	13 142.02	6 025.23	20 862.43	3 473.40	486.75	45 353.61
2015	1 947.72	82 024.11	7 657.13	22 287.25	44 443.36	6 973.84	662.53	83 971.83
2016	6 340.11	85 252.94	7 059.02	20 090.29	42 840.57	14 239.10	1 023.96	91 593.05
2017	6 097.99	109 898.87	7 602.40	19 378.46	67 357.02	14 647.40	913.59	115 996.86
2018	8 985.29	121 361.21	8 244.63	13 603.91	76 178.14	22 628.80	705.73	130 346.50
2019	16 024.00	131 648.03	12 992.62	18 893.19	71 170.56	27 660.83	930.83	147 672.03
2020	25 606.39	172 912.94	20 017.48	43 600.75	80 521.47	27 484.30	1 288.94	198 519.33
2021	31 250.00	224 389.00	25 817.00	60 514.00	94 678.00	40 996.00	2 384.00	255 639.00
2022	35 000.29	225 311.60	24 782.42	49 972.86	104 557.63	42 730.86	3 267.81	260 311.89

注：2008—2010年按投资类型合计与开放式有差异，鉴于历史数据已不可考，无法探究修正。基金数量以报送净值非0口径统计，数据来源于中国证监会。

表 1–4

开放式基金（认）申购与赎回

（单位：亿元）

年份	偏股型						债券型			货币型			QDII		
	认申购	赎回	净认申赎				认申购	赎回	净认申赎	认申购	赎回	净认申赎	认申购	赎回	净认申赎
2011	6 664.00	6 000.00	664.00				1 882.00	1 652.00	230.00	12 122.00	10 763.00	1 359.00	164.00	166.00	–2.00
2012	5 601.00	5 373.00	228.00				9 501.00	6 672.00	2 829.00	25 467.00	22 880.00	2 586.00	249.00	177.00	73.00
2013	8 168.00	9 769.00	–1 602.00				11 495.00	11 176.00	319.00	33 018.00	31 425.00	1 593.00	113.00	209.00	–96.00
	股票型			混合型			债券型			货币型			QDII		
	认申购	赎回	净认申赎	认申购	赎回	净认申赎	认申购	赎回	净认申赎	认申购	赎回	净认申赎	认申购	赎回	净认申赎
2014	10 492.00	11 067.00	–575.00	3 095.00	3 544.00	–448.00	7 732.00	7 523.00	209.00	104 725.00	93 509.00	11 216.00	121.00	216.00	–100.00
2015	42 706.00	44 420.00	–1 715.00	34 667.00	24 981.00	9 686.00	10 913.00	7 412.00	3 501.00	189 558.00	171 904.00	10 363.00	953.00	568.00	385.00
2016	6 611.00	5 552.00	1 059.00	15 994.00	14 929.00	1 065.00	20 818.00	13 213.00	7 605.00	234 377.00	236 051.00	–1 674.00	652.00	417.00	235.00
2017	5 603.11	5 824.86	–221.74	12 655.95	15 207.99	–2 552.04	14 288.37	13 258.71	1 029.66	346 960.79	319 037.21	27 923.58	347.86	633.55	–285.69
2018	5 956.35	4 697.08	1 259.26	7 284.57	10 384.15	–3 099.57	16 704.97	9 990.33	6 714.63	372 288.88	372 392.77	–103.89	363.26	431.61	–68.35
2019	14 638.00	12 903.00	1 735.00	13 794.00	12 589.00	1 205.00	33 685.00	21 508.00	12 177.00	467 820.00	472 928.00	–5 108.00	579.00	526.00	53.00
2020	30 908.01	32 133.89	–1 225.88	40 941.14	35 309.91	5 631.23	61 701.96	41 250.11	20 451.85	677 303.15	663 720.85	13 582.30	1 332.42	1 197.16	135.26
2021	37 515.92	34 343.16	3 172.76	70 794.42	57 668.54	13 125.88	53 656.28	34 859.56	18 796.72	849 811.53	853 476.65	–3 665.12	2 952.62	1 310.50	1 642.12
2022	25 754.46	21 596.82	4 157.64	32 919.02	35 871.60	–2 952.58	73 838.72	66 962.54	6 876.19	872 269.00	864 330.13	7 938.87	4 520.35	3 523.28	997.07

注：2018年及以前数据来源于中国证监会，2019年及以后数据来自中国证券投资基金业协会。

表 1–5　　开放式公募基金账户情况　　（单位：万户）

年份	基金账户数	基金有效账户数	个人有效账户数	机构有效账户数
2007	14 776.83	9 091.34	9 086.80	4.54
2008	16 846.51	8 459.42	8 454.35	5.07
2009	18 640.66	8 092.47	8 084.09	8.38
2010	19 533.39	7 494.94	7 491.45	3.49
2011	21 636.55	7 973.62	7 968.36	5.26
2012	22 717.42	7 635.71	7 630.14	5.57
2013	28 773.46	8 696.72	8 691.34	5.38
2014	46 408.83	12 742.26	12 734.55	7.71
2015	67 917.39	18 758.55	18 750.76	7.80
2016	94 303.67	26 954.59	26 946.09	8.50
2017	134 903.48	41 891.60	41 880.38	11.23
2018	212 637.27	61 728.43	61 715.86	12.57
2019	279 859.00	79 341.83	79 316.61	25.22
2020	387 155.04	118 530.97	118 493.78	37.19
2021	468 333.13	142 322.56	142 262.29	60.27
2022	537 041.65	152 247.88	152 181.96	65.93

注：数据来源于中国证监会。

二、证券期货经营机构私募资产管理业务数据

表 2–1　　基金管理公司私募资产管理计划数量与规模

年份	数量（只）	规模（亿元）
2013	1 668	4 739.01
2014	3 104	12 240.41
2015	5 122	28 943.83
2016	7 147	51 043.24
2017	6 402	49 625.25
2018	5 962	43 701.91

续表

年份	数量（只）	规模（亿元）
2019	5 374	43 444.46
2020	6 507	46 654.19
2021	7 293	50 665.27
2022	8 126	51 991.08

注：不含基金管理公司管理的养老金。

资料来源：中国证券投资基金业协会（AMAC）。

表 2–2　基金子公司私募资产管理计划数量与规模

年份	数量（只）	规模（亿元）
2013	3 094	9 707.28
2014	9 389	37 390.06
2015	16 092	85 712.74
2016	14 494	105 030.91
2017	9 999	73 098.54
2018	7 592	52 469.94
2019	5 678	41 884.70
2020	4 938	33 902.64
2021	4 134	23 217.33
2022	3 521	19 202.95

资料来源：中国证券投资基金业协会（AMAC）。

表 2–3　证券公司私募资产管理计划数量与规模

年份	数量（只）	规模（亿元）
2013	7 329	52 059.25
2014	12 485	79 463.29
2015	18 228	118 948.07
2016	24 281	173 110.74
2017	22 031	165 152.16
2018	18 923	129 106.07

续表

年份	数量（只）	规模（亿元）
2019	16 077	103 390.75
2020	16 854	80 106.56
2021	16 818	76 853.80
2022	17 168	62 844.09

注：不含证券公司私募子公司管理的私募基金。

资料来源：中国证券投资基金业协会（AMAC）。

表 2–4　　　　期货公司私募资产管理计划数量与规模

年份	数量（只）	规模（亿元）
2014	–	124.82
2015	3 478	1 063.74
2016	3 644	2 791.72
2017	3 319	2 458.40
2018	1 809	1 276.34
2019	1 219	1 428.62
2020	1 265	2 196.69
2021	1 724	3 549.09
2022	2 023	3 147.06

资料来源：中国证券投资基金业协会（AMAC）。

表 2–5　　　　证券公司私募子公司私募基金数量与规模

年份	数量（只）	规模（亿元）
2015	175	1 193.23
2016	501	2 671.38
2017	714	3 690.79
2018	817	4 463.23
2019	925	4 937.19
2020	989	5 424.06

续表

年份	数量（只）	规模（亿元）
2021	1 054	5 498.03
2022	1 246	5 895.72

资料来源：中国证券投资基金业协会（AMAC）。

三、私募投资基金数据

（一）私募投资基金管理人数据

表 3-1-1　私募投资基金管理人登记通过情况　（单位：家）

年份	私募证券投资基金管理人	私募股权、创业投资基金管理人	私募资产配置类基金管理人	其他私募投资基金管理人	合计
2014	1 534	3 346	1	183	5 064
2015	8 730	10 552	1	832	20 115
2016	1 321	2 729	0	144	4 194
2017	1 605	4 329	1	81	6 016
2018	791	2 001	0	16	2 808
2019	286	808	2	4	1 100
2020	431	709	4	4	1 148
2021	522	757	0	6	1 285
2022	539	730	0	11	1 280

注：当期登记通过的机构，含当期登记当期注销的机构，按管理人初始登记日期统计。
资料来源：中国证券投资基金业协会。

表 3-1-2　私募投资基金管理人存量　（单位：家）

年份	私募证券投资基金管理人	私募股权、创业投资基金管理人	私募资产配置类基金管理人	其他私募投资基金管理人	合计
2014	1 438	3 366	0	151	4 955
2015	10 965	13 241	0	799	25 005

续表

年份	私募证券投资基金管理人	私募股权、创业投资基金管理人	私募资产配置类基金管理人	其他私募投资基金管理人	合计
2016	7 996	9 540	0	452	17 988
2017	8 467	13 200	0	779	22 446
2018	8 989	14 683	0	776	24 448
2019	8 857	14 882	5	727	24 471
2020	8 908	14 986	9	658	24 561
2021	9 069	15 012	9	520	24 610
2022	9 023	14 303	9	332	23 667

注：存量指登记通过且当期末未注销机构数量。资料来源：中国证券投资基金业协会。

表 3-1-3-1　2022 年登记通过的私募投资基金管理人地域分布（按注册地）

注册地	管理人数量（家）	管理人数量占比（%）	基金数量（只）	基金数量占比（%）	基金规模（亿元）	基金规模占比（%）
海南省	283	22.13	689	28.15	260.48	19.05
北京市	139	10.87	209	8.54	140.09	10.24
上海市	135	10.56	500	20.42	507.04	37.08
江苏省	122	9.54	145	5.92	55.97	4.09
广东省（不含深圳）	103	8.05	218	8.91	90.86	6.64
浙江省（不含宁波）	82	6.41	167	6.82	67.36	4.93
山东省（不含青岛）	77	6.02	115	4.70	30.08	2.20
深圳市	53	4.14	50	2.04	21.01	1.54
湖北省	42	3.28	33	1.35	8.48	0.62
青岛市	26	2.03	64	2.61	12.15	0.89
四川省	21	1.64	42	1.72	13.91	1.02
江西省	21	1.64	28	1.14	35.76	2.62

续表

注册地	管理人数量（家）	管理人数量占比（%）	基金数量（只）	基金数量占比（%）	基金规模（亿元）	基金规模占比（%）
安徽省	21	1.64	12	0.49	31.99	2.34
厦门市	20	1.56	24	0.98	5.62	0.41
湖南省	18	1.41	32	1.31	6.92	0.51
福建省（不含厦门）	17	1.33	45	1.84	4.22	0.31
宁波市	17	1.33	29	1.18	34.13	2.50
陕西省	16	1.25	12	0.49	4.54	0.33
河南省	16	1.25	6	0.25	0.39	0.03
天津市	13	1.02	14	0.57	14.44	1.06
广西壮族自治区	8	0.63	5	0.20	9.27	0.68
重庆市	6	0.47	2	0.08	7.70	0.56
辽宁省（不含大连）	4	0.31	0	0.00	0.00	0.00
新疆维吾尔自治区	4	0.31	0	0.00	0.00	0.00
云南省	3	0.23	1	0.04	0.10	0.01
河北省	3	0.23	2	0.08	2.43	0.18
黑龙江省	2	0.16	1	0.04	0.18	0.01
内蒙古自治区	2	0.16	0	0.00	0.00	0.00
甘肃省	1	0.08	0	0.00	0.00	0.00
山西省	1	0.08	0	0.00	0.00	0.00
贵州省	1	0.08	1	0.04	2.10	0.15
吉林省	1	0.08	0	0.00	0.00	0.00
宁夏回族自治区	1	0.08	2	0.08	0.35	0.03
合计	**1 279**	**100**	**2 448**	**100**	**1 367.57**	**100**

注：该统计口径下管理人数量为0的地域未列示，不含至年末已注销机构。

资料来源：中国证券投资基金业协会。

表 3-1-3-2　2022 年登记通过的私募证券投资基金管理人地域分布（按注册地）

注册地	管理人数量（家）	管理人数量占比（%）	基金数量（只）	基金数量占比（%）	基金规模（亿元）	基金规模占比（%）
海南省	175	32.47	601	30.92	227.33	24.22
上海市	75	13.91	467	24.02	476.13	50.72
北京市	52	9.65	164	8.44	38.48	4.10
广东省（不含深圳）	45	8.35	169	8.69	75.44	8.04
浙江省（不含宁波）	40	7.42	137	7.05	49.13	5.23
山东省（不含青岛）	36	6.68	92	4.73	19.09	2.03
江苏省	29	5.38	67	3.45	14.21	1.51
湖北省	14	2.60	19	0.98	1.89	0.20
深圳市	13	2.41	25	1.29	8.95	0.95
青岛市	12	2.23	54	2.78	7.26	0.77
福建省（不含厦门）	10	1.86	40	2.06	3.62	0.39
湖南省	8	1.48	21	1.08	2.44	0.26
四川省	7	1.30	28	1.44	3.42	0.36
江西省	6	1.11	13	0.67	3.07	0.33
河南省	5	0.93	4	0.21	0.27	0.03
厦门市	5	0.93	17	0.87	2.10	0.22
宁波市	5	0.93	20	1.03	5.50	0.59
天津市	1	0.19	5	0.26	0.27	0.03
云南省	1	0.19	1	0.05	0.10	0.01
合计	**539**	**100**	**1 944**	**100**	**938.68**	**100**

注：该统计口径下管理人数量为0的地域未列示，不含至年末已注销机构。

资料来源：中国证券投资基金业协会。

表 3-1-3-3　2022 年登记的私募股权、创业投资基金管理人地域分布（按注册地）

注册地	管理人数量（家）	管理人数量占比（%）	基金数量（只）	基金数量占比（%）	基金规模（亿元）	基金规模占比（%）
海南省	103	14.13	87	17.37	30.86	7.25
江苏省	92	12.62	77	15.37	41.38	9.72
北京市	87	11.93	45	8.98	101.61	23.88
广东省（不含深圳）	58	7.96	49	9.78	15.42	3.62
上海市	57	7.82	32	6.39	30.23	7.10
浙江省（不含宁波）	42	5.76	30	5.99	18.23	4.28
山东省（不含青岛）	41	5.62	23	4.59	10.99	2.58
深圳市	40	5.49	25	4.99	12.06	2.83
湖北省	28	3.84	14	2.79	6.59	1.55
安徽省	21	2.88	12	2.40	31.99	7.52
陕西省	16	2.19	12	2.40	4.54	1.07
厦门市	15	2.06	7	1.40	3.52	0.83
江西省	15	2.06	15	2.99	32.69	7.68
青岛市	14	1.92	10	2.00	4.89	1.15
四川省	14	1.92	14	2.79	10.49	2.47
天津市	12	1.65	9	1.80	14.17	3.33
宁波市	12	1.65	9	1.80	28.63	6.73
河南省	11	1.51	2	0.40	0.13	0.03
湖南省	10	1.37	11	2.20	4.48	1.05
广西壮族自治区	8	1.10	5	1.00	9.27	2.18
福建省（不含厦门）	7	0.96	5	1.00	0.61	0.14
新疆维吾尔自治区	4	0.55	0	0.00	0.00	0.00
辽宁省（不含大连）	4	0.55	0	0.00	0.00	0.00
重庆市	4	0.55	2	0.40	7.70	1.81

续表

注册地	管理人数量（家）	管理人数量占比（%）	基金数量（只）	基金数量占比（%）	基金规模（亿元）	基金规模占比（%）
河北省	3	0.41	2	0.40	2.43	0.57
黑龙江省	2	0.27	1	0.20	0.18	0.04
云南省	2	0.27	0	0.00	0.00	0.00
内蒙古自治区	2	0.27	0	0.00	0.00	0.00
甘肃省	1	0.14	0	0.00	0.00	0.00
山西省	1	0.14	0	0.00	0.00	0.00
吉林省	1	0.14	0	0.00	0.00	0.00
贵州省	1	0.14	1	0.20	2.10	0.49
宁夏回族自治区	1	0.14	2	0.40	0.35	0.08
合计	**729**	**100**	**501**	**100**	**425.54**	**100**

注：该统计口径下管理人数量为0的地域未列示，不含至年末已注销机构。

资料来源：中国证券投资基金业协会。

表 3-1-4-1　2022 年末存量私募投资基金管理人地域分布（按注册地）

注册地	管理人数量（家）	管理人数量占比（%）	基金数量（只）	基金数量占比（%）	基金规模（亿元）	基金规模占比（%）
上海市	4 410	18.63	41 488	28.61	51 109.44	25.20
深圳市	3 871	16.36	21 542	14.85	22 099.14	10.90
北京市	3 970	16.77	22 908	15.80	45 106.23	22.24
浙江省（不含宁波）	1 921	8.12	11 614	8.01	10 595.40	5.22
广东省（不含深圳）	1 774	7.50	11 673	8.05	12 233.47	6.03
江苏省	1 276	5.39	5 293	3.65	10 630.46	5.24
宁波市	755	3.19	5 274	3.64	7 405.44	3.65
天津市	398	1.68	2 143	1.48	7 188.63	3.54

续表

注册地	管理人数量（家）	管理人数量占比（%）	基金数量（只）	基金数量占比（%）	基金规模（亿元）	基金规模占比（%）
四川省	429	1.81	1 521	1.05	2 519.31	1.24
青岛市	400	1.69	2 229	1.54	1 845.16	0.91
湖北省	411	1.74	1 195	0.82	2 426.57	1.20
山东省（不含青岛）	426	1.80	1 481	1.02	1 770.92	0.87
厦门市	339	1.43	2 188	1.51	1 611.68	0.79
海南省	589	2.49	3 226	2.22	2 273.60	1.12
湖南省	283	1.20	1 160	0.80	1 320.16	0.65
江西省	270	1.14	1 104	0.76	1 517.76	0.75
陕西省	267	1.13	1 024	0.71	1 239.15	0.61
福建省（不含厦门）	245	1.04	1 852	1.28	1 725.87	0.85
安徽省	235	0.99	1 034	0.71	3 107.72	1.53
西藏自治区	168	0.71	1 419	0.98	3 306.74	1.63
重庆市	181	0.76	629	0.43	1 819.16	0.90
河南省	169	0.71	466	0.32	929.34	0.46
河北省	102	0.43	223	0.15	838.78	0.41
新疆维吾尔自治区	96	0.41	351	0.24	1 273.28	0.63
广西壮族自治区	88	0.37	339	0.23	1 156.79	0.57
贵州省	73	0.31	266	0.18	1 689.19	0.83
云南省	72	0.30	175	0.12	1 104.72	0.54
大连市	68	0.29	277	0.19	116.44	0.06
辽宁省（不含大连）	68	0.29	150	0.10	93.50	0.05
山西省	60	0.25	175	0.12	1 449.97	0.71
吉林省	58	0.25	131	0.09	328.52	0.16
黑龙江省	51	0.22	97	0.07	124.22	0.06

续表

注册地	管理人数量（家）	管理人数量占比（%）	基金数量（只）	基金数量占比（%）	基金规模（亿元）	基金规模占比（%）
内蒙古自治区	52	0.22	156	0.11	341.50	0.17
宁夏回族自治区	42	0.18	114	0.08	221.74	0.11
甘肃省	38	0.16	63	0.04	181.65	0.09
青海省	12	0.05	40	0.03	116.23	0.06
合计	**23 667**	**100**	**145 020**	**100**	**202 817.90**	**100**

资料来源：中国证券投资基金业协会。

表 3-1-4-2　2022 年末存量私募证券投资基金管理人地域分布（按注册地）

注册地	管理人数量（家）	管理人数量占比（%）	基金数量（只）	基金数量占比（%）	基金规模（亿元）	基金规模占比（%）
上海市	2 197	24.35	32 291	34.95	26 528.55	46.77
深圳市	1 746	19.35	13 799	14.94	6 078.57	10.72
北京市	1 343	14.88	12 950	14.02	8 637.06	15.23
广东省（不含深圳）	808	8.95	7 701	8.34	3 100.11	5.47
浙江省（不含宁波）	717	7.95	7 200	7.79	3 279.68	5.78
海南省	327	3.62	2 761	2.99	1 642.74	2.90
江苏省	261	2.89	1 651	1.79	882.30	1.56
宁波市	215	2.38	3 387	3.67	3 145.34	5.54
青岛市	181	2.01	1 463	1.58	385.35	0.68
福建省（不含厦门）	133	1.47	1 369	1.48	281.41	0.50
山东省（不含青岛）	125	1.39	696	0.75	134.74	0.24
厦门市	114	1.26	1 471	1.59	273.97	0.48
湖北省	111	1.23	546	0.59	131.88	0.23
四川省	100	1.11	714	0.77	232.06	0.41

续表

注册地	管理人数量（家）	管理人数量占比（%）	基金数量（只）	基金数量占比（%）	基金规模（亿元）	基金规模占比（%）
江西省	95	1.05	590	0.64	181.93	0.32
湖南省	92	1.02	503	0.54	75.32	0.13
天津市	76	0.84	829	0.90	497.43	0.88
陕西省	67	0.74	435	0.47	121.00	0.21
西藏自治区	47	0.52	700	0.76	731.52	1.29
河南省	46	0.51	175	0.19	15.83	0.03
安徽省	38	0.42	183	0.20	34.50	0.06
重庆市	31	0.34	214	0.23	36.82	0.06
大连市	30	0.33	189	0.20	49.96	0.09
广西壮族自治区	20	0.22	111	0.12	16.68	0.03
辽宁省（不含大连）	18	0.20	70	0.08	34.05	0.06
河北省	16	0.18	31	0.03	1.69	0.00
云南省	12	0.13	60	0.06	17.22	0.03
吉林省	11	0.12	54	0.06	9.56	0.02
宁夏回族自治区	10	0.11	38	0.04	18.75	0.03
山西省	10	0.11	30	0.03	2.76	0.00
黑龙江省	9	0.10	29	0.03	2.36	0.00
内蒙古自治区	5	0.06	28	0.03	2.45	0.00
新疆维吾尔自治区	4	0.04	18	0.02	2.38	0.00
贵州省	4	0.04	92	0.10	120.06	0.21
甘肃省	3	0.03	6	0.01	0.14	0.00
青海省	1	0.01	1	0.00	20.28	0.04
合计	**9 023**	**100**	**92 385**	**100**	**56 726.46**	**100**

资料来源：中国证券投资基金业协会。

表 3-1-4-3　2022 年末存量私募股权、创业投资基金管理人地域分布（按注册地）

注册地	管理人数量（家）	管理人数量占比（%）	基金数量（只）	基金数量占比（%）	基金规模（亿元）	基金规模占比（%）
北京市	2 567	17.95	9 716	19.06	35 283.72	25.19
上海市	2 117	14.80	8 637	16.94	23 149.75	16.53
深圳市	2 071	14.48	7 482	14.67	15 275.52	10.91
浙江省（不含宁波）	1 175	8.22	4 255	8.35	6 296.06	4.50
江苏省	994	6.95	3 531	6.93	9 690.79	6.92
广东省（不含深圳）	956	6.68	3 954	7.75	9 123.67	6.51
宁波市	532	3.72	1 869	3.67	4 136.43	2.95
四川省	322	2.25	792	1.55	2 204.64	1.57
天津市	315	2.20	1 265	2.48	6 304.44	4.50
山东省（不含青岛）	298	2.08	783	1.54	1 619.77	1.16
湖北省	296	2.07	626	1.23	2 275.10	1.62
海南省	256	1.79	461	0.90	628.37	0.45
厦门市	225	1.57	717	1.41	1 337.71	0.96
青岛市	217	1.52	760	1.49	1 452.09	1.04
陕西省	198	1.38	586	1.15	1 116.49	0.80
安徽省	190	1.33	771	1.51	2 641.24	1.89
湖南省	189	1.32	655	1.28	1 244.20	0.89
江西省	172	1.20	496	0.97	1 229.96	0.88
重庆市	144	1.01	405	0.79	1 768.00	1.26
河南省	121	0.85	288	0.56	896.45	0.64
西藏自治区	120	0.84	715	1.40	2 573.23	1.84
福建省（不含厦门）	111	0.78	469	0.92	1 329.37	0.95
新疆维吾尔自治区	90	0.63	307	0.60	1 151.39	0.82
河北省	86	0.60	192	0.38	837.08	0.60

续表

注册地	管理人数量（家）	管理人数量占比（%）	基金数量（只）	基金数量占比（%）	基金规模（亿元）	基金规模占比（%）
广西壮族自治区	68	0.48	228	0.45	1 140.11	0.81
贵州省	67	0.47	167	0.33	1 497.18	1.07
云南省	58	0.41	109	0.21	1 081.10	0.77
山西省	50	0.35	145	0.28	1 447.22	1.03
辽宁省（不含大连）	50	0.35	80	0.16	59.45	0.04
吉林省	47	0.33	77	0.15	318.97	0.23
内蒙古自治区	47	0.33	128	0.25	339.05	0.24
黑龙江省	42	0.29	68	0.13	121.86	0.09
大连市	37	0.26	87	0.17	66.26	0.05
甘肃省	34	0.24	56	0.11	130.67	0.09
宁夏回族自治区	31	0.22	76	0.15	202.99	0.14
青海省	10	0.07	34	0.07	74.37	0.05
合计	**14 303**	**100**	**50 987**	**100**	**140 044.70**	**100**

资料来源：中国证券投资基金业协会。

表 3-1-5-1　2022 年登记通过的私募投资基金管理人地域分布（按办公地）

办公地	管理人数量（家）	管理人数量占比（%）	基金数量（只）	基金数量占比（%）	基金规模（亿元）	基金规模占比（%）
上海市	253	19.78	739	30.19	597.86	43.72
北京市	226	17.67	350	14.30	258.87	18.93
深圳市	144	11.26	258	10.54	73.36	5.36
江苏省	96	7.51	134	5.47	50.86	3.72
广东省（不含深圳）	91	7.11	197	8.05	86.87	6.35
浙江省（不含宁波）	84	6.57	189	7.72	71.40	5.22

续表

办公地	管理人数量（家）	管理人数量占比（%）	基金数量（只）	基金数量占比（%）	基金规模（亿元）	基金规模占比（%）
海南省	39	3.05	45	1.84	14.09	1.03
山东省（不含青岛）	38	2.97	48	1.96	17.67	1.29
四川省	36	2.81	75	3.06	24.30	1.78
湖北省	35	2.74	28	1.14	7.58	0.55
安徽省	23	1.80	12	0.49	31.99	2.34
厦门市	22	1.72	44	1.80	8.54	0.62
湖南省	22	1.72	41	1.67	8.38	0.61
陕西省	19	1.49	15	0.61	6.65	0.49
河南省	19	1.49	10	0.41	0.70	0.05
宁波市	18	1.41	33	1.35	9.07	0.66
青岛市	16	1.25	41	1.67	6.03	0.44
福建省（不含厦门）	15	1.17	62	2.53	12.13	0.89
江西省	13	1.02	15	0.61	32.73	2.39
天津市	11	0.86	47	1.92	12.54	0.92
重庆市	11	0.86	7	0.29	8.97	0.66
广西壮族自治区	9	0.70	16	0.65	10.12	0.74
河北省	8	0.63	6	0.25	12.48	0.91
辽宁省（不含大连）	6	0.47	5	0.20	0.08	0.01
云南省	4	0.31	4	0.16	0.45	0.03
贵州省	4	0.31	11	0.45	2.94	0.22
山西省	4	0.31	3	0.12	0.01	0.00
新疆维吾尔自治区	4	0.31	0	0.00	0.00	0.00
内蒙古自治区	3	0.23	7	0.29	0.45	0.03
大连市	2	0.16	4	0.16	0.13	0.01

续表

办公地	管理人数量（家）	管理人数量占比（%）	基金数量（只）	基金数量占比（%）	基金规模（亿元）	基金规模占比（%）
甘肃省	1	0.08	0	0.00	0.00	0.00
黑龙江省	1	0.08	0	0.00	0.00	0.00
吉林省	1	0.08	0	0.00	0.00	0.00
宁夏回族自治区	1	0.08	2	0.08	0.35	0.03
合计	**1 279**	**100**	**2 448**	**100**	**1 367.57**	**100**

注：该统计口径下管理人数量为0的地域未列示，不含至年末已注销机构。

资料来源：中国证券投资基金业协会。

表 3-1-5-2　2022 年登记通过的私募证券投资基金管理人地域分布（按办公地）

办公地	管理人数量（家）	管理人数量占比（%）	基金数量（只）	基金数量占比（%）	基金规模（亿元）	基金规模占比（%）
上海市	151	28.01	673	34.62	528.30	56.28
北京市	89	16.51	281	14.45	148.23	15.79
深圳市	77	14.29	203	10.44	51.31	5.47
浙江省（不含宁波）	42	7.79	154	7.92	54.66	5.82
广东省（不含深圳）	40	7.42	155	7.97	72.57	7.73
江苏省	22	4.08	67	3.45	13.54	1.44
四川省	15	2.78	55	2.83	13.00	1.38
海南省	13	2.41	38	1.95	10.98	1.17
湖南省	12	2.23	30	1.54	3.90	0.42
厦门市	11	2.04	39	2.01	5.51	0.59
湖北省	10	1.86	14	0.72	0.99	0.11
河南省	8	1.48	8	0.41	0.58	0.06
福建省（不含厦门）	7	1.30	53	2.73	11.16	1.19
宁波市	7	1.30	25	1.29	6.43	0.68

续表

办公地	管理人数量（家）	管理人数量占比（%）	基金数量（只）	基金数量占比（%）	基金规模（亿元）	基金规模占比（%）
山东省（不含青岛）	6	1.11	21	1.08	2.35	0.25
青岛市	6	1.11	34	1.75	1.62	0.17
江西省	4	0.74	5	0.26	0.48	0.05
天津市	4	0.74	42	2.16	9.33	0.99
重庆市	3	0.56	5	0.26	1.27	0.14
贵州省	3	0.56	10	0.51	0.84	0.09
大连市	2	0.37	4	0.21	0.13	0.01
山西省	2	0.37	3	0.15	0.01	0.00
云南省	1	0.19	1	0.05	0.10	0.01
辽宁省（不含大连）	1	0.19	5	0.26	0.08	0.01
内蒙古自治区	1	0.19	7	0.36	0.45	0.05
河北省	1	0.19	1	0.05	0.02	0.00
广西壮族自治区	1	0.19	11	0.57	0.84	0.09
合计	**539**	**100**	**1 944**	**100**	**938.68**	**100**

注：该统计口径下管理人数量为0的地域未列示，不含至年末已注销机构。

资料来源：中国证券投资基金业协会。

表 3-1-5-3 2022 年登记通过的私募股权、创业投资基金管理人地域分布（按办公地）

办公地	管理人数量（家）	管理人数量占比（%）	基金数量（只）	基金数量占比（%）	基金规模（亿元）	基金规模占比（%）
北京市	137	18.79	69	13.77	110.63	26.00
上海市	99	13.58	65	12.97	68.89	16.19
江苏省	73	10.01	66	13.17	36.93	8.68
深圳市	67	9.19	55	10.98	22.05	5.18

续表

办公地	管理人数量（家）	管理人数量占比（%）	基金数量（只）	基金数量占比（%）	基金规模（亿元）	基金规模占比（%）
广东省（不含深圳）	51	7.00	42	8.38	14.30	3.36
浙江省（不含宁波）	42	5.76	35	6.99	16.73	3.93
山东省（不含青岛）	32	4.39	27	5.39	15.32	3.60
湖北省	25	3.43	14	2.79	6.59	1.55
安徽省	23	3.16	12	2.40	31.99	7.52
四川省	21	2.88	20	3.99	11.30	2.65
海南省	21	2.88	6	1.20	0.81	0.19
陕西省	19	2.61	15	2.99	6.65	1.56
厦门市	11	1.51	5	1.00	3.03	0.71
河南省	11	1.51	2	0.40	0.13	0.03
宁波市	11	1.51	8	1.60	2.64	0.62
湖南省	10	1.37	11	2.20	4.48	1.05
青岛市	10	1.37	7	1.40	4.41	1.04
江西省	9	1.23	10	2.00	32.25	7.58
福建省（不含厦门）	8	1.10	9	1.80	0.96	0.23
广西壮族自治区	8	1.10	5	1.00	9.27	2.18
天津市	7	0.96	5	1.00	3.20	0.75
河北省	7	0.96	5	1.00	12.46	2.93
重庆市	6	0.82	2	0.40	7.70	1.81
辽宁省（不含大连）	5	0.69	0	0.00	0.00	0.00
新疆维吾尔自治区	4	0.55	0	0.00	0.00	0.00
云南省	3	0.41	3	0.60	0.35	0.08
山西省	2	0.27	0	0.00	0.00	0.00
内蒙古自治区	2	0.27	0	0.00	0.00	0.00
甘肃省	1	0.14	0	0.00	0.00	0.00
黑龙江省	1	0.14	0	0.00	0.00	0.00

续表

办公地	管理人数量（家）	管理人数量占比（%）	基金数量（只）	基金数量占比（%）	基金规模（亿元）	基金规模占比（%）
吉林省	1	0.14	0	0.00	0.00	0.00
贵州省	1	0.14	1	0.20	2.10	0.49
宁夏回族自治区	1	0.14	2	0.40	0.35	0.08
合计	**729**	**100**	**501**	**100**	**425.54**	**100**

注：该统计口径下管理人数量为0的地域未列示，不含至年末已注销机构。

资料来源：中国证券投资基金业协会。

表 3-1-6-1　　2022 年末存量私募投资基金管理人地域分布（按办公地）

办公地	管理人数量（家）	管理人数量占比（%）	基金数量（只）	基金数量占比（%）	基金规模（亿元）	基金规模占比（%）
北京市	5 122	21.64	30 377	20.95	66 975.35	33.02
上海市	4 969	21.00	43 391	29.92	49 915.52	24.61
深圳市	3 474	14.68	20 958	14.45	23 764.82	11.72
广东省（不含深圳）	1 715	7.25	11 379	7.85	10 587.31	5.22
浙江省（不含宁波）	1 647	6.96	10 800	7.45	10 267.79	5.06
江苏省	1 179	4.98	4 825	3.33	8 998.75	4.44
四川省	587	2.48	2 242	1.55	2 731.58	1.35
山东省（不含青岛）	445	1.88	1 569	1.08	2 035.93	1.00
湖北省	415	1.75	1 250	0.86	2 336.05	1.15
湖南省	337	1.42	1 427	0.98	1 406.56	0.69
厦门市	333	1.41	2 259	1.56	1 371.57	0.68
陕西省	326	1.38	1 209	0.83	1 312.71	0.65
河南省	320	1.35	1 065	0.73	1 316.85	0.65
宁波市	264	1.12	1 340	0.92	1 063.91	0.52

续表

办公地	管理人数量（家）	管理人数量占比（%）	基金数量（只）	基金数量占比（%）	基金规模（亿元）	基金规模占比（%）
重庆市	245	1.04	1 048	0.72	1 797.70	0.89
福建省（不含厦门）	240	1.01	2 029	1.40	1 324.58	0.65
安徽省	238	1.01	819	0.56	2 362.55	1.16
青岛市	231	0.98	1 042	0.72	1 022.13	0.50
天津市	221	0.93	966	0.67	1 628.43	0.80
河北省	164	0.69	401	0.28	400.37	0.20
江西省	151	0.64	506	0.35	958.46	0.47
海南省	142	0.60	1 081	0.75	1 238.61	0.61
山西省	103	0.44	379	0.26	1 610.66	0.79
大连市	102	0.43	349	0.24	129.61	0.06
辽宁省（不含大连）	97	0.41	233	0.16	107.71	0.05
云南省	96	0.41	462	0.32	1 266.72	0.62
广西壮族自治区	92	0.39	337	0.23	1 170.63	0.58
贵州省	86	0.36	333	0.23	1 688.03	0.83
吉林省	67	0.28	152	0.10	326.32	0.16
新疆维吾尔自治区	60	0.25	161	0.11	368.84	0.18
黑龙江省	55	0.23	111	0.08	127.70	0.06
内蒙古自治区	51	0.22	140	0.10	289.67	0.14
宁夏回族自治区	37	0.16	105	0.07	141.10	0.07
甘肃省	36	0.15	60	0.04	112.50	0.06
青海省	12	0.05	49	0.03	192.06	0.09
西藏自治区	7	0.03	165	0.11	468.80	0.23
中国香港	1	0.00	1	0.00	0.02	0.00
合计	**23 667**	**100**	**145 020**	**100**	**202 817.90**	**100**

资料来源：中国证券投资基金业协会。

表 3-1-6-2　2022 年末存量私募证券投资基金管理人地域分布（按办公地）

办公地	管理人数量（家）	管理人数量占比（%）	基金数量（只）	基金数量占比（%）	基金规模（亿元）	基金规模占比（%）
上海市	2 328	25.80	32 480	35.16	22 921.23	40.41
深圳市	1 570	17.40	13 841	14.98	9 047.80	15.95
北京市	1 537	17.03	16 471	17.83	12 716.98	22.42
广东省（不含深圳）	851	9.43	7 781	8.42	3 050.04	5.38
浙江省（不含宁波）	629	6.97	6 719	7.27	3 515.83	6.20
江苏省	287	3.18	1 789	1.94	964.41	1.70
四川省	188	2.08	1 272	1.38	339.30	0.60
福建省（不含厦门）	138	1.53	1 637	1.77	334.37	0.59
湖南省	131	1.45	719	0.78	122.83	0.22
厦门市	127	1.41	1 581	1.71	338.46	0.60
山东省（不含青岛）	127	1.41	725	0.78	150.34	0.27
湖北省	123	1.36	644	0.70	365.89	0.65
河南省	121	1.34	623	0.67	75.92	0.13
陕西省	101	1.12	566	0.61	114.58	0.20
宁波市	100	1.11	818	0.89	285.10	0.50
天津市	75	0.83	535	0.58	125.84	0.22
重庆市	72	0.80	598	0.65	118.58	0.21
青岛市	68	0.75	510	0.55	82.77	0.15
江西省	56	0.62	250	0.27	30.54	0.05
河北省	54	0.60	206	0.22	108.47	0.19
海南省	54	0.60	918	0.99	946.20	1.67
大连市	51	0.57	243	0.26	55.49	0.10
安徽省	43	0.48	206	0.22	51.98	0.09
辽宁省（不含大连）	35	0.39	132	0.14	39.44	0.07

续表

办公地	管理人数量（家）	管理人数量占比（%）	基金数量（只）	基金数量占比（%）	基金规模（亿元）	基金规模占比（%）
山西省	34	0.38	159	0.17	28.24	0.05
云南省	29	0.32	333	0.36	164.81	0.29
广西壮族自治区	22	0.24	106	0.11	11.89	0.02
吉林省	16	0.18	68	0.07	9.65	0.02
贵州省	13	0.14	158	0.17	126.62	0.22
黑龙江省	12	0.13	37	0.04	2.49	0.00
宁夏回族自治区	10	0.11	38	0.04	18.75	0.03
新疆维吾尔自治区	7	0.08	27	0.03	2.35	0.00
内蒙古自治区	6	0.07	26	0.03	1.78	0.00
甘肃省	3	0.03	6	0.01	0.14	0.00
青海省	2	0.02	7	0.01	20.63	0.04
西藏自治区	2	0.02	155	0.17	436.67	0.77
中国香港	1	0.01	1	0.00	0.02	0.00
合计	**9 023**	**100**	**92 385**	**100**	**56 726.46**	**100**

资料来源：中国证券投资基金业协会。

表 3-1-6-3　2022 年末存量私募股权、创业投资基金管理人地域分布（按办公地）

办公地	管理人数量（家）	管理人数量占比（%）	基金数量（只）	基金数量占比（%）	基金规模（亿元）	基金规模占比（%）
北京市	3 498	24.46	13 501	26.48	51 648.98	36.88
上海市	2 546	17.80	10 396	20.39	25 889.90	18.49
深圳市	1 857	12.98	6 885	13.50	14 206.28	10.14
浙江省（不含宁波）	991	6.93	3 926	7.70	5 809.97	4.15
江苏省	873	6.10	2 930	5.75	7 980.84	5.70
广东省（不含深圳）	858	6.00	3 587	7.04	7 531.33	5.38

续表

办公地	管理人数量（家）	管理人数量占比（%）	基金数量（只）	基金数量占比（%）	基金规模（亿元）	基金规模占比（%）
四川省	391	2.73	942	1.85	2 297.60	1.64
山东省（不含青岛）	314	2.20	839	1.65	1 868.91	1.33
湖北省	287	2.01	581	1.14	1 950.27	1.39
陕西省	221	1.55	629	1.23	1 161.97	0.83
厦门市	205	1.43	677	1.33	1 032.94	0.74
湖南省	204	1.43	706	1.38	1 283.09	0.92
河南省	195	1.36	425	0.83	1 188.84	0.85
安徽省	191	1.34	536	1.05	1 881.74	1.34
重庆市	168	1.17	443	0.87	1 676.45	1.20
宁波市	162	1.13	514	1.01	771.65	0.55
青岛市	161	1.13	529	1.04	936.58	0.67
天津市	145	1.01	426	0.84	1 497.47	1.07
河北省	108	0.76	192	0.38	285.67	0.20
福建省（不含厦门）	102	0.71	392	0.77	990.21	0.71
江西省	94	0.66	253	0.50	892.92	0.64
海南省	82	0.57	159	0.31	289.92	0.21
贵州省	71	0.50	168	0.33	1 489.46	1.06
广西壮族自治区	70	0.49	231	0.45	1 158.74	0.83
山西省	68	0.48	219	0.43	1 573.38	1.12
云南省	65	0.45	123	0.24	1 095.50	0.78
辽宁省（不含大连）	62	0.43	101	0.20	68.27	0.05
新疆维吾尔自治区	53	0.37	134	0.26	366.48	0.26
吉林省	51	0.36	84	0.16	316.67	0.23
大连市	49	0.34	103	0.20	72.91	0.05
内蒙古自治区	45	0.31	114	0.22	287.89	0.21
黑龙江省	43	0.30	74	0.15	125.21	0.09

续表

办公地	管理人数量（家）	管理人数量占比（%）	基金数量（只）	基金数量占比（%）	基金规模（亿元）	基金规模占比（%）
甘肃省	33	0.23	54	0.11	112.36	0.08
宁夏回族自治区	26	0.18	67	0.13	122.35	0.09
青海省	9	0.06	37	0.07	149.84	0.11
西藏自治区	5	0.03	10	0.02	32.12	0.02
合计	**14 303**	**100**	**50 987**	**100**	**140 044.70**	**100**

资料来源：中国证券投资基金业协会。

（二）私募投资基金数据

表 3-2-1　　私募投资基金备案通过情况（备案数量）　　（单位：只）

年份	私募证券投资基金	私募股权投资基金	创业投资基金	私募资产配置类基金	其他私募投资基金	合计
2017	13 678	8 912	2 252	0	3 169	28 011
2018	11 178	7 544	2 501	0	1 285	22 508
2019	13 036	4 047	1 866	5	5	18 959
2020	20 079	3 860	2 623	5	0	26 567
2021	31 601	4 485	4 540	15	0	40 641
2022	25 636	3 331	5 394	6	0	34 367

注：指当期备案通过的产品（含当期备案当期清盘的产品）。

表 3-2-2　　私募投资基金备案通过情况（备案规模）　　（单位：亿元）

年份	私募证券投资基金	私募股权投资基金	创业投资基金	私募资产配置类基金	其他私募投资基金	合计
2017	4 118.54	15 299.26	1 469.10	0.00	4 598.91	25 485.80
2018	2 144.50	9 839.86	1 771.07	0.00	1 107.36	14 862.79
2019	1 512.18	6 057.51	1 148.68	5.38	0.57	8 724.31
2020	4 289.97	4 705.37	1 687.99	3.38	0.00	10 686.70

续表

年份	私募证券投资基金	私募股权投资基金	创业投资基金	私募资产配置类基金	其他私募投资基金	合计
2021	7 849.88	4 591.89	2 242.90	17.65	0.00	14 702.33
2022	2 585.58	2 448.35	2 013.24	7.20	0.00	7 054.37

注：备案规模指当期备案通过产品（含当期备案当期清盘的产品）初始备案时的募集规模（非契约型产品取实缴规模）。

表 3-2-3 私募投资基金存量（基金数量）

（单位：只）

年份	私募证券投资基金	私募股权投资基金	创业投资基金	私募资产配置类基金	其他私募投资基金	合计
2014	3 766	2 699	718	0	482	7 665
2015	15 182	6 806	1 481	0	1 900	25 369
2016	25 578	14 073	2 206	0	4 153	46 010
2017	34 097	21 827	4 372	0	6 121	66 417
2018	35 675	27 175	6 508	0	5 271	74 629
2019	41 392	28 477	7 978	5	3 858	81 710
2020	54 324	29 402	10 398	10	2 684	96 818
2021	76 818	30 800	14 511	24	1 945	124 098
2022	92 578	31 523	19 353	28	1 538	145 020

注：存量指备案通过且当期末正在运作产品。

表 3-2-4 私募投资基金存量（基金规模）

（单位：亿元）

年份	私募证券投资基金	私募股权投资基金	创业投资基金	私募资产配置类基金	其他私募投资基金	合计
2014	4 639.67	8 038.17	1 060.10	0.00	1 207.75	14 945.69
2015	17 289.59	17 270.20	2 119.51	0.00	4 882.15	41 561.45
2016	25 496.32	37 602.75	3 612.37	0.00	15 752.72	82 464.16
2017	25 671.95	62 910.99	6 076.68	0.00	20 332.91	114 992.53
2018	21 385.06	78 014.08	9 094.61	0.00	18 570.44	127 064.20
2019	25 610.41	88 713.18	12 088.26	5.48	14 412.29	140 829.62

续表

年份	私募证券投资基金	私募股权投资基金	创业投资基金	私募资产配置类基金	其他私募投资基金	合计
2020	42 979.27	98 716.38	16 904.05	9.77	10 968.82	169 578.29
2021	63 090.38	107 719.83	23 706.71	48.15	8 140.12	202 705.20
2022	56 128.56	111 115.35	29 023.13	53.55	6 497.30	202 817.90

注：（1）存量指备案通过且当期末正在运作产品。

（2）基金规模指当期末最新季报报送的净资产规模。

表 3–2–5　私募股权、创业投资基金投资案例地域分布

地区名称	2022 年末在投案例		2022 年新增案例	
	案例数量（个）	在投金额（亿元）	案例数量（个）	投资金额（亿元）
广东省	21 965	11 737.33	4 619	1 817.96
北京市	23 099	11 551.19	3 247	1 901.32
江苏省	17 315	7 871.38	4 686	1 502.71
上海市	17 942	9 986.85	3 298	1 570.24
浙江省	13 213	6 714.33	2 850	1 273.96
山东省	4 383	3 651.27	972	542.83
四川省	3 497	2 629.22	822	373.01
安徽省	3 221	2 065.46	889	472.71
湖北省	3 189	2 478.15	603	321.66
福建省	2 702	1 764.07	482	255.28
陕西省	2 271	1 602.73	560	327.84
天津市	1 922	1 786.62	347	172.20
河南省	1 599	1 692.69	275	123.62
湖南省	2 199	1 446.49	478	220.40
重庆市	1 291	1 612.30	261	205.74
河北省	1 072	1 246.80	159	107.56
江西省	1 076	1 561.94	205	159.94
辽宁省	1 021	821.85	155	91.61

续表

地区名称	2022年末在投案例		2022年新增案例	
	案例数量（个）	在投金额（亿元）	案例数量（个）	投资金额（亿元）
广西壮族自治区	549	1 324.70	130	228.30
云南省	574	1 567.04	67	166.21
贵州省	1 111	1 876.46	293	447.52
吉林省	631	533.43	119	70.81
山西省	455	680.99	100	79.39
内蒙古自治区	418	1 488.00	46	68.35
海南省	402	440.51	64	21.61
黑龙江省	438	339.45	50	21.74
新疆维吾尔自治区	530	962.47	55	54.04
甘肃省	259	347.28	36	12.03
宁夏回族自治区	253	219.03	59	60.84
西藏自治区	235	345.31	16	58.21
青海省	153	395.94	15	10.47
中国香港	138	284.82	20	20.85
其他境外	3 054	2 681.71	548	328.48
合计	**132 177**	**85 707.81**	**26 526**	**13 089.42**

资料来源：中国证券投资基金业协会。

表 3-2-6　私募股权、创业投资基金投资案例行业分布

行业分类	2022年末在投案例		2022年新增案例	
	案例数量（个）	在投金额（亿元）	案例数量（个）	投资金额（亿元）
资本品	15 717	11 000.87	3 768	1 829.55
房地产	2 170	7 661.33	220	688.83
计算机运用	33 731	9 681.26	4 523	1 216.21
交通运输	1 921	6 491.47	314	726.01
其他金融	2 652	3 933.26	193	234.88
公用事业	1 546	4 771.56	392	513.01

续表

行业分类	2022年末在投案例		2022年新增案例	
	案例数量(个)	在投金额(亿元)	案例数量(个)	投资金额(亿元)
原材料	7 587	4 774.52	2 066	1 084.02
半导体	11 451	8 687.85	4 467	2 563.43
医药生物	12 629	4 494.88	3 111	882.72
能源	1 305	1 840.93	287	219.41
医疗器械与服务	9 582	3 256.56	1 882	506.33
计算机及电子设备	8 178	3 237.29	2 235	720.96
商业服务与用品	2 821	2 494.31	374	309.39
汽车与汽车零部件	2 818	2 692.81	738	650.09
传媒	3 552	1 307.83	166	71.63
资本市场	852	1 372.36	97	41.51
消费者服务	3 313	1 865.28	362	254.35
耐用消费品与服装	1 681	1 183.97	235	61.10
食品、饮料与烟草	2 529	1 499.63	354	211.10
零售业	3 119	1 127.25	286	101.35
通信设备	1 085	689.50	198	70.64
电信业务	247	478.12	29	22.36
食品与主要用品零售	1 236	571.81	197	97.17
保险	107	243.57	2	1.51
银行	36	252.49	1	5.16
家庭与个人用品	312	97.09	29	6.71
合计	**132 177**	**85 707.81**	**26 526**	**13 089.42**

资料来源：中国证券投资基金业协会。

表 3-2-7　　私募股权、创业投资基金退出案例地域分布

地区名称	2022年末累计退出案例		2022年当年退出案例	
	案例数量（个）	退出本金（亿元）	案例数量（个）	退出本金（亿元）
上海市	5 621	2 871.81	1 369	499.00
广东省	6 412	3 096.49	1 676	666.91
北京市	7 832	3 054.90	1 789	571.94
江苏省	4 871	1 751.50	1 389	443.30
浙江省	4 253	1 361.13	1 197	401.39
山东省	1 702	1 017.63	555	250.77
四川省	1 158	673.36	364	242.52
天津市	741	703.80	199	170.34
河南省	773	674.36	212	89.39
重庆市	477	544.75	128	96.05
安徽省	949	552.41	338	149.14
福建省	1 018	607.16	337	140.69
湖南省	776	405.83	211	115.98
湖北省	1 171	446.28	318	77.24
辽宁省	375	332.86	95	30.74
山西省	166	167.76	49	48.42
云南省	239	359.89	75	73.16
广西壮族自治区	238	321.60	88	105.96
陕西省	698	451.33	220	245.83
贵州省	363	296.70	96	73.88
新疆维吾尔自治区	238	207.92	41	15.54
河北省	474	290.61	135	49.79
海南省	181	173.58	45	66.13
青海省	77	57.46	27	9.98

续表

地区名称	2022年末累计退出案例		2022年当年退出案例	
	案例数量（个）	退出本金（亿元）	案例数量（个）	退出本金（亿元）
江西省	377	407.84	119	205.52
内蒙古自治区	185	204.78	60	42.04
吉林省	289	78.03	77	12.61
黑龙江省	161	56.30	46	8.96
西藏自治区	109	46.09	26	2.56
甘肃省	83	85.58	26	7.31
宁夏回族自治区	85	40.96	22	3.52
中国香港	51	63.18	5	4.02
中国台湾	1	0.03	0	0.00
其他境外	745	674.92	153	68.74
合计	**42 889**	**22 078.85**	**11 487**	**4 989.38**

资料来源：中国证券投资基金业协会。

表 3-2-8　私募股权、创业投资基金退出案例行业分布

行业分类	2022年末累计退出案例		2022年当年退出案例	
	案例数量（个）	退出本金（亿元）	案例数量（个）	退出本金（亿元）
房地产	1 401	3 439.18	510	849.10
资本品	5 463	2 925.66	1 536	678.66
计算机运用	11 034	2 357.63	2 333	360.72
其他金融	1 321	1 540.14	334	317.79
原材料	3 067	1 379.18	912	391.65
医药生物	3 140	988.43	927	217.89
交通运输	683	1 143.49	229	308.39
传媒	1 621	529.10	367	53.64

续表

行业分类	2022年末累计退出案例		2022年当年退出案例	
	案例数量（个）	退出本金（亿元）	案例数量（个）	退出本金（亿元）
公用事业	646	1 022.74	257	338.28
医疗器械与服务	2 586	739.61	769	157.60
计算机及电子设备	2 218	705.88	649	116.05
能源	554	715.53	144	297.83
商业服务与用品	1 084	695.65	332	181.90
零售业	1 304	472.50	302	91.43
半导体	1 356	800.89	490	189.00
资本市场	413	452.13	86	37.40
食品、饮料与烟草	969	323.71	262	93.21
汽车与汽车零部件	1 027	645.78	260	71.30
消费者服务	981	365.07	286	69.34
耐用消费品与服装	776	248.53	188	52.64
食品与主要用品零售	400	128.44	105	26.32
保险	49	73.14	9	2.34
银行	42	95.69	9	21.21
通信设备	502	158.55	119	23.01
家庭与个人用品	134	43.76	39	9.80
电信业务	118	88.47	33	32.86
合计	**42 889**	**22 078.85**	**11 487**	**4 989.38**

资料来源：中国证券投资基金业协会。

四、托管与基金服务机构名录

表 4-1　　证券投资基金托管服务概况表（截至 2022 年末）

序号	托管人名称	类型	注册地域	证监会核准批复托管资格时间
1	中国工商银行股份有限公司	银行	北京	1998-02-24
2	中国建设银行股份有限公司	银行	北京	1998-03-18
3	中国农业银行股份有限公司	银行	北京	1998-05-29
4	交通银行股份有限公司	银行	上海	1998-07-03
5	中国银行股份有限公司	银行	北京	1998-07-07
6	中国光大银行股份有限公司	银行	北京	2002-10-23
7	招商银行股份有限公司	银行	深圳	2002-11-06
8	上海浦东发展银行股份有限公司	银行	上海	2003-09-10
9	中国民生银行股份有限公司	银行	北京	2004-07-09
10	中信银行股份有限公司	银行	北京	2004-08-18
11	华夏银行股份有限公司	银行	北京	2005-02-23
12	兴业银行股份有限公司	银行	福建	2005-04-26
13	北京银行股份有限公司	银行	北京	2008-06-03
14	平安银行股份有限公司	银行	深圳	2008-08-06
15	广发银行股份有限公司	银行	广东	2009-05-04
16	中国邮政储蓄银行有限责任公司	银行	北京	2009-07-16
17	上海银行股份有限公司	银行	上海	2009-08-18
18	渤海银行股份有限公司	银行	天津	2010-06-29
19	宁波银行股份有限公司	银行	浙江	2012-11-05
20	浙商银行股份有限公司	银行	浙江	2013-11-29
21	海通证券股份有限公司	银行	上海	2013-12-27
22	国信证券股份有限公司	证券公司	深圳	2013-12-31
23	徽商银行股份有限公司	银行	安徽	2014-01-03
24	广州农村商业银行股份有限公司	银行	广东	2014-01-09

续表

序号	托管人名称	类型	注册地域	证监会核准批复托管资格时间
25	招商证券股份有限公司	证券公司	深圳	2014-01-10
26	恒丰银行股份有限公司	银行	山东	2014-02-10
27	中国证券登记结算有限责任公司	证券登记结算机构	北京	2014-03-04
28	杭州银行股份有限公司	银行	浙江	2014-03-17
29	南京银行股份有限公司	银行	江苏	2014-04-09
30	国泰君安证券股份有限公司	证券公司	上海	2014-05-20
31	广发证券股份有限公司	证券公司	广东	2014-05-20
32	江苏银行股份有限公司	证券公司	江苏	2014-05-20
33	中国银河证券股份有限公司	证券公司	北京	2014-06-24
34	华泰证券股份有限公司	证券公司	江苏	2014-09-29
35	中信证券股份有限公司	证券公司	深圳	2014-10-10
36	兴业证券股份有限公司	证券公司	福建	2014-11-05
37	中信建投证券股份有限公司	证券公司	北京	2015-02-06
38	中国国际金融股份有限公司	证券公司	北京	2015-06-30
39	中国证券金融股份有限公司	证券金融公司	北京	2015-06-30
40	恒泰证券股份有限公司	证券公司	内蒙古	2015-08-24
41	中泰证券股份有限公司	证券公司	山东	2015-12-23
42	国金证券股份有限公司	证券公司	四川	2017-06-22
43	安信证券股份有限公司	证券公司	深圳	2018-09-26
44	渣打银行（中国）有限公司	银行	上海	2018-10-16
45	东方证券股份有限公司	证券公司	上海	2018-10-24
46	申万宏源证券有限公司	证券公司	上海	2019-07-01
47	万联证券股份有限公司	证券公司	广东	2020-06-08
48	华鑫证券有限责任公司	证券公司	深圳	2020-06-15
49	光大证券有限责任公司	证券公司	上海	2020-06-22
50	华福证券有限责任公司	证券公司	福建	2020-07-07

续表

序号	托管人名称	类型	注册地域	证监会核准批复托管资格时间
51	华安证券股份有限公司	证券公司	安徽	2020-07-07
52	花旗银行（中国）有限公司	银行	上海	2020-08-27
53	长城证券股份有限公司	证券公司	深圳	2020-09-15
54	国元证券股份有限公司	证券公司	安徽	2020-09-28
55	财通证券股份有限公司	证券公司	浙江	2020-10-30
56	长江证券股份有限公司	证券公司	湖北	2020-12-08
57	浙商证券股份有限公司	证券公司	浙江	2021-09-22
58	德意志银行（中国）有限公司	银行	北京	2020-12-05
59	苏州银行股份有限公司	银行	江苏	2022-03-14

注：上述名单以证监会发布的“证券投资基金托管人名录（2022年11月）”为准。

资料来源：中国证监会。

表 4-2 合格境外机构投资者托管人名录（截至 2022 年末）

序号	QFII托管行中文名称	QFII托管行英文名称
1	汇丰银行（中国）有限公司	HSBC Bank（China）Company Limited
2	花旗银行（中国）有限公司	CitiBank（China）Company Limited
3	渣打银行（中国）有限公司	Standard Chartered Bank（China）Company Limited
4	中国工商银行股份有限公司	Industrial & Commercial Bank of China
5	中国银行股份有限公司	Bank of China
6	中国农业银行股份有限公司	Agricultural Bank of China
7	交通银行股份有限公司	Bank of Communications
8	中国建设银行股份有限公司	China Construction Bank
9	中国光大银行股份有限公司	China Everbright Bank
10	中国招商银行股份有限公司	China Merchants Bank
11	德意志银行（中国）有限公司	Deutsche Bank（China）Company Limited
12	星展银行（中国）有限公司	DBS Bank（China）Limited

续表

序号	QFII托管行中文名称	QFII托管行英文名称
13	中国中信银行股份有限公司	China Citic Bank
14	上海浦东发展银行股份有限公司	Shanghai Pudong Development Bank Co., Ltd.
15	中国民生银行股份有限公司	China Minsheng Bankingcorp., Ltd.
16	三菱东京日联银行(中国)有限公司	Bank of Tokyo-Mitsubishi UFJ (China)
17	兴业银行股份有限公司	Industrial Bank Co., Ltd.
18	平安银行股份有限公司	Ping An Bank Co., Ltd.
19	华夏银行股份有限公司	Hua Xia Bank Co., Ltd
20	江苏银行股份有限公司	BANK OF JIANGSU
21	法国巴黎银行(中国)有限公司	BNP Paribas (China) Limited
22	宁波银行股份有限公司	BANK OF NINGBO

注：上述名单以证监会发布的“合格境外机构投资者托管人名录（2021年12月）”为标准。
资料来源：中国证监会。

表 4-3 基金服务机构名录（截至 2022 年末）

序号	服务机构名称	注册地
1	招商证券股份有限公司	深圳市
2	国信证券股份有限公司	深圳市
3	中国工商银行股份有限公司	北京市
4	招商银行股份有限公司	深圳市
5	财通基金管理有限公司	上海市
6	国泰君安证券股份有限公司	上海市
7	国金道富投资服务有限公司	上海市
8	中国建设银行股份有限公司	北京市
9	华泰证券股份有限公司	南京市
10	华夏基金管理有限公司	北京市
11	平安银行股份有限公司	深圳市
12	中国银河证券股份有限公司	北京市

续表

序号	服务机构名称	注册地
13	招商基金管理有限公司	深圳市
14	第一创业证券股份有限公司	深圳市
15	上海银行股份有限公司	上海市
16	中信建投证券股份有限公司	北京市
17	长江证券股份有限公司	武汉市
18	广发证券股份有限公司	广州市
19	中国银行股份有限公司	北京市
20	长安基金管理有限公司	上海市
21	创金合信基金管理有限公司	深圳市
22	广发基金管理有限公司	珠海市
23	工银瑞信基金管理有限公司	北京市
24	金鹰基金管理有限公司	广州市
25	渤海银行股份有限公司	天津市
26	长城证券有限责任公司	深圳市
27	东兴证券股份有限公司	北京市
28	光大证券股份有限公司	上海市
29	申万宏源证券有限公司	上海市
30	太平洋证券股份有限公司	昆明市
31	中泰证券股份有限公司	济南市
32	中银国际证券股份有限公司	上海市
33	东方证券股份有限公司	上海市
34	东吴证券股份有限公司	苏州市
35	宁波银行股份有限公司	宁波市
36	上海元年金融信息服务有限公司	上海市
37	上海金融期货信息技术有限公司	上海市
38	浙商证券股份有限公司	杭州市

续表

序号	服务机构名称	注册地
39	中国国际金融股份有限公司	北京市
40	上海汇付信息技术有限公司	上海市
41	北京海峰科技有限责任公司	北京市
42	北京营安金融信息服务有限公司	北京市
43	海通证券股份有限公司	上海市
44	兴业证券股份有限公司	福州市
45	深圳证券通信有限公司	深圳市
46	深圳市金证科技股份有限公司	深圳市
47	深圳市赢时胜信息技术股份有限公司	深圳市
48	中信中证投资服务有限责任公司	深圳市

资料来源：中国证券投资基金业协会。

五、全球开放式基金数据

表 5-1　全球开放式基金资产净值、净销售额及基金数目统计

截至 2022 年末　　（单位：百万美元）

地区	不包括FOF			包括FOF		
	净资产（年末）	净销售额（全年）	基金数目（年末）	净资产（年末）	净销售额（全年）	基金数目（年末）
全球	**60 148 431**	**122 557**	**137 892**	**64 672 013**	**130 565**	**156 124**
美洲	**31 804 483**	**110 847**	**35 637**	**35 706 521**	**117 468**	**49 614**
阿根廷	38 607	965	704	38 607	965	704
巴西	1 395 053	−28 632	17 294	2 096 402	−28 632	29 118
加拿大	1 585 924	16 096	3 757	2 073 532	15 191	4 465
智利	55 375	−1 431	3 026	55 375	−1 431	3 026
哥斯达黎加	2 882		67	2 882		67
墨西哥	139 789	−2 585	552	146 106	−2 973	627

续表

地区	不包括FOF			包括FOF		
	净资产（年末）	净销售额（全年）	基金数目（年末）	净资产（年末）	净销售额（全年）	基金数目（年末）
美国	28 586 853	126 434	10 237	31 293 617	134 348	11 607
欧洲	**19 058 509**	**81 891**	**60 156**	**19 597 253**	**83 991**	**62 192**
奥地利	183 129	-307	1 672	211 943	-418	1 981
比利时	113 102		423	195 547		651
保加利亚	1 232	2	131	1 236	2	132
克罗地亚	2 309	-47	100	2 309	-47	100
塞浦路斯	6 183	-44	197	6 183	-44	197
捷克	22 679	868	211	22 679	868	211
丹麦	146 553	-3 934	478	167 883	-3 917	558
芬兰	116 914	794	391	146 884	981	477
法国	2 236 006	34 595	10 997	2 236 006	34 595	10 997
德国	2 455 306	6 481	7 186	2 612 063	9 614	7 480
希腊	7 755	414	206	8 703	424	235
匈牙利	16 084	1 504	311	21 729	1 437	458
爱尔兰	3 898 978	89 463	8 689	3 898 978	89 463	8 689
意大利	216 132	1 797	880	244 966	735	1 125
列支敦士登	74 580	442	2 449	74 774	435	2 467
卢森堡	5 363 351	3 293	14 322	5 363 351	3 293	14 322
马耳他	3 026	-91	121	3 045	-91	126
荷兰	683 879	-78 203	894	683 879	-78 203	894
挪威	168 417	1 568	836	168 417	1 568	836
波兰	30 450	-466	546	33 256	-545	664
葡萄牙	17 494	209	139	23 285	108	184
罗马尼亚	3 231	-250	89	3 231	-250	89

续表

地区	不包括FOF			包括FOF		
	净资产（年末）	净销售额（全年）	基金数目（年末）	净资产（年末）	净销售额（全年）	基金数目（年末）
斯洛伐克	9 381	2	97	9 381	2	97
斯洛文尼亚	4 104	43	76	4 196	42	78
西班牙	340 003	8 414	2 904	340 003	8 414	2 904
瑞典	464 633	5 775	567	528 229	5 820	708
瑞士	636 985	6 493	966	673 086	6 788	1 048
土耳其	36 463	7 425	1 153	36 463	7 425	1 153
英国	1 800 150	–4 349	3 125	1 875 548	–4 508	3 331
亚洲和太平洋地区	**9 100 787**	**-71 300**	**40 330**	**9 155 095**	**-72 073**	**42 100**
澳大利亚	2 428 888			2 428 888		
中国大陆	3 266 049	–105 369	9 276	3 266 049	–105 369	9 276
中国台湾	152 917	8 170	931	158 395	8 180	1 016
印度	475 882	3 279	1 171	478 357	3 323	1 220
日本	2 040 234	20 032	14 297	2 040 234	20 032	14 297
韩国	624 187	2 242	13 522	670 464	1 428	15 089
新西兰	100 677	22	806	100 677	22	806
巴基斯坦	6 838	1 056	258	6 916	1 043	327
菲律宾	5 115	–732	69	5 115	–732	69
非洲	**184 652**	**1 119**	**1 769**	**213 144**	**1 179**	**2 218**
南非	184 652	1 119	1 769	213 144	1 179	2 218

注释：所有基金均为开放式基金，因基金份额可赎回、接受实质性监管且在报告国/地区注册成立。新西兰和特立尼达和多巴哥共和国的数据包含本国注册基金和海外注册基金。中国大陆、克罗地亚、塞浦路斯、法国、印度、爱尔兰、日本、卢森堡、荷兰、挪威、罗马尼亚、斯洛伐克、西班牙和土耳其数据无法分离出FOF。总计项包括 ETF 和机构基金。显示为零的项目表示该值位于–49.9 万美元至 49.9 万美元区间。

资料来源：美国投资公司协会（ICI），中国证券投资基金业协会整理。

表 5–2

全球开放式基金按基金类别的资产净值统计

截至 2022 年末，不包括 FOF

（单位：百万美元）

地区	合计	股票基金	债券基金	平衡/混合基金	货币市场基金	保本/保障基金	房地产基金	其他基金	备注项	
									ETF 基金	机构基金
全球	**60 148 431**	**26 948 182**	**11 548 715**	**7 093 601**	**8 855 821**	**30 542**	**1 368 534**	**4 303 034**	**8 942 522**	**5 107 682**
美洲	**31 804 483**	**17 181 367**	**6 651 427**	**2 541 518**	**5 045 384**	**110**	**46 363**	**338 312**	**6 735 067**	**554 330**
阿根廷	38 607	706	12 372	5 037	20 492					
巴西	1 395 053	109 475	622 745	344 386	97 209	110	46 363	174 764	7 242	554 330
加拿大	1 585 924	636 437	229 331	658 652	37 502			24 001	250 961	
智利	55 375	3 018	12 397	12 674	25 007			2 279	96	
哥斯达黎加	2 882	20	168		2 694					
墨西哥	139 789	31 831	19 906	2 305	85 748					
美国	28 586 853	16 399 880	5 754 508	1 518 464	4 776 732			137 268	6 476 768	
欧洲	**19 058 509**	**6 132 132**	**3 938 446**	**3 581 872**	**1 691 587**	**30 264**	**921 963**	**2 762 247**	**1 320 451**	**3 711 920**
奥地利	183 129	32 168	59 022	75 926		205	11 739	4 068		99 786
比利时	113 102	59 529	10 442	30 209	9 523	2 738		661	936	
保加利亚	1 232	202	75	933				22	65	
克罗地亚	2 309	279	1 453	150				427		

续表

地区	合计	股票基金	债券基金	平衡/混合基金	货币市场基金	保本/保障基金	房地产基金	其他基金	备注项	
									ETF基金	机构基金
塞浦路斯	6 183	2 203	115	795			542	2 529		
捷克	22 679	4 355	7 942	7 546	155	30	2 651			
丹麦	146 553	69 916	59 492	15 636				1 509		
芬兰	116 914	54 306	39 653	10 415	221	97	9 827	2 395	429	
法国	2 236 006	357 065	289 474	316 683	383 589	14 644	246 318	628 233	37 138	
德国	2 455 306	390 719	463 852	1 039 125	8 444	217	293 586	259 364	54 985	1 979 618
希腊	7 755	1 625	2 576	2 858	426			269	22	
匈牙利	16 084	1 297	6 934	814	879	71	4 255	1 835	6	2 907
爱尔兰	3 898 978	1 325 740	875 808	326 609	737 993		23 500	609 327	912 064	864 521
意大利	216 132	30 898	43 721	109 514	3 337			28 660		1 421
列支敦士登	74 580	15 459	11 551	24 247	3 255		349	19 719		64
卢森堡	5 363 351	1 774 991	1 279 025	1 062 768	464 551		146 534	635 482	298 890	763 497
马耳他	3 026	460	1 297	390			46	833		106
荷兰	683 879	249 163	109 605	54 160			112 503	158 449	1 535	
挪威	168 417	96 306	49 167	8 854	12 764			1 325		
波兰	30 450	5 585	16 301	8 004		1		559		

续表

地区	合计	股票基金	债券基金	平衡/混合基金	货币市场基金	保本/保障基金	房地产基金	其他基金	备注项	
									ETF基金	机构基金
葡萄牙	17 494	3 477	2 744	3 618	448		5 032	2 175		
罗马尼亚	3 231	398	1 743	406				684	16	
斯洛伐克	9 381	1 469	1 148	4 381			2 384			
斯洛文尼亚	4 104	2 678	268	1 074	82			3		
西班牙	340 003	126 064	107 470	81 111	5 580	12 245		7 534	236	
瑞典	464 633	334 300	67 627	59 179				3 528	5 063	
瑞士	636 985	278 786	202 002	75 964	30 439		49 795		8 294	
土耳其	36 463	3 249	2 918	1 890	5 294	16		23 095	772	
英国	1 800 150	909 445	225 021	258 613	24 607		12 902	369 562		
亚洲和太平洋地区	**9 100 787**	**3 588 387**	**948 636**	**883 614**	**2 096 336**	**168**	**397 222**	**1 186 422**	**887 004**	**841 432**
澳大利亚	2 428 888	1 047 253	89 044		254 895		249 151	788 545		
中国大陆	3 266 049	359 239	619 414	724 392	1 515 636			47 369	234 822	
中国台湾	152 917	23 882	16 545	8 163	25 686	59	592	77 989	76 201	
印度	475 882	184 298	88 464	59 346	61 576			82 197	62 713	
日本	2 040 234	1 879 781	31 395		106 197		22 860		451 193	841 432
韩国	624 187	72 382	96 241	21 638	121 450		124 619	187 858	62 032	

续表

地区	合计	股票基金	债券基金	平衡/混合基金	货币市场基金	保本/保障基金	房地产基金	其他基金	备注项	
									ETF基金	机构基金
新西兰	100 677	19 644	6 287	69 670	2 958			2 118		
巴基斯坦	6 838	652	3	119	5 609	109		346	3	
菲律宾	5 115	1 256	1 243	286	2 329				40	
非洲	**184 652**	**46 296**	**10 206**	**86 597**	**22 514**		**2 986**	**16 053**		
南非	184 652	46 296	10 206	86 597	22 514		2 986	16 053		

注释：由于舍入和数据缺失，各分项之和与合计项略有误差。合计项包括ETF和机构基金。中国大陆、克罗地亚、塞浦路斯、法国、印度、爱尔兰、日本、卢森堡、荷兰、挪威、罗马尼亚、斯洛伐克、西班牙和土耳其的数据含FOF。新西兰和特立尼达和多巴哥共和国的数据包含本国注册基金和海外注册基金。显示为零的数据表示金额小于50万美元。

资料来源：美国投资公司协会（ICI），中国证券投资基金业协会整理。

表 5–3 全球开放式基金按基金类别的净销售额统计

2022 年全年，不包括 FOF （单位：百万美元）

地区	合计	股票基金	债券基金	平衡/混合基金	货币市场基金	保本/保障基金	房地产基金	其他基金	备注项	
									ETF基金	机构基金
全球	**122 557**	**-52 974**	**-124 599**	**-45 809**	**331 551**	**1 554**	**15 537**	**-2 703**	**259 948**	**20 611**
美洲	**110 847**	**1 075**	**-25 303**	**-47 053**	**186 524**	**36**		**-4 431**	**201 057**	**-13 637**
阿根廷	965	–25	–643	–155	1 788					
巴西	–28 632	–8 538	7 119	–19 627	–7 397	36		–225	83	–13 637

续表

地区	合计	股票基金	债券基金	平衡/混合基金	货币市场基金	保本/保障基金	房地产基金	其他基金	备注项	
									ETF基金	机构基金
加拿大	16 096	7 744	3 414	−2 062	6 105			895	5 828	
智利	−1 431	−229	−941	−740	1			479	−9	
哥斯达黎加										
墨西哥	−2 585	−1 727	−166	126	−818					
美国	126 434	3 850	−34 086	−24 595	186 845			−5 580	195 155	
欧洲	**81 891**	**-104 939**	**7 186**	**10 773**	**173 425**	**1 485**	**11 582**	**-17 622**	**29 145**	**32 825**
奥地利	−307	866	−391	−634		−8	−160	19		−281
比利时										
保加利亚	2	1	−3	3				1	2	
克罗地亚	−47	−4	−102	−3				62		
塞浦路斯	−44	9	−4	−54			8	−3		
捷克	868	32	807	−69	84	0	15			
丹麦	−3 934	−1 217	−2 178	−522				−18		
芬兰	794	501	182	26	36	1	14	35	−8	
法国	34 595	−2 785	−2 469	−2 481	43 010	−681			−1 236	
德国	6 481	−3 024	1 996	32 028	612	1	3 806	−28 939	322	9 777
希腊	414	−30	247	33	43			121		
匈牙利	1 504	4	1 359	−72	348	34	−91	−79	0	394

续表

地区	合计	股票基金	债券基金	平衡/混合基金	货币市场基金	保本/保障基金	房地产基金	其他基金	备注项	
									ETF基金	机构基金
爱尔兰	89 463	6 756	1 143	-7 854	79 545		700	9 173	28 491	9 138
意大利	1 797	1 236	1 060	188	1 033			-1 719		-55
列支敦士登	442	108	138	179	109		-3	-89		
卢森堡	3 293	-18 544	-9 544	-12 765	41 043		6 409	-3 306	1 675	13 853
马耳他	-91	-3	-17	-61			-1	-8		-1
荷兰	-78 203	-88 410	-438	6 512			1 244	2 889	109	
挪威	1 568	839	799	-148	84			-6		
波兰	-466	-38	-613	201		0		-15		
葡萄牙	209	38	244	-38	41			-74		
罗马尼亚	-250	-6	-144	-19				-81	0	
斯洛伐克	2	81	-51	-71			43			
斯洛文尼亚	43	41	12	-4	-7			0		
西班牙	8 414	-1 596	8 533	-1 458	1 004	2 157		-227	-13	
瑞典	5 775	3 802	1 653	189				131	-57	
瑞士	6 493	654	1 111	-704	5 301		132		-197	
土耳其	7 425	626	85	171	1 247	-19		5 314	57	

续表

地区	合计	股票基金	债券基金	平衡/混合基金	货币市场基金	保本/保障基金	房地产基金	其他基金	备注项	
									ETF基金	机构基金
英国	−4 349	−4 876	3 770	−1 800	−108		−534	−803		
亚洲和太平洋地区	**-71 300**	**50 753**	**-106 582**	**-10 492**	**-28 281**	**33**	**4 039**	**19 229**	**29 746**	**1 423**
澳大利亚										
中国大陆	−105 369	26 157	−92 773	−6 644	−34 694			2 584	14 282	
中国台湾	8 170	701	223	−223	469	−2	24	6 979	6 879	
印度	3 279	2 307	−7 626	−857	5 057			4 398	1 860	
日本	20 032	20 153	−2 762		2 411		230		62	1 423
韩国	2 242	834	−3 419	−2 202	−1 911		3 785	5 155	6 663	
新西兰	22	635	−183	−552	69			52		
巴基斯坦	1 056	−42	0	−10	1 012	35		61	0	
菲律宾	−732	8	−42	−4	−694				0	
非洲	**1 119**	**137**	**100**	**963**	**-117**		**-84**	**121**		
南非	1 119	137	100	963	−117		−84	121		

注释：由于舍入和数据缺失，各分项之和与合计项略有误差。合计项包括ETF和机构基金。中国大陆、克罗地亚、塞浦路斯、法国、印度、爱尔兰、日本、卢森堡、荷兰、挪威、罗马尼亚、斯洛伐克、西班牙和土耳其的数据含FOF。新西兰和特立尼达和多巴哥共和国的数据包含本国注册基金和海外注册基金。显示为零的项目表示该值位于−49.9万美元至49.9万美元区间。

资料来源：美国投资公司协会（ICI），中国证券投资基金业协会整理。

表 5-4　全球开放式基金按基金类别的基金数目统计

截至 2022 年末，不包括 FOF

地区	合计	股票基金	债券基金	平衡/混合基金	货币市场基金	保本/保障基金	房地产基金	其他基金	备注项	
									ETF基金	机构基金
全球	**137 892**	**47 116**	**22 616**	**34 845**	**2 452**	**504**	**5 601**	**24 758**	**8 203**	**27 092**
美洲	**35 637**	**12 094**	**6 677**	**11 309**	**975**	**11**	**808**	**3 763**	**3 981**	**6 732**
阿根廷	704	60	359	233	52					
巴西	17 294	2 492	2 234	8 400	124	11	808	3 225	77	6 732
加拿大	3 757	2 158	745	475	99			280	1 056	
智利	3 026	591	575	1 441	261			158	4	
哥斯达黎加	67	4	21		42					
墨西哥	552	277	131	38	106					
美国	10 237	6 512	2 612	722	291			100	2 844	
欧洲	**60 156**	**16 817**	**10 514**	**15 705**	**631**	**472**	**2 226**	**13 791**	**2 178**	**11 951**
奥地利	1 672	295	441	858		21	13	44		1 041
比利时	423	194	37	58	8	89		37	8	
保加利亚	131	42	6	76				7	14	
克罗地亚	100	22	30	9				39		
塞浦路斯	197	26	11	43			34	83		
捷克	211	52	52	88	1	4	14			

续表

地区	合计	股票基金	债券基金	平衡/混合基金	货币市场基金	保本/保障基金	房地产基金	其他基金	备注项	
									ETF基金	机构基金
丹麦	478	254	170	49	1			4		
芬兰	391	182	96	62	1	2	26	22	1	
法国	10 997	1 757	1 050	3 088	93	185	660	4 164	90	
德国	7 186	1 316	1 107	3 393	17	1	639	713	128	4 384
希腊	206	69	77	45	9			6	1	
匈牙利	311	82	69	46	4	8	10	92	1	99
爱尔兰	8 689	3 075	1 573	1 424	115		307	2 195	1 325	3 153
意大利	880	100	205	433	2			140		13
列支敦士登	2 449	540	354	265	34		31	1 225		4
卢森堡	14 322	4 173	3 144	3 455	203		330	3 017	499	3 250
马耳他	121	29	23	20			1	48		7
荷兰	894	379	176	130			75	134	12	
挪威	836	477	187	84	49			39		
波兰	546	142	153	224		1		26		
葡萄牙	139	37	28	41	3		16	14		
罗马尼亚	89	22	22	29				16	1	

续表

地区	合计	股票基金	债券基金	平衡/混合基金	货币市场基金	保本/保障基金	房地产基金	其他基金	备注项	
									ETF基金	机构基金
斯洛伐克	97	11	16	55			15			
斯洛文尼亚	76	52	8	13	2			1		
西班牙	2 904	1 317	672	644	10	151		110	2	
瑞典	567	350	106	87				24	14	
瑞士	966	464	262	190	19		31		18	
土耳其	1 153	84	76	115	45	10		823	64	
英国	3 125	1 274	363	681	15		24	768		
亚洲和太平洋地区	**40 330**	**17 739**	**5 337**	**6 807**	**792**	**21**	**2 487**	**7 147**	**2 044**	**8 409**
澳大利亚										
中国大陆	9 276	1 992	2 095	4 595	372			222	767	
中国台湾	931	341	196	95	45	4	13	237	217	
印度	1 171	380	254	136	58			343	161	
日本	14 297	12 745	1 490		11		51		243	8 409
韩国	13 522	1 905	1 197	1 607	137		2 423	6 253	648	
新西兰	806	295	85	327	46			53		
巴基斯坦	258	56	1	30	115	17		39	7	

续表

地区	合计	股票基金	债券基金	平衡/混合基金	货币市场基金	保本/保障基金	房地产基金	其他基金	备注项	
									ETF基金	机构基金
菲律宾	69	25	19	17	8				1	
非洲	**1 769**	**466**	**88**	**1 024**	**54**		**80**	**57**		
南非	1 769	466	88	1 024	54		80	57		

注释：由于舍入和数据缺失，各分项之和与合计项略有误差。合计项包括ETF和机构基金。中国大陆、克罗地亚、塞浦路斯、法国、印度、爱尔兰、日本、卢森堡、荷兰、挪威、罗马尼亚、斯洛伐克、西班牙和土耳其的数据含FOF。新西兰和特立尼达和多巴哥共和国的数据包含本国注册基金和海外注册基金。

资料来源：美国投资公司协会（ICI），中国证券投资基金业协会整理。

附 录

基金行业发展进程

1992年10月，国务院证券委员会和中国证监会成立，证券市场迎来统一监管的过渡期。

1997年11月，国务院证券委员会发布《证券投资基金管理暂行办法》，成为规范证券投资基金运作的首部行政法规。

1997年11月，《证券投资基金管理暂行办法（试行）》实施准则1~4号：《证券投资基金基金契约的内容与格式》《证券投资基金托管协议的内容与格式》《证券投资基金招募说明书的内容与格式》《基金管理公司章程必备条款指引》发布。

1998年3月，首批基金管理公司国泰、南方基金管理公司成立。

1998年4月7日，基金开元、基金金泰上市。

1998年8月，《关于证券投资基金税收问题的通知》（财税字〔1998〕55号）发布，对发行基金募集资金不征收营业税、对投资者买卖基金暂不征收印花税、对基金从证券市场取得的收入和个人投资者买卖基金取得的价差收入暂不征收所得税，避免双重征税。

2000年10月，中国证监会发布实施《开放式证券投资基金试点办法》。

2001年9月，首只开放式基金华安创新设立。

2002年7月，《外资参股基金管理公司设立规则》正式实施。

2002年11月，《合格境外机构投资者境内证券投资管理暂行办法》发布。

2002年12月，6家基金管理公司被确定为首批全国社保基金投资管理人。

2002年12月，首家中外合资基金管理公司招商基金管理公司设立。

2003年5月，中国证监会批准首批瑞士银行有限公司、野村证券株式会社的QFII资格。

2003年12月，首只货币市场基金华安现金富利设立。

2004年6月，《中华人民共和国证券投资基金法》正式实施。

2004年7月，《证券投资基金信息披露管理办法》《证券投资基金运作管理办法》《证券投资基金销售管理办法》正式实施。

2004年7月，上海证券交易所获准推出交易所交易基金。

2004年8月，深圳证券交易所获准推出交易所交易基金。

2004年8月，中国证监会发布《货币市场基金管理暂行规定》。

2004年9月，中国证监会发布《证券投资基金管理公司管理办法》《证券投资基金行业高级管理人员任职管理办法》。

2004年11月，《证券投资基金托管资格管理办法》出台。

2004年12月30日，首只交易型开放式指数基金华夏上证50基金设立。

2004年，深国投推出“赤子之心”的证券投资集合资金信托计划，开创了以信托为平台的阳光私募发行方式。

2005年基金管理公司外资股东持股比例上限提升至49%，合资基金管理公司迎来发展高峰。

2005年8月1日，海富通、华夏、南方、易方达、嘉实、招商、富国、博时、银华等9家基金管理公司获得第一批企业年金投资管理人资格。

2007年4月，监管层出击整顿基金业内“老鼠仓”事件。

2007年6月1日，修订后的《合伙企业法》正式实施，为私募基金引入有限合伙制的组织形式。

2007年7月，《合格境内机构投资者境外证券投资管理试行办法》施行。

2007年7月9日，首只分级基金产品国投瑞银瑞福优先发行。

2007年10月，《证券投资基金销售机构内部控制指导意见》《证券投资基金销售适用性指导意见》出台。

2007年11月，《基金管理公司特定客户资产管理业务试点办法》出台。

2008年3月，中国证监会发布《证券投资基金管理公司公平交易制度指导意见》。

2008年8月，中国证监会发布《证券投资基金信息披露XBRL标引规范（Taxonomy）》和《证券投资基金信息披露XBRL模板》，在基金信息披露中正式应用可扩展商业报告语言。

2008年9月，中国证监会发布《关于进一步规范证券投资基金估值业务的指导意见》。

2009年9月，中银基金管理公司推出首只"一对多"产品——"中银专户主题1号"。

2009年11月，中国证监会发布《证券投资基金评价业务管理暂行办法》。

2009年12月，中国证监会发布《开放式证券投资基金销售费用管理规定》。

2011年5月，中国证监会发布《合格境外机构投资者参与股指期货交易指引》。

2011年6月，新《证券投资基金销售管理办法》发布，引入第三方渠道，由中国证监会颁发第三方销售牌照。

2011年8月，中国证监会发布修订后的《证券投资基金管理公司公平交易制度指导意见》。

2011年8月，修订后的《基金管理公司特定客户资产管理业务试点办法》发布。

2011年12月，中国证监会发布《基金管理公司、证券公司人民币合格境外机构投资者境内证券投资试点办法》。

2012年6月6日，中国证券投资基金业协会（以下简称"基金业协会"）成立。

2012年9月，新《基金管理公司特定客户资产管理业务试点办法》发布。

2012年10月，《证券投资基金管理公司子公司管理暂行规定》发布。

2012年12月，新《中华人民共和国证券投资基金法》审议通过。

2013年2月，中国证监会发布《资产管理机构开展公募证券投资基金管理业务暂行规定》，对证券公司、保险公司、私募基金管理机构等直接申请公募业务牌照进行了规范。

2013年3月，中国证监会、中国人民银行、国家外汇管理局发布《人民币合格境外机构投资者境内证券投资试点办法》。

2013年3月，中国证监会发布修订后的《证券投资基金销售管理办法》《基金销售机构通过第三方电子商务平台开展业务管理暂行规定》《非银行金融机构开展证券投资基金托管业务暂行规定》。

2013年4月，中国证监会、中国银监会发布《证券投资基金托管业务管理办法》。

2013年6月1日，新《证券投资基金法》实施，对非公开募集基金作出规定。

2013年6月，与天弘增利宝货币基金对接的余额宝产品推出。

2013年6月，中国证监会、中国保监会发布《保险机构投资设立基金管理公司试点办法》。

2013年6月，中国证监会公布修订后的《证券公司客户资产管理业务管理办法》《证券公司集合资产管理业务实施细则》。

2013年6月，中央编办发布《关于私募股权基金管理职责分工的通知》，私募股权基金纳入证监会统一监管。

2013年9月，中国证监会发布《公开募集证券投资基金风险准备金监督管理暂行办法》。

2013年12月，《国务院关于管理公开募集基金的基金管理公司有关问题的批复》公布。

2014年1月，基金业协会发布《私募投资基金管理人登记和基金备案办法（试行）》，2014年2月7日施行，私募投资基金管理人登记、产品备案工作正式启动。

2014年4月，中国人民银行、中国银监会、中国证监会、中国保监会、国家外汇管理局发布《关于规范金融机构同业业务的通知》。

2014年5月，国务院发布《关于进一步促进资本市场健康发展的若干意见》。

2014年6月，中国证监会发布《沪港股票市场交易互联互通机制试点若干规定》。

2014年7月，中国证监会发布《公开募集证券投资基金运作管理办法》及其实施规定。

2014年7月，基金业协会正式承担证券公司、基金管理公司及其子公司私募产品备案管理、风险（统计）监测等职责。

2014年8月，中国证监会颁布实施《私募投资基金监督管理暂行办法》，私募股权投资基金正式纳入基金法调整范围。

2014年10月31日，财政部、国家税务总局、中国证监会发布《关于QFII和RQFII取得中国境内的股票等权益性投资资产转让所得暂免征收企业所得税问题的通知》。

2014年11月，中国证监会发布《证券公司及基金管理公司子公司资产证券化业务管理规定》及配套规则。

2014年11月，基金业协会发布《基金业务外包服务指引（试行）》。

2014年12月，基金业协会发布《资产支持专项计划备案管理办法》《资产证券化业务基础资产负面清单指引》《资产证券化业务风险控制指引》等自律规则及相关文件。

2015年1月1日，基金业协会实行私募基金登记备案电子证明，不再发放私募基金管理机构登记证书。

2015年3月，基金业协会制定发布《证券期货经营机构落实资产管理业务"八条底线"禁止行为细则（2015年3月版）》。

2015年3月，国务院办公厅发布《关于发展众创空间推进大众创新创业的指导意见》。

2015年3月，国务院办公厅发布《关于创新投资管理方式建立协同监管机制的若干意见》。

2015年3月，第一家由专业人士作为发起人的基金管理公司泓德基金成立。

2015年3月，中国证监会发布《公开募集证券投资基金参与沪港通交易指引》。

2015年5月，中国证监会公布《香港互认基金管理暂行规定》。

2015年6月，《国务院关于大力推进大众创业万众创新若干政策措施的意见》发布。

2015年8月，国务院印发《基本养老保险基金投资管理办法》。

2015年10月，国务院印发《关于“先照后证”改革后加强事中事后监管的意见》。

2015年11月，中国证监会发布《关于进一步推进全国中小企业股份转让系统发展的若干意见》。

2015年12月，中国证监会与中国人民银行联合发布《货币市场基金监督管理办法》。

2015年12月，中国证监会与香港证监会正式注册了首批3只香港互认基金。

2015年12月，全国人大常委会审议通过股票发行注册制改革授权决定。

2016年2月，基金业协会发布《私募投资基金信息披露管理办法》。

2016年4月，基金业协会发布《私募投资基金募集行为管理办法》。

2016年4月，中国证监会联合财政部、中国人民银行发布修订后的《证券投资者保护基金管理办法》。

2016年7月，中国证监会发布《证券期货经营机构私募资产管理业务运作管理暂行规定》。

2016年9月，中国证监会正式发布实施《公开募集证券投资基金运作指引第2号——基金中基金指引》。

2016年10月，基金业协会发布《证券期货经营机构私募资产管理计划备案管理规范第1号——备案核查与自律管理》《证券期货经营机构私募资产管理计划备案管理规范第2号——委托第三方机构提供投资建议服务》《证券期货经营机构私募资产管理计划备案管理规范第3号——结构化资产管理计划》。

2016年11月，中国证监会批复上海证券交易所和深圳证券交易所分别发布《上海证券交易所分级基金业务管理指引》和《深圳证券交易所分级基金业务管理指引》。

2016年11月，中国证监会发布《基金管理公司子公司管理规定》《基金管理公司特定客户资产管理子公司风险控制指标管理暂行规定》。

2016年12月5日，深港股票市场交易互联互通机制正式启动。

2016年12月，中国证监会发布《证券期货投资者适当性管理办法》。

2017年1月，中国证监会发布实施《关于避险策略基金的指导意见》。

2017年2月，基金业协会发布《证券期货经营机构私募资产管理计划备案管理规范第4号——私募资产管理计划投资房地产开发企业、项目》。

2017年3月，基金业协会发布实施《私募投资基金服务业务管理办法（试行）》。

2017年6月，中国证监会发布《证券公司和证券投资基金管理公司合规管理办法》。

2017年6月21日，明晟公司宣布将A股纳入MSCI指数。

2017年8月，国务院法制办发布《私募投资基金管理暂行条例》（征求意见稿），向社会公开征求意见。

2017年8月，中国证监会发布《公开募集开放式证券投资基金流动性风险管理规定》。

2017年9月，中国证监会发布《关于证券投资基金估值业务的指导意见》，对基金各类投资品种的估值原则进行规范。

2017年9月，基金业协会发布《证券投资基金管理公司合规管理规范》。

2017年12月22日，基金业协会发布《私募基金管理人登记须知》。

2018年1月，基金业协会发布《私募基金备案须知》。

2018年2月，中国证监会发布《养老目标证券投资基金指引（试行）》，养老型公募基金产品正式诞生。

2018年3月，中国证监会发布《上市公司创业投资基金股东减持股份的特别规定》。

2018年4月，《关于开展个人税收递延型商业养老保险试点的通知》发布，提出试点结束后，将根据相关情况有序扩大参与的金融机构和产品范围，将公募基金等产品纳入个人商业养老账户投资范围。

2018年4月，基金管理公司外资持股比例放宽至51%，且3年之后外资持股比例将不受限制。

2018年4月27日，中国人民银行、中国银保监会、中国证监会、国家外汇管理局联合正式发布《关于规范金融机构资产管理业务的指导意见》。

2018年5月，中国证监会发布《关于进一步规范货币市场基金互联网销售、赎回相关服务的指导意见》，将互联网货币市场基金T+0单日赎回额度限制在1万元。

2018年9月，中国证监会发布《证券公司和证券投资基金管理公司境外设立、收购、参股经营机构管理办法》。

2018年10月，中国证监会发布《证券期货经营机构私募资产管理业务管理办法》《证券期货经营机构私募资产管理计划运作管理规定》。

2018年11月，中国证监会发布《证券公司大集合资产管理业务适用〈关于规范金融机构资产管理业务的指导意见〉操作指引》。

2018年12月，基金业协会发布《私募基金管理人登记须知》更新版。

2019年1月，中国证监会发布《公开募集证券投资基金投资信用衍生品指引》。

2019年1月，基金业协会发布《证券投资基金投资信用衍生品估值指引（试行）》。

2019年3月，基金业协会发布《集合资产管理计划资产管理合同内容与格式指引（试行）》《单一资产管理计划资产管理合同内容与格式指引（试行）》《资产管理计划风险揭示书内容与格式指引（试行）》。

2019年6月，基金业协会发布《证券期货经营机构私募资产管理计划备案管理办法（试行）》。

2019年6月，中国证监会发布《公开募集证券投资基金参与转融通证券出借业务指引（试行）》。

2019年6月，基金业协会发布《证券投资基金参与转融通证券出借业务会计核算和估值业务指引（试行）》。

2019年6月，基金业协会发布《政府和社会资本合作（PPP）项目资产证券化业务尽职调查工作细则》《企业应收账款资产证券化业务尽职调查工作细则》《融资租赁债权资产证券化业务尽职调查工作细则》。

2019年7月，国务院金融稳定发展委员会办公室对外发布《关于进一步扩大金融业对外开放的有关举措》，将原定于2021年取消证券公司、基金管理公司和期货公司外资股比限制的时点提前到2020年。

2019年7月，中国证监会发布《公开募集证券投资基金信息披露管理办法》。

2019年10月，基金业协会发布《证券期货经营机构私募集合资产管理计划适用简易备案核查程序条件清单》。

2019年10月，国家发展改革委、中国人民银行、财政部、中国银保监会、中国证监会、国家外汇管理局联合发布《关于进一步明确规范金融机构资产管理产品投资创业投资基金和政府出资产业投资基金有关事项的通知》。

2019年10月，国家发展改革委、商务部发布《市场准入负面清单（2019年版）》。

2019年12月，中国证监会发布《证券期货经营机构管理人中管理人（MOM）产品指引（试行）》。

2019年12月，基金业协会发布《私募投资基金备案须知》更新版。

2019年12月，中国人民银行、中国银保监会、中国证监会、国家外汇管理局联合发布《关于进一步规范金融营销宣传行为的通知》。

2019年12月，全国人大常委会发布《中华人民共和国证券法（修订）》。

2020年2月1日，基金业协会对外发布《关于疫情防控期间私募基金登记备案相关工作安排的通知》，全力确保疫情防控期间私募基金登记备案各类业务正常办理。

2020年2月，基金业协会对外发布《关于便利申请办理私募基金管理人登记相关事宜的通知》，并公布了私募基金管理人登记申请材料清单。

2020年3月，基金业协会官网增设“私募基金管理人登记办理流程公示”界面并增加私募基金管理人公示信息，增强办理私募基金管理人登记申请工作的公开透明度。

2020年3月，中国证监会发布《上市公司创业投资基金股东减持股份的特别规定》（2020年修订）。

2020年3月，基金业协会对外发布《基金经营机构及其工作人员廉洁从业实施细则》。

2020年3月，基金业协会对外发布《关于公布私募投资基金备案申请材料清单的通知》，便利私募基金管理人事前对照准备备案申请材料。

2020年3月，基金业协会发布《关于进一步规范异常经营专项法律意见书出具行为的通知》。

2020年4月，中国证监会发布《公开募集证券投资基金投资全国中小企业股份转让系统挂牌股票指引》。

2020年4月，基金业协会制定并发布《基金经理兼任私募资产管理计划投资经理工作指引（试行）》。

2020年4月，基金业协会发布中国基金业ESG投资专题调查报告（2019）。

2020年4月，中国证监会、国家发展改革委联合发布《关于推进基础设施领域不动产投资信托基金（REITs）试点相关工作的通知》。

2020年6月，基金业协会出版发行《私募证券投资基金行业合规管理手册（2020）》。

2020年7月，中国证监会发布《公开募集证券投资基金侧袋机制指引（试行）》。

2020年7月，中国证监会、中国银保监会联合修订发布《证券投资基金托管业务管理办法》。

2020年8月，中国证监会发布《公开募集基础设施证券投资基金指引（试行）》。

2020年8月，中国证监会发布《公开募集证券投资基金销售机构监督管理办法》及配套规则。

2020年9月，中国人民银行、国家外汇管理局、中国证监会联合发布《合格境外机构投资者和人民币合格境外机构投资者境内证券期货投资管理办法》及配套规则。

2020年10月，基金业协会发布《证券投资基金侧袋机制操作细则（试行）》。

2020年12月，中国证监会发布《关于加强私募投资基金监管的若干规定》。

2021年1月，中国证监会发布《公开募集证券投资基金运作指引第3号——指数基金指引》。

2021年1月，基金业协会发布《关于适用中国证监会〈关于加强私募投资基金监管的若干规定〉有关事项的通知》。

2021年1月，中共中央办公厅、国务院办公厅发布《建设高标准市场体系行动方案》。

2021年2月8日，基金业协会发布《公开募集基础设施证券投资基金尽职调查工作指引（试行）》《公开募集基础设施证券投资基金运营操作指引（试行）》

2021年2月9日，基金业协会发布《关于加强私募基金信息报送自律管理与优化行业服务的通知》《关于发布〈私募基金信息报送常见问题示例说明（2021年2月）〉的通知》。

2021年3月30日，中国人民银行、银保监会、证监会、外汇局发布《关于金融支持海南全面深化改革开放的意见》。

2021年5月13日，中国证监会发布金融行业推荐性标准《资产管理产品介绍要素第2部分：证券期货资产管理计划及相关产品》。

2021年8月17日，基金业协会发布《公开募集证券投资基金管理人及从业人员职业操守和道德规范指南》。

2021年9月2日，基金业协会发布《公开募集证券投资基金投资顾问业务数据交换技术接口规范（试行）》。

2021年9月24日，基金业协会同证券业协会、期货业协会、上市公司协会联合发布《远离伪市值管理倡议书》。

2021年10月22日，基金业协会在2021金融街论坛年会上举行了纪录片《基金》发布会专场活动。

2021年12月27日，基金业协会被民政部评为2020年度5A等级（最高评估等级）全国性社会组织。

2022年1月30日，基金业协会发布《关于加强经营异常机构自律管理相关事项的通知》。

2022年2月18日，证监会发布《证券基金经营机构董事、监事、高级管理人员及从业人员监督管理办法》。

2022年4月26日，证监会发布《关于加快推进公募基金行业高质量发展的意见》，提出推动公募基金发展的16条具体意见。

2022年5月10日，基金业协会发布《基金从业人员管理规则》《关于实施〈基金从业人员管理规则〉有关事项的规定》。

2022年5月13日，基金业协会与证券业协会联合发布《证券行业支持民营企业发展资产管理计划规范运作指引》。

2022年5月20日，证监会发布《公开募集证券投资基金管理人监督管理办法》《关于实施〈公开募集证券投资基金管理人监督管理办法〉有关问题的规定》。

2022年5月24日，证监会、发改委联合发布《关于规范做好保障性租赁住房试点发行基础设施领域不动产投资信托基金（REITs）有关工作的通知》，保障性租赁住房REITs试点工作正式启动。

2022年6月2日，基金业协会发布《私募投资基金电子合同业务管理办法（试行）》《关于私募基金管理人登记备案工作相关事宜的通知》，更新了《私募基金管理人登记申请材料清单》，发布了《私募投资基金备案关注要点》。

2022年6月10日，基金业协会发布《基金管理公司绩效考核与薪酬管理指引》。

2022年6月17日，基金业协会发布《基金管理公司声誉风险管理指引（试行）》。

2022年6月24日，证监会发布《关于交易型开放式基金纳入互联互通相关安排的公告》。

2022年6月24日，基金业协会发布《私募基金管理人登记和私募投资基金备案业务办事指南》。

2022年11月4日，人力资源社会保障部、财政部、国家税务总局、银保监会、证监会联合印发《个人养老金实施办法》。

2022年11月4日，证监会发布《个人养老金投资公开募集证券投资基金业务管理暂行规定》，明确个人养老金投资公募基金业务等具体规定。

2022年11月18日，证监会公布首批个人养老金产品和基金销售机构名录。